陕西青少年
社会抽样调查蓝皮书

SHANXI QINGSHAONIAN
SHEHUI CHOUYANG DIAOCHA LANPISHU

共青团陕西省委员会 ◎组编
零点研究咨询集团

执行主编 ◎ 白敏　张慧

中国社会科学出版社

图书在版编目(CIP)数据

陕西青少年社会抽样调查蓝皮书 / 白敏，张慧主编 . —北京：中国社会科学出版社，2017.8
ISBN 978-7-5203-0983-7

Ⅰ.①陕⋯ Ⅱ.①白⋯②张⋯ Ⅲ.①青少年—社会调查—研究报告—陕西 Ⅳ.①D432.6

中国版本图书馆 CIP 数据核字(2017)第 223050 号

出 版 人	赵剑英
责任编辑	王莎莎
责任校对	张爱华
责任印制	戴 宽
出　　版	中国社会科学出版社
社　　址	北京鼓楼西大街甲 158 号
邮　　编	100720
网　　址	http://www.csspw.cn
发 行 部	010-84083685
门 市 部	010-84029450
经　　销	新华书店及其他书店
印刷装订	北京君升印刷有限公司
版　　次	2017 年 8 月第 1 版
印　　次	2017 年 8 月第 1 次印刷
开　　本	710×1000　1/16
印　　张	23.25
插　　页	2
字　　数	371 千字
定　　价	58.00 元

凡购买中国社会科学出版社图书，如有质量问题请与本社营销中心联系调换
电话：010-84083683
版权所有　侵权必究

编委会

主　　任　段小龙
副 主 任　徐永胜　贾　琳　赵大胜
执行主编　白　敏　张　慧
编　　委　段小龙　徐永胜　贾　琳　安　强
　　　　　赵大胜　张　剑　单舒平　王　苗
　　　　　白　敏　谢小义　王　峰　杨晓军
　　　　　魏延安　潘　磊　王军民　梁菀华
　　　　　乌　钢　薛红萍　马婉涛　郝鹏涛
　　　　　王　嫚　何中敏　张　慧　陆誉蓉
　　　　　钟延强　马军朋

序　言

共青团陕西省委书记、党组书记　段小龙

2017年4月，国家《中长期青年发展规划（2016—2025年）》（以下简称《规划》）正式向全社会公布，这是新中国历史上第一个青年发展规划，充分体现了以习近平同志为核心的党中央对青年一代的亲切关心、对青年工作的高度重视。《规划》指出："促进青年更好成长、更快发展，是国家的基础性、战略性工程。党和国家事业要发展，青年首先要发展"。然而，要促进青年更好地成长发展，首先要掌握青年的分布，了解青年的特点，明白青年的需求。

当前，经济社会深刻变革，加速了青年群体分化，青年的空间分布剧烈变化，各种新兴群体层出不穷，青年的视野开阔、思想活跃、诉求多元。面对这些新的挑战，共青团陕西省委全面启动"陕西青少年社会抽样调查"，抽调省、市、县三级专兼职团干部1400多人，成立12个调查小组，对各类青少年群体进行多维度、全方位的调查研究，运用成果编写《陕西青少年社会抽样调查蓝皮书》，全面分析当代陕西青少年的新需求、新特点、新趋势，为开展全省青少年工作研究，推动青少年发展和共青团全面深化改革打下重要基础。

《陕西青少年社会抽样调查蓝皮书》是共青团陕西省委近年来编写的陕西青少年工作系列蓝皮书的第三本。全书分为三部分，第一部分为绪论，介绍当代陕西青少年的典型时代特征；第二部分为总报告，分章节介绍当代陕西青少年的学习教育、就业创业、身心健康、住房状况、婚恋状况、消费状况、互联网运用、权益状况和团青关系等十个方面的特征；第三部分为分报告，按照初小学生、中学生、高校学生、社会组织从业青年、行政事业单位青年、企业青年、农村青年、青年教师、新媒体从业青年、创业青年、归国青年、进城务工青年、青年志愿者、贫困学生和不良行为青少年等15类群体的划分，分别介绍各群体的具体研究情况。本书从不同视角对陕西青少年特征进行分析总结，体现了共青团陕西省委把握青少年特点、深化青少年工作的执着努力。

在开展社会调查和本书编写的过程中，有关单位和机构给予了充分的支持和帮助。北京零点研究咨询集团为整个调研过程提供了科学化的技术支持；陕西省统计局、陕西省社会科学院、中国人民大学、陕西财经学院等单位的专家为调研方案、调查问卷的制订提供了专业化的智力支持；陕西省委宣传部、陕西省委统战部、陕西省委政策研究室、陕西省委高教工委、陕西省委网信办、陕西省委党校、陕西省民政厅、陕西省人社厅、陕西省住建厅、陕西省统计局等单位对本书的修订提出了宝贵意见，在这里向所有帮助过、支持过我们工作的单位和专家致以最诚挚的谢意。

今后一段时期，陕西共青团将以青少年的诉求作为工作的出发点，以青少年的特点作为工作的着力点，不断全面深化改革，着力构建四维工作格局，建立五大工作体系，引导广大陕西青少年成长为谱写陕西追赶超越新篇章的有生力量。

目 录

绪论　当代陕西青少年的时代特征 / 1

总 报 告

第一章　陕西青少年学习教育状况 / 23

第二章　陕西青年的就业创业发展状况 / 43

第三章　陕西青年的身心健康状况 / 58

第四章　陕西青年的住房状况 / 71

第五章　陕西青年的婚恋状况 / 78

第六章　陕西青年的消费状况 / 91

第七章　陕西青少年的互联网运用状况 / 102

第八章　陕西青少年的思想状况 / 114

第九章　陕西青少年的权益状况 / 134

第十章　陕西的团青关系 / 144

分 报 告

陕西省初小学生群体研究报告 / 157

陕西省中学生群体研究报告 / 170

陕西省高校学生群体研究报告 / 183

陕西省社会组织从业青年群体研究报告 / 196

陕西省行政事业单位青年群体研究报告 / 209

陕西省企业青年群体研究报告 / 220

陕西省农村青年基本状况调研报告 / 234

陕西省青年教师群体研究报告 / 249

陕西省新媒体从业青年群体研究报告 / 264

陕西省创业青年群体研究报告 / 280

陕西省归国青年群体研究报告 / 294

陕西省进城务工青年群体研究报告 / 307

陕西省青年志愿者群体研究报告 / 320

陕西省贫困学生群体研究报告 / 334

陕西省预防不良行为青少年违法犯罪调研报告 / 348

阅读须知 / 364

绪 论

当代陕西青少年的时代特征

共青团陕西省委在近年开展的"青年社会组织建设和发展""陕西省青年创业政策研究""陕西省新生代农民工社会融入研究""陕西省青少年社会教育和预防违法犯罪调查"等专项调研课题的基础上，进行了陕西青少年社会抽样调查工作，以全省6—40岁青少年群体为样本，通过社会调查的专业方法，调查研究当代陕西青少年的整体发展状况，探索分析青少年群体的新需求、新特点、新趋势。

2016年3—11月，共青团陕西省委组织动员全省1400多名专兼职团干部，走到青少年身边，面对面地与青少年交流沟通，对全省12个地（市）106个县区的9.72万名青少年进行问卷调查，调查的内容包括青少年的学习教育、就业创业、住房情况、婚恋状况、消费状况、互联网运用、思想状况、权益状况和团青关系等十个方面，获得基础数据1264项56.25万条，利用大数据分析方法，有效地掌握了当代陕西青少年的主要特征。

一 陕西青少年的基本结构

根据第六次全国人口普查数据，陕西全省6—14岁人口335万，15—40岁人口1593万，合计1928万人，占全省人口比例51.4%。根据传统的就学就业分类方法，陕西青少年可以划分为13类群体，其中学生群体合计576.62万人，占青少年总数的29.9%，农村青年740.08万人，占比38.4%，城市从业青年481.18万人，占比24.9%。

表1　　　　　　　　　陕西青少年的结构及比例*

结构（万人）	序号	分类	数量（万）	百分比（%）
学生（576.62）	1	小学生	224.21	11.6
	2	初中学生	111.73	5.8
	3	高中学生	84.79	4.4
	4	中职学生	37.71	2.0
	5	大学生	118.18	6.1
农村青年（740.08）	6	农业青年	477.94	24.8
	7	其他农村青年	262.14	13.6
城市从业青年（481.18）	8	党政及事业单位青年	57.18	3.0
	9	公有制企业从业青年	125.13	6.5
	10	非公企业从业青年	215.87	11.2
	11	青年教师	49.45	2.6
	12	社会组织从业青年	34.00	1.8
其他	13	无统计、非正规就业等	129.67	6.7
总计				100

*注：本表中除特殊说明外人数数值均保留两位小数，合计数与其分项数直接相加因四舍五入在尾数上略有差异，并非计算错误。下同。

随着社会经济深刻变革，青少年群体加速分化，青年的空间分布剧烈变化，各种新兴群体层出不穷，根据青年工作的实际，我们在传统分类的基础上进一步细分出7类新兴领域青少年群体，包括青年志愿者、新媒体从业青年、创业青年、归国留学青年、进城务工青年、贫困学生和不良行为青少年。

表2　　　　　　　陕西省新兴领域青少年群体的定义及数量

序号	分类	群体定义	数量
1	进城务工青年	学历在本科以下，从乡镇进入城市打工的在陕青年	300万—400万人

续表

序号	分类	群体定义	数量
2	青年志愿者	不以获取物质报酬为目的,自愿为社会和他人提供服务和帮助的在陕青年	约270万人
3	创业青年	在陕西工商管理部门注册时间不超过5年的40岁以下企业法人、合伙人和个体工商户	近100万人
4	归国留学青年	通过公派或自费等途径出国留学1年及以上,并返回陕西工作、学习、生活的青年	10万人以上
5	贫困学生	陕西建档立卡贫困户家庭中的大学(含高职)、中学(含中职)、小学学生	约8万人
6	新媒体从业青年	以新媒体平台经营或内容创造为职业的在陕青年	约5万人
7	不良行为青少年	年龄在6—25岁之间,有《预防未成年人犯罪法》所规定的"一般不良行为"和"严重不良行为"的青少年	10545人

二 抽样调查方法

按照传统分类方法划分的青少年群体,根据各群体在12个地(市)的分布情况,按照0.5%的比例采取随机抽样与分层抽样相结合的方法进行抽样调查,其中学生群体发放问卷2.92万份,农村青年发放问卷3.70万份,城市从业青年发放问卷2.40万份,合计9.02万份。调研范围涉及270所小学、80所初中、74所高中、16所中职和8所高校,618个村镇、304家非公企业、78家公有制企业和106个县(区)的党政机关、事业单位。新兴领域青年由于难以掌握准确的数量和分布情况,采用"偶遇法"和"滚雪球"相结合的方法进行问卷调查,总计发放问卷7000份。

表3　　　　　陕西省学生群体分布情况　　　　　　　单位：万人

分布	小学生	初中学生	高中学生	中职学生	大学生
西安	51.59	25.11	16.43	10.55	高校学生、教师分布情况以学校为单位进行统计，不按区域划分
宝鸡	19.36	10.97	8.12	5.35	
咸阳	30.67	15.62	12.87	5.69	
铜川	3.59	2.14	1.87	0.19	
渭南	25.06	12.76	11.93	2.72	
延安	17.55	7.41	5.71	2.54	
榆林	22.86	9.72	7.74	2.71	
汉中	19.52	10.81	7.96	2.72	
安康	17.56	8.95	5.87	2.44	
商洛	13.14	6.50	5.03	2.42	
杨凌	1.17	0.61	0.34	0.38	
韩城	2.15	1.13	0.92	—	
合计	224.22	111.73	84.79	37.71	118.18

表4　　　陕西省农村青年、城市从业青年群体分布情况　　　单位：万人

分布	农村青年	党政机关	非公企业	国有企业	基础教育教师	高等教育教师	社会组织
西安	94.79	14.5	54.75	31.73	8.14	高校学生、教师分布情况以学校为单位进行统计，不按区域划分	社会组织从业人员以社会组织为单位进行统计，不按区域划分
宝鸡	81.55	5.32	20.11	11.66	3.56		
咸阳	111.96	7.26	27.40	15.88	5.60		
铜川	12.99	1.20	4.51	2.61	0.85		
渭南	123.07	6.9	26.05	15.10	5.16		
延安	44.21	3.69	13.95	8.09	2.78		
榆林	68.90	5.55	20.96	12.15	4.09		
汉中	65.24	4.48	16.92	9.81	3.15		
安康	61.92	3.75	14.15	8.20	2.56		
商洛	64.61	3.54	13.36	7.75	2.33		
杨凌	3.99	0.39	1.47	0.85	0.19		
韩城	6.94	0.60	2.24	1.30	0.43		
合计	740.08	57.18	215.87	125.13	38.84	10.61	34.00

三 陕西青少年的主要特征

将传统领域的各类青少年群体调查数据进行合并，我们得到了一个能够全面反映当代陕西青少年特征的大数据库，通过群体、地域、学历、年龄、性别等多维度的大数据分析，掌握了陕西青少年10个方面的主要特征。

（一）陕西青少年思想状况积极向上，但思想引领工作仍然任重道远

思想观念是衡量青少年健康成长的重要指标之一，主要包括政治观念、价值观念和道德规范三个方面。在政治观念上，近九成的中小学生表示升国旗时无比自豪，九成左右的青少年表示"作为中国人非常自豪"，84.6%的陕西青年认同"中国梦一定能够实现"，82.8%的陕西青年表示"三个陕西"建设一定会成功，这充分说明陕西青少年对国家有强烈的认同感，对民族充满了自豪感，对建设陕西充满了信心。在价值观念上，大部分的中小学生认为对国家和社会做出贡献才是个人价值的最大体现，将"历史上的伟人"视为偶像的比例最高；大部分青年赞同"只要奋斗就能成功"和"付出就有回报"的观念，认为"家庭生活美满"是生活幸福最重要的指标，更多地将"父母亲人"当作偶像，对未来的生活充满信心，这表明陕西青少年在价值追求上积极正面，认可"奋斗"与"付出"的价值，家庭观念浓厚，对未来抱以乐观的心态。在道德规范上，绝大部分的陕西青年表示诚信是做人的基础，愿意为需要帮助的人伸出援手，参与志愿服务的意愿非常强烈，这反映出陕西青年以诚信为本、乐于助人的道德品质。

调查发现，随着年龄的增长，中小学生对国家的感情和民族的自豪感出现下滑，在高中（中职）阶段的表现尤为明显。以"作为中国人非常自豪"为例，小学生"非常同意"和"同意"的比例为95.3%，初中生为92.5%，高中、中职学生的比例为85.4%和86.8%，随着年龄的增长有下降的趋势。值得注意的是，在不同的青年群体中，青年教师的思想状况值得关注。以"作为中国人非常自豪"为例，大学生持"非常同意"和"同意"的比例最高，比例为92.1%，其次是农业青年和行政事业单位青年（比例均超过90%），社会组织和企业从业青年比例为87.7%和87.4%，青年教师的比例最低，仅为84.0%。青年教师作为教育的一线工作者，影响着学生思想观念的形成，本应在政治思想上做出表率，但实际情况却不容乐观，将中小学生思想下滑的现象联系起来，青年教师的思想状况应引起关注。

（二）陕西青少年学习教育状况差异明显，教育不均衡的现象依旧存在

学习教育状况是青少年在社会上立足、生存和发展的基础，主要包括基础教育、高等教育、学历状况和继续教育四个方面。在基础教育方面，超过八成的初小学生对科学知识感兴趣，超过九成的初小学生养成了良好的学习习惯，学习的动力主要来自"自己喜欢"和"想让未来的生活更好"，而不是因为受到父母或学校的监督；高中学生的课业负担明显增大，有接近一半的高中生感觉到压力较大；中职学生的学习态度不够端正，课业负担比初中阶段还低。从地域上看，关中地区的中小学生学习压力和课业负担明显比陕南、陕北地区高出许多。

在高等教育方面，近七成的在校大学生对自己的学习状况不满意，学业状况成为当前大学生的最大困扰，主要原因是大学生的"自律能力较差"。这说明进入大学后，课业负担和学习压力大幅度降低，学生自身的管理能力较弱，容易出现荒废学业的现象。调查显示，仅有26.7%的受访学生表示每周课外学习时间在7个小时以上，说明大部分的学生投入的学习的精力非常有限，这就不难理解为什么大学生在学业上遇到诸多困扰。在课外，陕西大学生并不热衷社团和学校活动，在校外兼职的比例也较低，但有七成的学生热衷考取各类职业证书，这表明一方面大学生对学业和综合能力的培养不够重视，过于现实地希望通过"职业证书"来证明自己；另一方面，高等教育在某些方面存在与社会需求脱节的现象，社会上一些"唯证书"的不良风气严重影响着当代大学生的现实选择。从不同的学习阶段上看，本科学生对自己的学业状况最不满意，硕士和博士学生对学校社团活动的参与度最低，大专生参加校外兼职的比例更高，学习阶段越低的学生越热衷于追求各类证书，这都体现出不同学习阶段大学生的鲜明特点。

在学历状况方面,接近六成的陕西青年获得大专及以上学历,超过三分之一的青年获得本科及以上学历,说明大部分的陕西青年接受到良好的高等教育,学历状况良好。需要注意的是,关中地区硕士及以上学历的比例远高于陕北和陕南,说明在对高学历人才的吸引力上,地区之间的差距明显。从群体上看,归国留学青年、青年教师和行政事业单位从业青年学历教育的情况最好,大专及以上学历比例超过九成,本科及以上比例超过七成,而农业青年在这两项上的比例最低,分别为28.6%和11.1%,说明农业青年在学历教育方面的差距仍很明显。需要指出的是,创业青年群体这两项的比例分别为73.1%和42.2%,在所有群体中处于中等水平,可见陕西的创业青年并没有明显的学历优势。

在继续教育方面,有超过一半的受访青年参与过继续教育,但群体之间的差异较大,有88.2%的青年教师表示参与过继续教育,比例远高于其他群体,而农业青年群体的情况不容乐观,仅有44.6%的农业青年表示参加过继续教育,因此应有针对性地提高农业青年接受教育培训的机会。从内容上看,目前的继续教育培训主要以职业技能培训为主,这与青年在继续教育中最希望"综合能力得到提升"的需求并不吻合,反映出继续教育在供需方面存在脱节现象。从组织形式上看,陕西青年的继续教育主要由单位组织,当地政府也发挥了一定作用,但青年参与人民团体、社会组织和商业机构等组织的继续教育比例非常低,说明社会力量的参与程度仍然较低,应进一步引导人民团体、社会机构在继续教育方面发挥更大的作用,有助于提供更加丰富、更为多元的培训内容,缓解继续教育供需之间的矛盾。

(三) 陕西青年就业观念仍偏向保守,创业热情高涨但与现实存在错位

就业是生活收入的主要来源,就业问题关系着国计民生,就业观念在青年求职和择业方面发挥着极其重要的作用。陕西青年选择工作最主要的考虑因素是"收入高"和"工作稳定",在校大学生最有意向的毕业去向是"省级国有企业""省级事业单位",这说明陕西青年择业仍偏向传统观念中的收入好、工作稳定的"铁饭碗"。从业青年的流动性不足,大部分从业青年五年内没有换过工作,未来的规划也集中在本单位里继续工

作，这进一步说明陕西青年对工作稳定性的过度追求。在校大学生认为找到一份好的工作最主要的因素是"参加社会实践较多"和"优秀的成绩",重要性远高于"父母或亲戚有社会关系"等其他因素,但实际情况是在校大学生课余投入在学习、社团和学校活动以及校外兼职的时间并不多,这也反映出大学生在择业问题上出现了"知"和"行"的矛盾;绝大部分的从业青年认为工作能力是影响升迁最主要的因素,重要性远高于人际关系和机遇等其他因素,这说明当代陕西青年认为自身能力对职业获取和发展影响最大,传统观念中家庭背景和社会关系等因素的影响正在减弱。

青年创业是时代和现实的客观要求,是关乎国家未来、民族兴衰的民生工程。陕西省是西部大开发的前沿阵地,从整体的创业氛围来看,虽和上海、广东等经济发达的沿海地区相比还有差距,但在西北地区仍是青年创业的首选地。陕西青年的创业意愿强烈,超过七成的青年赞同"有机会,就去创业"的说法,农村青年和在校大学生创业意愿最为强烈。但在意愿强烈的同时,陕西青年未来有创业规划的比例却较低,说明陕西青年在创业的意愿和行动上出现了"想法多,干的少"的现象。调查表明,从业青年中未来有创业规划比例最高的是农村青年,大学生中比例最高的是大专学生,硕士和博士的比例很低,这表明陕西的高学历人才创业的比例依旧较低,创业还处于较初级的阶段。此外,大部分的青年创业者对政府扶持青年创业的优惠政策不够了解,大学生对高校开展的创业指导工作的总体评价相对偏低,说明在政策宣讲和创业培训等方面亟须加强;"自有资金"与"向亲友借贷"是创业者主要的创业资金获取渠道,这从侧面反映出,创业资金来源渠道除依赖自身储备外,其他渠道尚未完全打开。

(四) 陕西青年婚恋观念积极向上、家庭观念浓厚,对新时期的婚恋观点持保守态度

恋爱、婚姻、家庭是青年人生必经的重要阶段,随着时代的发展,陕西青年在婚恋观、家庭观和生育观方面呈现出新的特点。在婚恋观方面,陕西青年在择偶时最看重"自身的能力品质",其次是"性格"和"感情",最不看重的因素是"地域"、"职业"、"个人收入"和"家庭背景",这反映出陕西青年择偶时关注自身的能力和感情状况,并不会过多考虑物质条件及地域限制，婚恋观念是积极向上的。调查表明，与男性相比，女性择偶时更关注身体状况、收入、学历等因素，而男性对相貌更关注，说明女性择偶时更加现实，而男性更喜欢"看脸"，具有鲜明的时代特点。

在家庭观念方面，陕西从业青年认为"家庭生活美满"是生活幸福最重要的指标，其次是身体健康和事业有成，可见陕西青年对美满的家庭生活最为向往。超过九成的陕西青年对"同性恋""婚外情""一夜情"持反对的态度，表明陕西青年的家庭观念非常浓厚。此外，只有三成左右的陕西青年对"婚前财产公证""子女随母姓"持包容的态度，仅有两成的陕西青年对"谈恋爱 AA 制""离婚"持包容的态度，说明陕西青年的家庭观念依旧偏向保守。从群体上看，归国留学青年、新媒体从业青年和大学生的性观念更加开放，家庭观念明显弱于其他群体，对"婚外情""一夜情"和"同性恋"持更加包容的态度，应加以正确引导。

在生育观念方面，陕西青年的生育意愿较高。调查发现，陕西青年中不想生育的比例仅为 2.7%，有超过五成的青年愿意生育二胎。需要注意的是，年龄越小的青年生育意愿越低，"80 后"不想生育比例仅为 2% 左右，愿意生育二胎的比例在五成以上；"90 后"不想生育的比例上升到 4% 左右，愿意生育二胎的比例下降到四成左右，变化趋势明显，应引起高度重视。陕西青年生育孩子最大的顾虑是"经济问题"，其次是"没人照看"，这表明要鼓励生育，必须降低养育子女的经济成本，进一步完善社会保障机制。

需要指出的是，陕西的归国留学青年在婚恋观、家庭观和生育观方面受到国外观念的影响，与其他群体差异明显。在婚恋观上，归国留学青年的已婚比例是所有群体中最低的，而有男/女朋友的比例却是群体中最高的，说明归国留学青年在择偶方面并不存在明显的压力，但面对婚姻有缺乏勇气的现象。归国留学青年对"一夜情""婚外情"等不利于家庭稳定的因素持更加包容的态度，是所有群体中比例最高的，从侧面反映该群体的家庭观念较弱。归国留学青年在生育观念上出现分化现象，该群体既是选择不生育比例最高的群体（比例为 4.5%），又是选择生育三个或以上孩子比例最高的群体（比例为 6.4%），具有鲜明的群体特点。

（五）陕西青年承受的压力较大，在一定程度上影响其身心健康发展

当前，陕西正处于追赶超越阶段，经济增速位列全国第一方阵。在陕西经济快速发展和竞争日益激烈的背景下，陕西青年压力感尤为明显。调查表明，近五成的从业青年感觉压力较大，只有两成多的青年觉得压力较小，青年教师和行政事业单位青年群体感觉压力最明显，而归国留学青年群体感受到压力最小。经济压力和工作压力是陕西青年压力最主要的两个来源，远超过人际关系、健康、学习和婚恋家庭等其他因素。此外，女性在工作方面感受到的压力明显高于男性，这从侧面说明在职场中"男女不平等"的现象依旧存在，而男性在经济方面感受的压力更大，表明当今社会对男性的物质条件要求更高。

陕西青年在承受经济和工作压力的同时，无形中对青年的身心健康造成了影响。从整体上看，虽然有65%的青年表示对自己的健康状况满意，但陕西青年的健身意识不强，超过七成的青年每周锻炼的时间低于4个小时，其中近二成的青年从不锻炼。在心理状态方面，近六成的青年认为自己生活幸福，但随着年龄的增长幸福感明显降低，这说明陕西的"幸福指数"虽然不低，但在青年成长的过程中，压力和责任逐渐增大，对青年的"幸福指数"将造成负面影响。

（六）陕西青年收支状况不容乐观，但具有理性的消费观念，对借贷消费并不支持

收支状况是消费质量的基础，陕西从业青年的收支状况不容乐观，只有四成的受访青年表示"收支有盈余"，三成的青年表示"入不敷出"，这也进一步说明陕西青年在经济方面承受的压力较大。从群体上看，近四成的行政事业单位青年处于"入不敷出"的状态，比例高于其他群体。从消费结构上看，陕西青年的消费主要集中在生活必需、子女抚养和住房等三个方面，用于购买奢侈品、购车、休闲娱乐、赡养老人和教育等方面的支出比例较低，说明陕西青年在个人发展、休闲娱乐和反哺家庭等方面的消费比例较低，消费结构还有进一步优化的空间。

调查显示，陕西青年具有理性的消费观念，九成的受访青年赞同"生活条件好了，但节俭仍需要提倡"，六成的受访青年赞同"只要产品和服务好，东西贵一点也没有关系"，说明陕西青年既认同勤俭节约的优良传统，也愿意为好的产品和服务"埋单"。对于借贷消费，有37.1%的从业青年持反对态度，33.4%的青年持观望态度，只有28.5%的青年明确表示支持，这也表明大部分的从业青年对"借贷消费"并不"感冒"，整体的消费观念较为理性。从地域上看，陕南地区的青年对"借贷消费"支持的比例最低，关中地区的最高，两者相差10个百分点左右。从群体上看，归国留学青年群体对于"借贷消费"支持的比例远高于其他群体，有六成的受访者表示支持，28.6%的受访者持观望态度，仅有11.4%的受访者表示反对，说明归国留学青年群体更加认同"超前消费"的理念。

（七）陕西青年自有住房的比例不低，但购房意愿强烈，对住房的刚需依旧强劲

对于很多青年来说，拥有自己的住房是当下最重要的人生目标之一，也是他们成家立业的象征性标志。陕西从业青年拥有自住房的比例不低，调查显示，有四成的从业青年拥有自购（自建）住房，各有两成左右的青年住在父母家中和租房居住，有一成的青年住在单位集体宿舍或单位福利住房中。"住房困难"是当前陕西青年面临的主要困难之一，仅次于"发展提升困难"，排在第二位。从地域上看，陕北地区青年拥有自住房比例最低，面临的住房困难也最为严峻，关中地区居中，而陕南地区的比例相对较高。从群体上看，企业从业青年自购（自建）住房的比例最低，同时也是面临住房困难最为严峻的群体。

调查显示，陕西青年的购房意愿强烈，当前有六成的陕西青年有购房（自建房）的打算，并有三分之一的青年购房意愿非常强烈。从地域上看，陕北地区青年的意愿最强，其次是关中和陕南地区，这与不同地域青年自有住房的情况相吻合。从群体上看，各群体青年的购房意愿接近，说明对购房的需求与青年群体的类型关系不大，是各群体青年的共性需求。调查表明，在拥有住房的青年中，仍然有超过二成的受访者表示有强烈的意愿再购买（自建）住房。青年作为刚需购房的最主要的力量，购房意愿强烈，反映出陕西房地产的刚需依旧强劲。

（八）陕西青少年上网呈现低龄化的趋势，对网络谣言的辨别能力需进一步增强

当前，陕西省共有网民1886万人，其中10—40岁网民1414万人，占全省该年龄段人口的87%。据统计，2015年中国网民的人均周上网时长为26.2小时，平均每天上网3.7小时，青年的工作、生活、娱乐与互联网紧密联系，出现"青年即网民"的现象。调查显示，有五成的初小学生平均每天上网时间（包括手机上网）超过30分钟，大部分高中（中职）学生每天的上网时间在1个小时以上，仅有1%的高中学生表示自己基本不上网，这都表明青少年接触网络的低龄化趋势明显，互联网与青少年的学习生活紧密联系。需要特别指出的是，网络成瘾正演化成一种新型的不良行为，调查中超过95%的不良行为青少年有沉迷网络的迹象，网吧几乎成为不良行为青少年必去的场所，如何对"网瘾青少年"进行教育矫治，应引起高度重视。

调查表明，有五成的陕西青年会将情绪带到网络中去，其中主要的宣泄渠道是微信的朋友圈，可见"发朋友圈"已经成为青年在网络中宣泄情绪的最主要方式。针对网络谣言，只有三分之一的陕西青年愿意主动反驳，超过五成的青年表示"与己无关"或"不愿意惹麻烦"，仍有14.9%的青年认为"网络谣言也有些道理"，说明陕西青年对网络谣言"扬清击浊"意愿较低，对谣言的辨别能力还需进一步提高。从群体上看，行政事业单位青年呈现出分化的现象，一方面行政事业单位青年是传统领域青年中最愿意站出来反驳谣言的，另一方面该群体又是最"不愿意惹麻烦"的群体，呈现出分化和矛盾的群体特征。需要指出的是，年龄越小的青少年对网络谣言的鉴别能力越差，更容易受到网络谣言的影响，其中31—40岁的受访者表示"网络谣言也有些道理"的比例约为13.5%，20—30岁的比例约为15.5%，19岁及以下的比例为17.0%，说明进一步构建网络清朗空间，加强对青少年的网络思想引导工作意义重大。

（九）陕西青年权益保障情况需要关注，青年权益保障体系需逐渐完善

从整体上看，超过五成的从业青年日工作时长在8小时以上，有四成的从业青年表示没有签订劳动合同，有五成左右的从业青年不能享有带薪休假和"三险一金",这充分说明当前从业青年的权益保障状况不容乐观,也从侧面反映出陕西青年承受的工作压力较大。从地域上看,关中地区青年工作时间超过 8 小时的比例较高,同时签订劳动合同、享有带薪休假和"三险一金"的比例也更高,说明关中青年的工作时间较长,但其他方面的保障也相对完善。从年龄上看,26—35 岁的从业青年权益保障情况明显优于其他年龄段,而 36—40 岁青年权益保障出现明显"滑坡"现象,应引起各方关注。

调查表明,陕西青年在遇到困难时,"家人及亲戚"给予的帮助最大,其次是"朋友"和"同学、老乡",而当地政府、单位、人民团体,以及公益组织提供的支持较小,说明当前陕西青年获得的支持依旧主要来自家庭和朋友,社会的支持明显不足。当权益受到侵害时,陕西青年最主要的维权途径是公检法等司法机构,其次是本地政府,向单位、人民团体、社会社团和新闻媒体等寻求支持的比例较低。这些数据充分说明,陕西青年在遇到困难和权益维护的过程中获得的社会支持仍显不足,保障体系需进一步完善。从群体上看,大学生和青年教师群体向单位(学校)求助的比例远高于其他群体,表现出群体独有的特点。

(十)陕西共青团组织对青少年健康成长影响深远,但存在影响弱化和覆盖不全的现象

共青团是共产党领导的青年群众组织,是党的助手和后备军,作为党和政府联系青年群众的桥梁与纽带,一直发挥着重要作用。但随着经济转型、社会转轨,面对全球化背景下社会思潮多元化发展的趋势,共青团组织同样面临着各种现实困难和严峻挑战。调查表明,超过八成的陕西中小学生很喜欢共青团和少先队的活动,觉得当一名共青团员对自己很有吸引力;82.6% 的大学生表示共青团的教育对自己是有影响的;84% 的青年教师认为共青团组织在育人方面有积极影响,这些数据都表明陕西共青团组织对青少年的健康成长有着积极的影响,对大多数的学生有凝聚力和吸引力。调查发现,在高中生和大学生中,与共青团组织联系越紧密的,对共青团的评价就越高,其入党积极性也就越高,呈现出党团一致性,这充分说明陕西共青团作为党联系青年的纽带和桥梁,在青少年思想引领方面发挥着重要作用。需要指出的是,在校大学生和青年教师群体在肯定共青团组织发挥重要作用的同时，有部分大学生、青年教师认为共青团组织对学生的影响正在弱化。

调查显示，大部分陕西从业青年对团组织的"印象良好"，但仍有16.9%的青年表示对团组织"没有印象"，3.9%的青年对团组织"印象较差"；有六成的从业青年表示"所在的单位（村/社区）里有共青团组织"，但仅有14.5%的从业青年表示经常参加团的活动。从群体上看，行政事业单位青年和青年教师对共青团的印象最好，团组织的覆盖率最高，参加共青团组织的活动比例最高，而对新兴领域中创业青年群体、进城务工青年群体的覆盖率较低、参与活动的比例也较低。这些数据说明，一方面大部分的从业青年对陕西共青团持正面的评价，肯定团组织发挥的作用；另一方面团组织存在对行政事业单位和学校覆盖率高，对农村、企业和社会组织特别是新兴领域群体覆盖不足的情况，青年经常参加团的活动比例较低，出现了覆盖不全的现象。

四　陕西共青团和青少年工作思考

党的十八大以来，以习近平同志为核心的党中央高度重视、亲切关怀青少年和共青团工作，将共青团改革作为全面深化改革、全面从严治党的重要举措加以部署和推进。习近平总书记明确指出，为中华民族伟大复兴的中国梦而奋斗，是中国青年运动的时代主题，要求共青团保持和增强政治性、先进性、群众性，把培养中国特色社会主义事业建设者和接班人作为根本任务，把巩固和扩大党执政的青年群众基础作为政治责任，把围绕中心、服务大局作为工作主线。习近平总书记关于青少年和共青团工作的一系列重要指示精神，指明了共青团前进的方向，体现出深远的战略眼光、宽阔的历史视野和强烈的问题意识，极大地丰富和发展了党的青年工作理论，是共青团改革的根本遵循。

贯彻落实习近平总书记重要指示精神，推动陕西共青团和青少年工作，就是要以当代陕西青少年的时代特征为基础，打破"城墙思维"，走出思维定式，以创新理念积极推动共青团改革发展，就是要着力构建"凝聚青年、服务大局、当好桥梁、从严治团"的四维工作格局，对应地建立起"大组织、大宣传、大服务、大权益、大公益"五大工作体系。

以"大组织"扩大团组织的有效覆盖,以"大宣传"更好实现思想引领,以"大服务"来服务青年、服务大局,以"大权益"当好桥梁纽带,以"大公益"关爱弱势群体,传递社会温暖。

(一)构建"大宣传"工作体系,加强思想引领,深化网上思想引导和网络舆论斗争

思想政治引领是共青团的根本价值所在,是共青团的立足之本,要将对青少年的思想政治引领和价值引领贯穿到团的各项工作中,努力构建各方参与、上下互通、横向联合、齐抓共管的全方位、多层次、宽领域的团宣工作体系,着力构建"思想共振、活动共办、平台共通、产品共创、队伍共建、人才共用、资源共享"的共青团大宣传格局,全面提升思想引领效果。

——加强青少年思想政治引领。以喜迎党的十九大为主线,开展"青春喜迎十九大""砥砺奋进的五年""红领巾心向党"等主题教育活动,做好党的十九大和省第十三次党代会精神宣讲。深化"四进四信"活动,推进"青年马克思主义者培养工程",引导青少年学习贯彻习近平总书记系列重要讲话精神和治国理政新理念新思想新战略,筑牢理想信念之基。弘扬中华优秀传统文化,开展"与人生对话""18岁成人仪式""彩虹人生"等主题教育活动,引导青少年自觉培育和践行社会主义核心价值观。创新"延安精神代代传"等活动载体,把延安精神作为"压舱之宝",充分发挥各级各类青少年教育基地、团属青少年活动场所等教育作用,引导青少年自觉当好延安精神传承人。

——创新青年典型选树宣传工作。优化"陕西青年五四奖章"和"寻找身边的好青年"等评选表彰机制,加大青年参与的范围和深度,把全媒体宣传融入评选的全过程,使典型树立变成长期性、激励性的一种创建活动,充分发挥榜样激励作用。大力挖掘基层一线普通青年典型,让青年感到典型就来自生活、来自身边,对身边的典型看得到、信得过、学得了。开展"奋斗的青春最美丽"分享活动,讲好青年故事,增强互动性、体验性,吸引青年广泛参与,积极传递青春正能量。

——深化网上思想引导。组建省级青少年媒体联盟和共青团网络智库,引导青年积极争当"中国好网民"。改进新媒体平台运营管理机制,加大团属网站建设力度，发挥矩阵总体效能。深化开展青年网络文明志愿行动和"青年好声音"系列网络文化行动，针对网上错误思潮和负面言论积极发声，弘扬正能量主旋律。

——深入实施文化产品化战略。抓好"秦小青"等重点文化产品开发、生产、推广，实现陕西共青团文化产品的系统化、品牌化、常态化。以青少年喜闻乐见的方式，拓宽产品传播渠道，充分运用社会化手段，多渠道高频度的传播产品，努力增强辐射面和影响力。

（二）构建"大服务"工作体系，有效服务大局，带领青年助力全省追赶超越

从青年全面发展的现实需求入手，以一系列有效的项目和活动为载体，促进青年成长成才，有效激发青年创新创造潜力，在经济发展、生态建设、脱贫攻坚、改善民生等陕西发展大局中进一步彰显青年贡献和共青团作为，力争打造一批具有广泛影响力的服务青年与发展大局的青年工作品牌，形成共青团工作"大服务"格局。

——全力服务青年创新创业。积极承办青年创新创业大赛，围绕创业意识引导、创业政策扶持、创业过程辅导、创业成果展示、创业资源对接等重点环节，广泛开展青年创业培训，强化对创业青年的"一对一"辅导，拓宽青年创业融资渠道，建好用好青年创业联盟、农村青年致富带头人协会、大学生创业协会等创业青年组织，新建一批省级青年创业孵化基地，着力打造青年创业的完整服务链条。

——推动青年立足岗位创效创优。以服务青年职业成长为切入点，鼓励青年立足岗位创新创优创效，打造"青创先锋"品牌，组建示范性青年创新组织，引导青工参加小发明、小创造、小革新、小设计、小建议等"五小"创新活动，倡导工匠精神，提升职业技能。深化青年文明号、青年安全示范岗创建，开展争当青年岗位能手、最美青工评选等活动，并将各项活动向"两新"组织拓展，促进青年立足岗位建功立业。

——实施农村青年电商培育工程。以培养青年电商人才为突破口，实施"万村万人"青年电商人才培养计划，把电商发展与脱贫攻坚紧密融合，发现和扶持一批电商扶贫的创新型项目和团队，打造"电商助农"特色季系列活动。开展农村青年致富带头人、青年职业农民培养和大学生助理派驻工作，深化西部计划、"三下乡"、博士服务团、研究生支教团等工作，推动青年人才为贫困地区发展贡献才智。加强与政府、金融机构合作，通过纳入担保贴息贷款、推出专属金融产品、建立电商产业基金等途径，帮助缓解电商贷款难题。

——加强青年婚恋交友服务。从青年的现实需求出发，加强与团属活动阵地、青年自组织、婚恋交友网站等团内外资源的交流整合、工作融合、力量聚合，搭建婚恋交友平台，弘扬健康向上的婚恋新风。针对不同群体青年特征，建立读书会、骑行会等各类兴趣组织、社会组织，充分发挥"青年之声"平台和青春驿站作用，线上发起、线下组织，定期开展青年牵手活动。在公益活动、环保志愿等各类青年社会性活动中渗透联谊环节，开展大中学生择友公开课等活动，增加青年交友的场景感。

——服务"一带一路"建设。举办丝绸之路经济带青年讲座、丝路沿线青少年交流等主题活动，围绕"一带一路"建设开展专题调研，积极建言献策。实施"港澳青年寻根谒祖""大陆港澳台一家亲"等活动，扩大与港澳台友好团体的联系，促进项目合作和双向交流。选派全省优秀青联委员、青少年出访交流，积极承办亚非青年联欢节等国际青少年交流活动，加强与各国青少年交往交流。

（三）构建"大权益"工作体系，当好桥梁纽带，更好地为青少年代言发声

围绕青少年群体的新诉求，把工作对象从未成年人为主扩展到全体青少年，把工作领域从救济式权益保障拓展到促进青少年普遍性发展权益，全面构建形成"大权益"工作格局，不断完善青少年诉求表达、利益协调、权益保障机制，使团组织真正成为广大青少年遇到困难时想得起、找得到、靠得住的力量。

——推进法治化维权进程。以"两法两办法一专章"为基础，推动与青少年相关的法律法规建设，贯彻落实《未成年人网络保护条例》，合作开展网络空间青少年权益保障工作；针对校园欺凌、校园暴力治理等热点问题，推动立法或出台相关文件。积极发挥青少年成长导师及律师团队作用，加强青少年维权工作站建设，为青少年提供专业、及时的法律援助。对涉罪以及有严重不良行为的未成年人，推动完善替代刑罚的保护处分措施,开展必要的干预矫治。

——健全组织化维权机制。加强各级"预防青少年违法犯罪"专项组和"未成年人保护委员会"建设,注重成员单位作用发挥、密切联系合作,深化重点青少年群体服务管理和预防犯罪工作。深化"共青团与人大代表、政协委员面对面"活动,引导青少年有序参政议政,按照法定路径反映青少年普遍性诉求。推动各级政府编制或落实青少年发展规划,推动惠及青少年的政策措施落到实处。

——构建社会化维权体系。打通全国青少年维权在线平台的服务资源,整合省级专家团队资源,接受青少年线上线下咨询求助,开展好个案维权工作。转型升级各地市12355青少年服务台,将12355发展成为权益战线服务青少年成长的综合公益平台、汇总反映青少年舆情的前沿触角、承接政府购买服务的重要主体。加强专业社工队伍建设,建立健全"团干部+志愿者+社工"联动工作机制,推动社会力量参与青少年权益维护、未成年人保护和青少年犯罪预防等工作。

(四)构建"大公益"工作体系,关爱弱势群体,广泛传递社会温暖

以深化希望工程、青年志愿者等品牌工作为牵动,从单一的救助、捐献活动,向医疗卫生、教育培训等与青少年息息相关的公共领域拓展,影响青少年和全社会构建公益心灵,为和谐发展做出积极贡献。

——创新公益项目建设。积极做好对贫困地区援建希望小学、希望厨房、智能教室、体育园地、希望图书室等工作,开展希望工程圆梦行动和快乐成长系列活动,助力教育脱贫攻坚。举办全省公益项目大赛,创新筹资方式,以"互联网+微公益"的形式,开展网络公益众筹等各类救助、扶贫、关爱公益活动。开展帮助贫困家庭学生"微心愿"认领活动,深化城乡少年手拉手、健康关爱行动。探索建立受捐助对象信息反馈机制,加强感恩教育,引导受捐助者回报社会。

——完善青年志愿服务项目体系。坚持组织化推动与激发内在动力相结合,在青年中做好志愿服务宣传、意识培养和教育培训工作,引导青年积极参与志愿服务实践。做好大学生服务西部计划、研究生支教团、援疆援藏和援外志愿者招募、培训、派遣工作,做好丝博会暨西洽会、公祭轩辕黄帝等大型赛会志愿服务工作。

——启动青年信用体系建设试点工作。配合推进"志愿中国"信息系统建设，面向优秀青年志愿者，在学习教育、创业就业、金融消费等领域推出守信联合激励，通过记录教育、就业、创业、融资、消费、志愿服务等方面的信息，建立青年评价记录，全面评价青年诚信状况。

（五）构建"大组织"工作体系，狠抓从严治团，切实加强团的自身建设

按照全面深化改革和全面从严治党要求，以"统管、分建、联推"为理念，以实现"有效覆盖、有效凝聚"为目标，以组织建设与项目活动同步推进为手段，进一步理顺组织体系、推进制度建设、加强从严治团，充分发挥党的助手和后备军作用，不断巩固和扩大党执政的青年群众基础。

——切实加强团的组织建设。理清团工委工作体制机制，按照团员青年的分布，探索设置大口团工委。严格落实中学、高校共青团改革要求，深入实施高校团支部"活力提升工程"和中学中职"强基固本工程"。加强区域化团建，持续抓好国企团组织、事业单位团组织建设，推进村级团组织、社区团组织建设，组建团建指导员队伍。以更加社会化的组织覆盖方式和工作方式推动两新组织团建，让更多青年就近就地参与到团的工作和活动中来。把各类青年社会组织、自组织纳入组织体系，推动团组织与他们形成"伙伴式互动、引导式成长"的关系。

——不断加大支持基层力度。加强党建带团建，充实基层团委工作力量，落实基层专、兼职团干部待遇，全面优化基层工作环境，持续开展乡镇街道重点项目资助。选派高校团干部、银行业金融机构优秀青年干部到县级团委挂职；鼓励基层通过积极探索、大胆创新解决自身发展问题，把区县团委创新开展工作作为评选、考核的重要内容，对工作创新成果进行评比表彰。发挥协管职能，进一步推动基层团组织按期换届，提升市县两级团委书记、班子及机关干部配备率。

——加强团干部队伍建设。严格落实三项机制，提高干部选拔任用工作的满意度；推动"两学一做"学习教育及"团干部健康成长"教育实践活动深入开展，强化党风廉政建设。全面落实"1+100"等直接联系青年工作，进一步针对青年需求，创新活动开展，提高联系频次，提升联系效果，确保联系质量。完善青年之声和青春驿站轮值值班制度，激励团干部深入基层、贴近青年、改进工作。坚持分级分类，持续开展团干部培训。

——激发团员先进性。开展团员经常性教育，通过学习培训、主题教育、实践活动、同伴分享、选树典型等方式提升教育成效。注重运用网络手段进行团员培训。加强仪式教育，举办好入团、超龄离团等仪式，要求新团员必须在团旗下进行入团宣誓，团内正式活动时要按照规定使用团旗、佩戴团徽、奏唱团歌。

总报告

第一章

陕西青少年学习教育状况

一 初小学生学习教育状况

1. 基本情况

初小学生学习状况较好,养成了良好的学习习惯,学习的动力主要来自自身,而不是因为受到监督。调查显示,83.2%的初小学生对科学知识感兴趣,有90.3%的初小学生自己独立完成家庭作业,有97.4%的初小学生自己整理书包;初小学生学习动力主要来自"为了自己以后生活更好"和"自己喜欢"两个方面,比例分别为46.6%和44.7%。从群体上看,初中生的学习兴趣明显低于小学生,两者的比例分别为74.7%和87.5%。值得注意的是,初中生和小学生的学习动力也有差异,初中生学习动力主要是"为了自己以后生活更加美好"(比例是51.5%),而小学生的学习动力主要源于"自己喜欢"(比例为47.2%)。

2. 学习压力

调查表明,初中生的学习压力和课业负担明显增大,地区差异明显,关中地区尤为明显。其中,小学生和初中生中感觉没有学习压力的比例分别为48.4%和8.4%,感觉压力很大的比例分别为4.4%和15.7%,变化的幅度较大。小学生的课业负担主要在1个小时以内,比例为75.5%,超过2个小时的比例仅为6.5%,而初中学生在一个小时以内的比例为

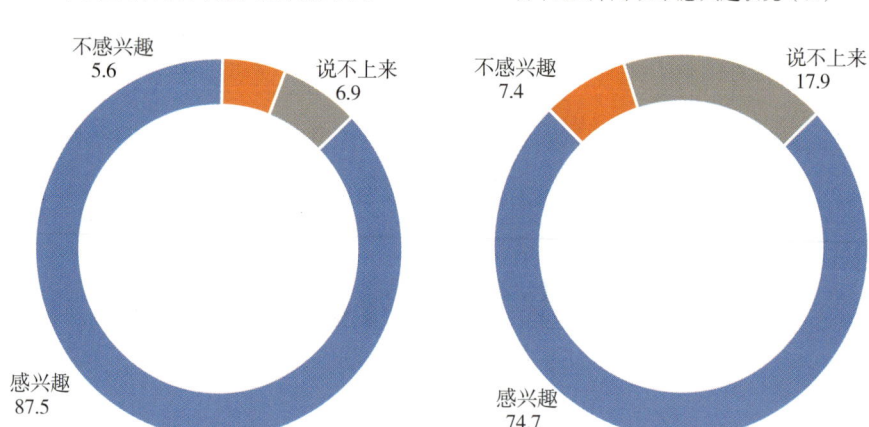

附图　初小学生对科学知识感兴趣状况（%）

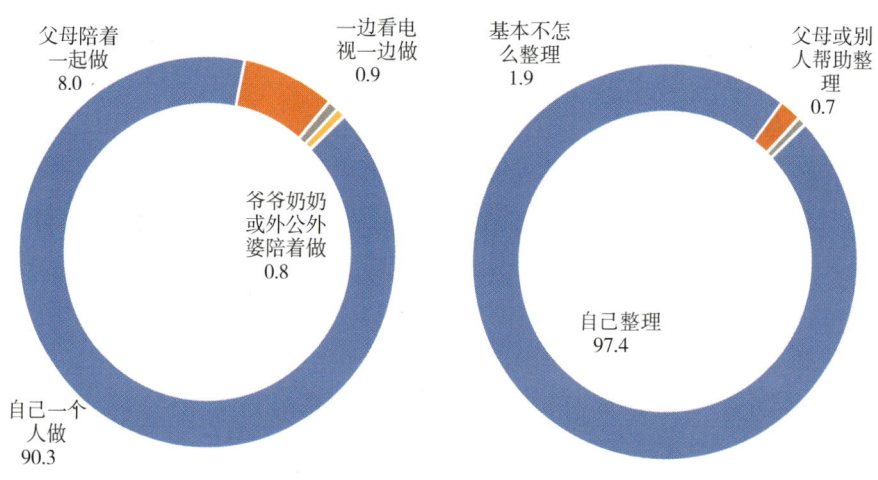

附图　初小学生完成家庭作业状况（%）、整理书包状况（%）

39.9%，超过2个小时的比例为23.1%。从睡眠时间上看，有88.6%的小学生在10点以前上床睡觉，而初中生的比例下降到52.4%，另有10.9%的初中生在11点以后睡觉，从侧面反映初中生课业负担较重。值得注意的是，关中地区的初小学生学习压力和课业负担明显比陕南、陕北地区要高，关中仅有32.4%的初小学生表示没有压力，陕南、陕北地区的比例为36.6%和42.8%，关中地区课业负担在两个小时以上的比例为39.2%，陕南、陕北地区的比例为30.8%和34.1%。

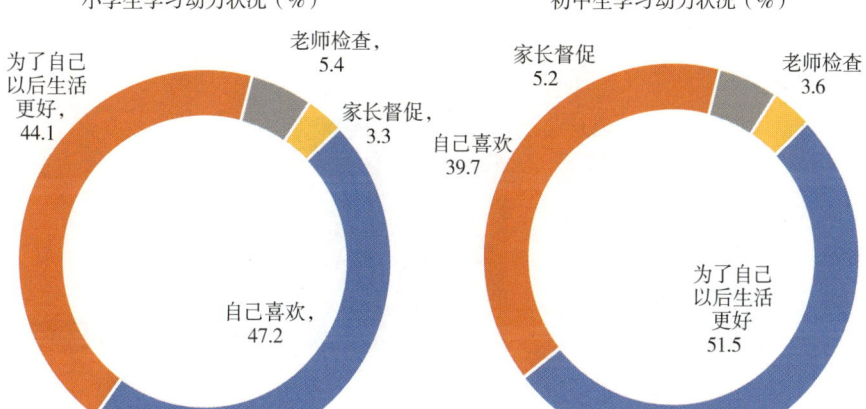

附图　初小学生学习动力状况（%）

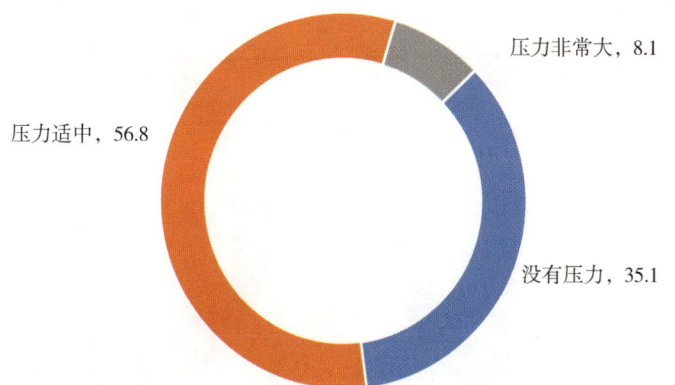

附图　初小学生学习压力状况（%）

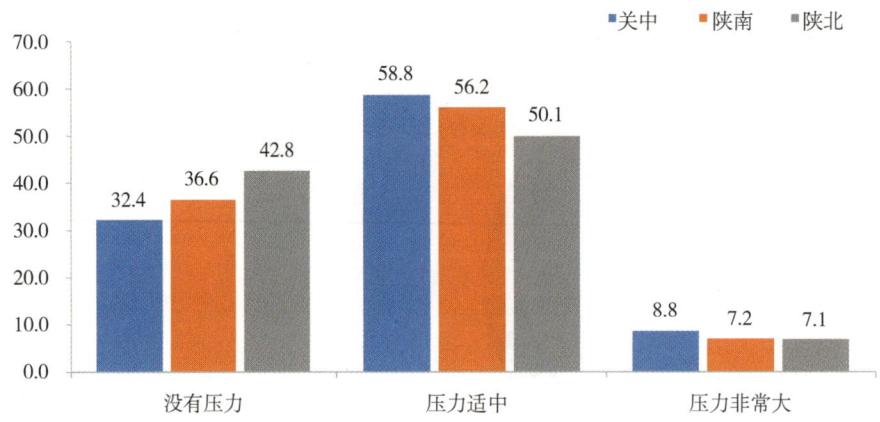

附图　分地域比较初小学生学习压力状况（%）

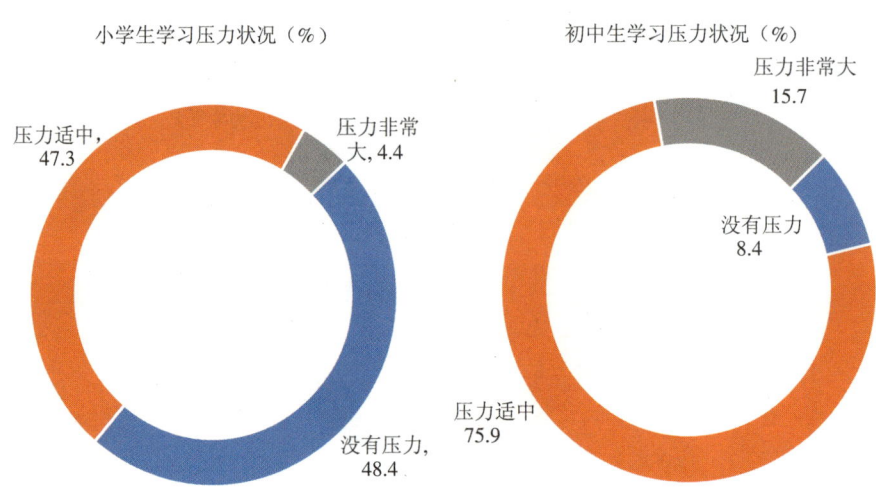

附图　初小学生学习压力状况比较（%）

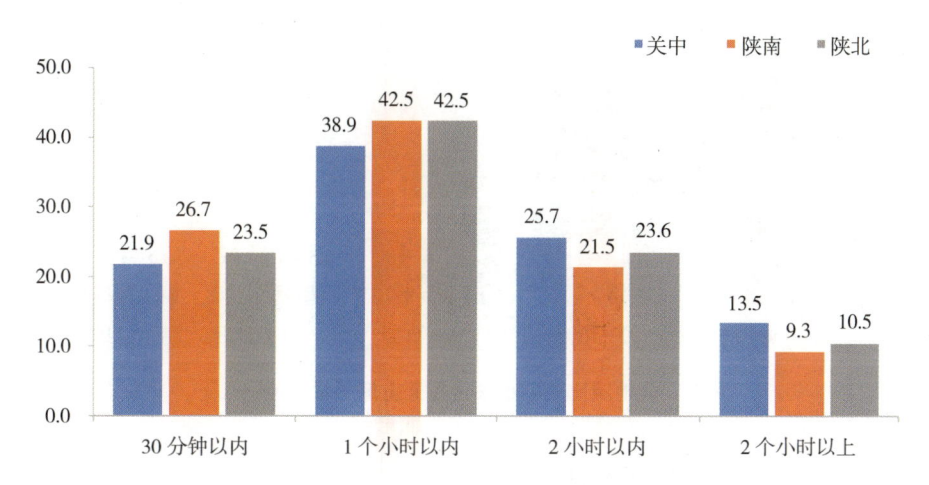

附图　分地域比较初小学生每天家庭作业时长（%）

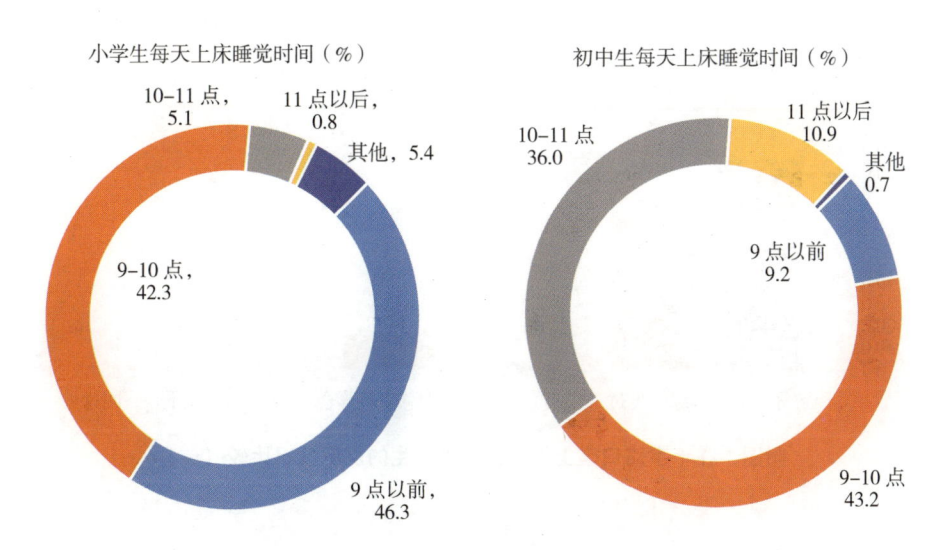

小学生每天上床睡觉时间（%）
- 10–11 点, 5.1
- 11 点以后, 0.8
- 其他, 5.4
- 9–10 点, 42.3
- 9 点以前, 46.3

初中生每天上床睡觉时间（%）
- 10–11 点 36.0
- 11 点以后 10.9
- 其他 0.7
- 9 点以前 9.2
- 9–10 点 43.2

附图　初小学生每天上床睡觉时间比较（%）

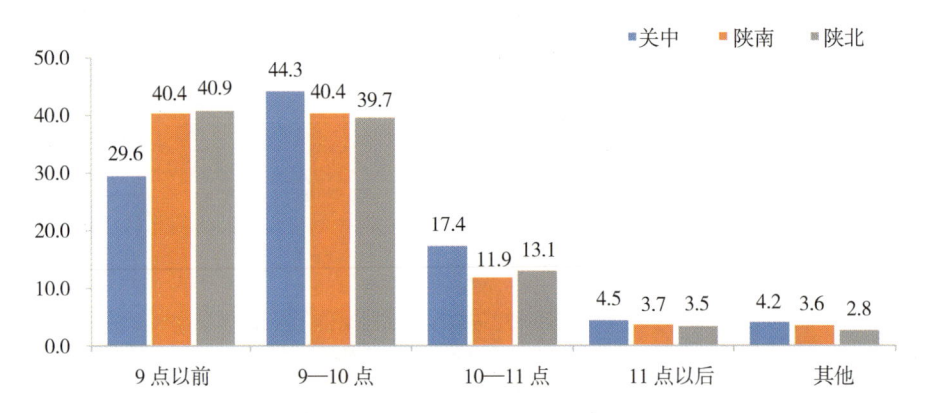

附图　分地域比较初小学生每天上床睡觉时间（%）

3. 文明礼貌和规则意识

值得注意的是，虽然初小学生普遍能够做到"讲礼貌、守规则"，但在初中生中出现了"滑坡"现象。调查表明，有97.1%的小学生"在客人来访时会站起身来，礼貌地打招呼"，而初中生的比例为93.1%；有95.3%的小学生表示能够遵守交通规则，而初中生的比例仅为81.5%，呈现明显下降的趋势。

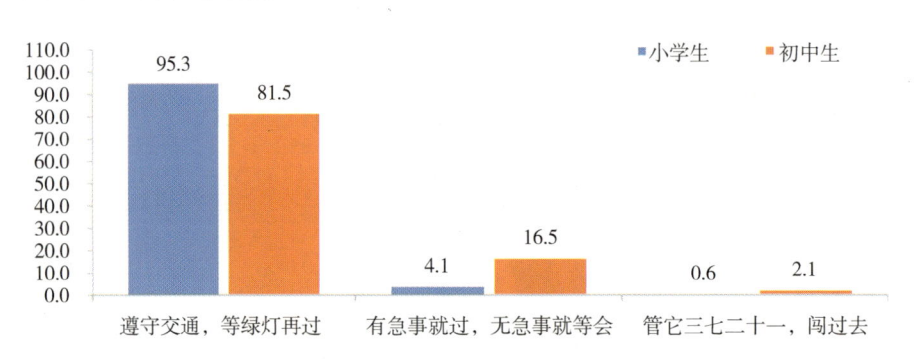

附图　在十字路口碰上红灯，初小学生的反应情况比较（%）

二　高中中职生学习教育状况

1. 基本情况

从整体上看，高中生的学习习惯较好、态度更端正，中职学生在学习习惯和态度上与高中生有明显差距，高中中职学生学习的动机都较为现

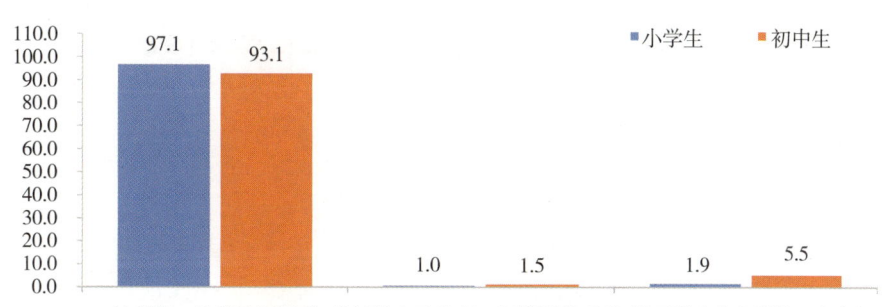

附图　当家中有客人到访时，初小学生的反应比较（%）

实。调查显示，有66.9%的高中生会提前预习功课，而中职生的比例仅为58.1%；有77.6%的高中生表示"考试作弊是不对的，我不作弊"，而中职生的比例为59.2%，差距较为明显；在学习动力上，有43.5%和41.9%的高中、中职学生表示学习的目的是"未来能过上自己理想的生活"，比例远高于其他因素，其中仅有9.1%和18.3%的高中、中职学生是为了"自身素质的提高"，仅有4.5%和7.5%的高中、中职学生表示"学习是一件幸福而快乐的事情"，这充分说明高中中职学生的学习动机较为现实，高中学生尤为明显。

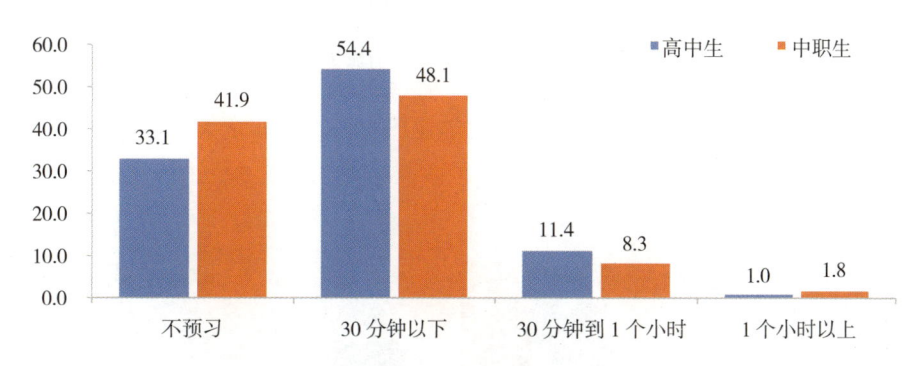

附图　讲授新课前高中中职生的预习时间比较（%）

2. 学习压力

与初小学生相比，高中学生的学习压力和课业负担明显增大，高中生感觉自己学业压力较大或非常大的比例达到了47.6%，课业负担在2个小时以上的比例超过了40.2%。值得注意的是，中职学生的课业负担比初中学生还低，学习压力较小，仅有9.9%的中职学生表示课业负担超过

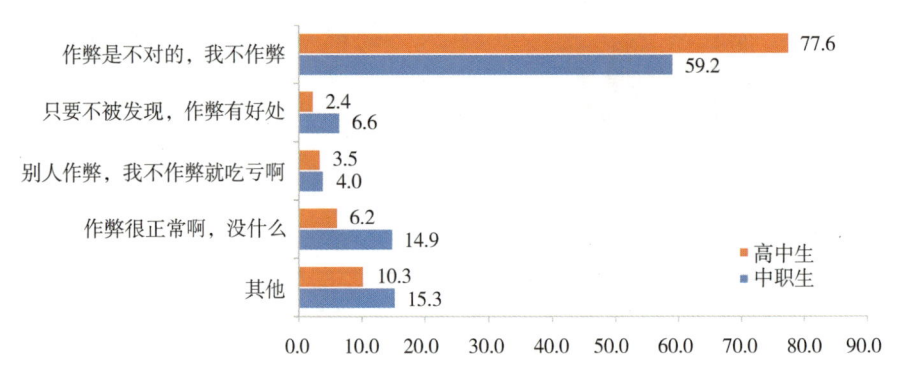

附图　高中中职生对作弊的态度比较（%）

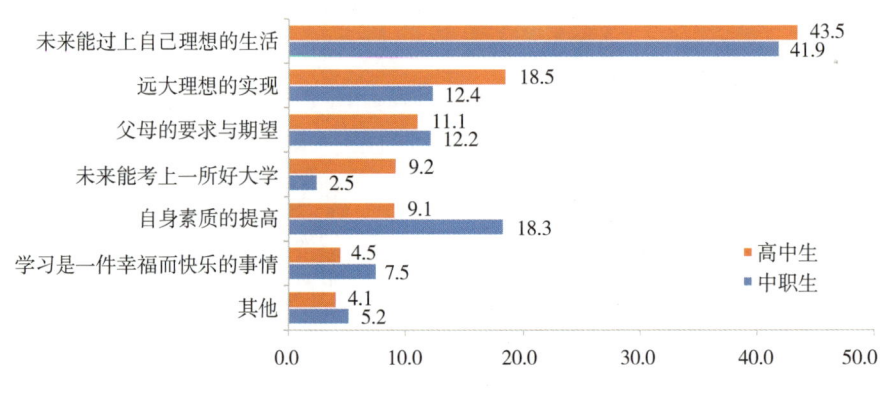

选项	高中生	中职生
作弊是不对的，我不作弊	77.6	59.2
只要不被发现，作弊有好处	2.4	6.6
别人作弊，我不作弊就吃亏啊	3.5	4.0
作弊很正常啊，没什么	6.2	14.9
其他	10.3	15.3

附图　高中中职生的学习动力比较（%）

选项	高中生	中职生
未来能过上自己理想的生活	43.5	41.9
远大理想的实现	18.5	12.4
父母的要求与期望	11.1	12.2
未来能考上一所好大学	9.2	2.5
自身素质的提高	9.1	18.3
学习是一件幸福而快乐的事情	4.5	7.5
其他	4.1	5.2

2个小时，有32.4%的中职学生感觉学业压力较大或非常大，说明中职教育的质量堪忧，应引起足够重视。

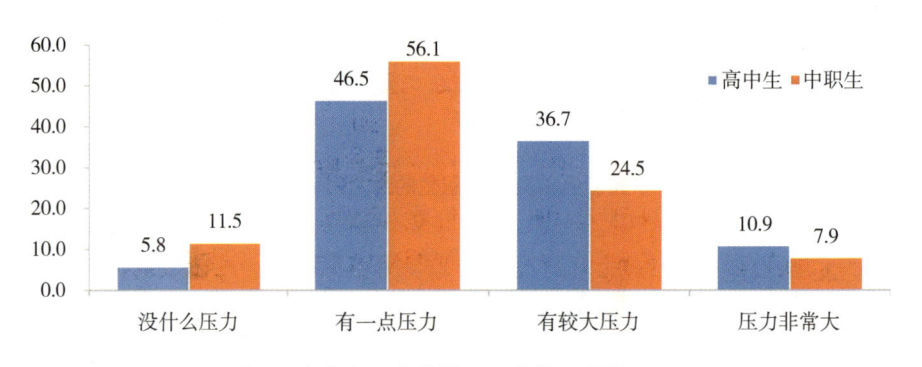

附图　高中中职生的学习压力状况比较（%）

压力程度	高中生	中职生
没什么压力	5.8	11.5
有一点压力	46.5	56.1
有较大压力	36.7	24.5
压力非常大	10.9	7.9

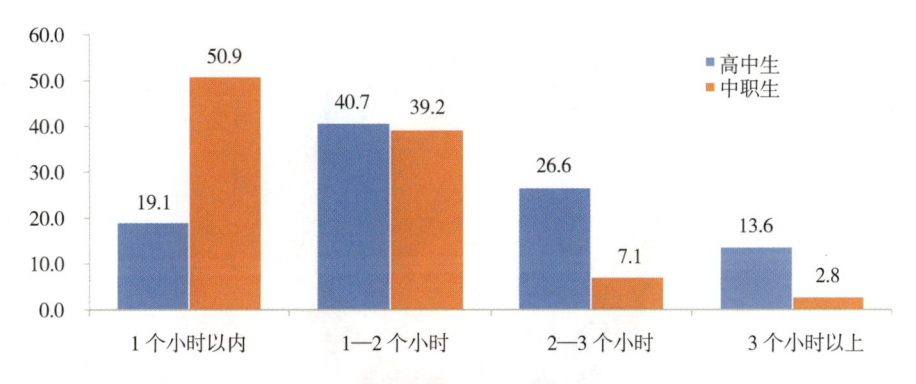

附图　高中中职生完成老师布置作业的时长比较（%）

三　大学生学习教育状况

1. 基本状况

调查显示，由于自律能力较差，大部分在校大学生对自己的学习状况满意度较低，学业状况成为当下大学生的最大困扰。调查中，仅有34.8%的大学生对自己的学习状况感到满意，其中本科生满意度（比例为33.2%）明显低于其他学历，大专生、硕士生和博士生的满意度分别为37.8%、53.2%和45.2%。从原因上看，大学生对学习状况不满意的主要原因是"自律能力较弱"，比例为40.2%，其中大专和本科学生的主要原因是"自律能力较弱"，比例分别为37.7%和41.4%；硕士生的主要原因是"自律能力较弱"和"缺乏实践机会"等两个方面，比例分别为28.1%和20.0%；博士生的主要原因是"对所学专业不感兴趣"，比例达到41.4%。

当前大学生遇到的最大困扰是"成绩不理想，得不到肯定"，其次是"就业困难，缺乏就业指导"和"付出和回报不成比例"，比例分别为57.9%、56.9%和56.9%。从性别上看，男生更受学习成绩的困扰，女生更担心就业困难。从学历上看，本科生和博士生更受学习成绩的困扰，而大专生和硕士生更担心就业困难。

2. 课外学习教育情况

大学生课外用于学习的时间较短，并不热衷社团和学校活动，在校外兼职的比例较低，但热衷于考取各类职业证书。调查表明，仅有28.7%

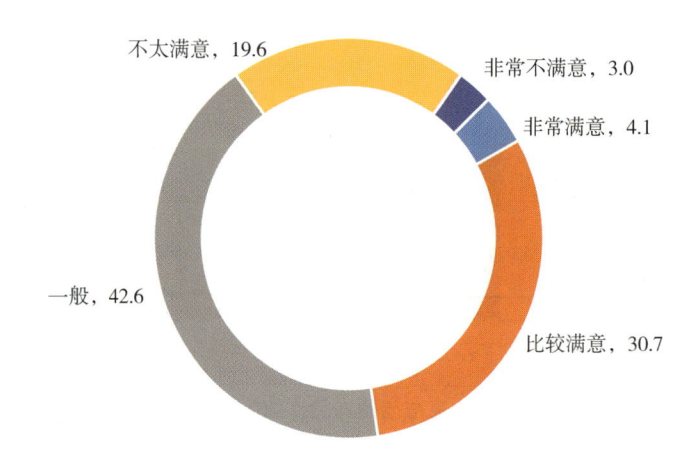

附图　大学生对自己学习状况的满意程度（%）

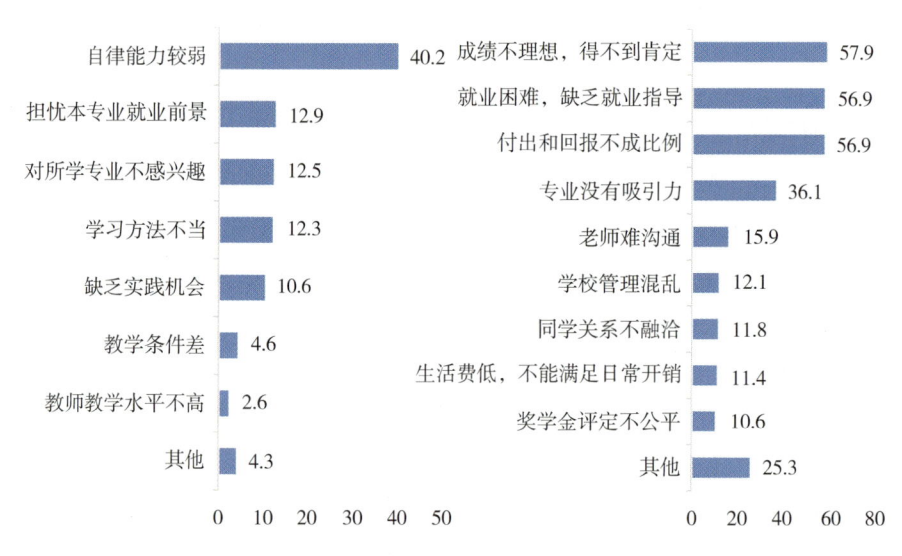

不太满意，19.6
非常不满意，3.0
非常满意，4.1
比较满意，30.7
一般，42.6

自律能力较弱　40.2
担忧本专业就业前景　12.9
对所学专业不感兴趣　12.5
学习方法不当　12.3
缺乏实践机会　10.6
教学条件差　4.6
教师教学水平不高　2.6
其他　4.3

成绩不理想，得不到肯定　57.9
就业困难，缺乏就业指导　56.9
付出和回报不成比例　56.9
专业没有吸引力　36.1
老师难沟通　15.9
学校管理混乱　12.1
同学关系不融洽　11.8
生活费低，不能满足日常开销　11.4
奖学金评定不公平　10.6
其他　25.3

附图　大学生对学习状况不满意的主要原因、遇到的最难解决的困惑（%）

的受访学生表示每周学习时间在7个小时以上，有44.8%的学生表示每周学习在3个小时以内，说明大学生投入在学习上的精力非常低，这就不难理解为什么大学生在学业上遇到诸多困扰；有28.9%和59.8%的大学生表示很少参加学校社团活动和校外兼职工作，其中硕士生和博士生对学校社团活动的参与度更低，很少参与的比例分别为44.0%和40.4%，而大专生参加校外兼职的比例更高，只有42.6%的大专生很少参加校外兼职。值得重视的是，有69.3%的受访学生对考取各类职业证书比较重视或非常重视，其中大专生和本科生的重视程度最高，比例均超过七成，博士生和硕士生的比例较低，分别为33.9%和49.6%。这些数据充分说明，大学生对自身学业和素质提升方面投入明显不足，却过分追求各类证书，存在"唯证书"的现象，而且学历越低，这种现象越明显。

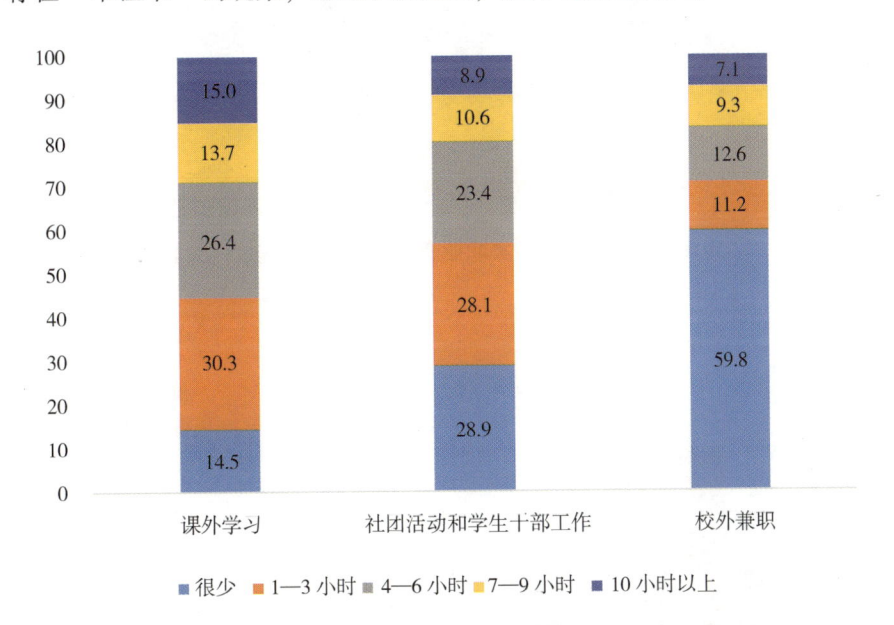

附图　大学生课外时间安排（%）

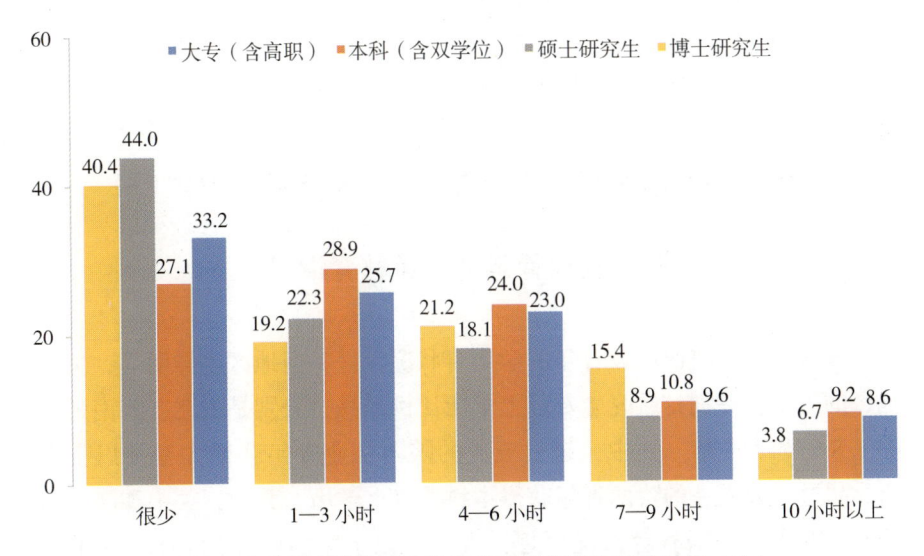

附图　分学历阶段比较大学生的社团和学生活动时间（%）

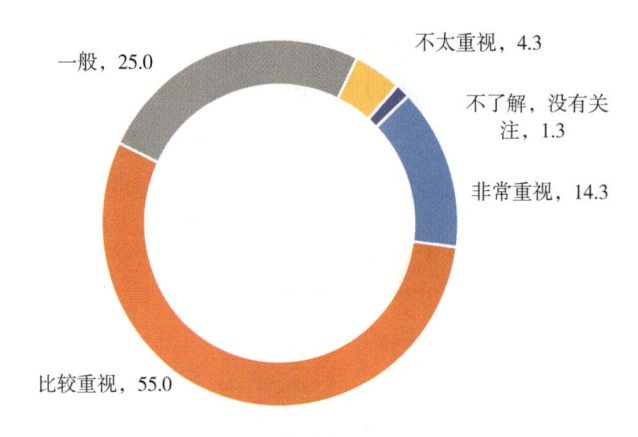

一般，25.0
不太重视，4.3
不了解，没有关注，1.3
非常重视，14.3
比较重视，55.0

附图　大学生对考各类职业资格证书的重视程度（%）

■ 大专（含高职）
■ 本科（含双学位）
■ 硕士研究生
■ 博士研究生

重视：33.9、49.6、70.2、77.0
一般：32.1、42.9、24.4、19.5
不太重视：18.9、5.7、4.1、2.8
不了解，没有关注：15.1、1.8、1.2、0.6

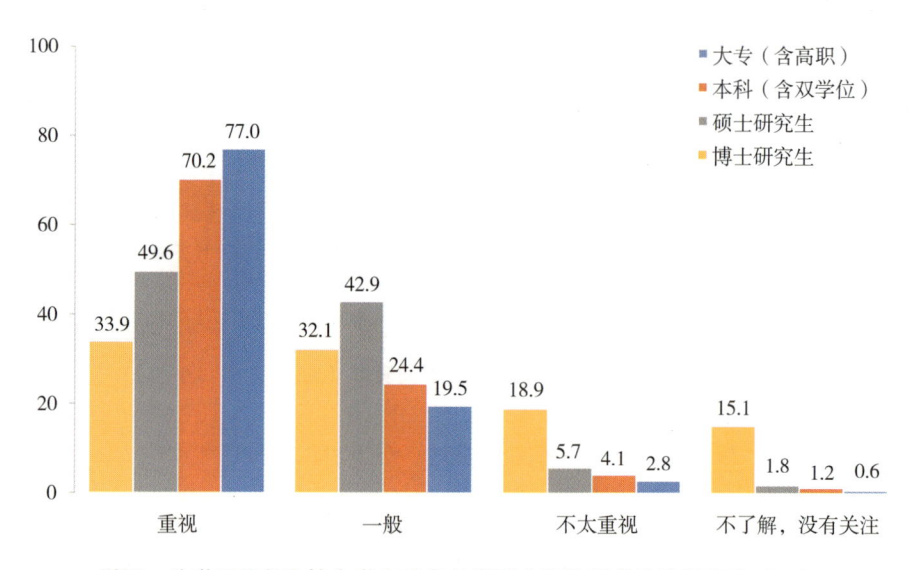

附图　分学历阶段比较大学生对考各类职业资格证书的重视程度（%）

四　从业青年的学历教育情况

调查显示，陕西就业青年的学历育状况较好，但地区差异明显，关中地区的高学历特别是研究生及以上学历比例最高，分别是陕北、陕南地区的1.8倍和3.4倍。其中，超过五成的陕西从业青年获得大专及以上学历，超过三分之一的陕西青年获得本科及以上学历。其中，关中和陕北地区的从业青年学历教育情况更好，大专及以上学历的比例均超过60%，本科及以上比例均超过35%，而陕南的比例仅为48.1%和28.2%，差距较为明显；关中地区硕士及以上学历的比例最高，达到5.1%，陕北和陕南的比例分别为2.9%和1.5%，地区差距较大。

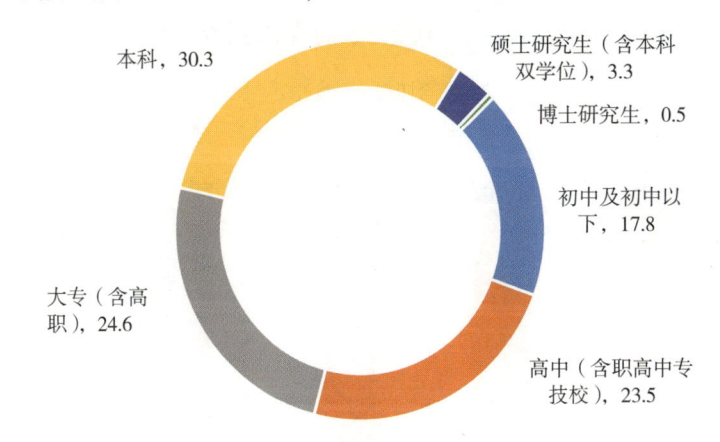

附图　从业青年的学历状况（%）

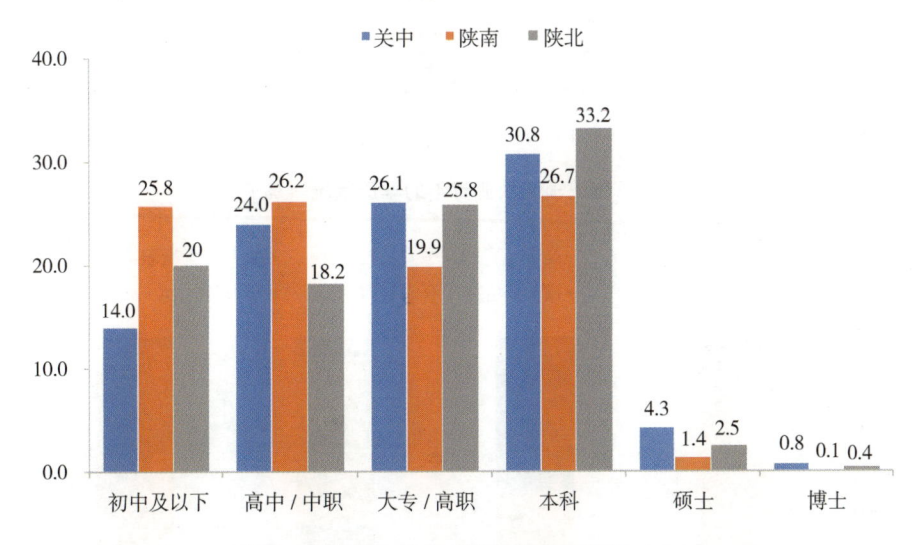

附图　分地域比较从业青年的学历状况（%）

在传统领域青年群体里，青年教师和行政事业单位从业青年（不含青年教师）学历教育的情况最好，大专及以上学历比例分别为98.4%和93.8%，本科及以上学历比例分别为88.9%和70.8%，说明这两类群体特别是青年教师普遍接受了良好的学历教育；另一方面，农业青年的学历教育情况不容乐观，大专及以上学历比例为28.6%、本科及以上学历比例为11.1%，农业青年在接受学历教育方面差距仍很明显。

值得注意的是，在新兴青年群体中，创业青年的学历水平较低，仅有42.2%的创业青年表示自己是本科及本科以上学历，比例远低于归国青年的83.6%、新媒体从业青年的60.2%、青年志愿者的53.3%。

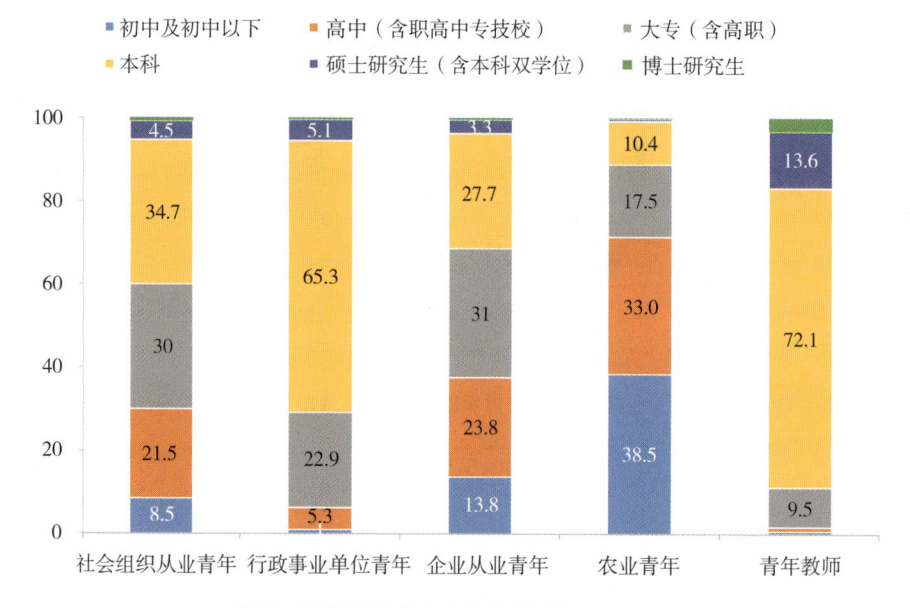

附图　传统领域从业青年的学历状况（%）

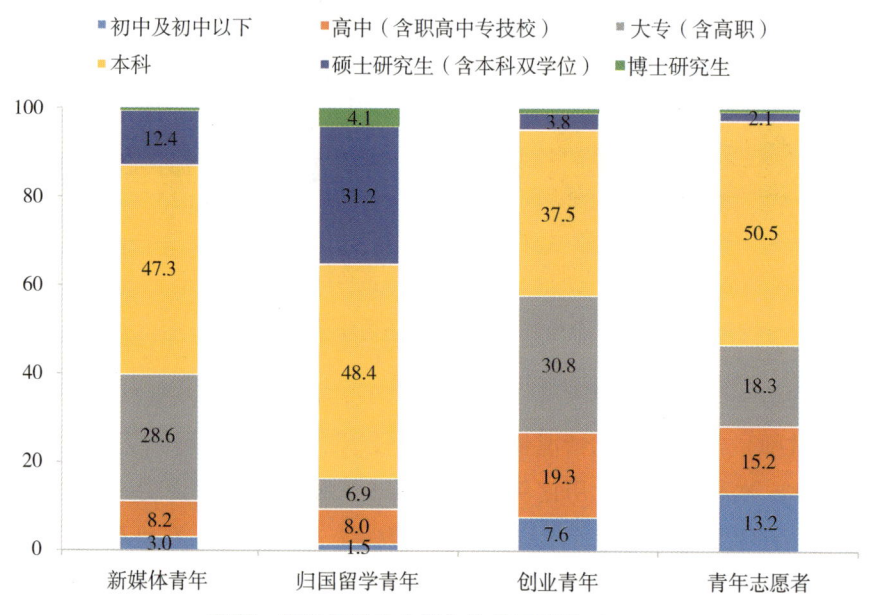

学历	社会组织从业青年	行政事业单位青年	企业从业青年	农业青年	青年教师
硕士研究生（含本科双学位）	4.5	5.1	3.3	—	13.6
本科	34.7	65.3	27.7	10.4	72.1
大专（含高职）	30	—	31	17.5	—
高中（含职高中专技校）	21.5	22.9	23.8	33.0	—
初中及初中以下	8.5	5.3	13.8	38.5	9.5

附图　新兴领域从业青年的学历状况（%）

学历	新媒体青年	归国留学青年	创业青年	青年志愿者
博士研究生	—	4.1	—	—
硕士研究生（含本科双学位）	12.4	31.2	3.8	2.1
本科	47.3	48.4	37.5	50.5
大专（含高职）	28.6	6.9	30.8	18.3
高中（含职高中专技校）	8.2	8.0	19.3	15.2
初中及初中以下	3.0	1.5	7.6	13.2

五　就业青年的继续教育情况

1. 基本情况

从业青年的继续教育开展情况总体较好，参与度高，但群体的差异较为明显。其中，57.1%的从业青年表示参与过继续教育，有13%的从业青年经常参与继续教育。而青年教师的参与率远高于其他群体，有88.2%的青年教师参与过继续教育，经常参与的比例达到55%，而农业青年群体继续教育情况不容乐观，只有44.6%的农业青年参加过继续教育，仅有5.5%的农业青年群体经常参与继续教育，这说明不同群体的继续教育情况差别明显。

从继续教育的内容上看，培训的内容过于单一。大部分的继续教育以职业技能培训为主，比例为41.2%，岗位技能培训、综合能力提升和学历提升的比例分别为26%、11.6%和9.9%。值得注意的是，从培训内容上看，行政事业单位青年与其他群体相比更多参加学历提升培训，比例为15.4%，明显高于其他群体。

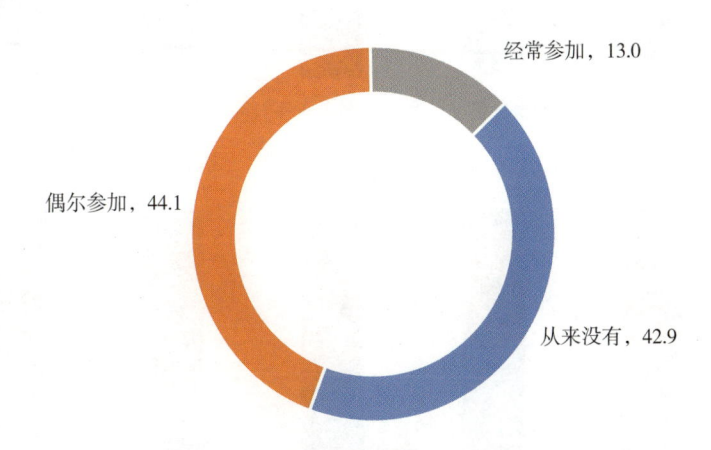

附图　从业青年参加继续教育的频率（%）

从需求上看，从业青年在继续教育中最希望综合能力得到提升，比例为31.7%，其次是职业技能提升，比例为23.7%。其中，各群体对综合能力提升培训的需求普遍较高，青年教师对兴趣爱好培训的需求远高于其他群体，农业青年对职业技能培训的需求最高，这从侧面反映供需之间依

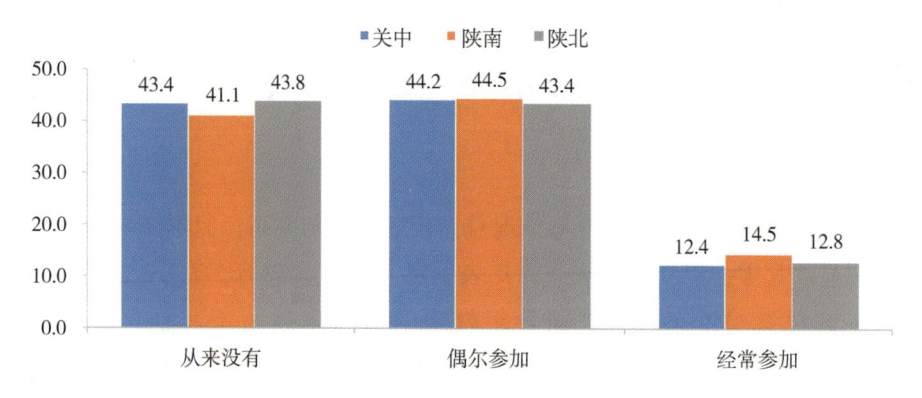

附图　分地域比较从业青年参加继续教育的频率（%）

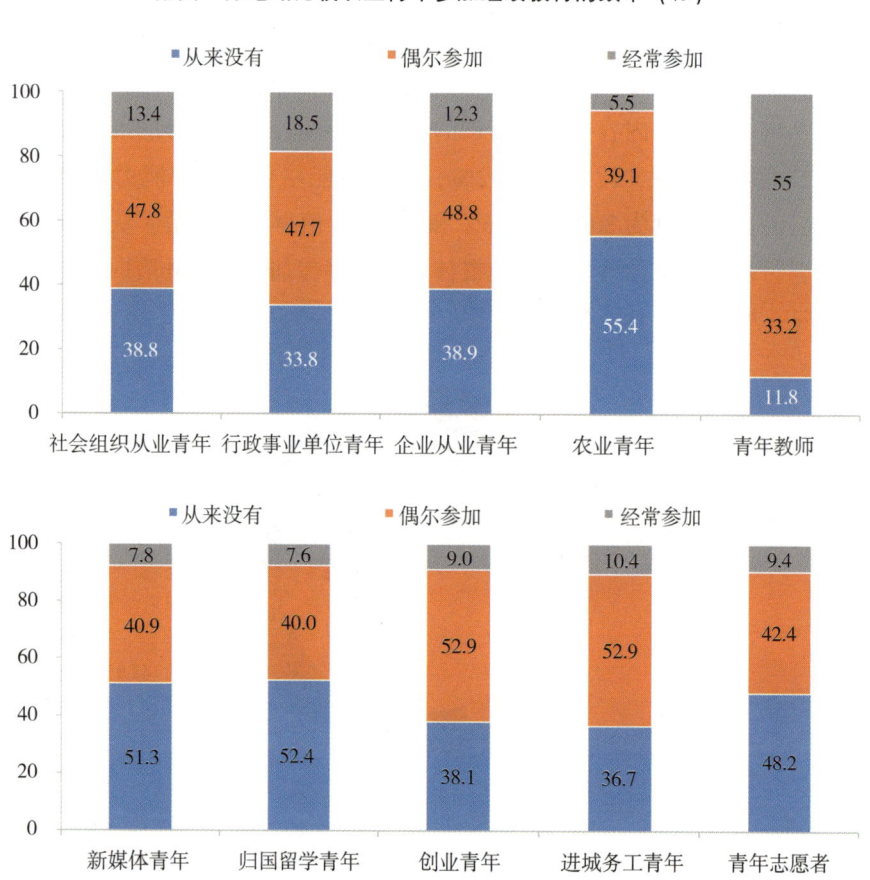

附图　传统领域青年、新兴领域青年参加继续教育类培训的状况（%）

旧存在较大矛盾。

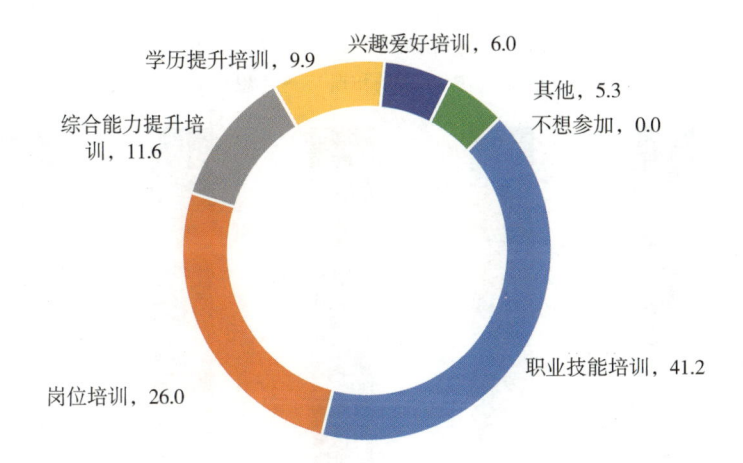

附图　从业青年参加继续教育的内容（%）

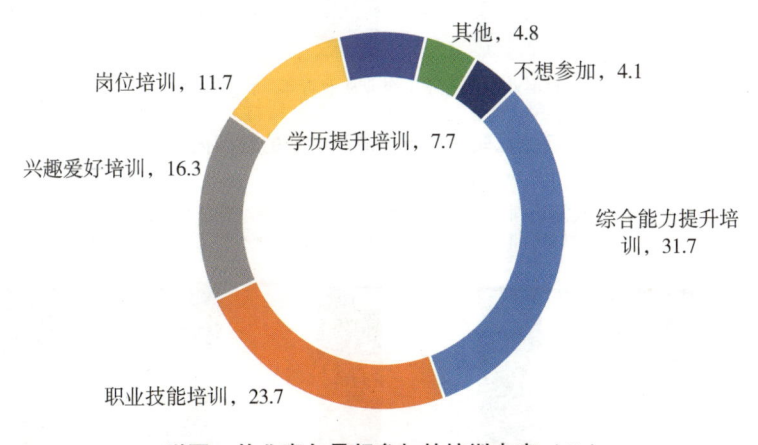

- 学历提升培训，9.9
- 兴趣爱好培训，6.0
- 其他，5.3
- 不想参加，0.0
- 职业技能培训，41.2
- 岗位培训，26.0
- 综合能力提升培训，11.6

附图　从业青年最想参加的培训内容（%）

- 岗位培训，11.7
- 其他，4.8
- 不想参加，4.1
- 学历提升培训，7.7
- 综合能力提升培训，31.7
- 职业技能培训，23.7
- 兴趣爱好培训，16.3

2. 组织形式

从业青年的继续教育主要由单位组织（比例为44.4%），当地政府也发挥了一定作用（比例为20.2%），其他的教育渠道还未完全打通。从群体上看，青年教师由单位组织继续教育的比例最高，比例为65.4%，其次为企业青年（比例为55.8%）和行政事业单位青年（比例为41.0%）；农村青年的继续培训主要是由当地政府组织的，比例为37.1%，单位发挥的作用不明显，比例只有27.7%。数据表明，青年参与人民团体、社会组织和商业机构等组织的继续教育的比例仍较低，应进一步引导这些组织和机构发挥更大的作用。

陕西青少年社会抽样调查蓝皮书

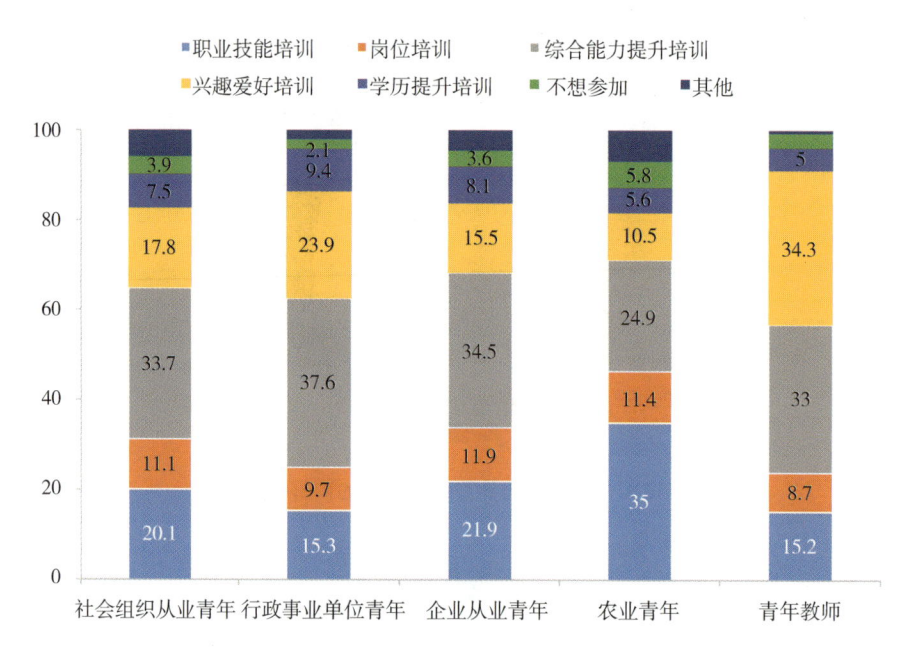

附图　分行业比较从业青年最想参加的培训内容（%）

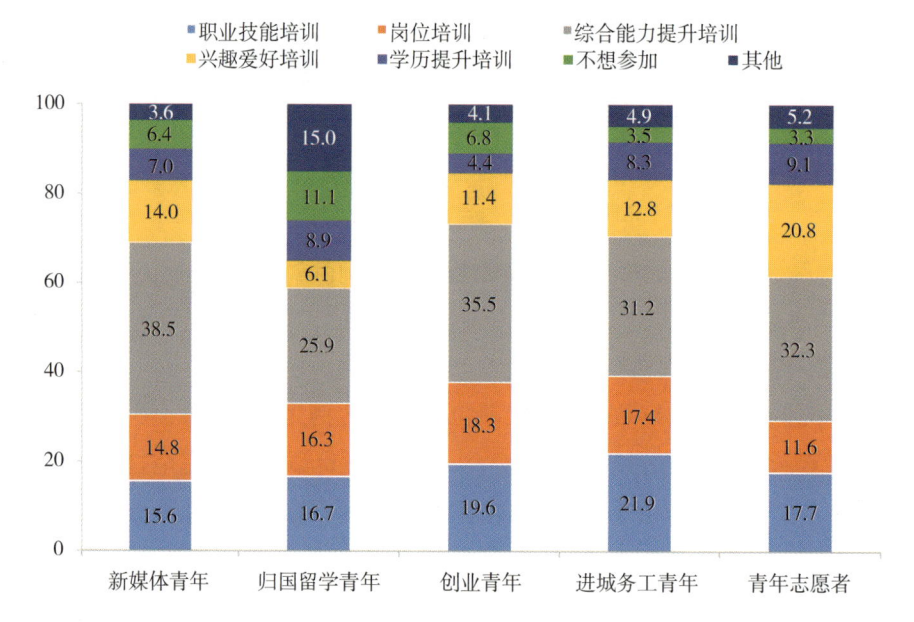

附图　新兴领域从业青年最想参加的继续教育类培训（%）

与传统领域相比，虽然由单位（学校）、当地政府组织的培训仍占主要地位，但新兴群体参与的比例有所降低，参与人民团体、社会组织和商

第一章 陕西青少年学习教育状况

业机构等组织的培训比例有所提高。

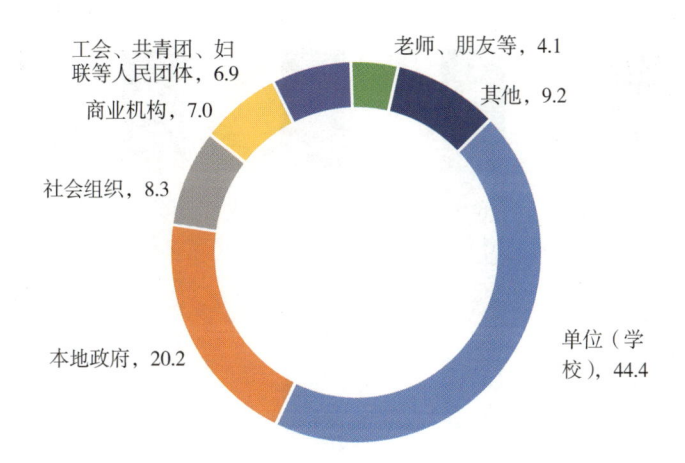

附图 从业青年继续教育的组织单位（%）

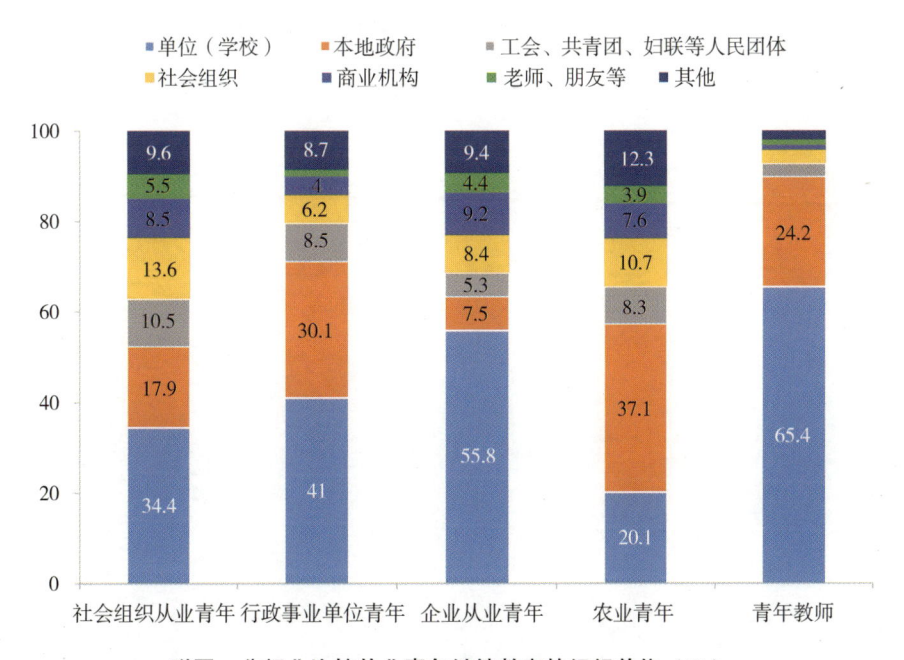

- 单位（学校），44.4
- 本地政府，20.2
- 社会组织，8.3
- 商业机构，7.0
- 工会、共青团、妇联等人民团体，6.9
- 老师、朋友等，4.1
- 其他，9.2

附图 分行业比较从业青年继续教育的组织单位（%）

图例：单位（学校）、本地政府、工会、共青团、妇联等人民团体、社会组织、商业机构、老师、朋友等、其他

类别	单位（学校）	本地政府	工会等	社会组织	商业机构	老师、朋友等	其他
社会组织从业青年	34.4	17.9	10.5	13.6	8.5	5.5	9.6
行政事业单位青年	41	30.1	8.5	6.2	1		8.7
企业从业青年	55.8	7.5	5.3	8.4	9.2	4.4	9.4
农业青年	20.1	37.1	8.3	10.7	7.6	3.9	12.3
青年教师	65.4	24.2					

陕西青少年社会抽样调查蓝皮书

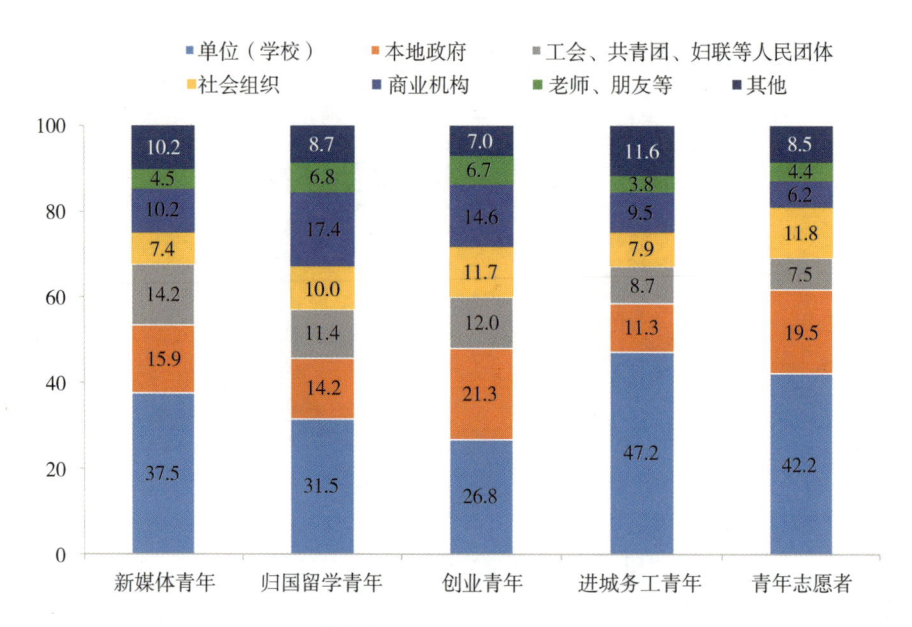

图例：■ 单位（学校）　■ 本地政府　■ 工会、共青团、妇联等人民团体　■ 社会组织　■ 商业机构　■ 老师、朋友等　■ 其他

类别	单位（学校）	本地政府	工会、共青团、妇联等	社会组织	商业机构	老师、朋友等	其他
新媒体青年	37.5	15.9	14.2	7.4	10.2	4.5	10.2
归国留学青年	31.5	14.2	11.4	10.0	17.4	6.8	8.7
创业青年	26.8	21.3	12.0	11.7	14.6	6.7	7.0
进城务工青年	47.2	11.3	8.7	7.9	9.5	3.8	11.6
青年志愿者	42.2	19.5	7.5	11.8	6.2	4.4	8.5

附图　新兴领域青年参加继续教育类培训的组织单位（%）

第二章

陕西青年的就业创业发展状况

一 就业观念

陕西青年选择工作最主要的考虑因素是收入高和工作稳定,比例分别为54.9%和52.6%,其次的考虑因素是适合自己的能力、福利好、发展前景较好,比例分别为39.1%、36.8%和32.8%。从地域上看,影响关中地区青年择业的首要因素是收入高,而陕北、陕南择业的首要因素是工作稳定。从群体上看,传统领域中行政事业单位青年和青年教师择业的首要因素是工作稳定,农业青年、企业从业青年、社会组织从业青年的择业首要因素是收入高;新兴领域青年群体择业的首要因素全部是收入高,工作稳定对新兴领域青年群体的择业吸引力降低。值得注意的是工作的社会地位对各群体青年普遍吸引力较低。从性别上看,女性择业的首要因素是工作稳定,收入高排名第二;男性择业的首要因素是收入高,工作稳定排名第二。

陕西青年对职业升迁的认识较为正确,工作能力被认为是影响工作升迁的最主要原因,选择比例为80.1%,排名2—5位的因素是人际关系、学历、机遇和个人品质,比例分别为52.2%、44.1%、40.6%和35.7%。按群体划分来看,各群体都认为工作能力是影响升迁的最主要因素,由于农业青年自身学历较低,所以认为影响升迁工作的次要原因是学历,其他群体普遍认为影响升迁的次要原因是人际关系。

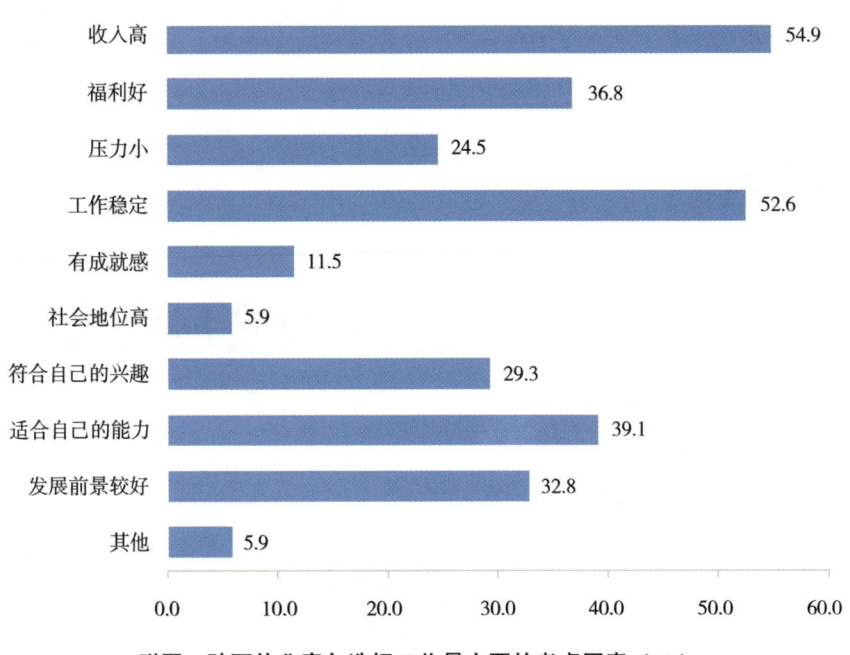

附图　陕西从业青年选择工作最主要的考虑因素（%）

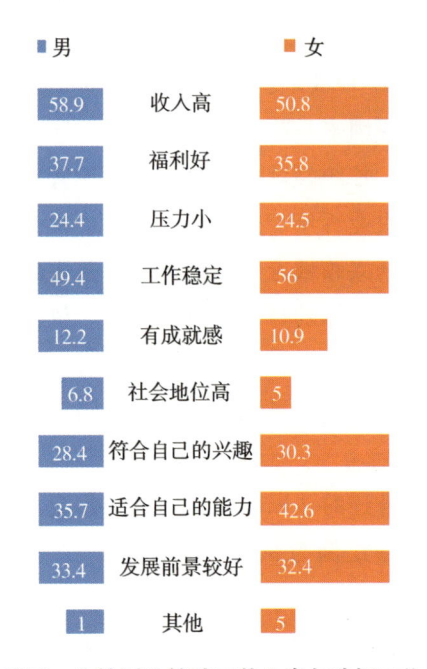

考虑因素	比例（%）
收入高	54.9
福利好	36.8
压力小	24.5
工作稳定	52.6
有成就感	11.5
社会地位高	5.9
符合自己的兴趣	29.3
适合自己的能力	39.1
发展前景较好	32.8
其他	5.9

附图　分性别比较陕西从业青年选择工作最主要的考虑因素（%）

考虑因素	男	女
收入高	58.9	50.8
福利好	37.7	35.8
压力小	24.4	24.5
工作稳定	49.4	56
有成就感	12.2	10.9
社会地位高	6.8	5
符合自己的兴趣	28.4	30.3
适合自己的能力	35.7	42.6
发展前景较好	33.4	32.4
其他	1	5

第二章 陕西青年的就业创业发展状况

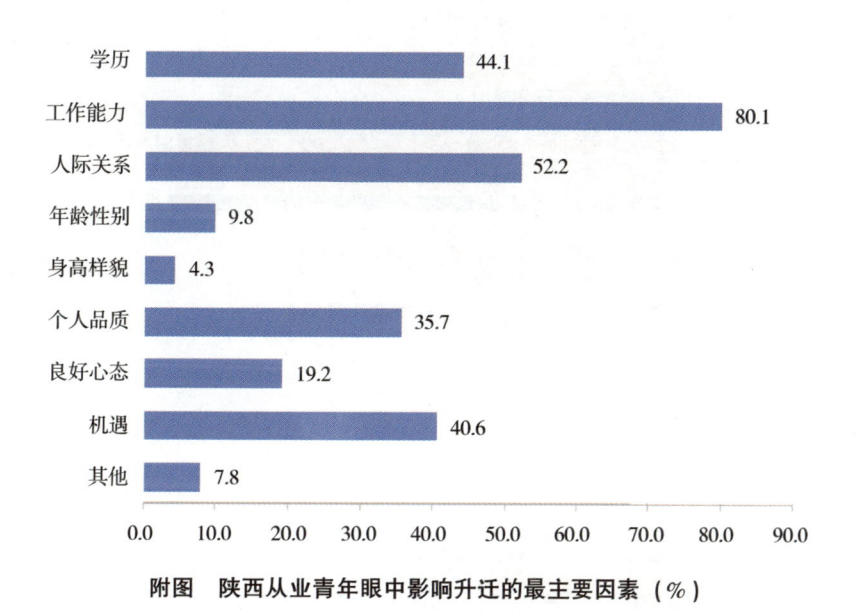

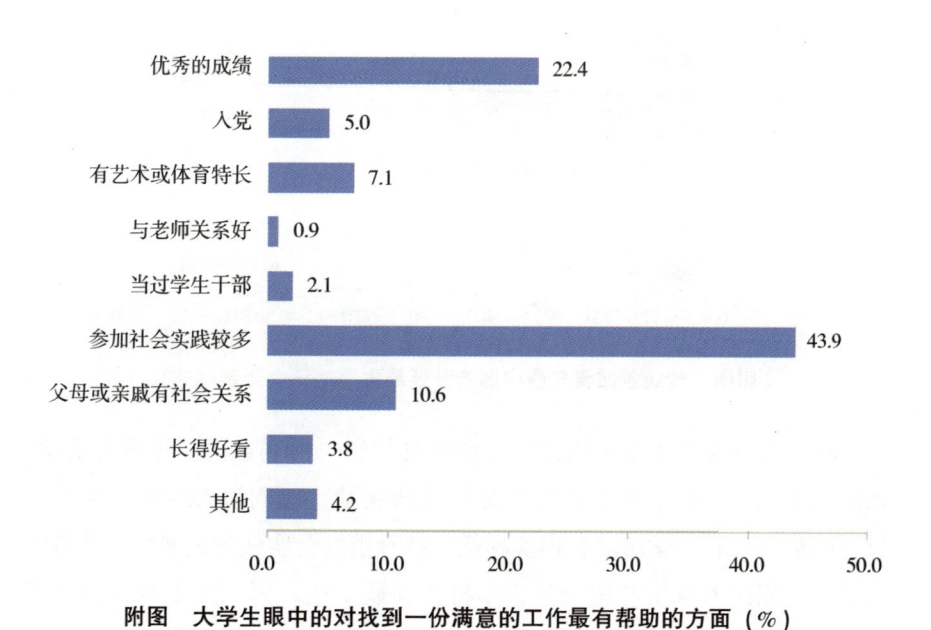

因素	百分比
学历	44.1
工作能力	80.1
人际关系	52.2
年龄性别	9.8
身高样貌	4.3
个人品质	35.7
良好心态	19.2
机遇	40.6
其他	7.8

附图 陕西从业青年眼中影响升迁的最主要因素（%）

方面	百分比
优秀的成绩	22.4
入党	5.0
有艺术或体育特长	7.1
与老师关系好	0.9
当过学生干部	2.1
参加社会实践较多	43.9
父母或亲戚有社会关系	10.6
长得好看	3.8
其他	4.2

附图 大学生眼中的对找到一份满意的工作最有帮助的方面（%）

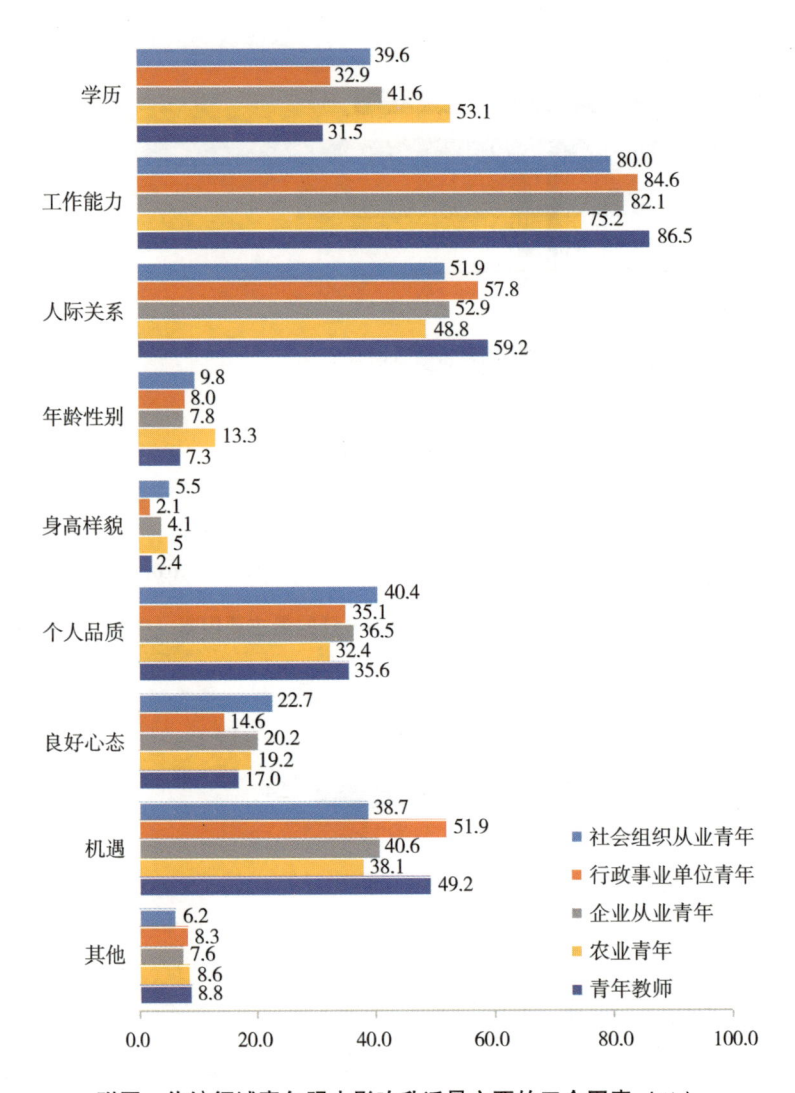

附图　传统领域青年眼中影响升迁最主要的三个因素（%）

因素	社会组织从业青年	行政事业单位青年	企业从业青年	农业青年	青年教师
学历	39.6	32.9	41.6	53.1	31.5
工作能力	80.0	84.6	82.1	75.2	86.5
人际关系	51.9	57.8	52.9	48.8	59.2
年龄性别	9.8	8.0	7.8	13.3	7.3
身高样貌	5.5	2.1	4.1	5	2.4
个人品质	40.4	35.1	36.5	32.4	35.6
良好心态	22.7	14.6	20.2	19.2	17.0
机遇	38.7	51.9	40.6	38.1	49.2
其他	6.2	8.3	7.6	8.6	8.8

陕西大专及以上学生认为社会实践对找到一份满意的工作最有帮助，比例达43.9%，排名第二的因素是优秀的成绩，比例为22.4%。从学历教育的角度来看，学历教育程度越低，越看重社会实践的重要性。值得注意的是，相比大专生和博士生，本科生和硕士生、博士生更看重成绩优秀，而博士生认为有艺术或体育特长、社会关系对找工作最为重要。省级国有企业、省级事业单位和自主创业是当前陕西大学生最有意向的就业去向，这从侧面反映出近年来陕西营造创业氛围初见成效；虽然各级党政事

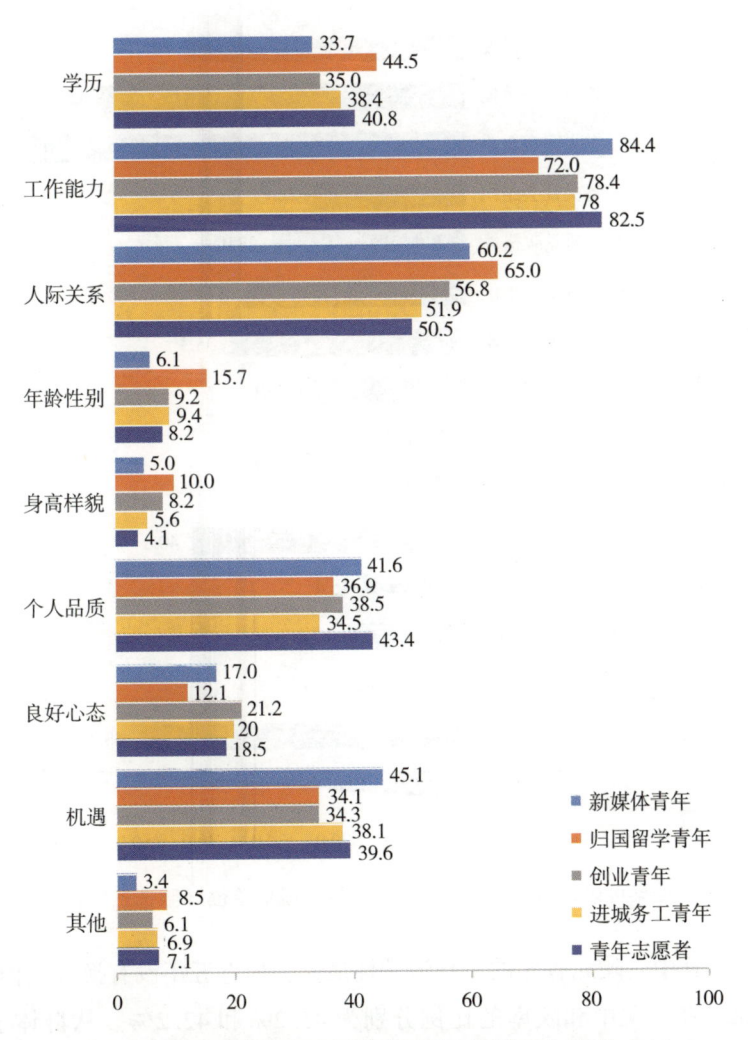

因素	新媒体青年	归国留学青年	创业青年	进城务工青年	青年志愿者
学历	33.7	44.5	35.0	38.4	40.8
工作能力	84.4	72.0	78.4	78	82.5
人际关系	60.2	65.0	56.8	51.9	50.5
年龄性别	6.1	15.7	9.2	9.4	8.2
身高样貌	5.0	10.0	8.2	5.6	4.1
个人品质	41.6	36.9	38.5	34.5	43.4
良好心态	17.0	12.1	21.2	20	18.5
机遇	45.1	34.1	34.3	38.1	39.6
其他	3.4	8.5	6.1	6.9	7.1

附图　新兴领域青年眼中影响升迁最主要的三个因素（%）

业单位对大学生的吸引力依旧很高，但仍低于同级的国有企业、事业单位，从侧面反映"公务员热"正在慢慢消退；值得注意的是，高等院校也是大学生向往的就业去向之一。

二　职业流动状况

陕西从业青年工作的流动性不足，最近五年内没有换过工作的比例为45.9%，换过一次工作的比例为22.5%，换过两次及以上工作的比例为

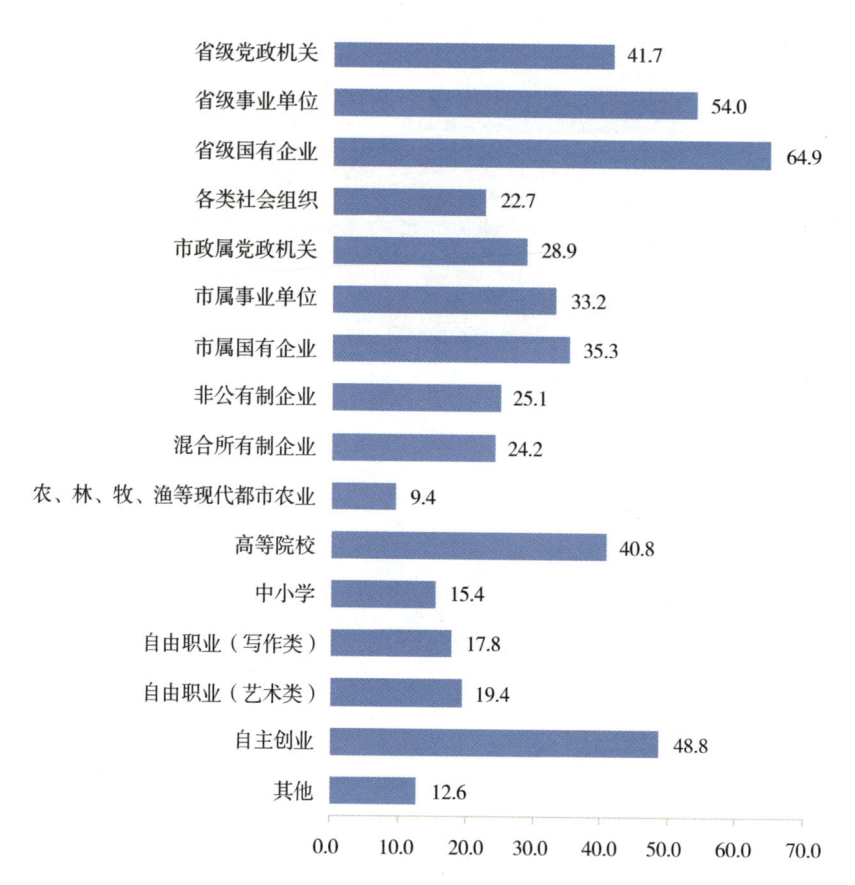

就业单位	比例(%)
省级党政机关	41.7
省级事业单位	54.0
省级国有企业	64.9
各类社会组织	22.7
市政属党政机关	28.9
市属事业单位	33.2
市属国有企业	35.3
非公有制企业	25.1
混合所有制企业	24.2
农、林、牧、渔等现代都市农业	9.4
高等院校	40.8
中小学	15.4
自由职业（写作类）	17.8
自由职业（艺术类）	19.4
自主创业	48.8
其他	12.6

附图　如果可以选择，大学生最愿意选择的就业单位（限选三项）（%）

20.6%。其中，陕北青年的工作流动性最低，最近五年没有换过工作的比例为52.7%，关中和陕南的比例分别为45.2%和42.2%。从群体上看，青年教师和行政事业单位青年群体的稳定性最高，最近五年内没有换过工作的比例分别为84.5%和63.1%，创业青年、农业青年的工作流动性最强，最近五年内没有换过工作的比例仅为34.7%和38.6%，体现了创业青年、农业青年"能折腾"的特点。

陕西青年未来的职业规划中仍然以稳定为主，但自主创业的意愿也不低。有48.2%的陕西青年希望继续本职工作，11.6%的青年希望在本单位中更换岗位（两者合计59.8%）。有24.4%的青年有自主创业的意愿，14.2%的青年有寻找新工作的意愿，12.4%的青年希望考研或考博继续深造。在传统领域中，青年教师的职业规划最稳定，农业青年的规划稳定性

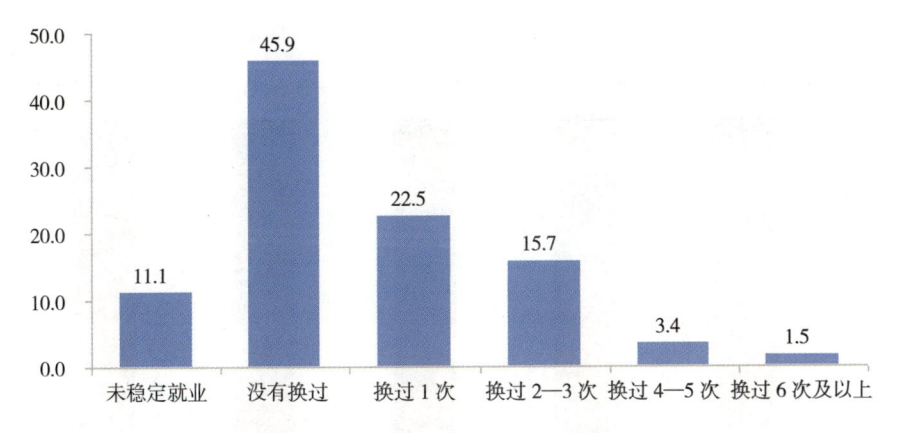

附图　最近五年内陕西从业青年的工作流动情况（%）

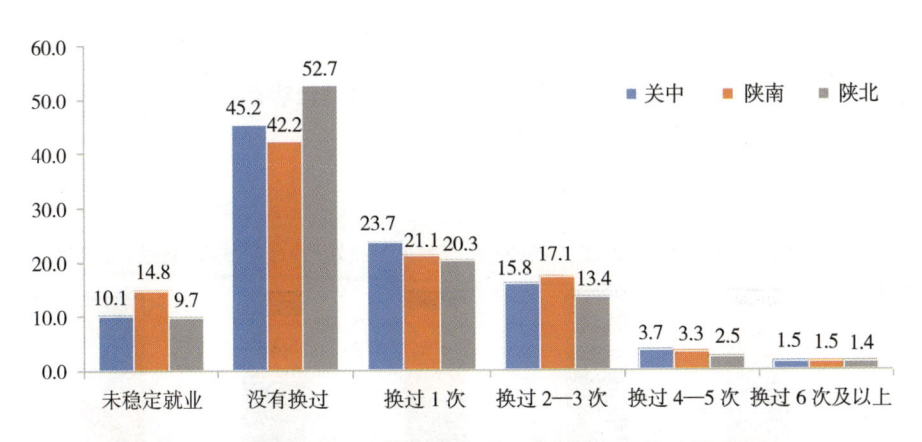

附图　分地域比较最近五年内陕西从业青年的工作流动情况（%）

最低，其中有76.4%的青年教师希望继续本职工作，13.5%的青年教师希望在本单位中更换岗位（两者合计89.9%），而农业青年这两个比例分别为33.0%和4.2%（两者合计37.2%）。值得注意的是农业青年和社会组织从业青年的自主创业意愿最高，比例分别为38.5%和25.5%，青年教师自主创业的意愿最低，比例为8.3%。从性别上看，女性对工作稳定性的期望更高，女性希望继续本职工作的比例为49.7%，希望在本单位中更换岗位的比例为11.7%，分别比男性高3个百分点和0.1个百分点，而希望自主创业的女性比例为20.1%，这个比例比男性低8.6个百分点。

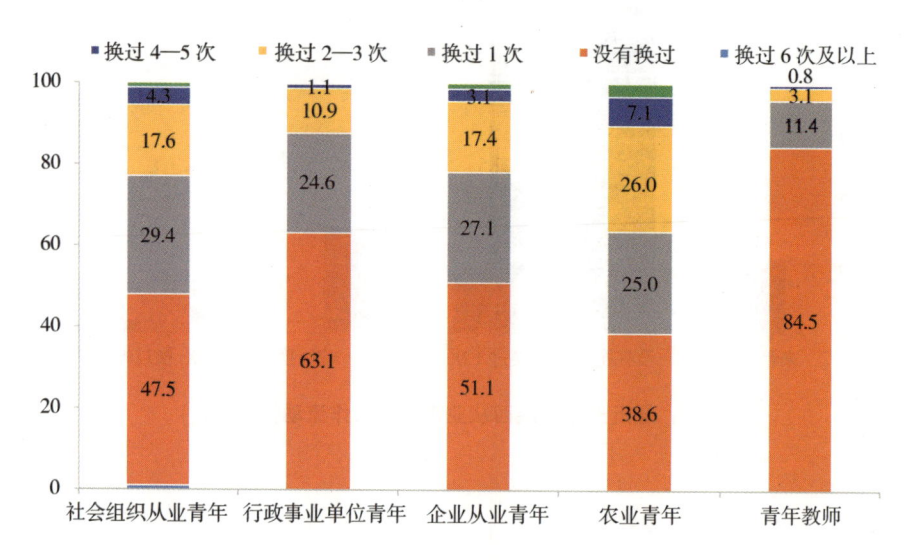

附图　传统领域从业青年最近五年内的工作流动情况（%）

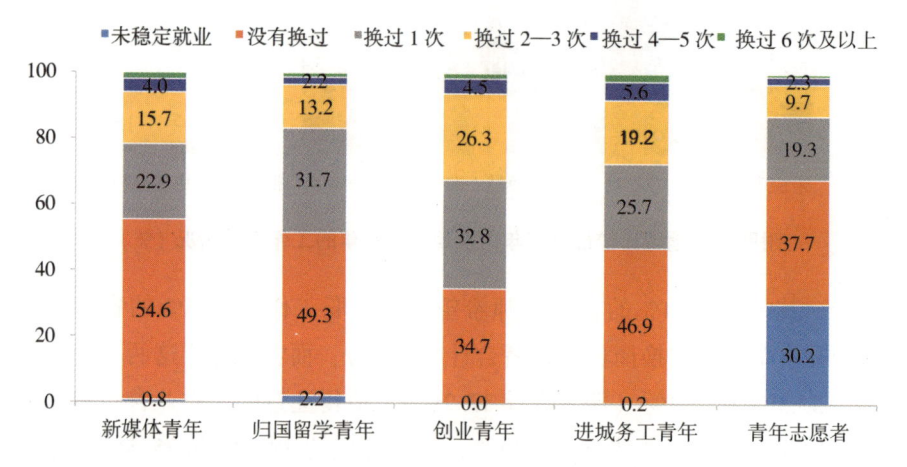

附图　新兴领域青年最近五年内的工作流动情况（%）

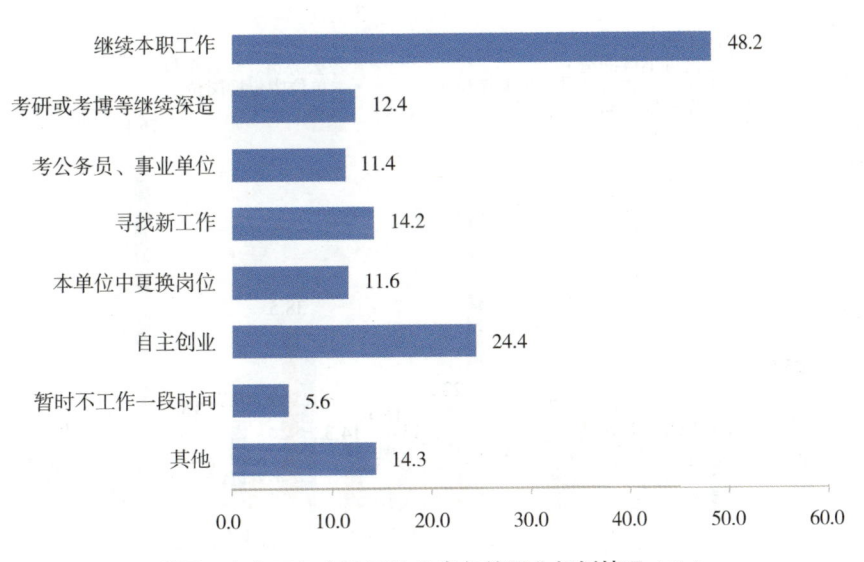

第二章 陕西青年的就业创业发展状况

类别	百分比
继续本职工作	48.2
考研或考博等继续深造	12.4
考公务员、事业单位	11.4
寻找新工作	14.2
本单位中更换岗位	11.6
自主创业	24.4
暂时不工作一段时间	5.6
其他	14.3

附图 未来五年内陕西从业青年的职业规划情况（%）

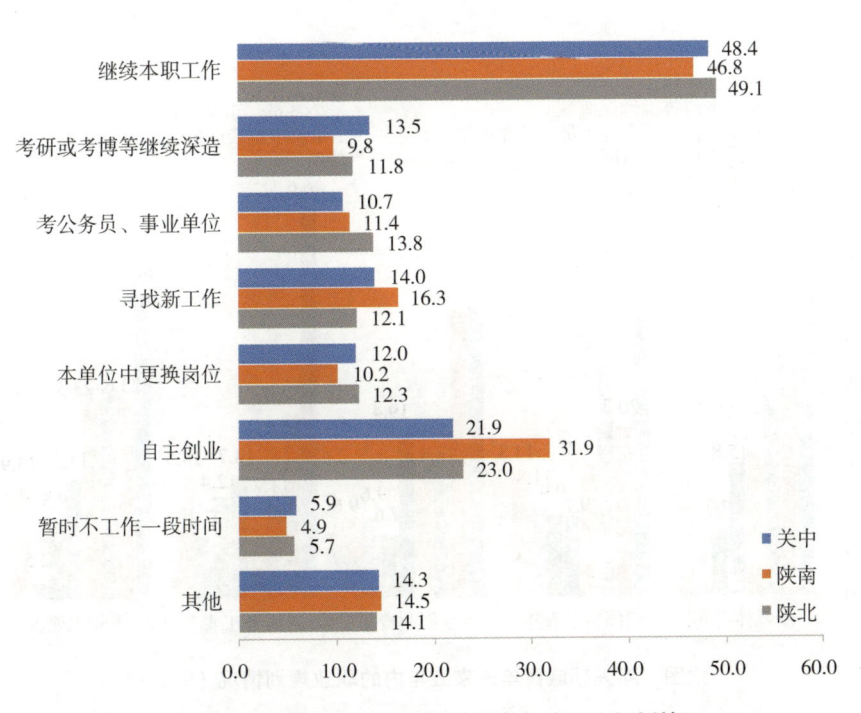

类别	关中	陕南	陕北
继续本职工作	48.4	46.8	49.1
考研或考博等继续深造	13.5	9.8	11.8
考公务员、事业单位	10.7	11.4	13.8
寻找新工作	14.0	16.3	12.1
本单位中更换岗位	12.0	10.2	12.3
自主创业	21.9	31.9	23.0
暂时不工作一段时间	5.9	4.9	5.7
其他	14.3	14.5	14.1

附图 分地域比较未来五年内陕西从业青年的职业规划情况（%）

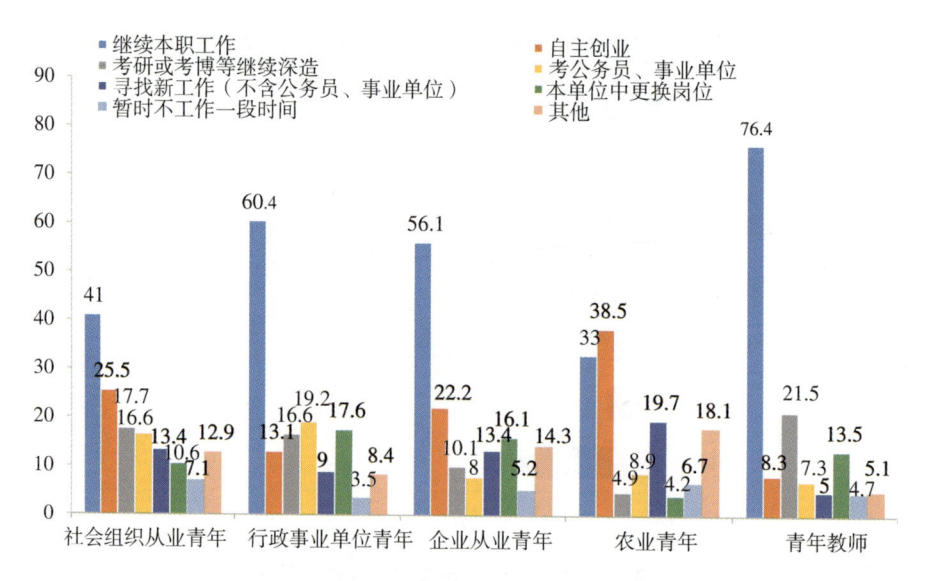

附图　传统领域从业青年未来五年内的职业规划情况（%）

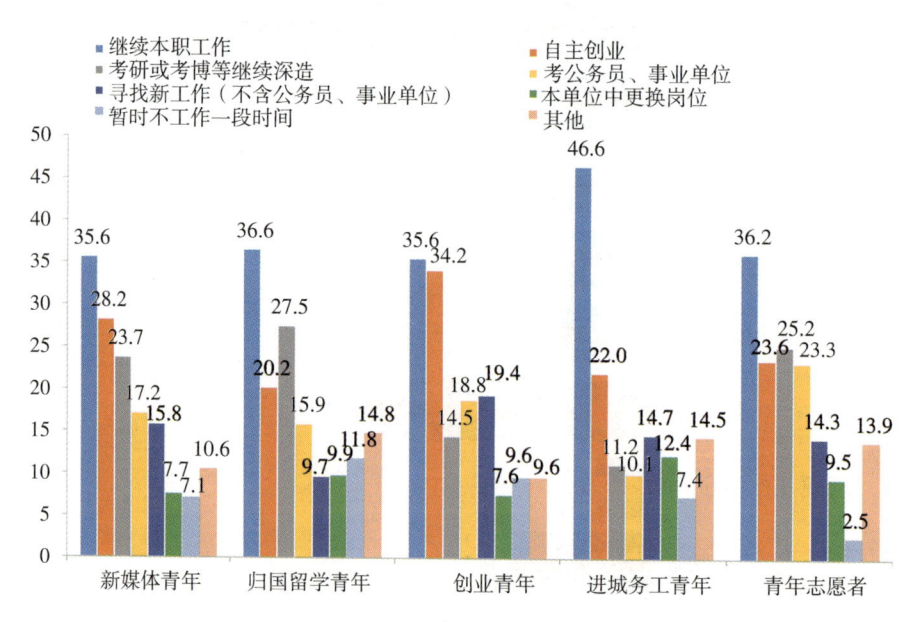

附图　新兴领域青年未来五年内的职业规划情况（%）

此外，调查中发现在校大专及以上学生对未来的规划，与学生所处在的学习阶段、学历教育情况有密切的关系，大专（含高职）学生最希望找个好工作和自己奋斗创业，比例为47.0%和36.6%，考研、出国的意愿较低，比例为3.9%和6.5%；本科（含双学位）学生的未来规划前三位的是找个好工作、自己奋斗创业和考研，比例分别为40.1%、24.6%和21.6%；硕士研究生最希望找到好的工作，比例为62.5%，排名第二的是自己奋斗创业，比例只有19.1%，考研和出国的比例为3.5%和4.6%；博士研究生最期望的是找到好工作和出国，比例分别为44.2%和25.0%，值得注意的是博士研究生对未来最迷茫，有19.3%的博士研究生对未来的规划还没有想好。综合来看，在校大专及以上学生都最希望找到好的工作，但相比而言，大专学生自己奋斗创业的意愿最高，本科生考研的意愿最高，博士研究生出国的意愿最高，对未来也最迷茫，随着学历的增加，自己创业的意愿依次降低，高学历人才创业意愿较低。

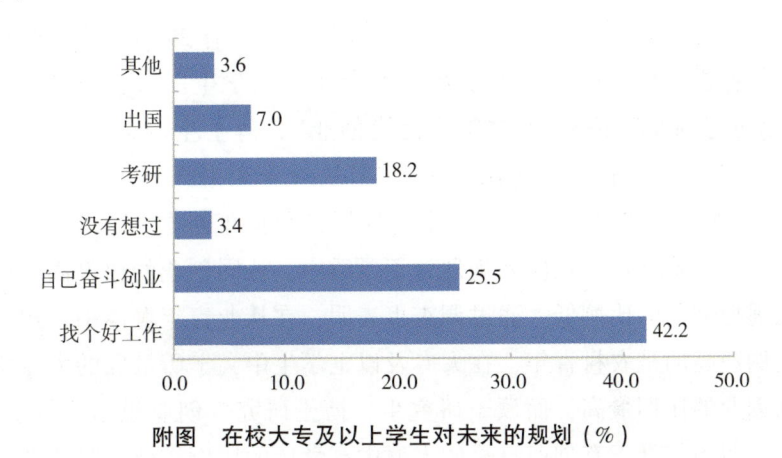

其他 3.6
出国 7.0
考研 18.2
没有想过 3.4
自己奋斗创业 25.5
找个好工作 42.2

附图　在校大专及以上学生对未来的规划（%）

三　创业状况

陕西青年的创业意愿强烈，但受工作稳定性预期和现实因素制约，意愿和规划处于矛盾中，从意愿上看，72.8%的陕西青年同意或非常同意"有机会，就去创业"的说法。其中，传统领域中农业青年、社会组织从业青年对这个观点的认同比例最高，分别为78.4%、73.7%，

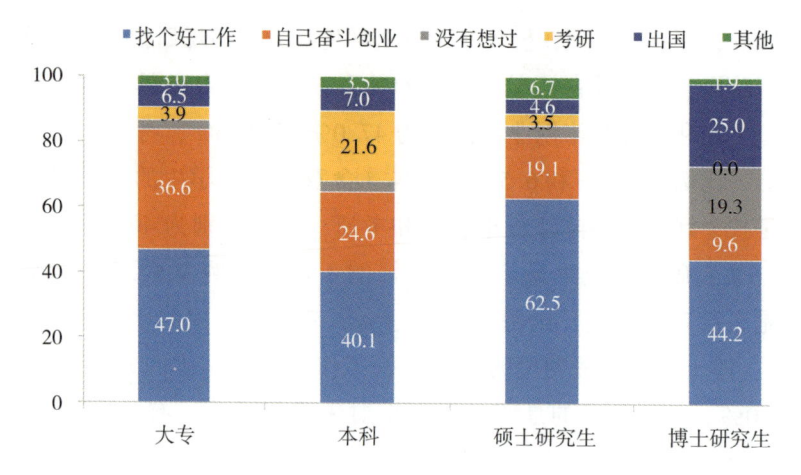

附图　分学历阶段比较在校大专及以上学生对未来的规划（%）

青年教师的比例最低，仅为56.6%；新兴领域中除了归国留学青年群体外，其他群体对此观点的认同比例类似，比例为71.0%—72.5%，归国留学青年比例仅为66.1%。但从未来规划上看，如前所述，陕西青年主要追求的还是工作稳定，未来五年内，只有24.4%的陕西从业青年打算进行自主创业。对于在校大专及以上学生而言，74.3%表示"自己也想创业"或"机会合适就能创业"，博士生的创业意愿最高（84.9%），硕士生最低（70.4%），但从对于未来规划上来看，只有9.9%的博士生和19.1%的硕士生有计划自我奋斗创业。这表明，在创业问题上，陕西青年意愿和规划处于矛盾中，认同创业的比例高，但有真正规划创业的比例低。通过调查也表明，在从业青年群体中，规划创业比例最高的是农村青年，在大专及以上学生中，学历最低的大专学生规划创业的比例最高，而硕士研究生、博士研究生创业规划比例最低，这也表明当前真正有创业打算的人群中高学历的比例较低，陕西的创业发展还处于初级阶段。值得注意的是，在大专及以上学生看来，缺乏经验是创业的最大障碍，对大专、本科、硕士均是如此，博士生创业的最大困难是缺乏资金。

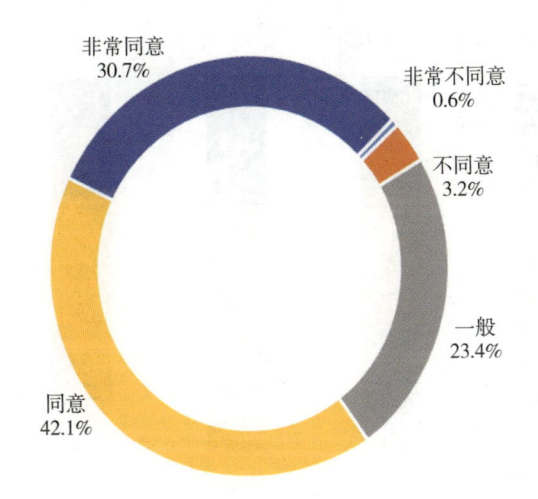

第二章　陕西青年的就业创业发展状况

附图　陕西从业青年对"有机会，就去创业"说法的同意程度（%）

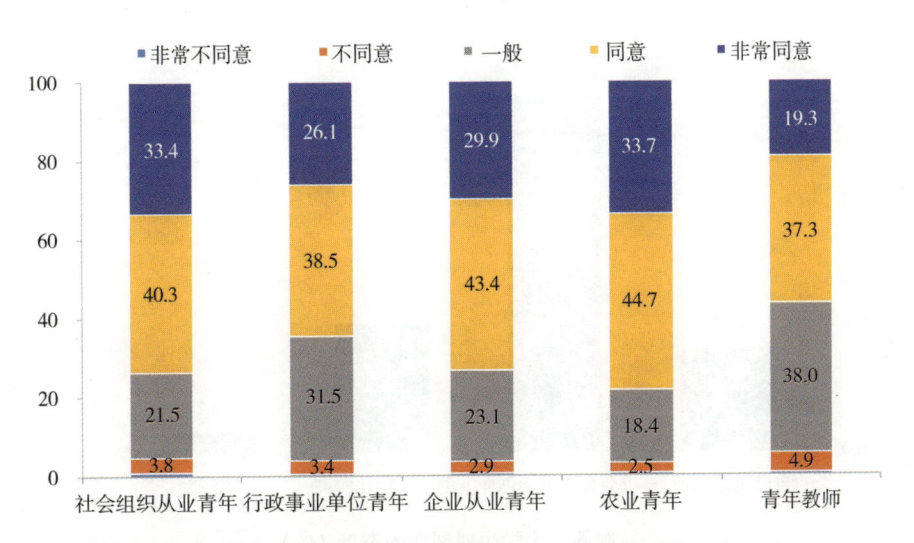

非常同意 30.7%
同意 42.1%
一般 23.4%
不同意 3.2%
非常不同意 0.6%

附图　传统领域青年对"有机会，就去创业"说法的同意程度（%）

	社会组织从业青年	行政事业单位青年	企业从业青年	农业青年	青年教师
非常同意	33.4	26.1	29.9	33.7	19.3
同意	40.3	38.5	43.4	44.7	37.3
一般	21.5	31.5	23.1	18.4	38.0
不同意	3.8	3.4	2.9	2.5	4.9

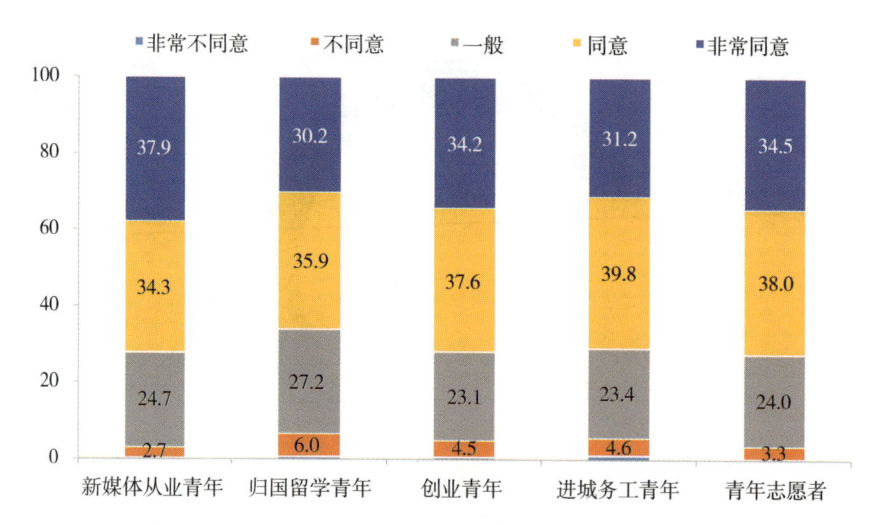

附图　新兴领域青年对"有机会，就去创业"说法的同意程度（%）

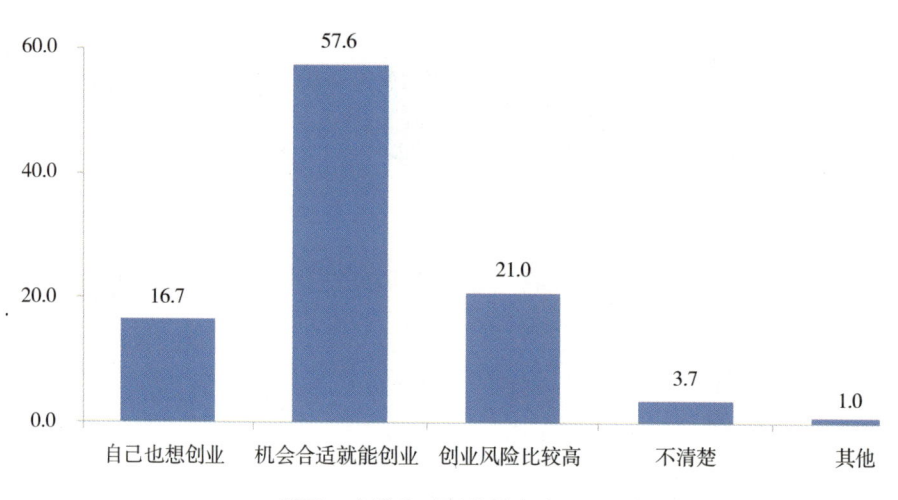

	非常不同意	不同意	一般	同意	非常同意
新媒体从业青年		2.7	24.7	34.3	37.9
归国留学青年		6.0	27.2	35.9	30.2
创业青年		4.5	23.1	37.6	34.2
进城务工青年		4.6	23.4	39.8	31.2
青年志愿者		3.3	24.0	38.0	34.5

附图　大学生对创业的态度（%）

自己也想创业	机会合适就能创业	创业风险比较高	不清楚	其他
16.7	57.6	21.0	3.7	1.0

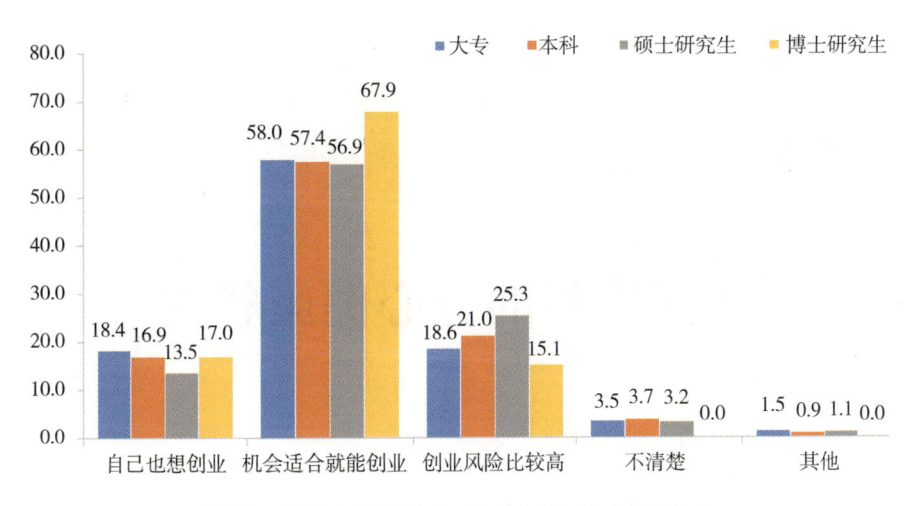

第二章 陕西青年的就业创业发展状况

附图 分学历阶段比较大学生对创业的态度（%）

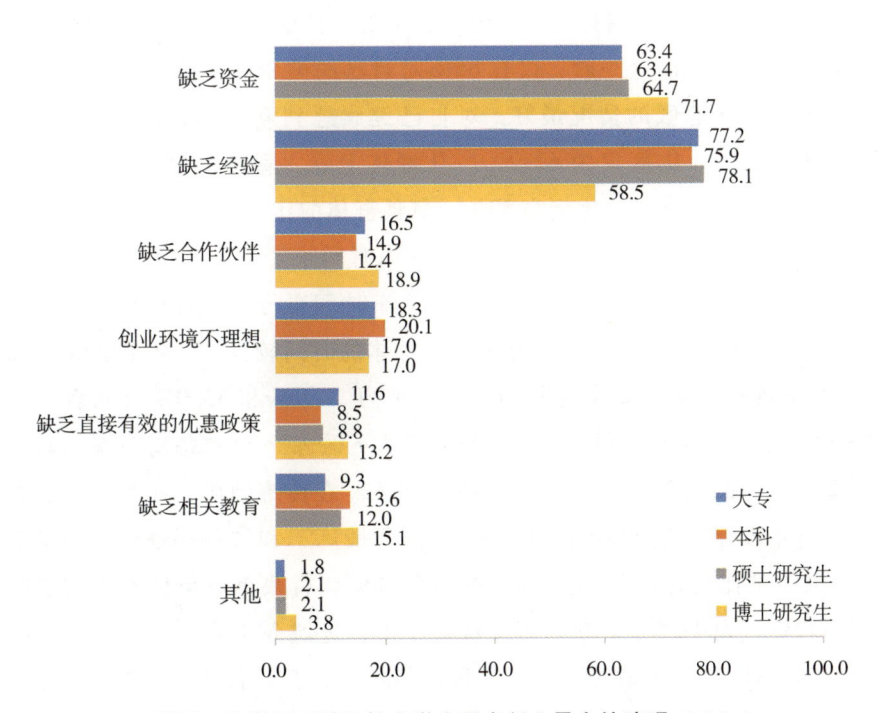

	大专	本科	硕士研究生	博士研究生
自己也想创业	18.4	16.9	13.5	17.0
机会适合就能创业	58.0	57.4	56.9	67.9
创业风险比较高	18.6	21.0	25.3	15.1
不清楚	3.5	3.7	3.2	0.0
其他	1.5	0.9	1.1	0.0

附图 分学历阶段比较大学生眼中创业最大的障碍（%）

	大专	本科	硕士研究生	博士研究生
缺乏资金	63.4	63.4	64.7	71.7
缺乏经验	77.2	75.9	78.1	58.5
缺乏合作伙伴	16.5	14.9	12.4	18.9
创业环境不理想	18.3	20.1	17.0	17.0
缺乏直接有效的优惠政策	11.6	8.5	8.8	13.2
缺乏相关教育	9.3	13.6	12.0	15.1
其他	1.8	2.1	2.1	3.8

第三章

陕西青年的身心健康状况

一 身体健康状况

陕西从业青年的身体健康状况不容乐观，青年教师尤为严重。陕西青年对自身健康的评价一般，仅有65%对自己的健康状况感到满意。从地域上看，陕北地区的情况最好，对自己健康感到满意的比例达71.0%，关中地区最差，比例仅为62.2%。从群体上看，青年教师的情况最差，对自己身体感到满意的比例为50%，其他群体的比例均在60%以上。

调查表明，陕西从业青年的锻炼身体时间较短，有18.6%的青年从不锻炼，有33.8%的从业青年每周锻炼时间低于2小时（两者合计52.4%）。从地域上看，陕北青年锻炼身体的时间较少，"从不锻炼"和"每周锻炼时间低于2小时"的比例分别为22.0%和33.0%（两者合计55.0%），其次关中、陕南情况略好，"从不锻炼"和"每周锻炼时间低于2小时"的比例合计为53.3%和48.2%。在传统领域青年中，农业青年和青年教师锻炼身体的时间较短，"从不锻炼"和"每周锻炼时间小于2小时"的比例合计分别为58.7%和53.8%，行政事业单位青年的情况相对较好，为47.5%。在新兴领域青年中，进城务工青年、创业青年锻炼时间较短，"从不锻炼"和"每周锻炼时间低于2小时"的比例合计分别为57.9%和51.7%，青年志愿者、归国留学青年、新媒体从业青年比例分别为43.6%、45.2%和47.0%。

第三章　陕西青年的身心健康状况

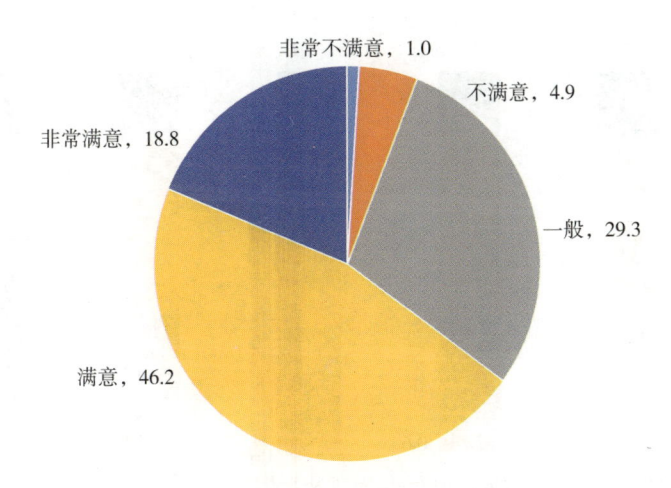

附图　陕西从业青年对自己身体健康状况的满意程度（%）

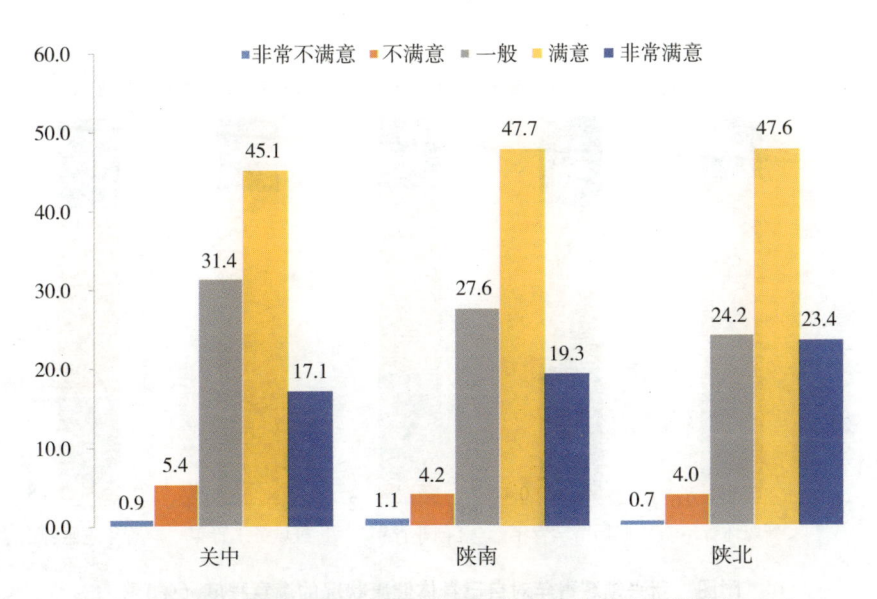

非常不满意，1.0
不满意，4.9
一般，29.3
满意，46.2
非常满意，18.8

附图　分地域比较陕西从业青年对自己身体健康状况的满意程度（%）

关中：非常不满意 0.9，不满意 5.4，一般 31.4，满意 45.1，非常满意 17.1
陕南：非常不满意 1.1，不满意 4.2，一般 27.6，满意 47.7，非常满意 19.3
陕北：非常不满意 0.7，不满意 4.0，一般 24.2，满意 47.6，非常满意 23.4

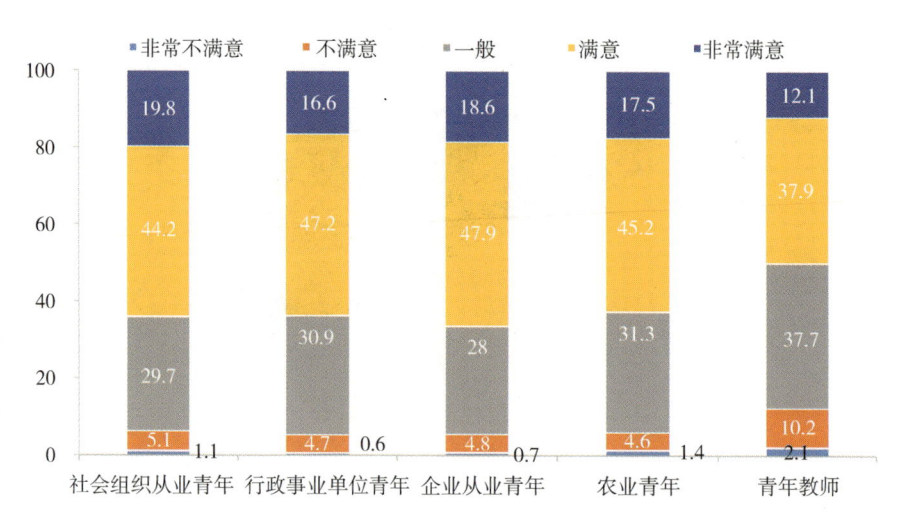

附图　分行业比较陕西从业青年对自己身体健康状况的满意程度（%）

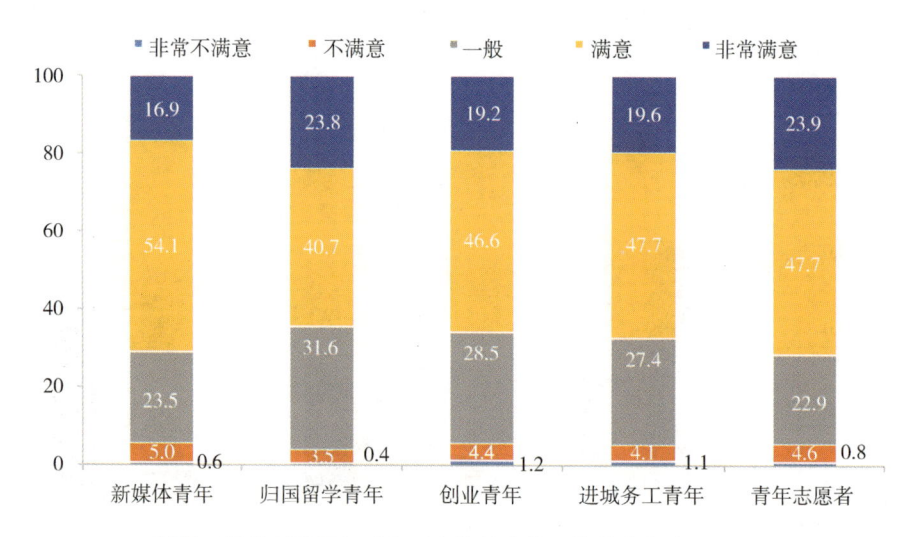

附图　新兴领域青年对自己身体健康状况的满意程度（%）

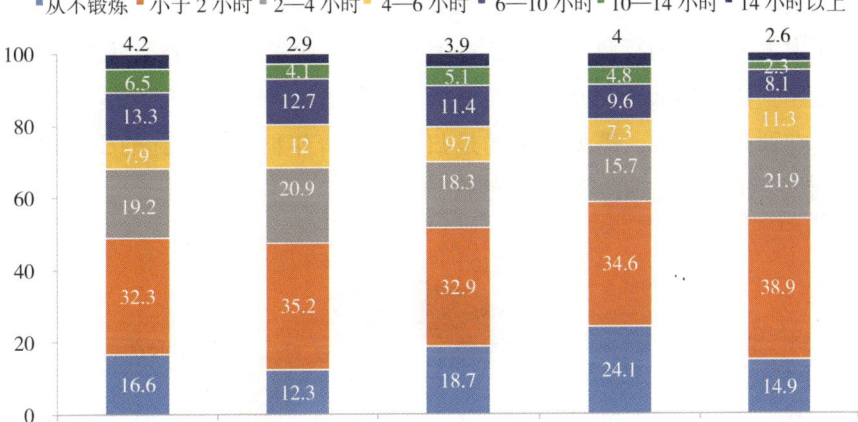

■从不锻炼 ■小于2小时 ■2—4小时 ■4—6小时 ■6—10小时 ■10—14小时 ■14小时以上

附图　分行业比较陕西从业青年每周锻炼时间（%）

■不锻炼 ■小于2小时 ■2—4小时 ■4—6小时 ■6—10小时 ■10—14小时 ■14小时以上

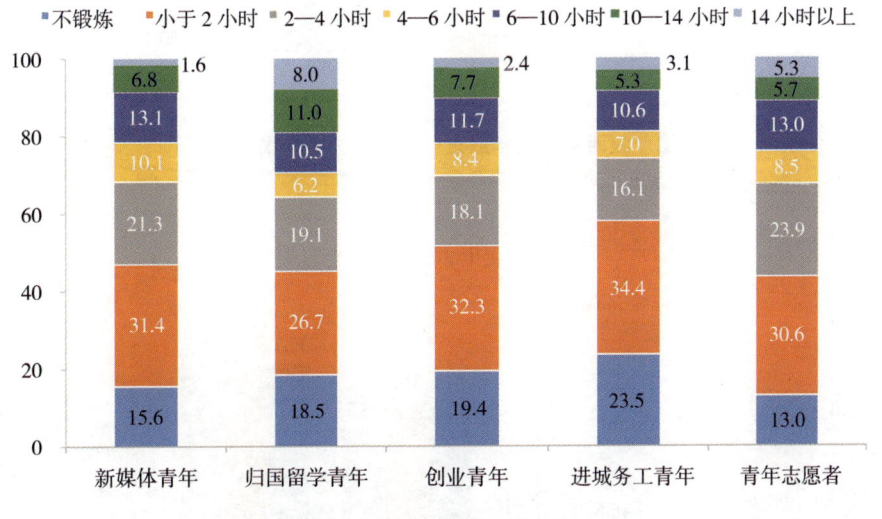

附图　新兴领域青年每周锻炼时间（%）

二　压力状况

调查表明，陕西从业青年的生活压力较大，有近五成的青年感觉压力比较大或非常大，比例为46.9%。其中，陕南比例最高（51.8%），关中的比例最小（45.0%），陕北居中（46.5%），这与地域经济有密切关系。

在传统领域中,青年教师的压力最大,比例达到了58.1%,其他群体感觉压力大的依次为行政事业单位青年、企业从业青年、农业青年和社会组织青年,比例均低于50%。

在新兴领域中,需要指出的是归国留学青年群体感受到的压力最低,比例仅为18.8%,明显低于其他群体。

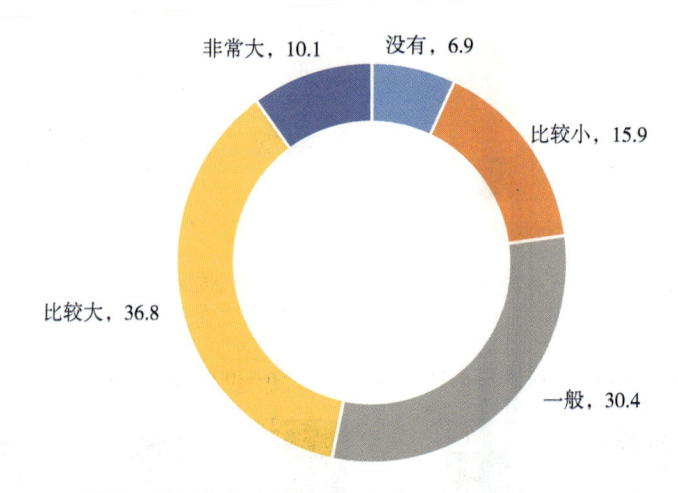

附图 陕西从业青年最近一年的压力感知情况(%)

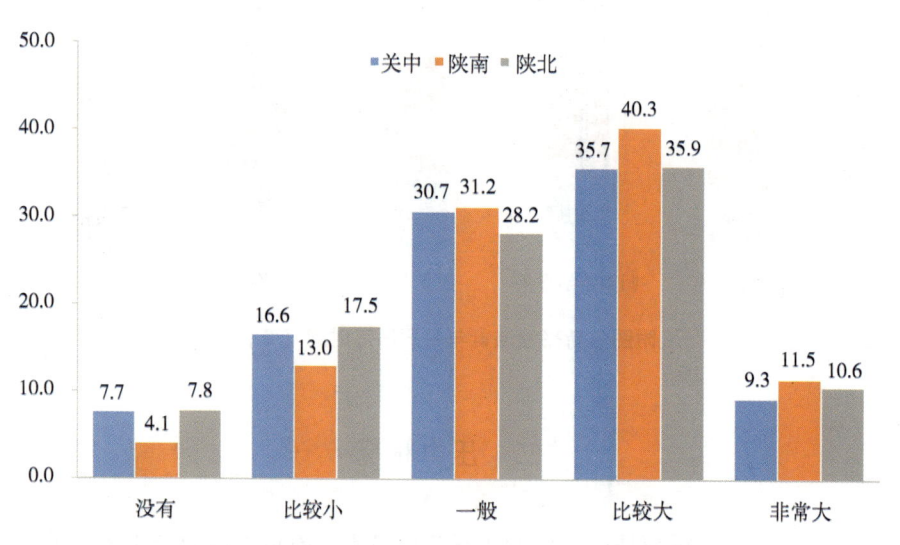

非常大,10.1
没有,6.9
比较小,15.9
一般,30.4
比较大,36.8

附图 分地域比较陕西从业青年最近一年的压力感知情况(%)

	关中	陕南	陕北
没有	7.7	4.1	7.8
比较小	16.6	13.0	17.5
一般	30.7	31.2	28.2
比较大	35.7	40.3	35.9
非常大	9.3	11.5	10.6

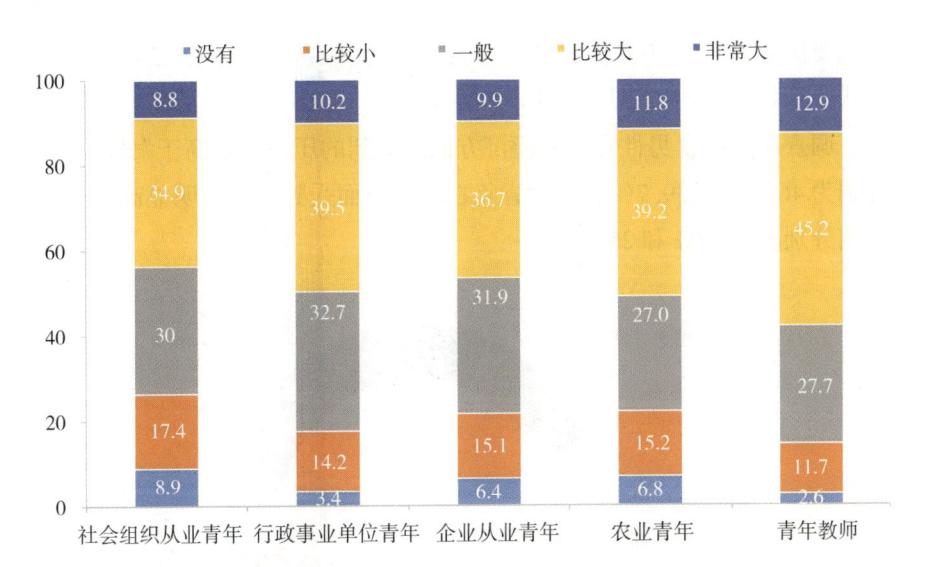

第三章 陕西青年的身心健康状况

附图 分行业比较陕西从业青年最近一年的压力感知情况（%）

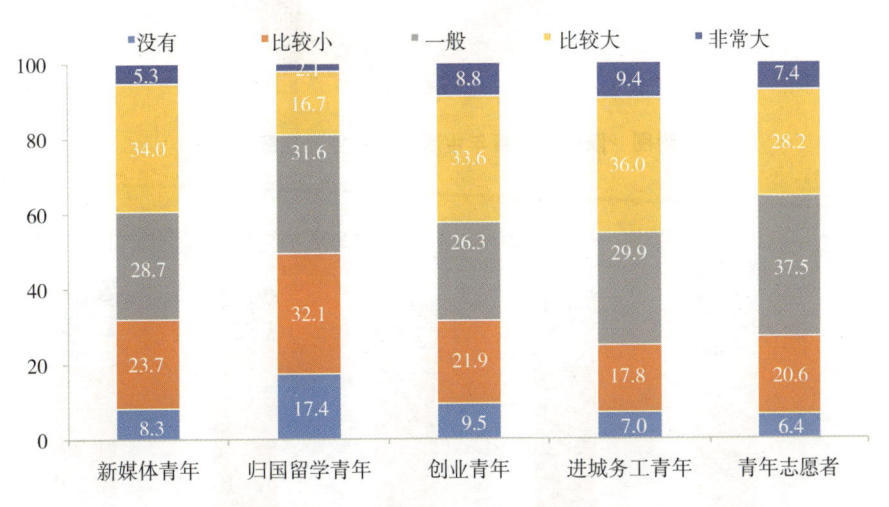

类别	社会组织从业青年	行政事业单位青年	企业从业青年	农业青年	青年教师
非常大	8.8	10.2	9.9	11.8	12.9
比较大	34.9	39.5	36.7	39.2	45.2
一般	30	32.7	31.9	27.0	27.7
比较小	17.4	14.2	15.1	15.2	11.7
没有	8.9	3.4	6.4	6.8	2.6

附图 新兴领域青年对过去一年自身压力状况的评价（%）

类别	新媒体青年	归国留学青年	创业青年	进城务工青年	青年志愿者
非常大	5.3	2.1	8.8	9.4	7.4
比较大	34.0	16.7	33.6	36.0	28.2
一般	28.7	31.6	26.3	29.9	37.5
比较小	23.7	32.1	21.9	17.8	20.6
没有	8.3	17.4	9.5	7.0	6.4

陕西从业青年的生活压力主要来自经济方面，比例为43.2%，其次为工作方面，比例为27.8%，两者合计为71.0%。在传统领域中，对于青年教师来说，压力主要来自工作方面（44.6%），其次才是经济方面（31.7%），其他群体的主要压力均来自经济方面，值得注意的是，与其他群体不同的是，农业青年在学习方面的压力明显高于其他群体，社会组织从业青年在婚恋、家庭方面的压力较大。在新兴领域中，归国留学青年

的主要压力来自工作方面（33.8%），其次是经济压力（25.2%）；新媒体从业青年承受的经济压力和工作压力接近，均在27.5%左右。

调查还表明，男性青年在经济方面感受到的压力明显高于女性，比例分别为46.7%和39.7%；女性青年在工作方面受到的压力明显高于男性，比例分别为29.8%和25.9%。

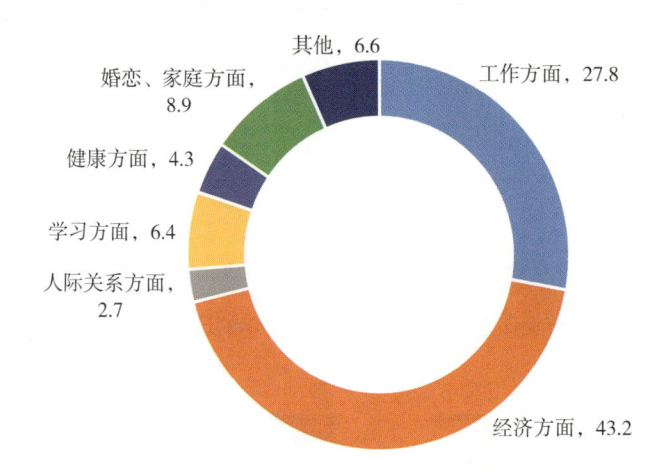

附图　陕西从业青年生活压力的主要来源（%）

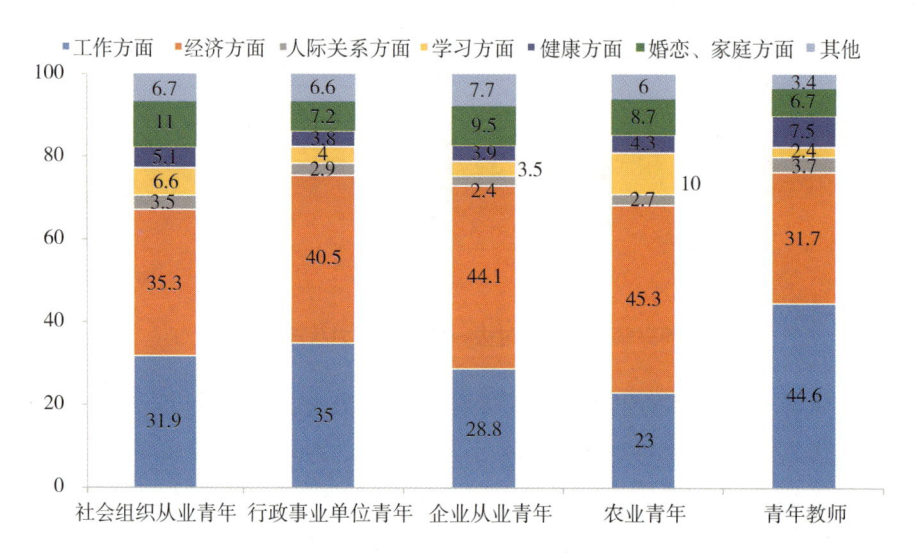

- 工作方面，27.8
- 经济方面，43.2
- 人际关系方面，2.7
- 学习方面，6.4
- 健康方面，4.3
- 婚恋、家庭方面，8.9
- 其他，6.6

附图　分行业比较陕西从业青年生活压力的主要来源（%）

类别	社会组织从业青年	行政事业单位青年	企业从业青年	农业青年	青年教师
工作方面	31.9	35	28.8	23	44.6
经济方面	35.3	40.5	44.1	45.3	31.7
人际关系方面	3.5	2.9	2.4	2.7	3.7
学习方面	6.6	4	3.9	10	2.4
健康方面	5.1	3.8	3.5	4.3	7.5
婚恋、家庭方面	11	7.2	9.5	8.7	6.7
其他	6.7	6.6	7.7	6	3.4

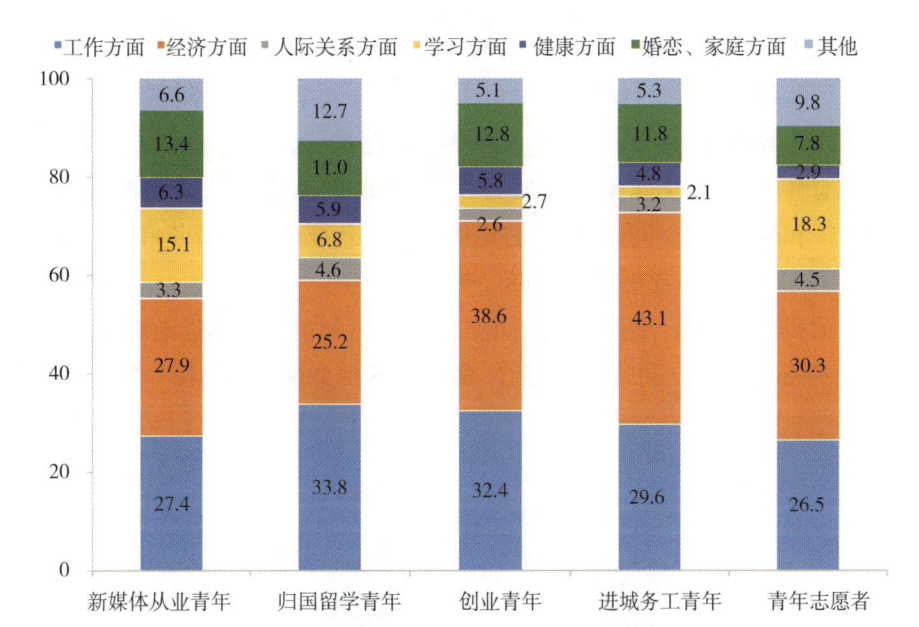

■工作方面 ■经济方面 ■人际关系方面 ■学习方面 ■健康方面 ■婚恋、家庭方面 ■其他

类别	工作方面	经济方面	人际关系方面	学习方面	健康方面	婚恋、家庭方面	其他
新媒体从业青年	27.4	27.9	3.3	15.1	6.3	13.4	6.6
归国留学青年	33.8	25.2	4.6	6.8	5.9	11.0	12.7
创业青年	32.4	38.6	2.6	2.7	5.8	12.8	5.1
进城务工青年	29.6	43.1	3.2	2.1	4.8	11.8	5.3
青年志愿者	26.5	30.3	4.5	18.3	2.9	7.8	9.8

附图 新兴领域青年对所承受压力最主要来源的感知（%）

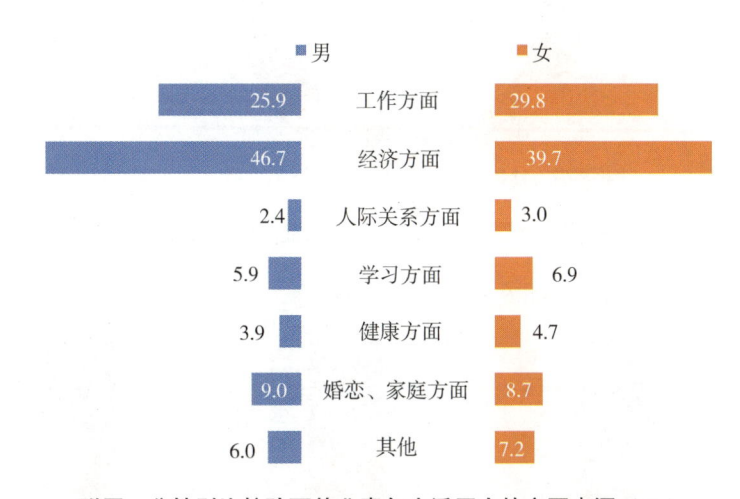

类别	男	女
工作方面	25.9	29.8
经济方面	46.7	39.7
人际关系方面	2.4	3.0
学习方面	5.9	6.9
健康方面	3.9	4.7
婚恋、家庭方面	9.0	8.7
其他	6.0	7.2

附图 分性别比较陕西从业青年生活压力的主要来源（%）

三 心理状态

虽然陕西青年承受着经济方面和工作方面的压力，但陕西青年的幸福感较高，有58.2%的陕西青年认为生活"很幸福"或"比较幸福"，其

中陕北地区的幸福感（61.9%）略高于陕南（57.8%）和关中（57.2%）地区。从群体上看，行政事业单位从业青年和青年教师的幸福感最高，比例分别为66%和64.5%，农业青年的幸福感最低，仅为49.8%。在新兴领域青年中，创业青年、进城务工青年的幸福感最低，比例分别为49.7%和50.8%，和农业青年的比例接近；新媒体从业青年和青年志愿者的幸福感最高，比例分别为68.2%和66.7%。

值得注意的是，随着年龄的增长，陕西青年的幸福感逐渐降低，"90后"的幸福感高于60%，"80后"的幸福感在58%左右，而"75后"的幸福感只有52.8%。

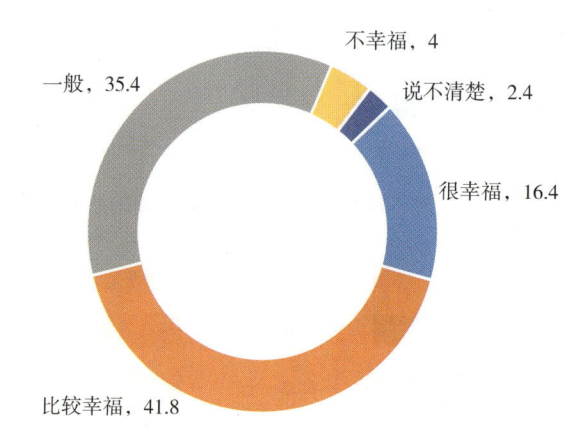

附图 陕西从业青年的生活幸福感情况（%）

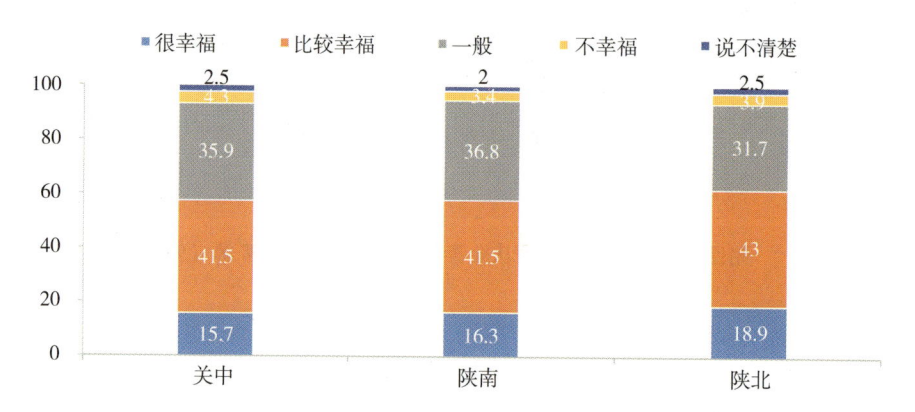

附图 分地域比较陕西从业青年的生活幸福感情况（%）

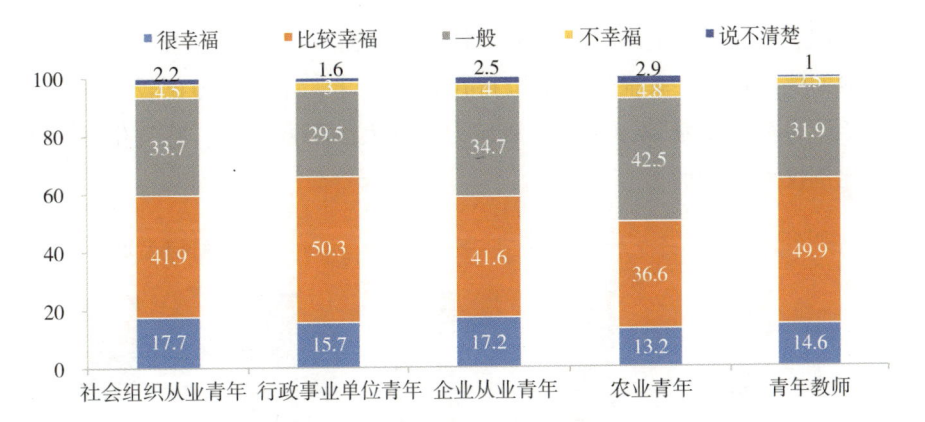

第三章 陕西青年的身心健康状况

	很幸福	比较幸福	一般	不幸福	说不清楚

社会组织从业青年：17.7 / 41.9 / 33.7 / 4.5 / 2.2
行政事业单位青年：15.7 / 50.3 / 29.5 / 3 / 1.6
企业从业青年：17.2 / 41.6 / 34.7 / 4 / 2.5
农业青年：13.2 / 36.6 / 42.5 / 4.8 / 2.9
青年教师：14.6 / 49.9 / 31.9 / 2.5 / 1

附图　传统领域青年群体对自己生活幸福程度的评价（%）

新媒体从业青年：14.8 / 53.4 / 26.3 / 3.3 / 2.2
归国留学青年：15.7 / 40.0 / 35.9 / 5.2 / 3.2
创业青年：12.5 / 37.2 / 42.0 / 5.8 / 2.4
进城务工青年：14.8 / 36.0 / 42.1 / 4.3 / 2.9
青年志愿者：24.1 / 42.6 / 29.1 / 2.5 / 1.6

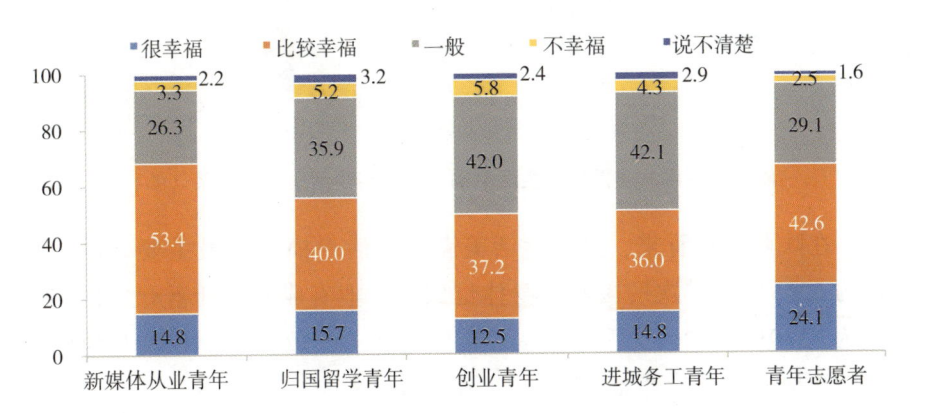

附图　新兴领域青年群体对自己生活幸福程度的评价（%）

19岁及以下：26.1 / 37.8 / 29.6 / 3.6 / 2.9
20—25岁：18.3 / 42.3 / 33 / 3.9 / 2.4
26—30岁：15.6 / 43.2 / 35.2 / 4 / 2
31—35岁：14.6 / 43.2 / 36.2 / 3.8 / 2.2
36—40岁：13 / 39.8 / 40.3 / 4.3 / 2.6

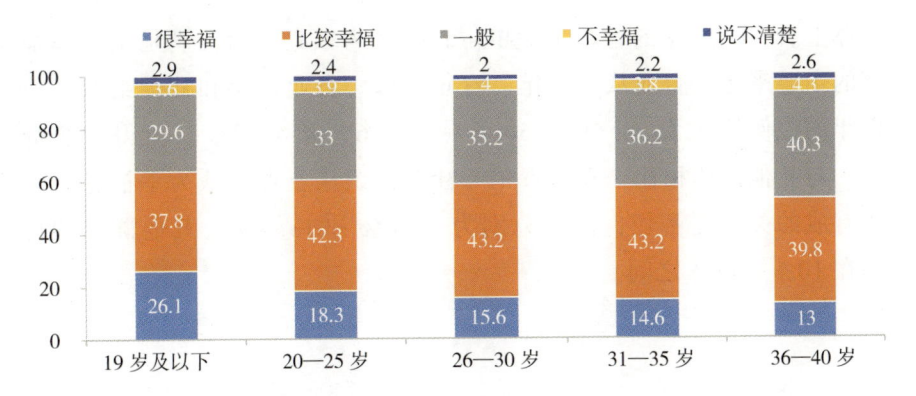

附图　分年龄比较陕西从业青年的生活幸福感情况（%）

调查还发现，生活压力越大，幸福感越低。其中，生活压力比较小或一般的陕西青年，幸福感水平维持在60%以上，生活压力比较大的陕西青年，幸福感降为54.8%，生活压力非常大的陕西青年，感觉生活幸福的比例仅为39.2%。

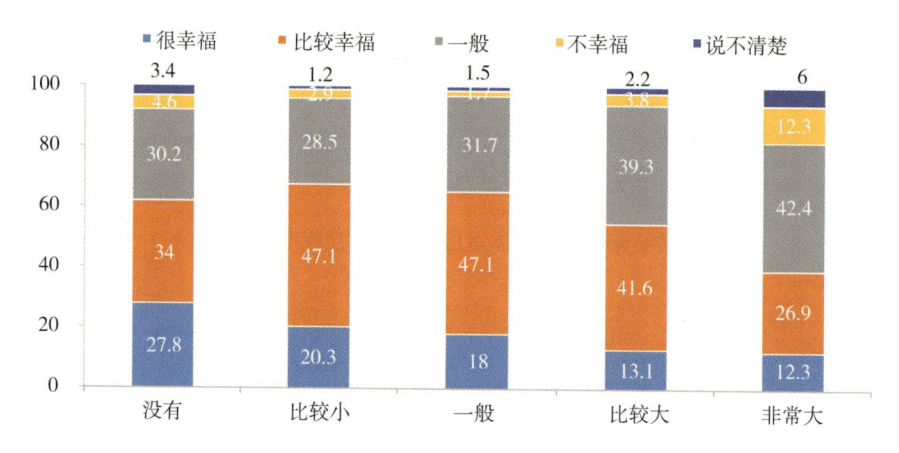

附图　陕西从业青年的生活幸福感情况与生活压力的关系（%）

在陕西青年看来，家庭生活美满是生活幸福感的最主要来源，比例为53.9%，其次的因素为身体健康、事业有成和生活富有，比例分别为12.9%、12.7%和7.4%。按照地域上比较，关中和陕北地区的青年更倾向于追求生活富有（比例分别为8.3%和8.1%），而陕南的比例只为4.9%，陕南青年更加认同家庭生活美满是幸福的主要来源，比例高达62%，而关中和陕北地区分别比例为51.1%和53.0%。从群体上看，63.1%的行政事业单位青年认为家庭生活美满是生活幸福感的主要来源，企业从业青年、青年教师、农业青年和社会组织从业青年的比例依次为55.5%、54.4%、52.6%和49.1%。值得注意的是，与其他群体相比，农业青年和社会组织从业青年认为幸福感与事业有成的关系更密切，比例分别为13.8%和13.4%，其他群体的比例在10%—11%之间。

第三章 陕西青年的身心健康状况

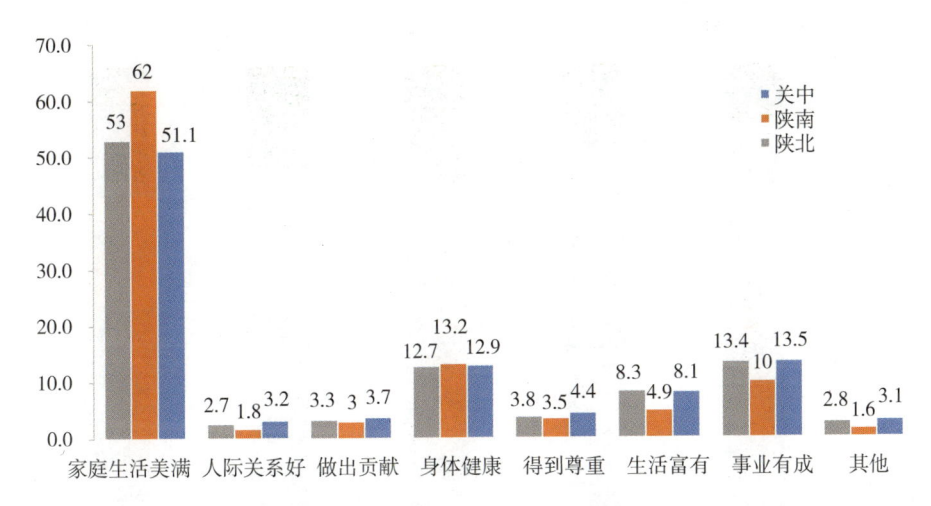

附图 分地域比较陕西从业青年生活幸福感的最主要来源（%）

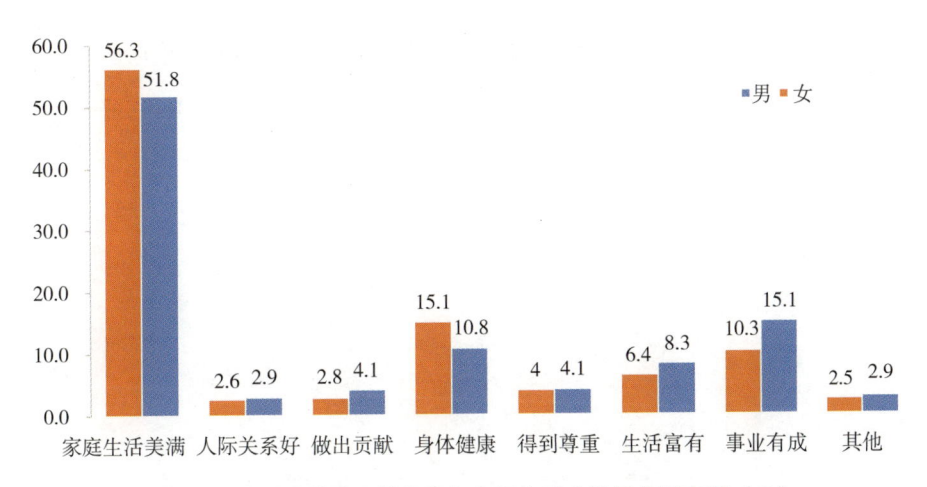

	关中	陕南	陕北
家庭生活美满	53	62	51.1
人际关系好	2.7	1.8	3.2
做出贡献	3.3	3	3.7
身体健康	12.7	13.2	12.9
得到尊重	3.8	3.5	4.4
生活富有	8.3	4.9	8.1
事业有成	13.4	10	13.5
其他	2.8	1.6	3.1

附图 分性别比较陕西从业青年生活幸福感的最主要来源（%）

	男	女
家庭生活美满	56.3	51.8
人际关系好	2.6	2.9
做出贡献	2.8	4.1
身体健康	15.1	10.8
得到尊重	4	4.1
生活富有	6.4	8.3
事业有成	10.3	15.1
其他	2.5	2.9

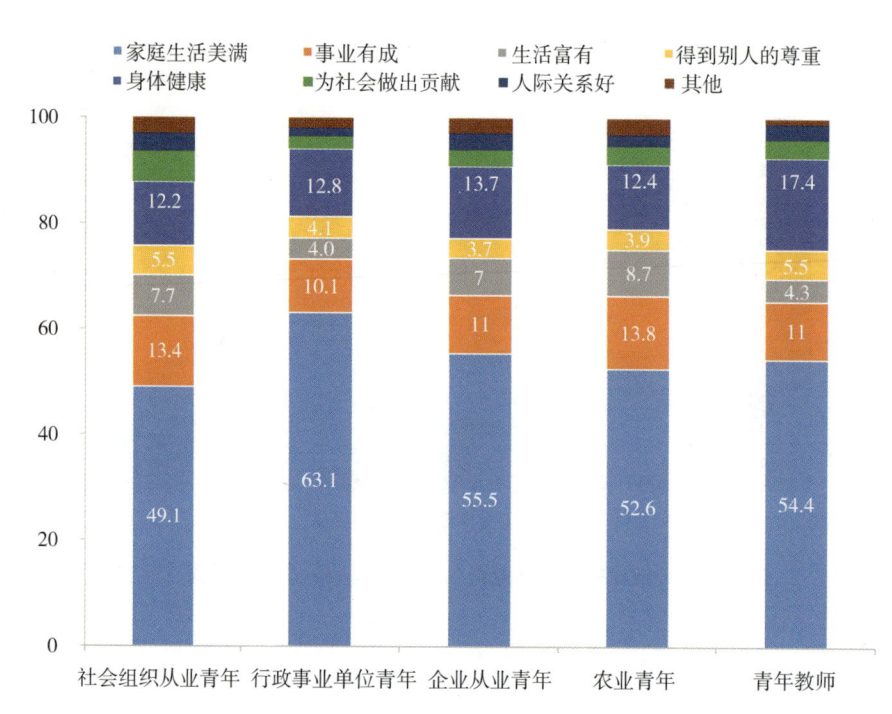

附图　分行业比较陕西从业青年生活幸福感的最主要来源（%）

第四章

陕西青年的住房状况

一 居住状况

陕西青年拥有自住房的比例不高，其中居住场所为自购（自建）住房的比例为42.8%，其次是住在父母家中和租房，比例分别为24.0%和18.0%。从地域上看，陕南地区青年自购（自建）住房的比例最高，比例为47.2%，住在父母家中和租房的比例分别为26.7%和14.6%；关中地区青年自购（自建）的比例为42.2%，住在父母家中和租房的比例分别为23.0%和18.6%；陕北地区青年自购（自建）住房的最低，比例为38.9%，住在父母家中和租房的比例分别为23.8%和20.7%。从中可以发现，陕北青年的自有住房比例最低、租房比例最高。此外，调查发现，单位福利房、集体宿舍的比例在各个地区都普遍偏低。

从群体上看，青年教师自购/自建住房的比例最高（比例为55%），其次为农业青年（比例为50.6%）和行政事业单位青年（比例为46.9%），企业从业青年（比例为39.1%）和社会组织从业青年（比例为38.7%）自有住房的比例最低，企业从业青年和社会组织从业青年租房的比例较高，分别为21.8%和23%。值得注意的是，新兴领域青年自购/自建住房的比例普遍较传统领域低。

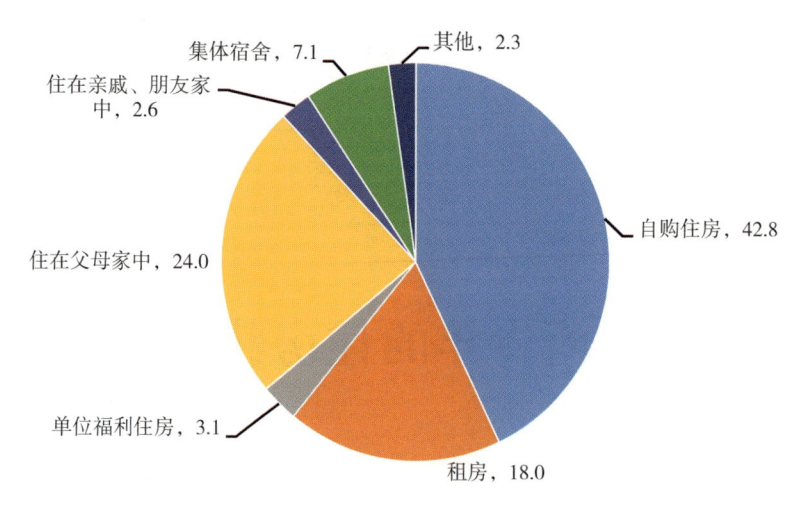

附图　陕西从业青年的住房情况（%）

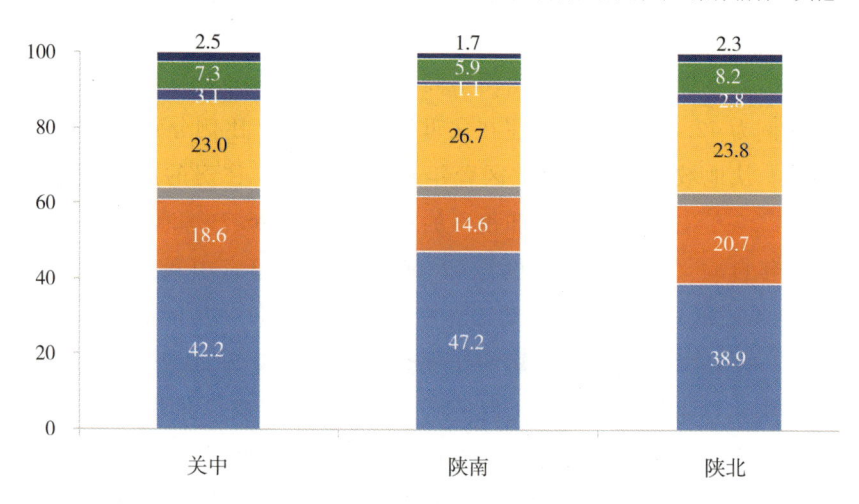

附图　分地域比较陕西从业青年的住房情况（%）

二　住房压力

从压力的角度，调查发现，住房困难是当前陕西青年面临的主要困难之一，仅次于发展提升困难（比例为22.7%），排在第二位（比例为17.8%）。从地域上看，与居住情况相对应的，陕北地区拥有自住房比例最低，面临的住房困难也最为严重，比例高达21.5%；关中地区拥有自

第四章 陕西青年的住房状况

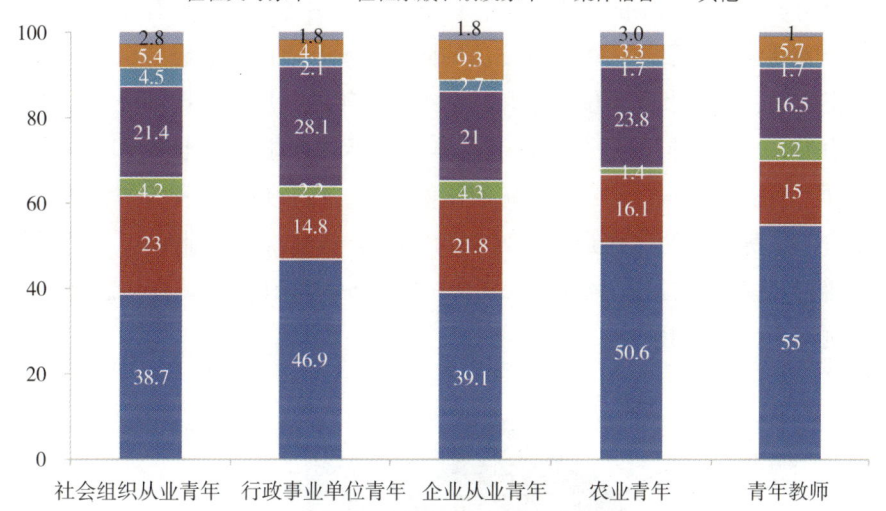

附图 传统领域青年目前的居住情况（%）

图例：自购（自建）住房　租房　单位福利住房（租房）　住在父母家中　住在亲戚、朋友家中　集体宿舍　其他

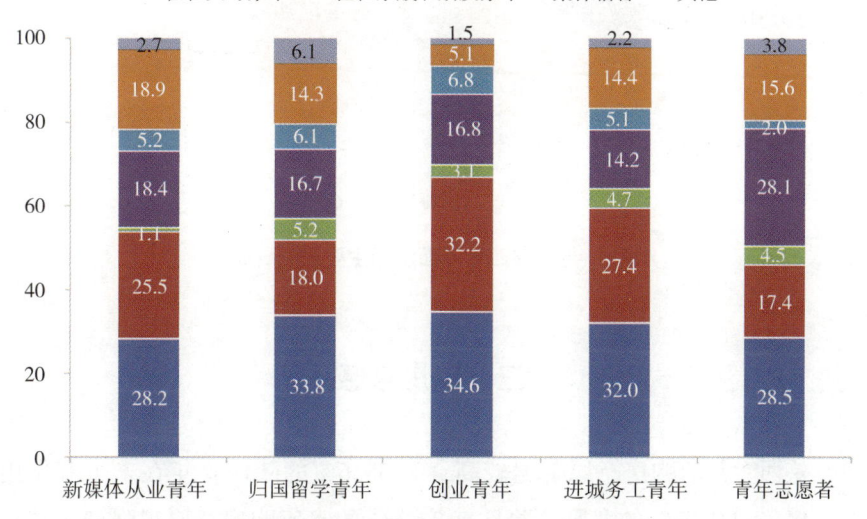

类别	自购（自建）住房	租房	单位福利住房（租房）	住在父母家中	住在亲戚、朋友家中	集体宿舍	其他
社会组织从业青年	38.7	23	4.2	21.4	4.5	5.4	2.8
行政事业单位青年	46.9	14.8	2.2	28.1	2.1	4.1	1.8
企业从业青年	39.1	21.8	4.3	21	2.7	9.3	1.8
农业青年	50.6	16.1	1.4	23.8	1.7	3.3	3.0
青年教师	55	15	5.2	16.5	1.7	5.7	1

附图 新兴领域青年目前的居住情况（%）

类别	自购（自建）住房	租房	单位福利住房（租房）	住在父母家中	住在亲戚、朋友家中	集体宿舍	其他
新媒体从业青年	28.2	25.5	1.1	18.4	5.2	18.9	2.7
归国留学青年	33.8	18.0	5.2	16.7	6.1	14.3	6.1
创业青年	34.6	32.2	3.1	16.8	6.8	5.1	1.5
进城务工青年	32.0	27.4	4.7	14.2	5.1	14.4	2.2
青年志愿者	28.5	17.4	4.5	28.1	2.0	15.6	3.8

有住房的比例居中，面临住房困难的比例也居中，达到17.7%；陕南拥有自有住房的比例最高，面对住房困难的比例也最低，比例为14.9%。与其他群体相比，青年教师和企业青年的住房压力最大，比例分别为

20.3%和19.6%，而另一方面青年教师拥有自有住房的比例是最高的，这说明学校由于稳定的工作环境，让青年教师更容易拥有自有住房，同时由于受到薪酬的限制，在自有住房的同时也承受着巨大的经济压力。值得注意的是，行政事业单位青年和社会组织青年的住房困难比例最低，比例均为15.3%。不同的是，行政事业单位青年自有住房的比例仅次于青年教师，而社会组织青年自有住房的比例最低。在新兴领域青年中，进城务工青年住房困难的比例最大，比例为23.6%，其次是创业青年、新媒体青年和归国留学青年，分别为19.7%、18.5%和16.6%，青年志愿者的比例最小，仅为10.3%。

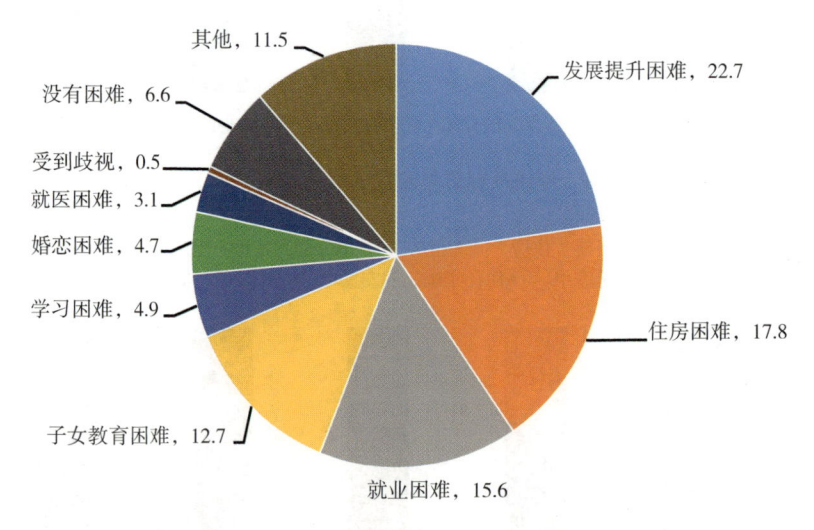

附图　当前陕西青年面临的主要困难（%）

其他，11.5
没有困难，6.6
受到歧视，0.5
就医困难，3.1
婚恋困难，4.7
学习困难，4.9
子女教育困难，12.7
就业困难，15.6
住房困难，17.8
发展提升困难，22.7

三　购房意愿

陕西青年的购房意愿普遍较高，有58.6%的陕西青年在未来五年内有购房（自建房）的意愿，并且有33.6%的青年购房意愿很强烈，青年作为购房（自建房）的主要力量，调查数据说明陕西房地产的刚需依旧强劲。从地域上看，陕北地区的意愿最为强烈，比例为63.9%，有强烈购房意愿的比例达到了40.8%；关中和陕南地区有意愿的比例分别为58.3%和55.6%，有强烈意愿的比例分别为31.8%和32.8%。从群体上

第四章 陕西青年的住房状况

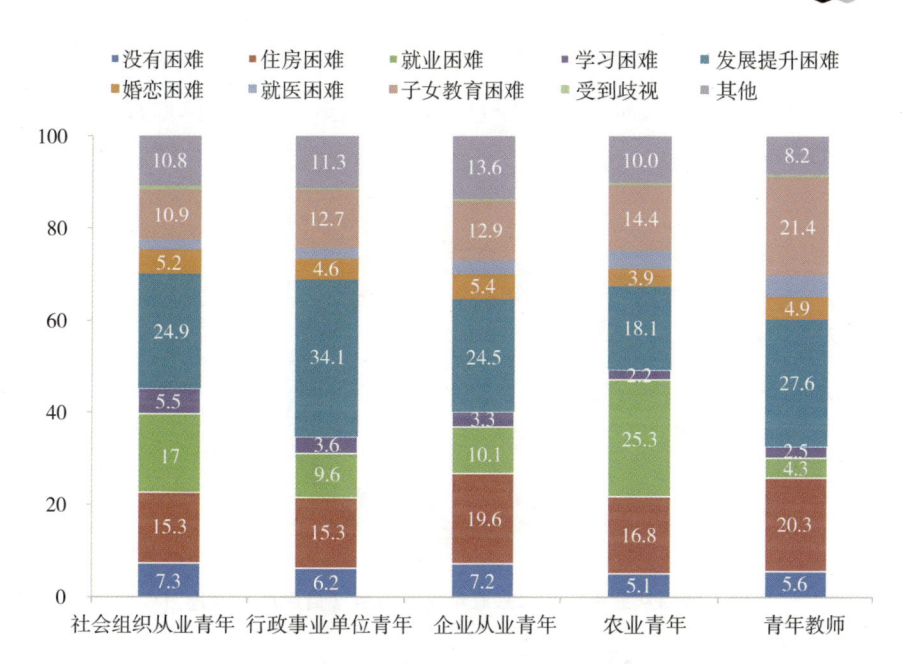

图例：■没有困难 ■住房困难 ■就业困难 ■学习困难 ■发展提升困难 ■婚恋困难 ■就医困难 ■子女教育困难 ■受到歧视 ■其他

困难类型	社会组织从业青年	行政事业单位青年	企业从业青年	农业青年	青年教师
其他	10.8	11.3	13.6	10.0	8.2
子女教育困难	10.9	12.7	12.9	14.4	21.4
就医困难	5.2	4.6	5.4	3.9	4.9
发展提升困难	24.9	34.1	24.5	18.1	27.6
婚恋困难	5.5	3.6	3.3	2.2	2.5
学习困难	17	9.6	10.1	25.3	4.3
就业困难	15.3	15.3	19.6	16.8	20.3
住房困难	7.3	6.2	7.2	5.1	5.6

附图　传统领域青年当前的最主要困难情况（%）

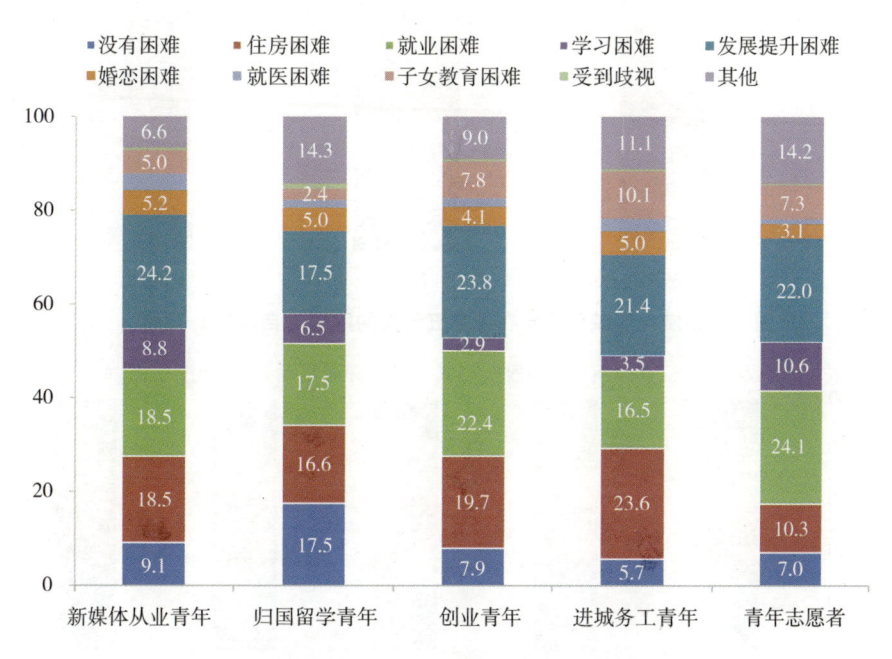

图例：■没有困难 ■住房困难 ■就业困难 ■学习困难 ■发展提升困难 ■婚恋困难 ■就医困难 ■子女教育困难 ■受到歧视 ■其他

困难类型	新媒体从业青年	归国留学青年	创业青年	进城务工青年	青年志愿者
其他	6.6	14.3	9.0	11.1	14.2
子女教育困难	5.0	2.4	7.8	10.1	7.3
就医困难	5.2	5.0	4.1	5.0	3.1
发展提升困难	24.2	17.5	23.8	21.4	22.0
婚恋困难	8.8	6.5	2.9	3.5	10.6
学习困难	18.5	17.5	22.4	16.5	24.1
就业困难	18.5	16.6	19.7	23.6	10.3
住房困难	9.1	17.5	7.9	5.7	7.0

附图　新兴领域青年当前的最主要困难情况（%）

看，各群体青年的购房意愿接近，有强烈购房意愿的比例均在33%左右，说明对于购买房子的需求与青年群体的类型关系不大，是陕西青年各群体的共性的需求。

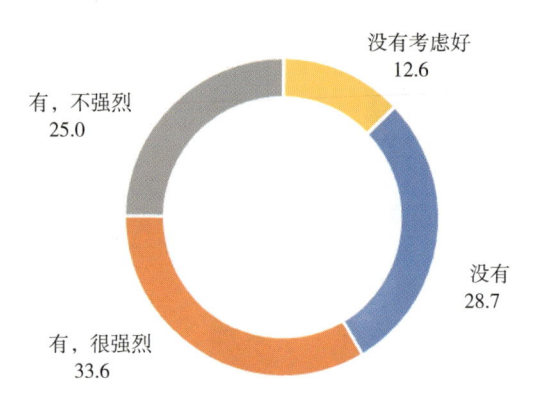

附图　陕西从业青年在未来五年内的购房（自建房）意愿（%）

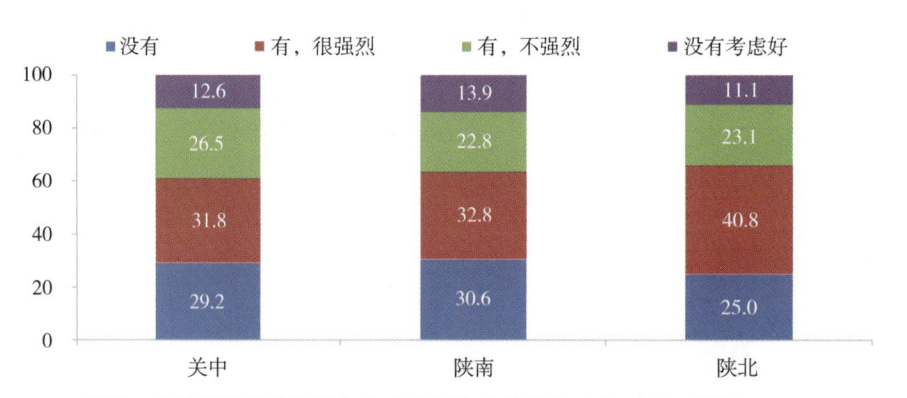

附图　分地域比较陕西青年在未来五年内的购房（自建房）意愿（%）

附图　分行业比较陕西青年在未来五年内的购房（自建房）意愿（%）

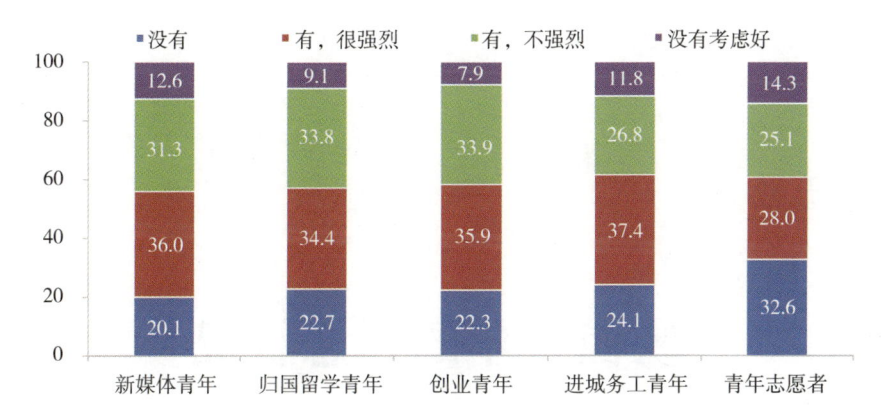

附图　新兴领域青年未来五年内的购房（自建房）愿望（%）

调查还表明，购房意愿受当前居住条件的影响。自己租房和住在亲戚/朋友家中的青年购买意愿较高，有强烈购房意愿的比例分别达到了50.7%和47.7%，住单位福利住房（租房）、住在父母家、集体宿舍有强烈意愿的比例较低，均低于40%。值得注意的是，自有住房的青年中仍然有23.6%的青年有强烈意愿购买（自建）住房。由此可知，陕西青年对住房的刚需依旧强烈。

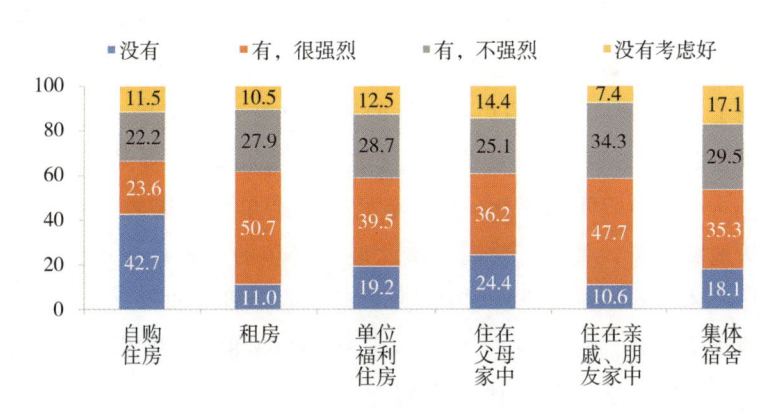

附图　购房意愿与居住条件的关系（%）

第五章

陕西青年的婚恋状况

一 婚姻状况及初婚年龄

抽样调查显示,陕西青年婚姻状况较为稳定,调查中有58.3%的从业青年已经结婚,有25.5%的从业青年是未婚单身,有14.9%的从业青年虽然未婚有男(女)朋友,另有1.3%的从业青年离异/丧偶。从年龄上看,20—25岁的青年中已婚的比例为17.9%,26—30岁之间已婚的比例达到了63.3%,而31岁以后已婚的比例均在90%以上。其中,31—35岁青年中有4.3%和1.7%的青年处于未婚单身和离异/丧偶的状态,36—40岁青年中有1.7%和3.0%的青年处于未婚单身和离异(丧偶)的状态。从地域上看,关中、陕南、陕北地区青年的婚姻状况类似,区别不大。从群体上看,在传统领域中青年教师、农业青年和行政事业单位青年已婚的比例最高,分别是74.0%、66.3%和63.8%,其次是企业从业青年、社会组织从业青年,比例分别为58.1%、53.6%;在新兴领域中,各群体已婚的比例普遍比传统领域青年低,其中归国留学青年、新媒体从业青年的已婚比例最低,仅为21.9%和29.8%,值得注意的是,归国留学青年未婚有男/女朋友的比例最高(46.5%),这表明一方面归国留学青年在择偶方面并不存在压力,另一方面归国留学青年受到西方婚恋观念的影响,面对婚姻有"缺乏勇气"的现象。

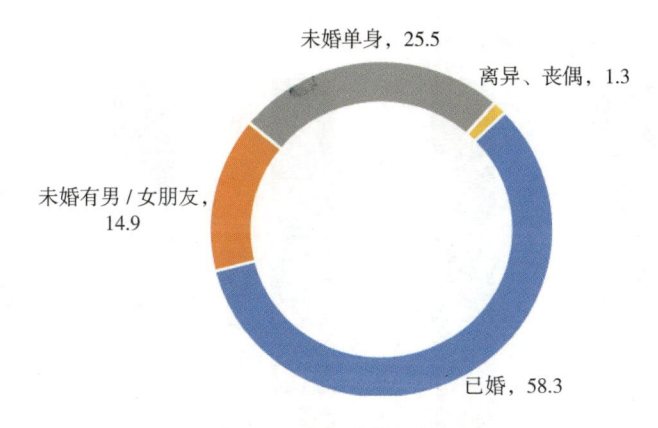

第五章　陕西青年的婚恋状况

未婚单身，25.5
离异、丧偶，1.3
未婚有男/女朋友，14.9
已婚，58.3

附图　陕西从业青年的婚姻状况（%）

■ 已婚　■ 未婚有男/女朋友　■ 未婚单身　■ 离异、丧偶

	社会组织从业青年	行政事业单位青年	企业从业青年	农业青年	青年教师
离异、丧偶	1.7	1.2	1.4	1.3	1.4
未婚单身	29.3	22.4	24.1	20.3	13.6
未婚有男/女朋友	15.3	12.6	16.4	12.1	11
已婚	53.6	63.8	58.1	66.3	74

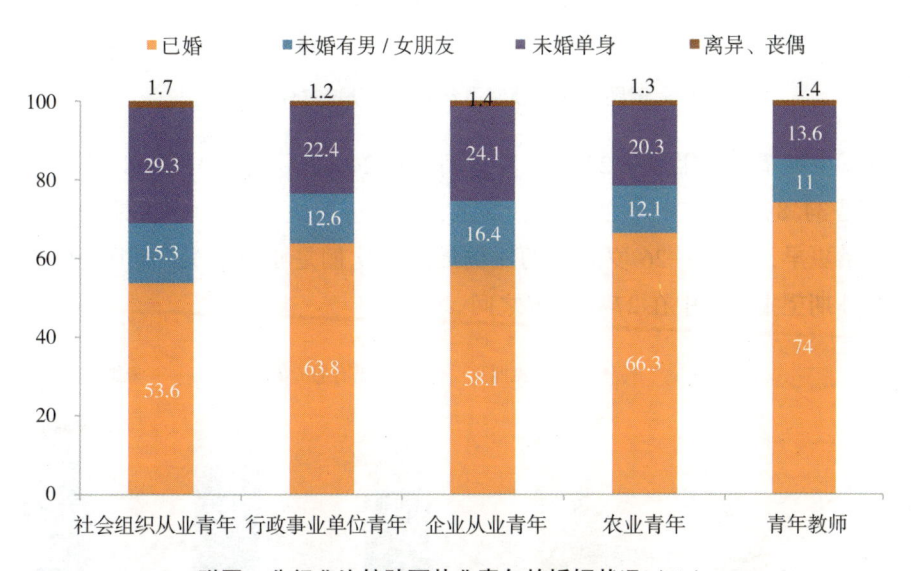

附图　分行业比较陕西从业青年的婚姻状况（%）

调查显示，在已婚青年中，初婚年龄在 24—26 岁之间的比例达到了 51.7%，在 27—29 岁和 23 岁及以下的比例达到了 24.8% 和 18.8%。而未婚青年期望的初婚年龄明显延迟，主要期望的结婚年龄是 27—29 岁，比例接近一半，在 24—26 岁和 23 岁及以下的比例在 35% 和 5% 左右。值得注意的是，处于离异（丧偶）状态的青年在 23 岁及以下结婚的比例（28.5%）远高于较晚结婚的比例，可见早婚与离异（丧偶）存在一定的联系。

在校大专及以上学生期望的初婚年龄跟未婚的从业青年类似，52% 的

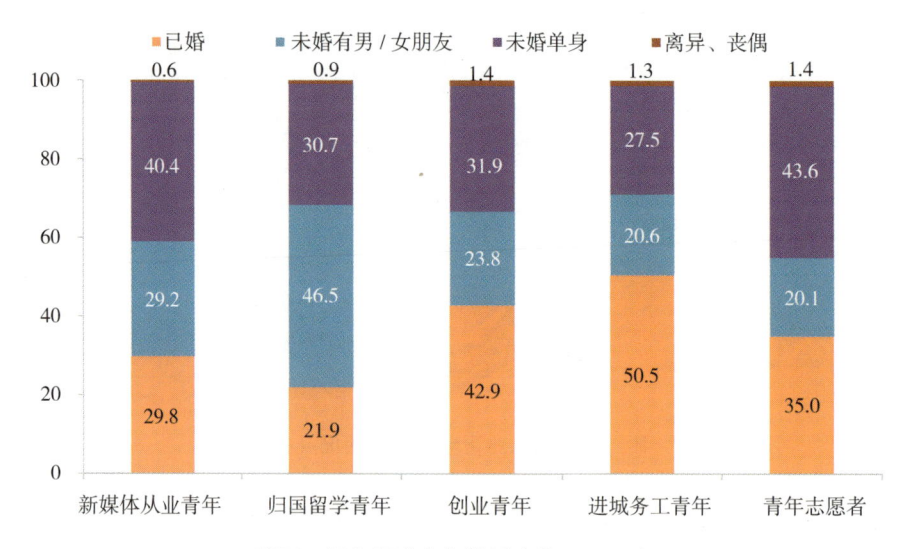

附图　新兴领域青年的婚恋状况（%）

大学生期望初婚年龄在 27—29 岁之间，在 24—26 岁和 23 岁及以下的比例是 34.8% 和 2.7%。值得注意的是，大专生（含高职）学生期望初婚年龄更早，在 24—26 岁之间的比例最高（比例是 44.9%），而其他学历群体期望主要集中在 27—29 岁之间。

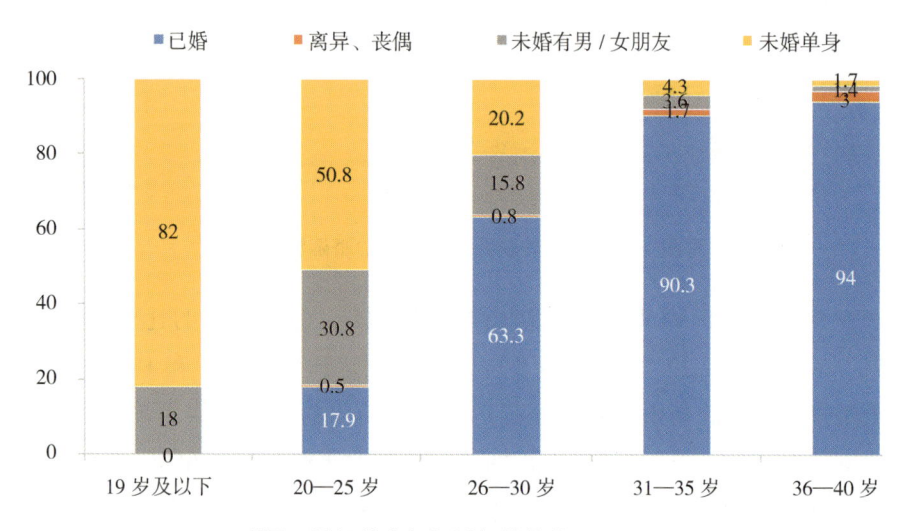

附图　婚姻状态与初婚年龄的关系（%）

第五章 陕西青年的婚恋状况

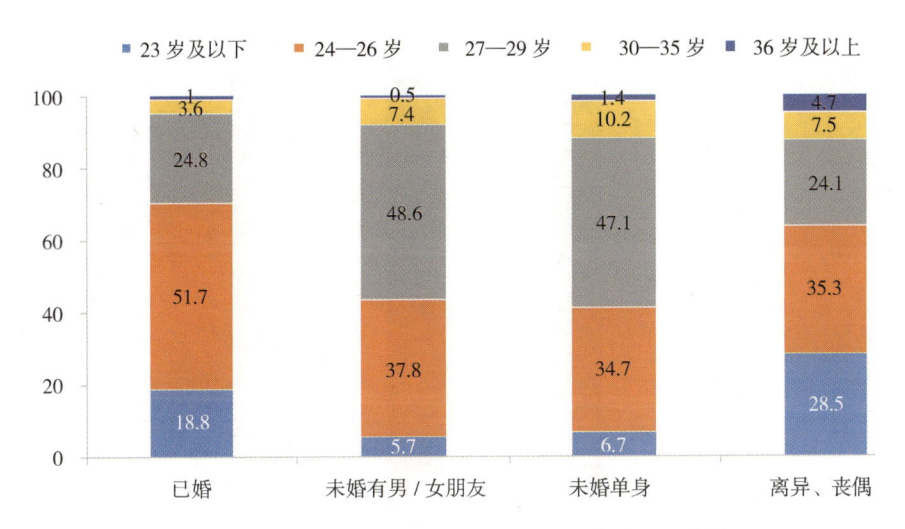

■ 23岁及以下　■ 24—26岁　■ 27—29岁　■ 30—35岁　■ 36岁及以上

附图　已婚青年的初婚年龄与未婚青年的期望初婚年龄之间的关系（%）

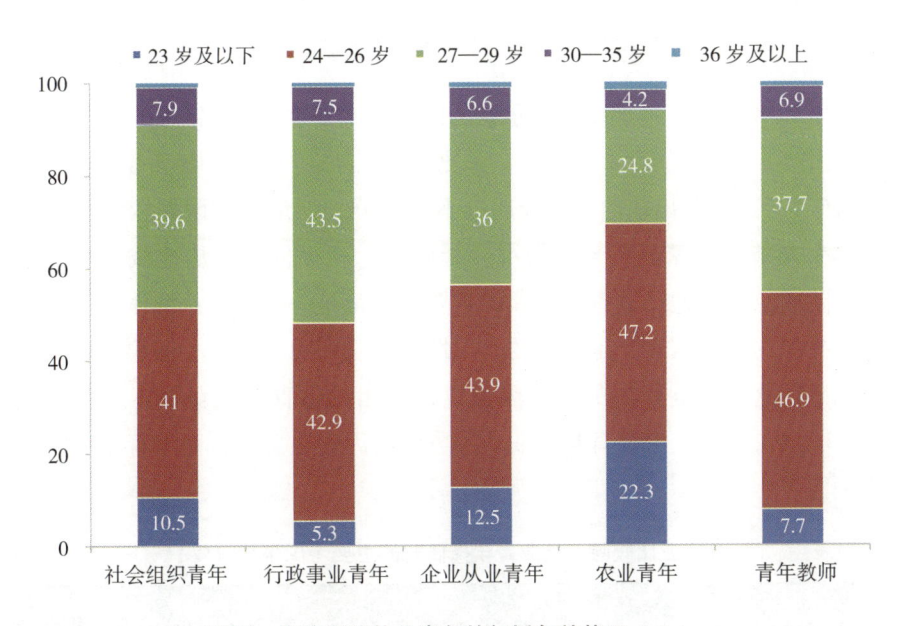

	已婚	未婚有男/女朋友	未婚单身	离异、丧偶
36岁及以上	1	0.5	1.4	4.7
30—35岁	3.6	7.4	10.2	7.5
27—29岁	24.8	48.6	47.1	24.1
24—26岁	51.7	37.8	34.7	35.3
23岁及以下	18.8	5.7	6.7	28.5

■ 23岁及以下　■ 24—26岁　■ 27—29岁　■ 30—35岁　■ 36岁及以上

	社会组织青年	行政事业青年	企业从业青年	农业青年	青年教师
36岁及以上	7.9	7.5	6.6	4.2	6.9
27—29岁	39.6	43.5	36	24.8	37.7
24—26岁	41	42.9	43.9	47.2	46.9
23岁及以下	10.5	5.3	12.5	22.3	7.7

附图　传统领域从业青年的初婚年龄状况（%）

二　择偶标准与婚恋观

陕西青年的择偶观念健康向上，将能力、道德品质列在择偶标准的第一位，比例达67.9%，其次择偶考虑的因素是性格和感情，比例分别为

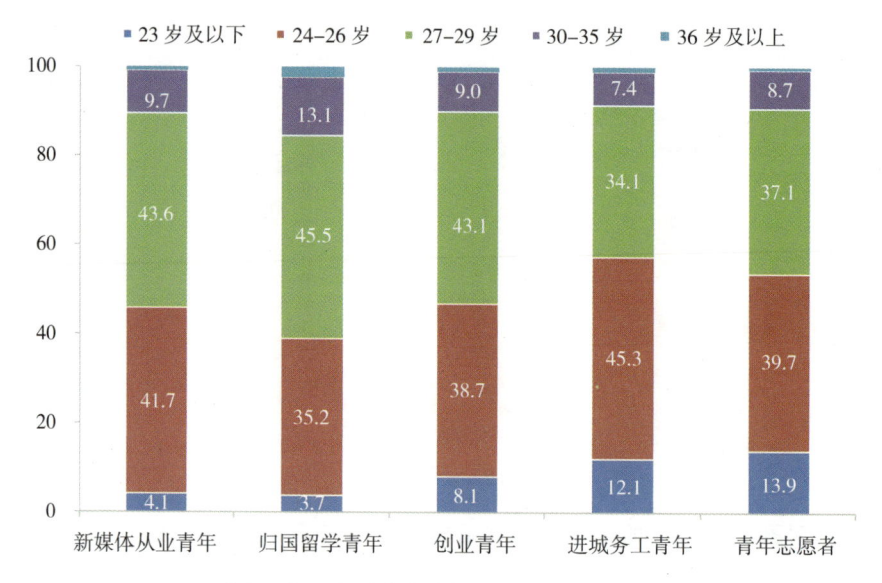

图例:■ 23岁及以下 ■ 24-26岁 ■ 27-29岁 ■ 30-35岁 ■ 36岁及以上

群体	23岁及以下	24-26岁	27-29岁	30-35岁
新媒体从业青年	4.1	41.7	43.6	9.7
归国留学青年	3.7	35.2	45.5	13.1
创业青年	8.1	38.7	43.1	9.0
进城务工青年	12.1	45.3	34.1	7.4
青年志愿者	13.9	39.7	37.1	8.7

附图 新兴领域青年的初婚年龄状况（%）

45.0%和40.9%。择偶中最不重要的因素依次是地域（比例10.4%）、职业（比例14.7%）、个人收入（比例17.4%）和家庭背景（比例18.1%），这反映出陕西青年择偶中不会过分关注地域的限制，不会过多考虑个人条件和家庭背景的情况，择偶观念积极向上。从地域上看，关中、陕南、陕北地区的青年择偶的主要因素都是一致的；从群体上看，各群体择偶的主要因素也是一致的。从性别上看，除去能力、道德品质、性格和感情这些影响择偶的主要因素以外，相比男青年，女青年对身体状况、收入、学历、家庭背景、职业等方面的因素更关注，而男青年对相貌更关注。

附表 分行业比较陕西从业青年择偶时的主要考虑条件（%）

	社会组织从业青年	行政事业单位青年（不含青年教师）	企业从业青年	农业青年	青年教师
相貌	24.6	25.8	26.6	22.7	23.6
学历	23.3	24.7	20.4	19.6	27.0
能力，道德品质	71.5	78.7	69.7	62.6	78.1
家庭背景	19.2	18.5	19.9	16.0	18.6

续表

	社会组织从业青年	行政事业单位青年（不含青年教师）	企业从业青年	农业青年	青年教师
生活习惯	28.8	32.7	29.8	20.7	34.2
身体情况	26.9	27.4	28.7	23.7	30.1
感情	41.1	46.2	43.2	37.0	46.7
父母亲友的态度	27.5	20.7	24.9	22.1	19.2
性格	47.2	55.3	48.9	38.3	52.8
职业	14.8	22.1	16.0	10.6	25.5
个人收入	18.2	18.7	19.7	14.5	20.5
地域	12.5	12.7	11.8	8.5	10.6
其他	5.0	3.4	5.1	4.9	1.7

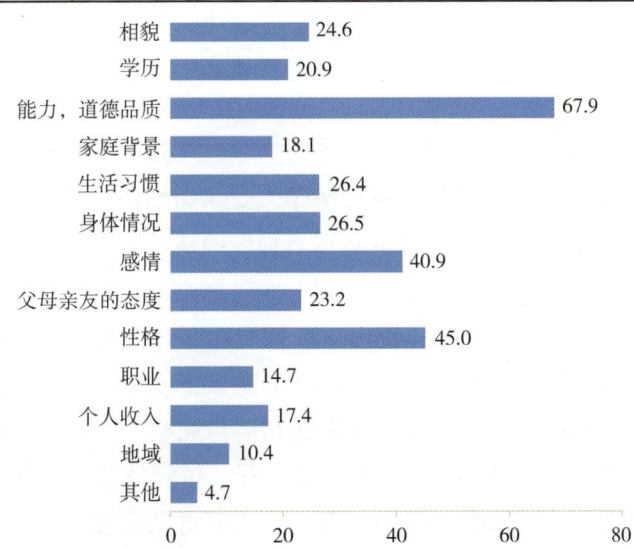

项目	比例
相貌	24.6
学历	20.9
能力，道德品质	67.9
家庭背景	18.1
生活习惯	26.4
身体情况	26.5
感情	40.9
父母亲友的态度	23.2
性格	45.0
职业	14.7
个人收入	17.4
地域	10.4
其他	4.7

附图　陕西从业青年择偶时的主要考虑条件（%）

附表　新兴领域青年择偶时的主要考虑条件（%）

	新媒体青年	归国留学青年	创业青年	进城务工青年	青年志愿者
相貌	32.4	27.7	23.3	23.6	28.5

续表

	新媒体青年	归国留学青年	创业青年	进城务工青年	青年志愿者
学历	30.5	29.8	24.2	18.5	25.3
能力，道德品质	75.2	59.7	69.5	64.9	76.5
家庭背景	19.3	22.3	19.5	15.7	20.1
生活习惯	27.2	22.1	27.9	24.1	32.3
身体情况	22.3	18.2	23.2	23.3	28.5
感情	40.9	36.3	42.5	39.7	43.2
父母亲友的态度	29.4	26	24.3	23.7	26.7
性格	47.7	44	41.9	41.1	50.7
职业	18.3	10.1	14.1	11.6	19.5
个人收入	23.4	16.7	20.7	15.2	19.5
地域	13.4	12	12.8	9	12.4
其他	4.4	12.7	4.7	4.5	6.5

陕西从业青年的婚恋观念相对保守。受《婚姻法》修改的影响，女性在婚恋关系中的地位和权益得到相当程度的认可和保障，然而陕西从业青年对子女随母姓等有关女性权利观念接受度并不高，比例为27.5%。谈恋爱"AA制"体现出对爱情自由平等的追求，陕西从业青年的比例也不高，为23.8%。在传统家庭观念的影响下，对同性恋、婚外情、"一夜情"等现象可能对家庭和谐与完整产生巨大影响的观念的认可度更低，均不足10%。从群体上看，新媒体从业青年、归国留学青年、大学生和社会组织从业青年的婚恋观念明显比其他群体持更开放的态度。

三 生育观与子女养育

陕西青年生育和养育观念呈现出理性化特征，二孩生育的意愿较高。调查发现，53.5%的青年愿意生育两个孩子，33.8%的青年愿意生育一个孩子（两者合计87.3%），不想生育的比例仅为2.7%。从地域上看，陕

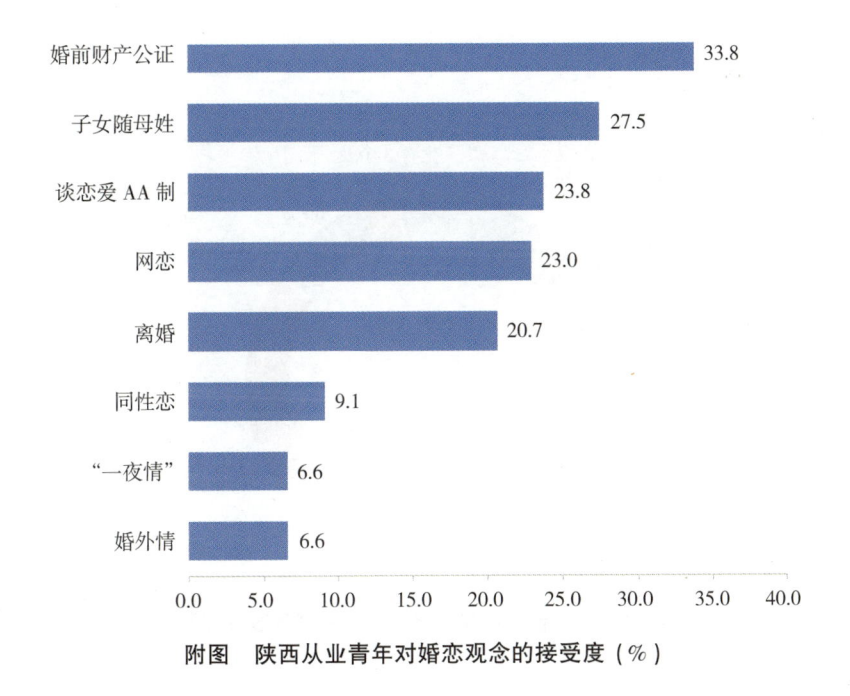

婚恋观念	接受度(%)
婚前财产公证	33.8
子女随母姓	27.5
谈恋爱 AA 制	23.8
网恋	23.0
离婚	20.7
同性恋	9.1
"一夜情"	6.6
婚外情	6.6

附图　陕西从业青年对婚恋观念的接受度（%）

北地区的二孩生育意愿最高（比例为62.9%），陕南地区的二孩生育意愿也超过了一半（比例为56.7%），而关中地区的比例最低，仅为49.4%。从群体上看，农业青年、行政事业单位青年和青年教师群体生育二胎的意愿更强，比例分别为58.8%、56.1%和56%，社会组织从业青年和企业青年二孩生育意愿略低，比例分别为52.3%和50.5%；新兴领域青年中生育二孩的意愿普遍较低，其中进城务工青年比例最高（仅为50.8%），青年志愿者、创业青年、新媒体青年比例分别为48.3%、48.1%和45.8%，需要指出的是归国留学青年群体在生育观念上出现分化现象，该群体既是选择生育二孩比例最低的群体（比例为39.1%），又是选择生育三个孩子或以上比例最高的群体（比例为6.4%），是其他群体比例的近2倍，具有鲜明的特点。

此外，从年龄上看，年龄越小的青年生育二孩的意愿越弱，其中36—40岁的青年生育二孩的意愿为63.4%，31—35岁、26—30岁的青年生育意愿分别为59.2%和53.1%，20—25岁、19岁及以下的生育二孩的意愿分别为47.3%和39%；不生育的比例，也从36—40岁的2%上升到19岁及以下的4.7%，需要引起高度重视。

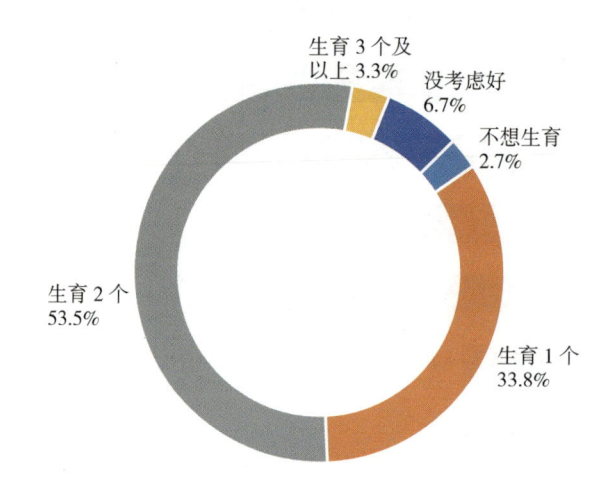

附图 不考虑生育政策限制下的生育意愿（%）

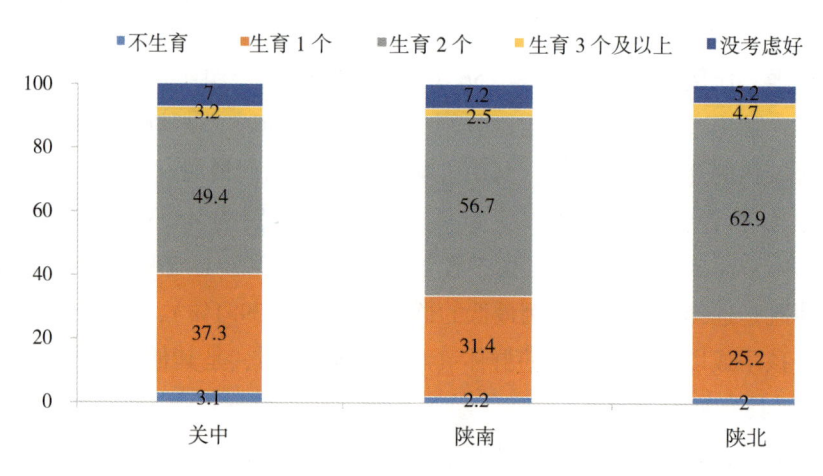

生育 3 个及以上 3.3%
没考虑好 6.7%
不想生育 2.7%
生育 1 个 33.8%
生育 2 个 53.5%

附图 分地域比较不考虑生育政策限制下的生育意愿（%）

	不生育	生育 1 个	生育 2 个	生育 3 个及以上	没考虑好
关中	3.1	37.3	49.4	3.2	7
陕南	2.2	31.4	56.7	2.5	7.2
陕北	2	25.2	62.9	4.7	5.2

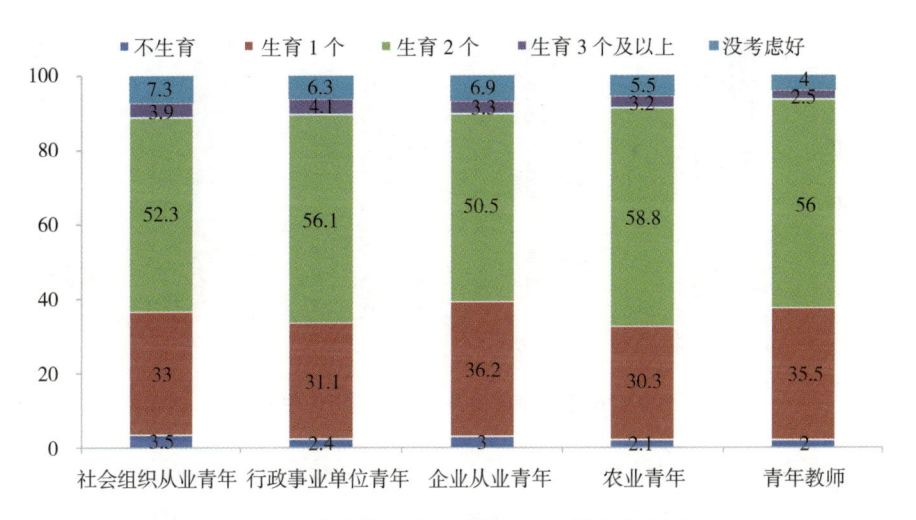

第五章 陕西青年的婚恋状况

附图 分行业比较不考虑生育政策限制下的生育意愿（%）

	社会组织从业青年	行政事业单位青年	企业从业青年	农业青年	青年教师
不生育	3.5	2.4	3	2.1	2
生育1个	33	31.1	36.2	30.3	35.5
生育2个	52.3	56.1	50.5	58.8	56
生育3个及以上	3.9	4.1	3.3	3.2	2.5
没考虑好	7.3	6.3	6.9	5.5	4

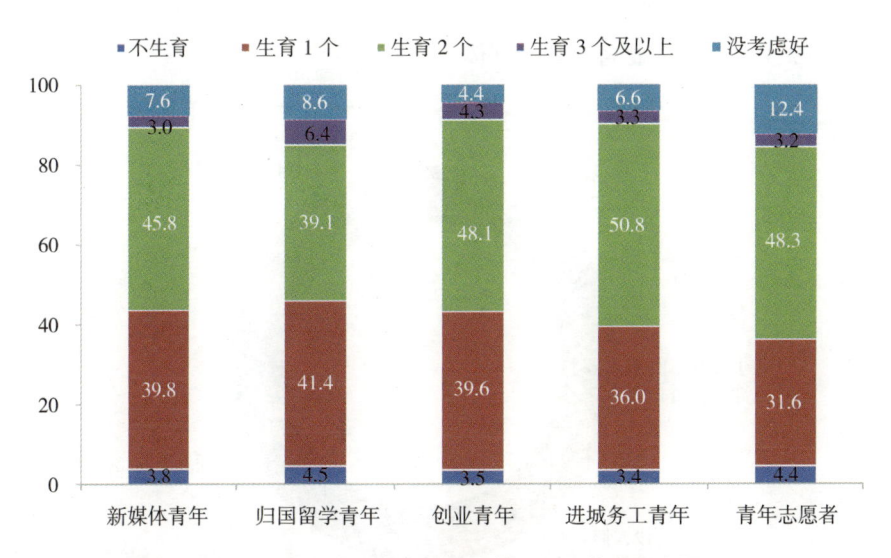

附图 新兴领域青年在不考虑生育政策限制下的生育意愿（%）

	新媒体青年	归国留学青年	创业青年	进城务工青年	青年志愿者
不生育	3.8	4.5	3.5	3.4	4.4
生育1个	39.8	41.4	39.6	36.0	31.6
生育2个	45.8	39.1	48.1	50.8	48.3
生育3个及以上	3.0	6.4	4.3	3.3	3.2
没考虑好	7.6	8.6	4.4	6.6	12.4

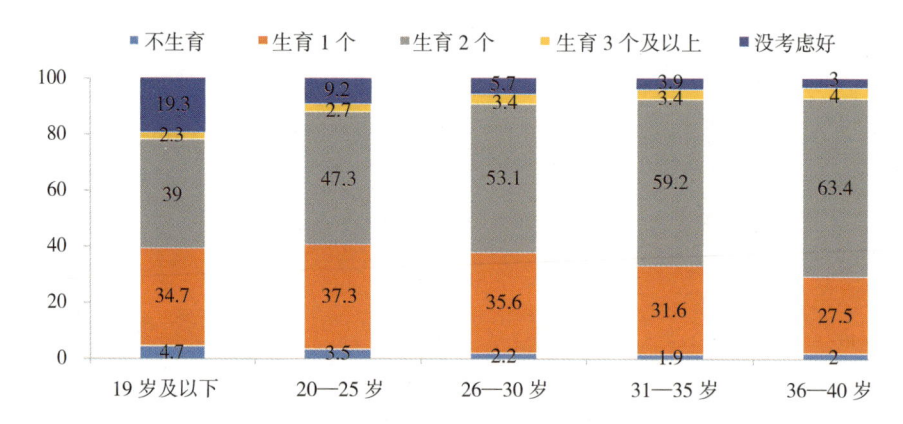

附图　分年龄比较不考虑生育政策限制下的生育意愿（%）

调查表明，"经济问题"是再生育一个孩子的最大顾虑（比例为51%），其次是"没人照看"（16.8%）。从地域上看，各地的差异并不明显；从群体上看，经济问题对农业青年、进城务工青年影响最大，比例为59.6%和54.3%，对归国留学青年影响最小，比例为30.8%，最担心的孩子没人照看的群体是青年教师（29.7%）和行政事业单位青年（25.7%），比例明显高于其他群体。

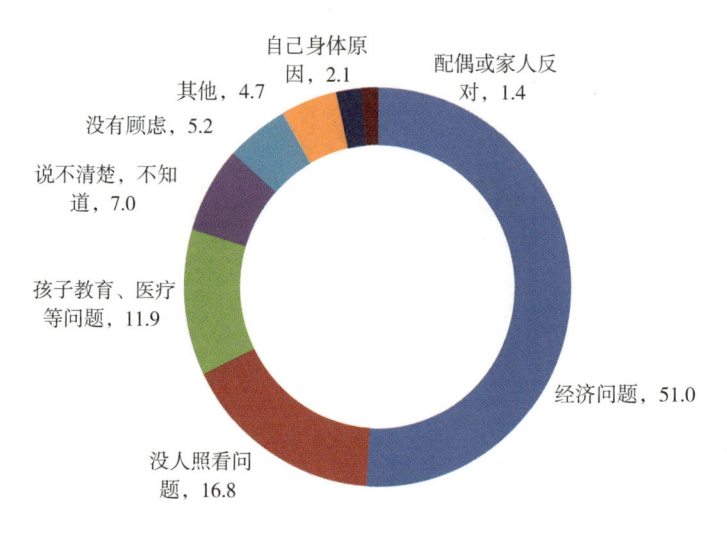

附图　再生育一个孩子的最大顾虑（%）

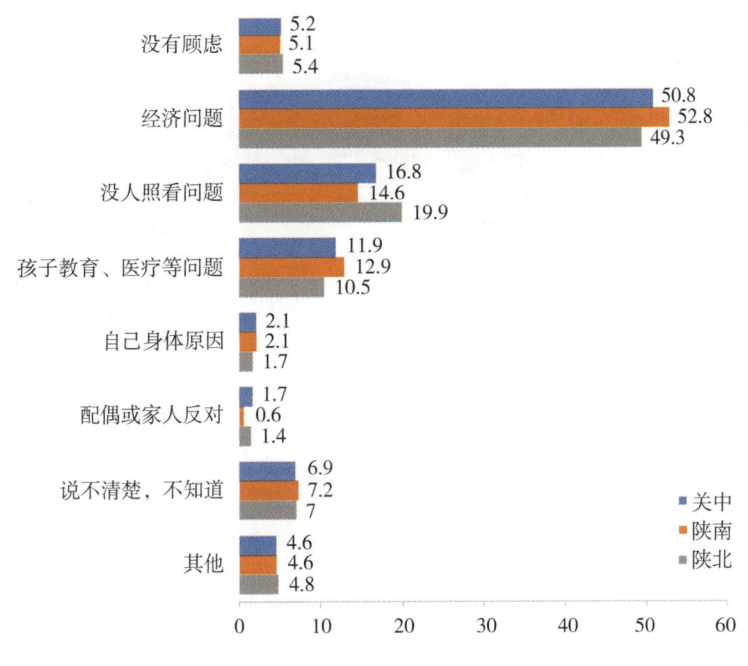

第五章 陕西青年的婚恋状况

顾虑	关中	陕南	陕北
没有顾虑	5.2	5.1	5.4
经济问题	50.8	52.8	49.3
没人照看问题	16.8	14.6	19.9
孩子教育、医疗等问题	11.9	12.9	10.5
自己身体原因	2.1	2.1	1.7
配偶或家人反对	1.7	0.6	1.4
说不清楚，不知道	6.9	7.2	7
其他	4.6	4.6	4.8

附图　分地域比较再生育一个孩子的最大顾虑（%）

在子女的教养问题上，陕西青年最关注子女的身心健康状况，比例为56.4%，其次是快乐成长和学习（学业）成绩，比例为12.9%和10%，但对孩子行为习惯的养成、兴趣爱好的培养关注不够，比例仅为3.3%和3.4%。这也反映出父母在子女教养上的矛盾心理，一方面关注孩子身心健康的同时又忽视孩子习惯养成和兴趣爱好的培养，另一方面希望孩子快乐成长，却依旧要考虑到学习（学业）的压力。从地域上看，陕南地区比关中、陕北地区更关注孩子的身心健康，对快乐成长和学习（学业）成绩方面关注度略低。从群体上看，最关注孩子身心健康的群体是行政事业单位青年，比例为64.6%，最低的是农业青年，比例仅为53.4%；最关注孩子学习（学业）成绩的群体是农业青年，比例为13.9%，而其他群体的比例均在5%—8%之间，说明农村青年群体对孩子学业更关注，期望也更高。此外，通过比较父母的学历教育情况，我们还发现，学历教育程度较低的父母对孩子学业更关注，其中初中及初中以下学历的家长对学习（学业）成绩的关注比例达到16.8%，高中（含职高中专技校）学历的父母的关注比例达到11.2%，而其他学历父母的关注比例为5.8%—8.5%。

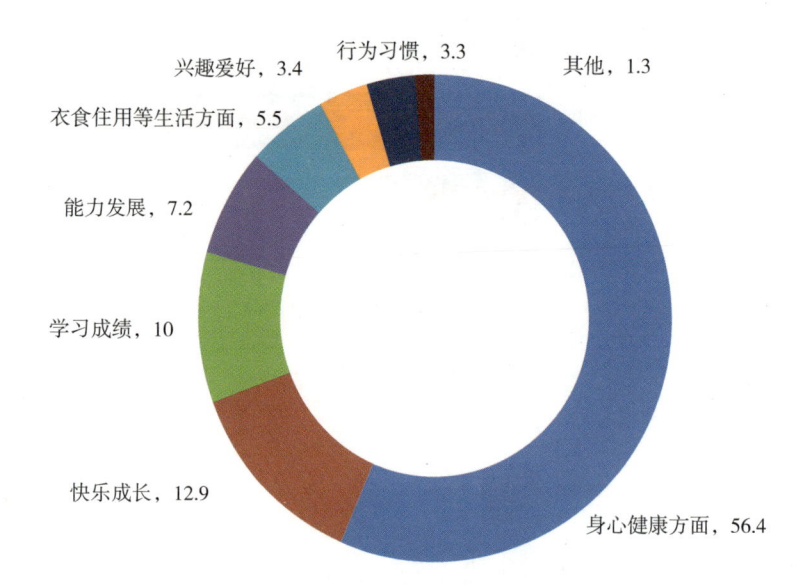

附图　最关注子女哪一方面（%）

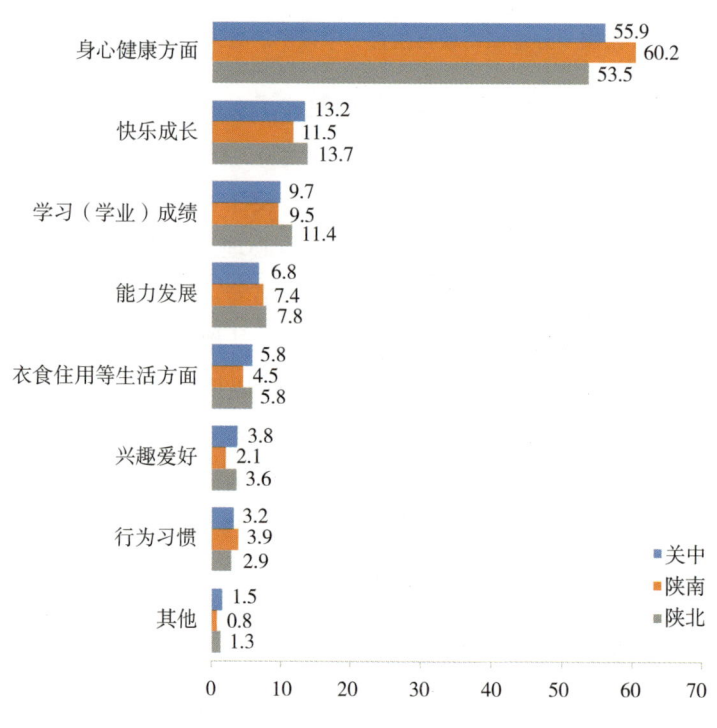

- 身心健康方面，56.4
- 快乐成长，12.9
- 学习成绩，10
- 能力发展，7.2
- 衣食住用等生活方面，5.5
- 兴趣爱好，3.4
- 行为习惯，3.3
- 其他，1.3

附图　分地域比较最关注子女哪一方面（%）

方面	关中	陕南	陕北
身心健康方面	55.9	60.2	53.5
快乐成长	13.2	11.5	13.7
学习（学业）成绩	9.7	9.5	11.4
能力发展	6.8	7.4	7.8
衣食住用等生活方面	5.8	4.5	5.8
兴趣爱好	3.8	2.1	3.6
行为习惯	3.2	3.9	2.9
其他	1.5	0.8	1.3

第六章

陕西青年的消费状况

一　收支状况

调查显示，陕西从业青年的收支状况不容乐观，只有1.8%的受访青年表示"收支有盈余，很多"，39%的受访青年表示"收支有盈余，但不多"，两者合计40.8%，比例不足五成。另有30.6%的受访青年是"入不敷出"，18.9%的受访者表示"收支平衡"。从地域上看，关中、陕南、陕北地区的差别不大。从群体上看，更多的行政事业单位青年处于"入不敷出"的状态，比例为37%，远高于其他群体；归国留学青年处于"收支有盈余，很多"比例最高（比例为6.1%），是平均值的3.4倍；青年志愿者群体选择"说不清楚"的比例最高（比例为21.2%），从侧面反映该群体收支状况不够稳定。

二　消费结构

调查显示，陕西青年由于收支状况不容乐观，消费仍主要集中在"生活必需"和"子女抚养"方面，消费结构亟须升级。调查显示，日常开支花费最大的四个方面依次为"食品"（13.3%）、"抚养子女"（12.3%）、"水电气及日用品"（10.8%）和"居住"（10.4%）。从地域上分析，关中、陕南、陕北地区日常花费最大的两个方面都是"食品"和

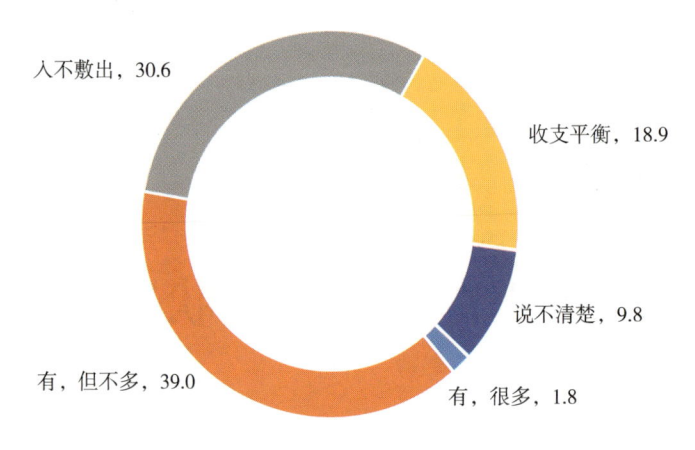

附图　您的收入是否有盈余

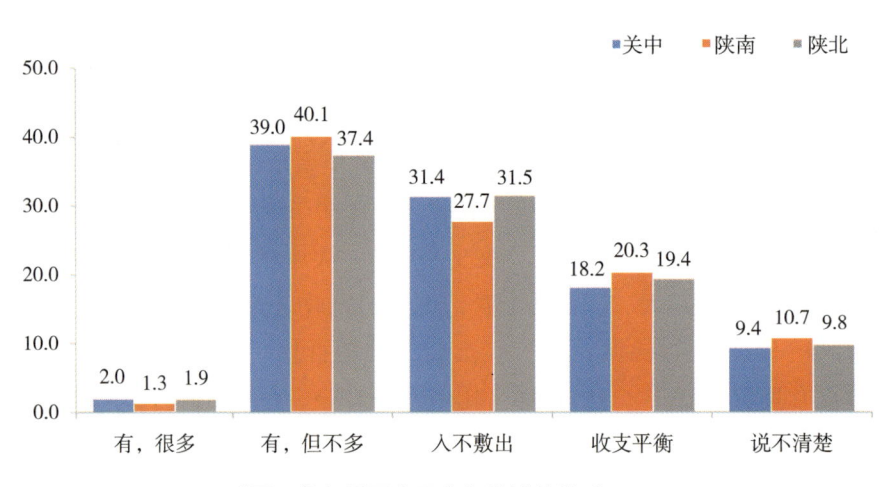

附图　收入是否有盈余与地域的关系（%）

"子女教育"，说明两者是不分地域的普通因素；关中和陕北地区日常开支排名第三、第四的是"居住"和"水电气及日用品"，而陕南的是"水电气及日用品"和"社交应酬"，这说明关中、陕北地区住房的压力较陕南地区大，这也与之前的调研结论一致。

第六章　陕西青年的消费状况

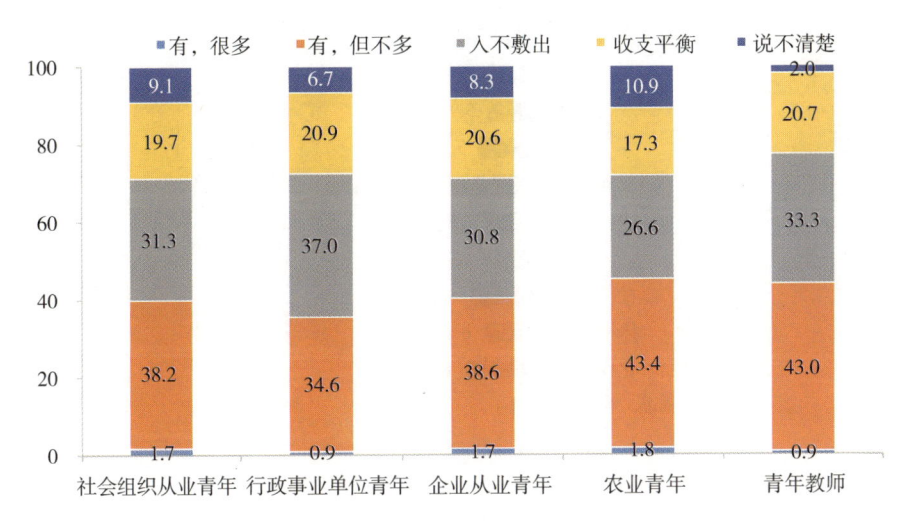

图例：■ 有，很多　■ 有，但不多　■ 入不敷出　■ 收支平衡　■ 说不清楚

类别	有，很多	有，但不多	入不敷出	收支平衡	说不清楚
社会组织从业青年	1.7	38.2	31.3	19.7	9.1
行政事业单位青年	0.9	34.6	37.0	20.9	6.7
企业从业青年	1.7	38.6	30.8	20.6	8.3
农业青年	1.8	43.4	26.6	17.3	10.9
青年教师	0.9	43.0	33.3	20.7	2.0

附图　传统领域行业青年收入是否有盈余关系（%）

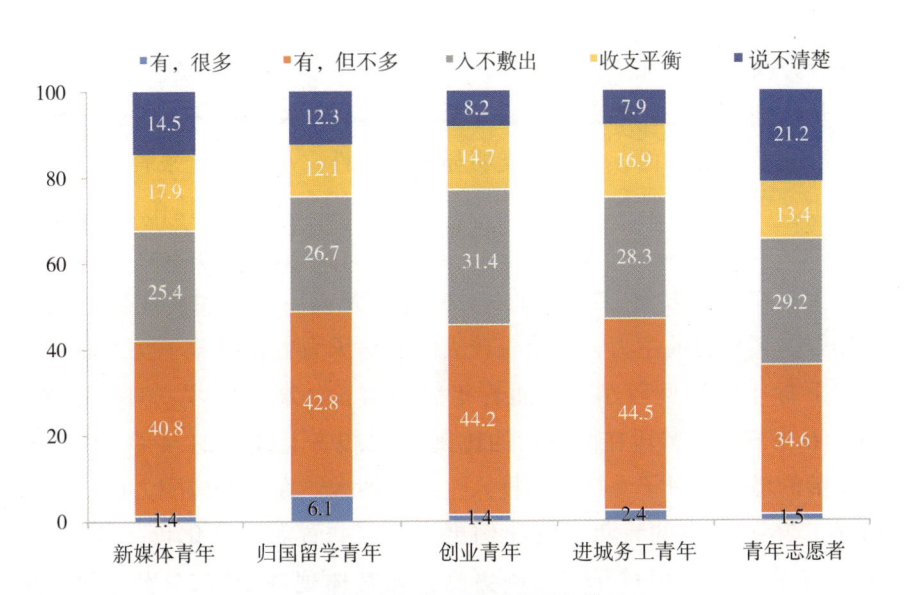

类别	有，很多	有，但不多	入不敷出	收支平衡	说不清楚
新媒体青年	1.4	40.8	25.4	17.9	14.5
归国留学青年	6.1	42.8	26.7	12.1	12.3
创业青年	1.4	44.2	31.4	14.7	8.2
进城务工青年	2.4	44.5	28.3	16.9	7.9
青年志愿者	1.5	34.6	29.2	13.4	21.2

附图　新兴领域青年收入是否有盈余关系（%）

```
食品            13.3
水电气及日用品   10.8
居住            10.4
交通            5.9
医疗            7.1
抚养子女        12.3
赡养老人        6.5
教育            6.7
社交应酬        8.1
休闲娱乐        6.4
购置衣物、化妆品等  8.5
贵重品、奢侈品   1.1
其他            2.9
```

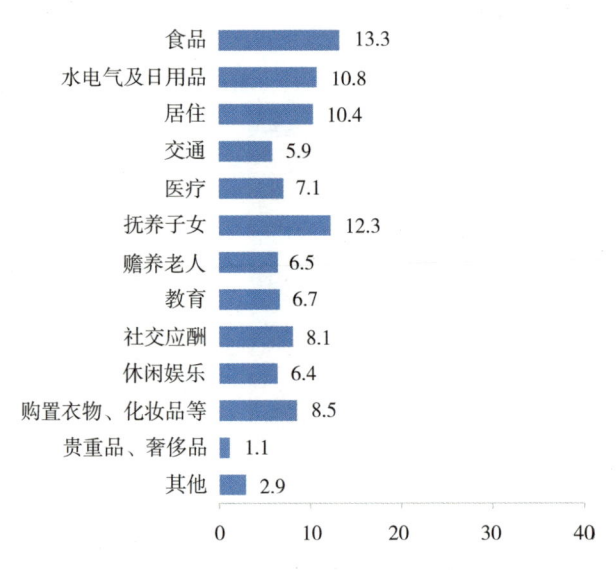

附图　陕西青少年认为日常开支花费最多的方面（%）

从群体的角度来看，"食品"开支比例最高的群体是农业青年和社会组织从业青年，"抚养子女"比例最高的是青年教师，说明青年教师在子女抚养方面投入更高。

从性别来看，在社交、交通方面，男性的开支略高于女性，在购置衣物、化妆品等方面，女性开支明显高于男性。从年龄上来看，在食品开支上，随着年龄的增长，其消费占比呈下降趋势，尤其在25岁左右的比例出现了锐减；在水电气及日用品开支上，36—40岁青年相对开支更大；在居住方面，26—30岁青年比例最高，侧面说明此年龄段的青年是购买住房的主力，承受着较大的购房压力；在抚养子女方面，25岁以下青年的比例较小，但随着年龄的增长，26—30岁、31—35岁、36—40岁三个年龄段在此方面的比例从11.9%上升到21.4%，可见随着年龄的增长，对子女抚养的投入也逐步加大。在社交应酬方面，20—25岁、26—30岁的青年开支比例更大；在购置衣物、化妆品等方面，30岁以下的青年相对开支比例更高，尤其体现在20—25岁之间。此外，还需要注意的是，随着年龄的增长，赡养老人的支出比例也逐步增加，对于36—40岁的青年来说，"赡养老人"的比例最高，上升到9.9%。

在与长辈经济来往方面，陕西青年"啃老"和"反哺"现象交叉，有 33.7% 的陕西青年经济上需要长辈补贴，其中陕北和关中地区比例很高，分别为 38.3% 和 34%，陕南地区比例最低，比例为 29.5%；有 54.8% 的青年经济上会补贴长辈，其中陕南地区比例最高，比例为 59.2%，陕北和关中比例较低，分别为 50.6% 和 54.4%。从群体上看，在传统领域中行政事业单位青年和社会从业青年"啃老"现象最严重，比例为 40.6% 和 39.2% 的受访者表示需要长辈补贴，"啃老"最少的群体是农业青年，仅有 28.8% 的受访者表示需要长辈补贴；在新兴领域中，新媒体从业青年、归国留学青年和创业青年"啃老"现象很严重，比例分别为 45.1%、41.6% 和 40.7%，"啃老"最少的群体是进城务工青年（比例为 33.2%）。从年龄角度上看，随年龄增长，"反哺"长辈的比例呈增加趋势，36—40 岁中这一比例达到了 67.9%。

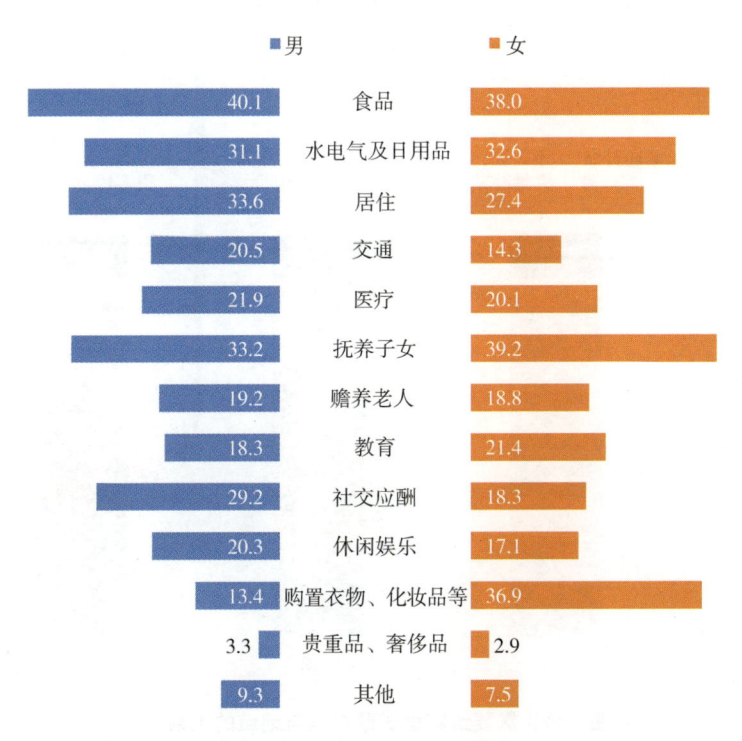

项目	男	女
食品	40.1	38.0
水电气及日用品	31.1	32.6
居住	33.6	27.4
交通	20.5	14.3
医疗	21.9	20.1
抚养子女	33.2	39.2
赡养老人	19.2	18.8
教育	18.3	21.4
社交应酬	29.2	18.3
休闲娱乐	20.3	17.1
购置衣物、化妆品等	13.4	36.9
贵重品、奢侈品	3.3	2.9
其他	9.3	7.5

附图　分性别比较陕西青年日常开支花费最大的三个方面（%）

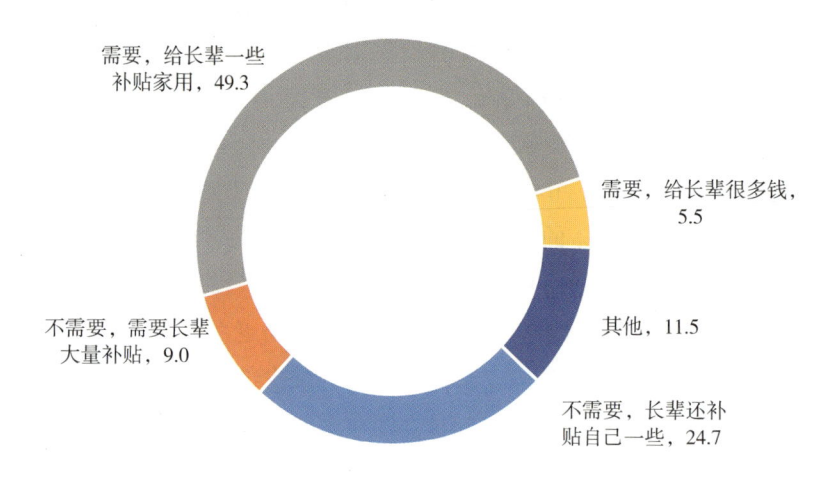

附图　您需要给家里长辈交钱吗？（%）

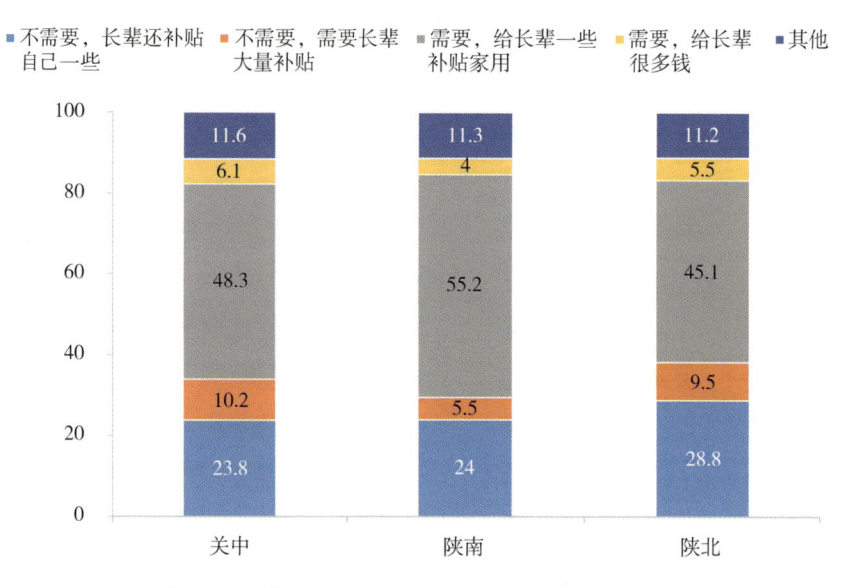

- 需要，给长辈一些补贴家用，49.3
- 需要，给长辈很多钱，5.5
- 其他，11.5
- 不需要，长辈还补贴自己一些，24.7
- 不需要，需要长辈大量补贴，9.0

图例：
- 不需要，长辈还补贴自己一些
- 不需要，需要长辈大量补贴
- 需要，给长辈一些补贴家用
- 需要，给长辈很多钱
- 其他

关中：11.6 / 6.1 / 48.3 / 10.2 / 23.8
陕南：11.3 / 4 / 55.2 / 5.5 / 24
陕北：11.2 / 5.5 / 45.1 / 9.5 / 28.8

附图　是否需要给家里长辈交钱与地域的关系（%）

第六章 陕西青年的消费状况

图例	■ 不需要，长辈还补贴自己一些	■ 不需要，需要长辈大量补贴	■ 需要，给长辈一些补贴家用	■ 需要，给长辈很多钱	■ 其他

传统领域群体各项数据（%）：

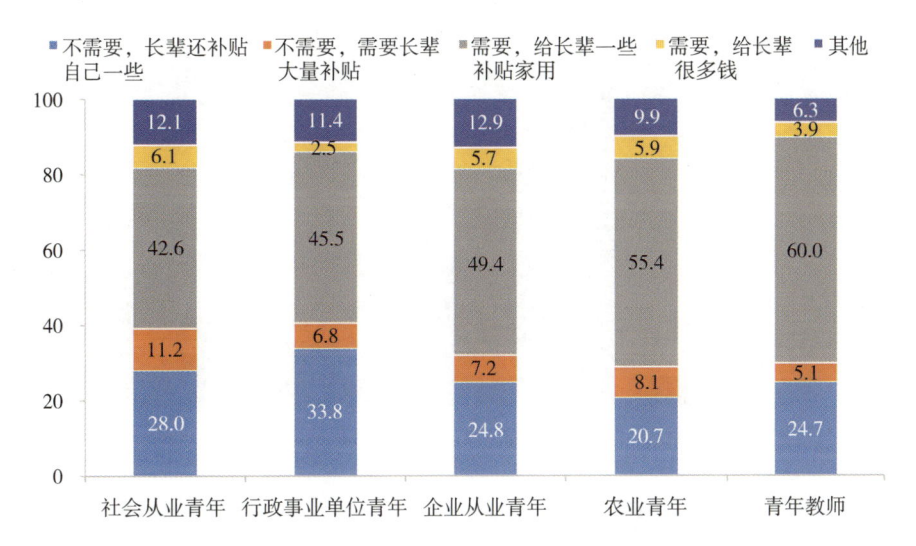

群体	不需要，长辈还补贴自己一些	不需要，需要长辈大量补贴	需要，给长辈一些补贴家用	需要，给长辈很多钱	其他
社会从业青年	28.0	11.2	42.6	6.1	12.1
行政事业单位青年	33.8	6.8	45.5	2.5	11.4
企业从业青年	24.8	7.2	49.4	5.7	12.9
农业青年	20.7	8.1	55.4	5.9	9.9
青年教师	24.7	5.1	60.0	3.9	6.3

附图　传统领域群体是否需要给家里长辈补贴家用（%）

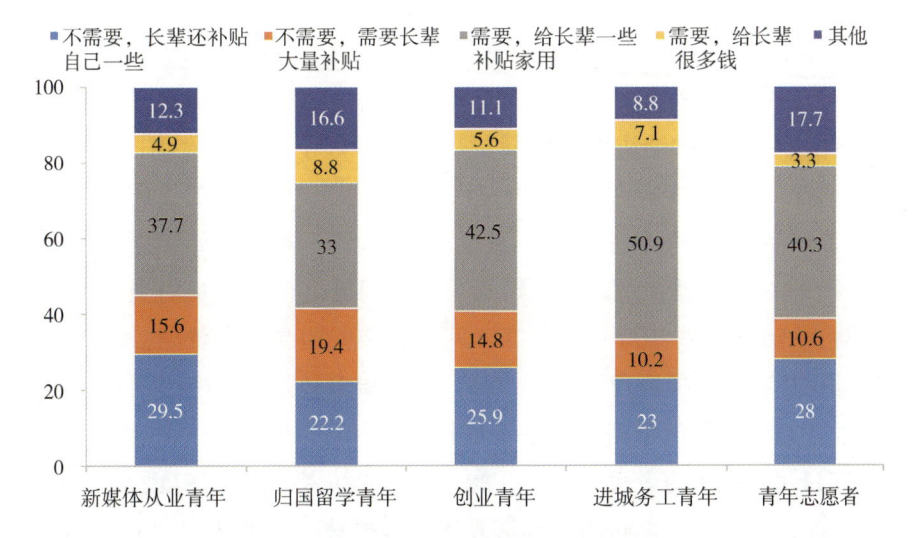

新兴领域群体各项数据（%）：

群体	不需要，长辈还补贴自己一些	不需要，需要长辈大量补贴	需要，给长辈一些补贴家用	需要，给长辈很多钱	其他
新媒体从业青年	29.5	15.6	37.7	4.9	12.3
归国留学青年	22.2	19.4	33	8.8	16.6
创业青年	25.9	14.8	42.5	5.6	11.1
进城务工青年	23	10.2	50.9	7.1	8.8
青年志愿者	28	10.6	40.3	3.3	17.7

附图　新兴领域群体是否需要给家里长辈补贴家用（%）

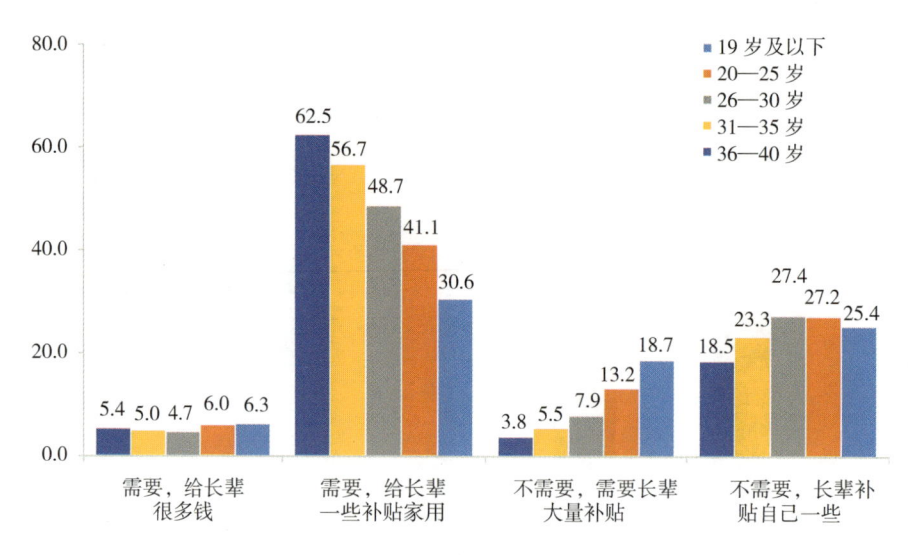

附图　是否需要给家里长辈交钱与年龄的关系（%）

三　消费观念

总体看来，陕西青年的消费观念，更偏向于"活在当下"，既认同勤俭节约，也追求当下的生活质量，对于"借贷消费"仍持保守态度。调研显示，91.6%的受访青年赞同"生活条件好了，但节俭仍需要提倡"的看法，56.2%的青年赞同"人应该及时行乐"，60.8%的受访青年赞同"只要产品和服务好，东西贵一点也没有关系"，对于"如果想买某个商品但手头的钱不够，可以贷款购买"这个问题，有37.1%的受访者表示反对，33.4%的青年持观望态度，只有28.5%的受访者赞同，说明大部分青年对于"借贷消费"并不支持。需要指出的是，归国留学青年群体对于"如果想买某个商品但手头的钱不够，可以贷款购买"这个问题，仅有11.4%的受访者表示反对，28.6%的受访者持观望态度，60.0%的受访者表示赞同，赞同的比例远高于其他群体，更加认同"超前消费"的理念。

从地域上看，陕北青年赞同"人应该及时行乐"的比例更高（比例为61.7%），远高于关中（比例为55.3%）和陕南（比例为54.1%）；陕南青年对"借贷消费"反对的比例最高（为42.8%），关中对"借贷消费"反对比例最低（比例为34.2%）。

从群体上看，青年教师和行政事业单位青年对"人应该及时行乐"认同比例最低，分别为45.5%和51.9%，归国留学青年对此认同最高（比例为70.7%）。值得注意的是，在大专以上在校学生中，有61.1%的受访者认同"人应该及时行乐"。

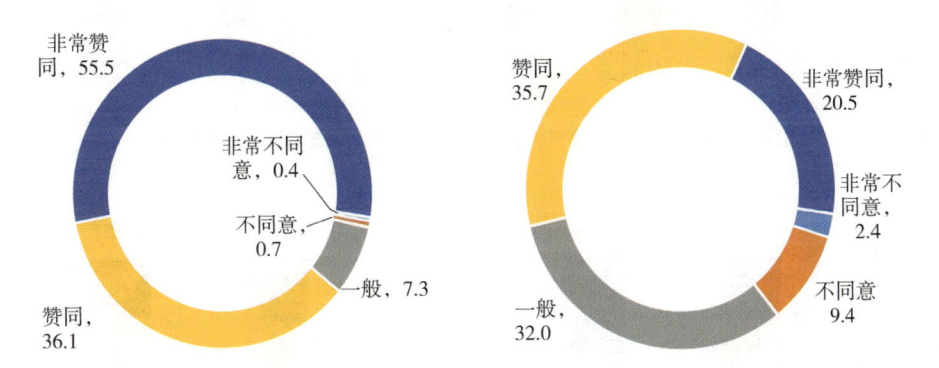

附图　是否同意"生活条件好了，但节俭仍需提倡"（左）和"人应该及时行乐"（右）

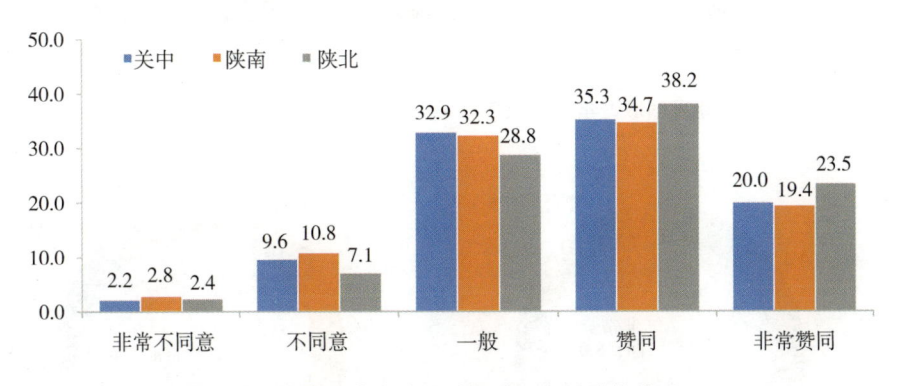

附图　是否同意"人应该及时行乐"与地域的关系（%）

陕西青少年社会抽样调查蓝皮书

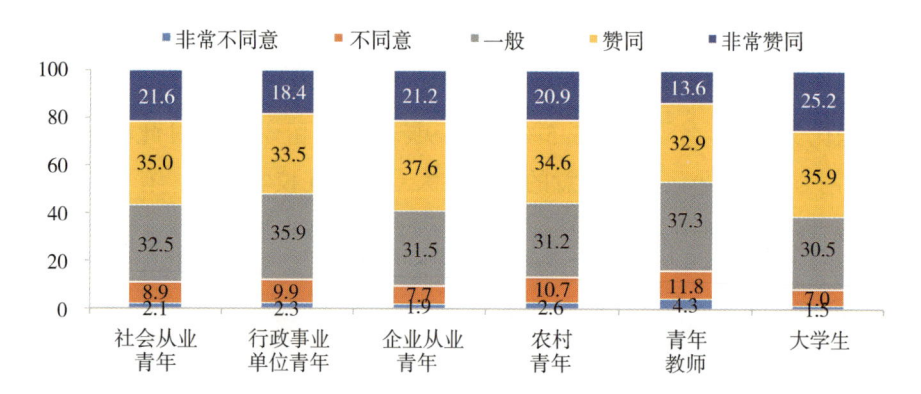

附图 传统领域青年对"人应该及时行乐"说法的赞同程度（%）

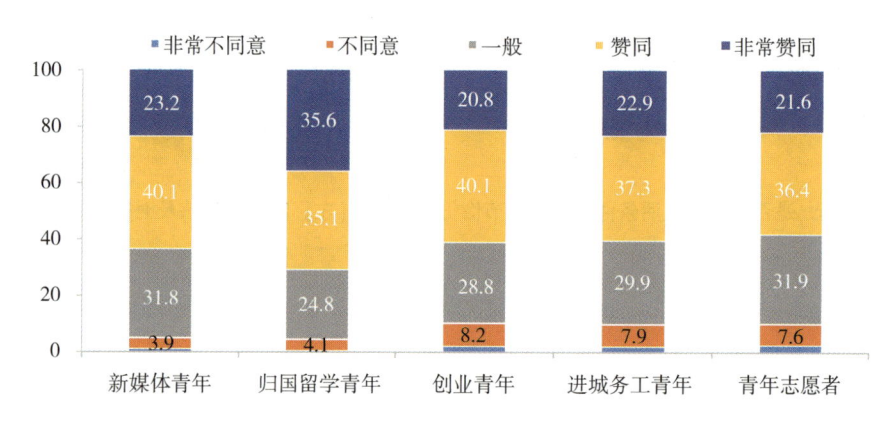

	社会从业青年	行政事业单位青年	企业从业青年	农村青年	青年教师	大学生
非常赞同	21.6	18.4	21.2	20.9	13.6	25.2
赞同	35.0	33.5	37.6	34.6	32.9	35.9
一般	32.5	35.9	31.5	31.2	37.3	30.5
不同意	8.9	9.9	7.7	10.7	11.8	7.9
非常不同意	2.1	2.3	1.9	2.6	4.3	—

附图 新兴领域青年对"人应该及时行乐"说法的赞同程度（%）

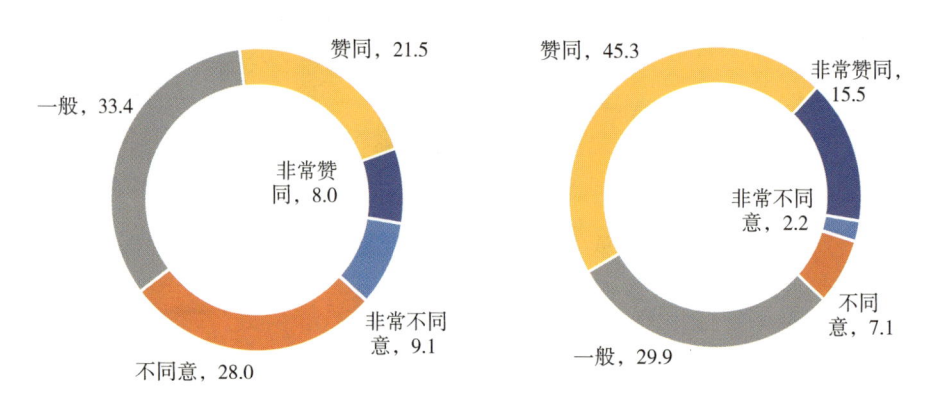

	新媒体青年	归国留学青年	创业青年	进城务工青年	青年志愿者
非常赞同	23.2	35.6	20.8	22.9	21.6
赞同	40.1	35.1	40.1	37.3	36.4
一般	31.8	24.8	28.8	29.9	31.9
不同意	3.9	4.1	8.2	7.9	7.6

左图：一般，33.4；赞同，21.5；非常赞同，8.0；非常不同意，9.1；不同意，28.0

右图：赞同，45.3；非常赞同，15.5；非常不同意，2.2；不同意，7.1；一般，29.8

附图 是否同意"如果想买某个商品但手头的钱不够，可以贷款购买"（左）、"只要产品和服务质量好，东西贵一点也没有关系"（右）（%）

第六章 陕西青年的消费状况

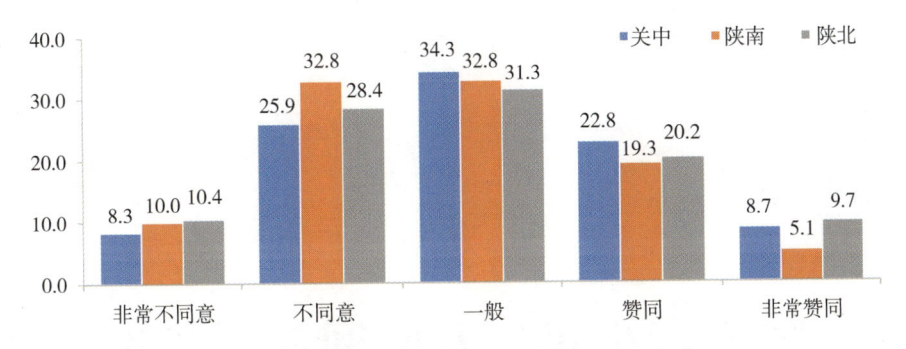

附图 是否同意"贷款购买"与地域的关系（%）

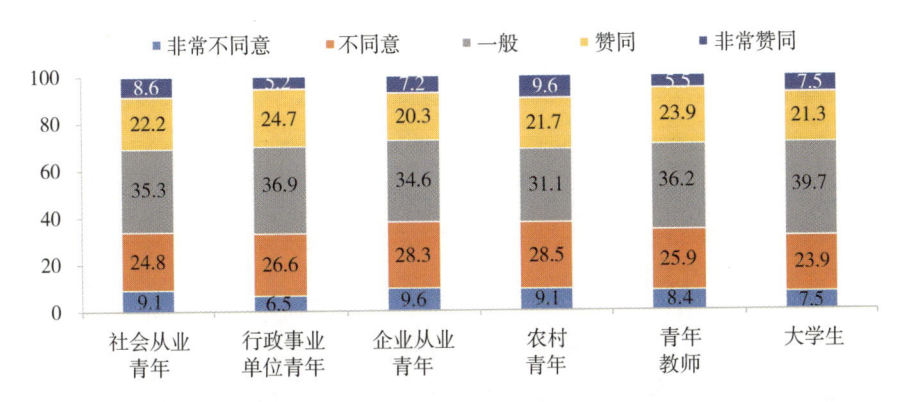

	非常不同意	不同意	一般	赞同	非常赞同
关中	8.3	25.9	34.3	22.8	8.7
陕南	10.0	32.8	32.8	19.3	5.1
陕北	10.4	28.4	31.3	20.2	9.7

附图 传统领域青年群体是否同意"贷款购买"（%）

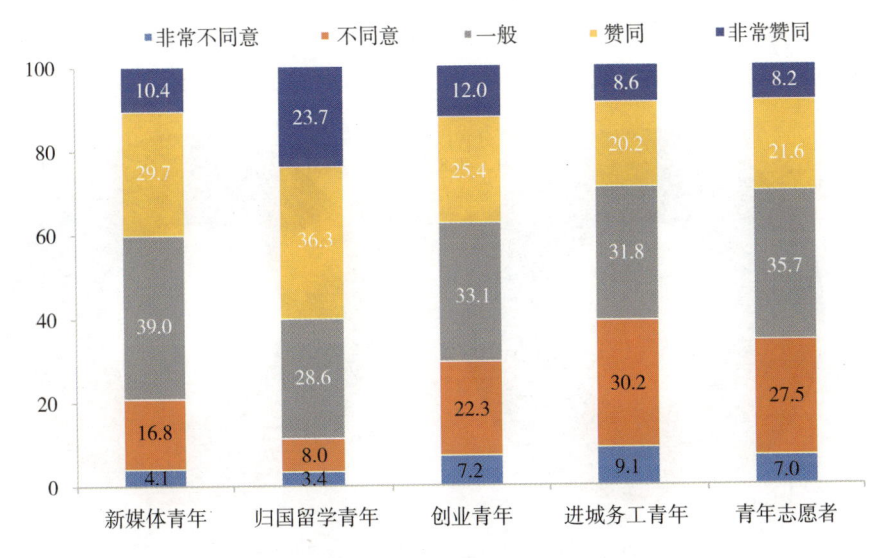

	社会从业青年	行政事业单位青年	企业从业青年	农村青年	青年教师	大学生
非常赞同	8.6	5.2	7.2	9.6	5.5	7.5
赞同	22.2	24.7	20.3	21.7	23.9	21.3
一般	35.3	36.9	34.6	31.1	36.2	39.7
不同意	24.8	26.6	28.3	28.5	25.9	23.9
非常不同意	9.1	6.5	9.6	9.1	8.4	7.5

附图 新兴领域青年群体是否同意"贷款购买"（%）

	新媒体青年	归国留学青年	创业青年	进城务工青年	青年志愿者
非常赞同	10.4	23.7	12.0	8.6	8.2
赞同	29.7		25.4	20.2	21.6
一般	39.0	36.3	33.1	31.8	35.7
不同意	16.8	28.6	22.3	30.2	27.5
非常不同意	4.1	8.0	7.2	9.1	7.0
		3.4			

第七章

陕西青少年的互联网运用状况

一 学生上网习惯

总体看来，随着学历的提升，对网络的依赖是呈递增趋势的，上网时间呈现明显上升之势。调研显示，在小学生群体中，平均每天的上网时间（包括手机上网）多在30分钟以内，初中学生上网时间多在30分钟至1小时之间。高中（中职）学生中每天上网的时间明显增加，上网时间在1个小时以内的比例仅为36.1%，上网时间1—2个小时比例为33.6%，另有29.3%的高中（中职）学生每天上网时间超过2个小时。

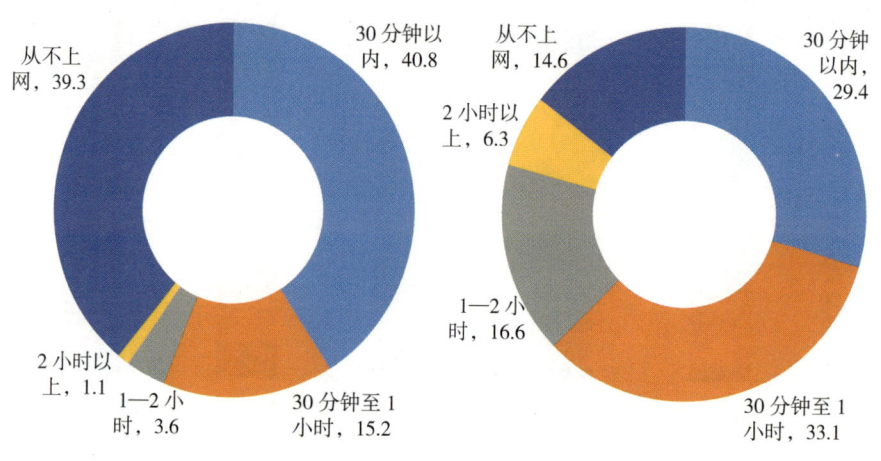

小学生：从不上网 39.3；30分钟以内 40.8；2小时以上 1.1；1—2小时 3.6；30分钟至1小时 15.2

初中生：从不上网 14.6；30分钟以内 29.4；2小时以上 6.3；1—2小时 16.6；30分钟至1小时 33.1

附图　小学生平均每天上网时间（%）　附图 初中学生平均每天上网时间（%）

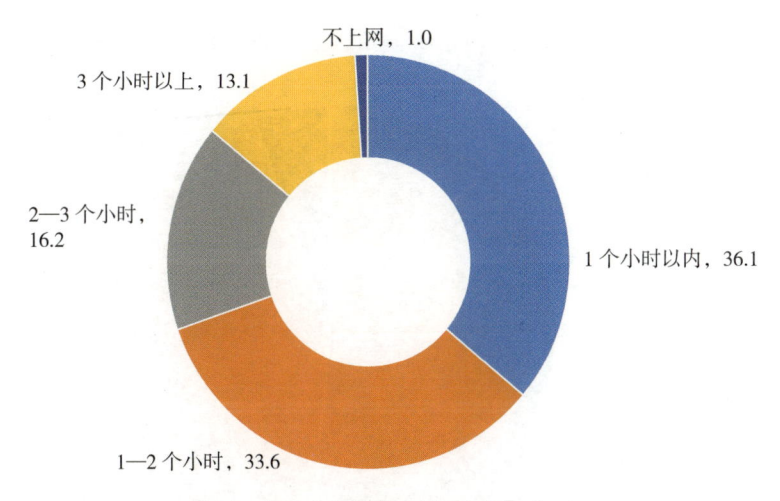

附图　高中生平均每天上网时间（%）

不上网，1.0
3个小时以上，13.1
2—3个小时，16.2
1—2个小时，33.6
1个小时以内，36.1

调查显示，在对网络的认识方面，有52%的高中生认为"网上世界很神奇也很精彩"，另有33%的高中生认为"网络可以帮助学习"，但对大学生而言，75%的大学生认为网络会对学习产生负面影响，只有25%的大学生认为网络会对学习产生正面影响，说明大学生沉迷网络、影响学业的状况普遍存在，需要引起足够重视。

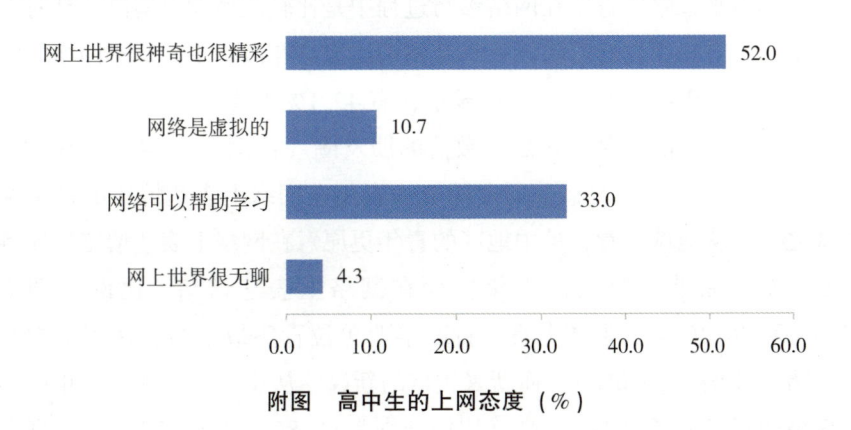

项目	百分比
网上世界很神奇也很精彩	52.0
网络是虚拟的	10.7
网络可以帮助学习	33.0
网上世界很无聊	4.3

附图　高中生的上网态度（%）

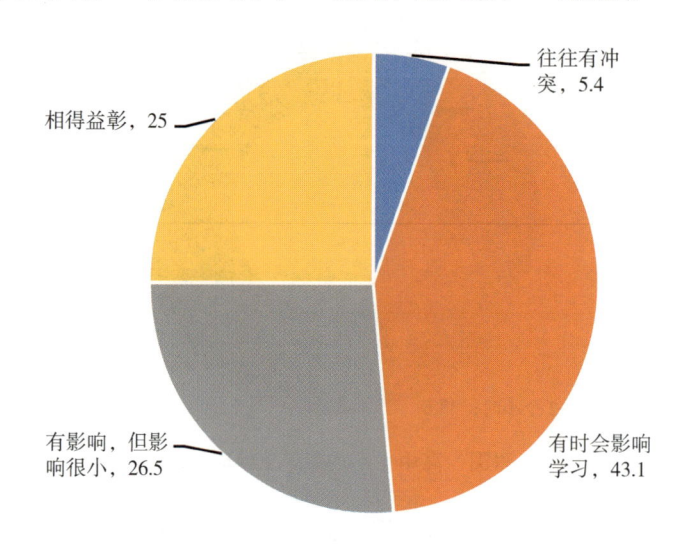

■ 往往有冲突　■ 有时会影响学习　■ 有影响，但影响很小　■ 相得益彰

往往有冲突，5.4
相得益彰，25
有影响，但影响很小，26.5
有时会影响学习，43.1

附图　大学生对上网与学习关系的态度（%）

二　网络参与状况

总体看来，陕西青年在网络参与过程中是比较沉稳和含蓄的。针对自己的情绪，有一半左右的陕西青年会将情绪渲染在网络中，针对网络的舆论事件也都处于缄默状态。调查显示，有49.1%的青年会将情绪带到网络中，其中主要的宣泄方式是发微信的朋友圈（比例为29.4%）和微博（比例为10.5%），可见微信朋友圈成为青年在网络上表达情绪的最主要方式之一。从地域上看，关中地区的青年更愿意在网络上表达情绪，比例为50.9%，陕北和陕南的青年较少在网络上表达情绪，比例分别为46.9%和46.2%。从群体上看，行政事业单位青年最不愿意在网络中表达情绪（比例为55.0%），而新兴领域的新媒体从业青年、创业青年愿意在网络中表达情绪的比例最高（比例分别为60.8%、58.7%）。从性别上看，男性更不愿意将情绪带到网络中，男性和女性的比例分别为54.5%和47.2%。从年龄看，36—40岁的青年更不愿意在网络里渲染生活中的情绪（比例为66.4%），而25岁及以下的青年更喜欢在网络中表达情绪，比例约为58%左右。

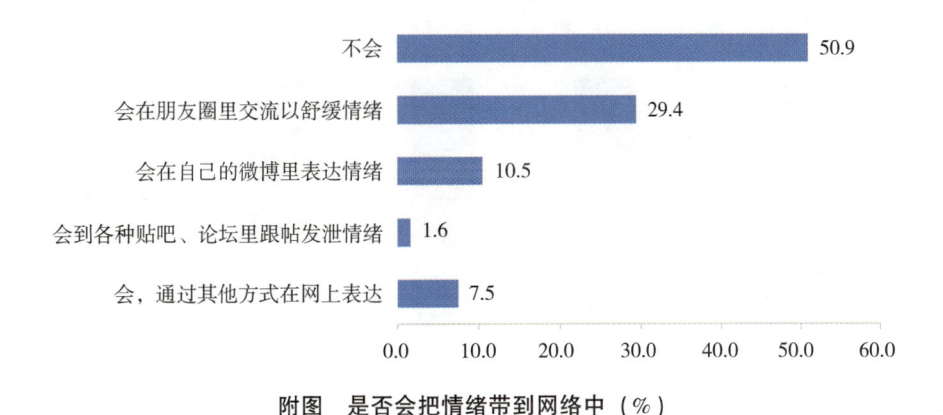

第七章 陕西青少年的互联网运用状况

选项	百分比
不会	50.9
会在朋友圈里交流以舒缓情绪	29.4
会在自己的微博里表达情绪	10.5
会到各种贴吧、论坛里跟帖发泄情绪	1.6
会，通过其他方式在网上表达	7.5

附图 是否会把情绪带到网络中（%）

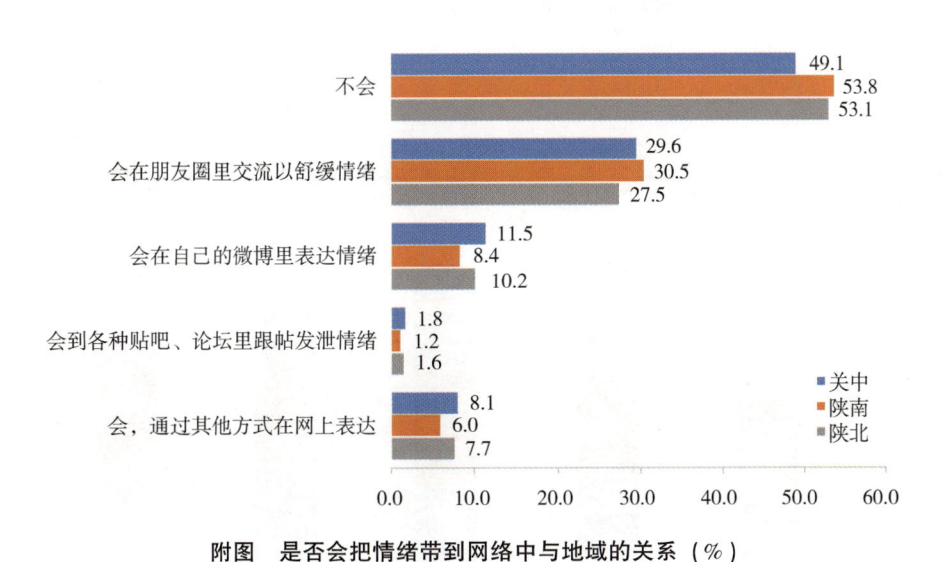

选项	关中	陕南	陕北
不会	49.1	53.8	53.1
会在朋友圈里交流以舒缓情绪	29.6	30.5	27.5
会在自己的微博里表达情绪	11.5	8.4	10.2
会到各种贴吧、论坛里跟帖发泄情绪	1.8	1.2	1.6
会，通过其他方式在网上表达	8.1	6.0	7.7

附图 是否会把情绪带到网络中与地域的关系（%）

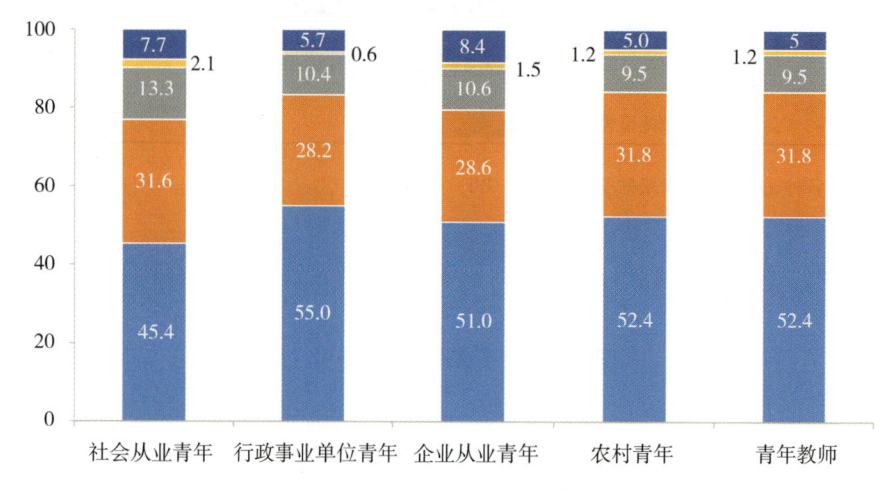

附图　传统领域青年是否会把情绪带到网络中（%）

	不会	会在朋友圈里交流以舒缓情绪	会在自己的微博里表达情绪	会到各种贴吧、论坛里跟帖发泄情绪	会，通过其他方式在网上表达
社会从业青年	45.4	31.6	13.3	2.1	7.7
行政事业单位青年	55.0	28.2	10.4	0.6	5.7
企业从业青年	51.0	28.6	10.6	1.5	8.4
农村青年	52.4	31.8	9.5	1.2	5.0
青年教师	52.4	31.8	9.5	1.2	5

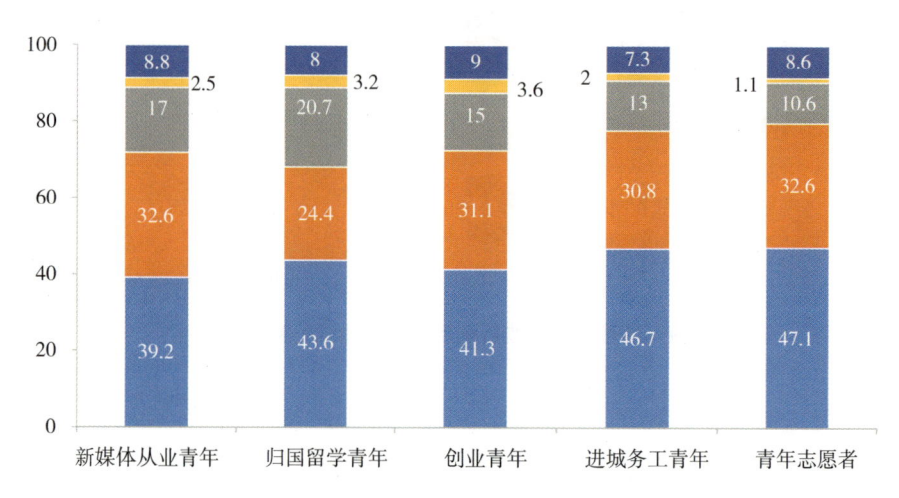

附图　新兴领域青年是否会把情绪带到网络中（%）

	不会	会在朋友圈里交流以舒缓情绪	会在自己的微博里表达情绪	会到各种贴吧、论坛里跟帖发泄情绪	会，通过其他方式在网上表达
新媒体从业青年	39.2	32.6	17	2.5	8.8
归国留学青年	43.6	24.4	20.7	3.2	8
创业青年	41.3	31.1	15	3.6	9
进城务工青年	46.7	30.8	13	2	7.3
青年志愿者	47.1	32.6	10.6	1.1	8.6

第七章　陕西青少年的互联网运用状况

■ 男　　■ 女

	不会	54.5 / 47.2
会在朋友圈里交流以舒缓情绪	26.3 / 32.7
会在自己的微博里表达情绪	9.1 / 12.0
会到各种贴吧、论坛里跟帖发泄情绪	1.9 / 1.3
会，通过其他方式在网上表达	8.2 / 6.8

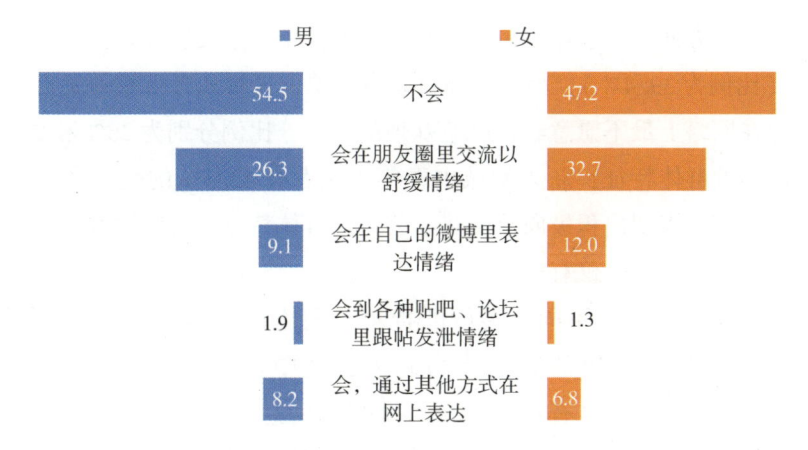

附图　是否会把情绪带到网络中与性别的关系（%）

■ 不会　　■ 会在朋友圈里交流以舒缓情绪
■ 会在自己的微博里表达情绪　　■ 会到各种贴吧、论坛里跟帖发泄情绪
■ 会，通过其他方式在网上表达

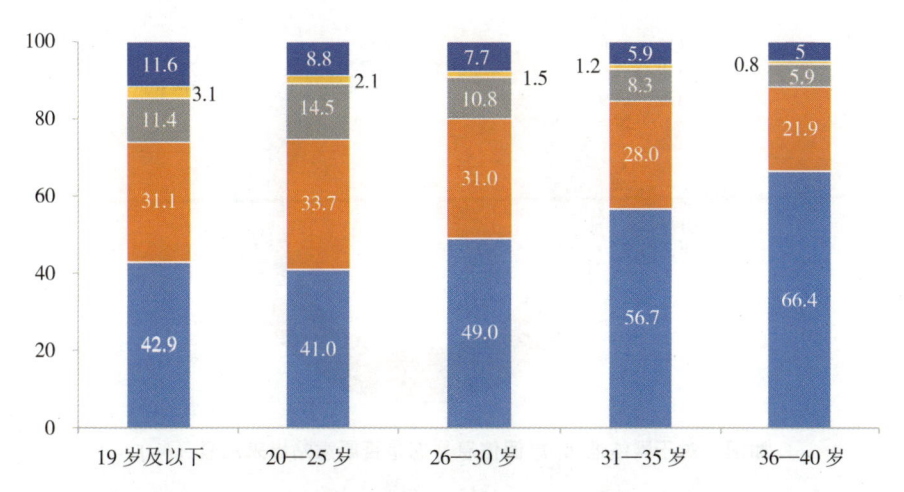

年龄	不会	朋友圈	微博	贴吧论坛	其他
19岁及以下	42.9	31.1	11.4	3.1	11.6
20—25岁	41.0	33.7	14.5	2.1	8.8
26—30岁	49.0	31.0	10.8	1.5	7.7
31—35岁	56.7	28.0	8.3	1.2	5.9
36—40岁	66.4	21.9	5.9	0.8	5

附图　是否会把情绪带到网络中与年龄的关系（%）

调查表明，针对网络中的谣言，愿意主动反驳的青年比例较小，有部分青年愿意相信谣言。其中，只有33.3%的青年愿意反驳、激浊扬清，21.3%的青年很反感，但不愿意给自己惹麻烦，另外30.4%的青年认为与己无关，14.9%的青年认为这言论也有些道理。从地域上看，陕南地区青年更愿意反驳谣言，比例为37.8%，而关中、陕北的比例分别为32.1%和31.6%。从群体上看，传统领域中行政事业单位青年呈现出分

化现象，一方面行政事业单位青年是所有群体中愿意反驳谣言比例最高的群体（比例为39.4%），另一方面行政事业单位青年和青年教师又是所有群体中在网络上最不愿意给自己惹麻烦的群体，比例分别为26%和27%，具有明显的群体特征；新兴领域中青年志愿者有42.3%的受访者表示愿意反驳谣言，表现出积极向上、热心公益的群体特点，而归国留学青年愿意反驳的比例最低，仅有21.6%。

需要指出的是，不同年龄段的青年对网络谣言的鉴别能力也不相同，年龄越小的青年的鉴别能力越差，其中19岁及以下的青年有17%的受访者表示"有些网络谣言/虚假信息有时也有一定道理"，20—30岁的青年比例为15.5%左右，31—40岁的青年比例为13.5%左右，说明进一步构建网络清朗空间，加强对青少年的网络思想引导工作意义重大。

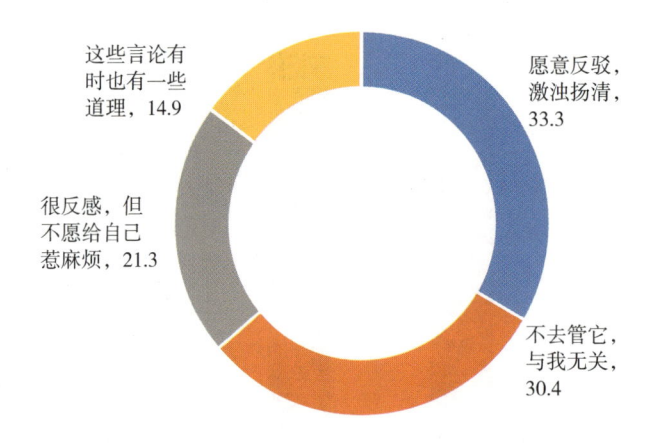

附图　对于网络谣言/虚假信息，您是否愿意站出来反驳（%）

- 这些言论有时也有一些道理，14.9
- 愿意反驳，激浊扬清，33.3
- 很反感，但不愿给自己惹麻烦，21.3
- 不去管它，与我无关，30.4

调查还表明，多数青年不会参与网络声援、网络签名、网络声讨等线上活动，40.1%的青年基本不会关注，32.2%的青年关注过但不会参与（两者合计72.3%）。从群体上看，传统领域中的社会组织从业青年参与度最高，新兴领域中的新媒体从业青年参与度最高。从年龄看，年龄越大，对上述网络活动参与度越低。

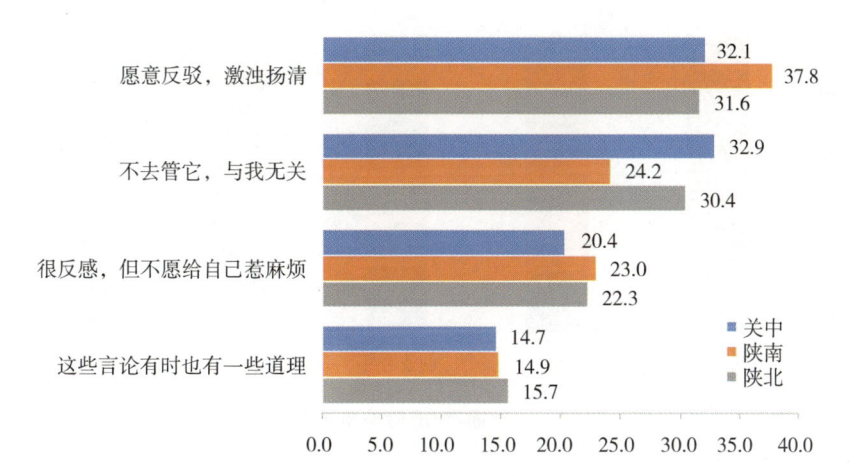

第七章　陕西青少年的互联网运用状况

附图　对于网络谣言/虚假信息，您是否愿意站出来反驳与地域的关系（%）

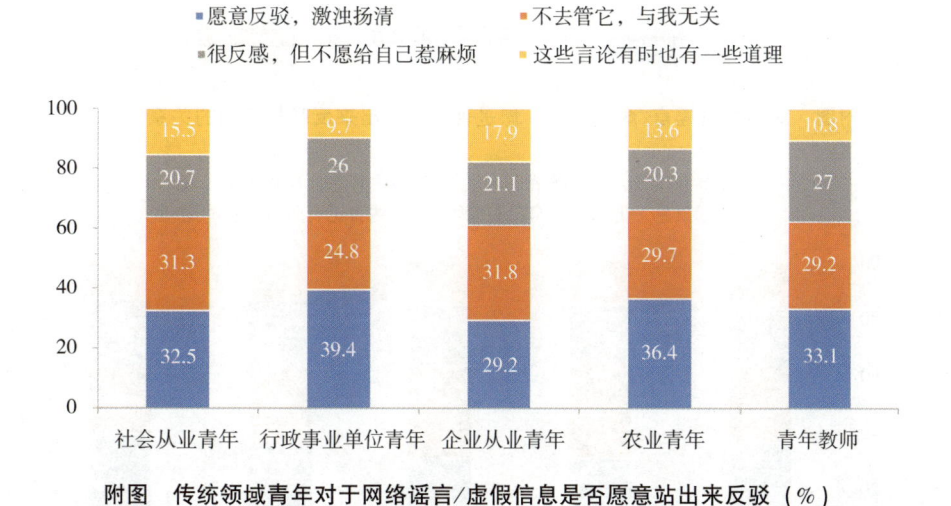

愿意反驳，激浊扬清：关中 32.1；陕南 37.8；陕北 31.6
不去管它，与我无关：关中 32.9；陕南 24.2；陕北 30.4
很反感，但不愿给自己惹麻烦：关中 20.4；陕南 23.0；陕北 22.3
这些言论有时也有一些道理：关中 14.7；陕南 14.9；陕北 15.7

附图　传统领域青年对于网络谣言/虚假信息是否愿意站出来反驳（%）

	社会从业青年	行政事业单位青年	企业从业青年	农业青年	青年教师
愿意反驳，激浊扬清	32.5	39.4	29.2	36.4	33.1
不去管它，与我无关	31.3	24.8	31.8	29.7	29.2
很反感，但不愿给自己惹麻烦	20.7	26	21.1	20.3	27
这些言论有时也有一些道理	15.5	9.7	17.9	13.6	10.8

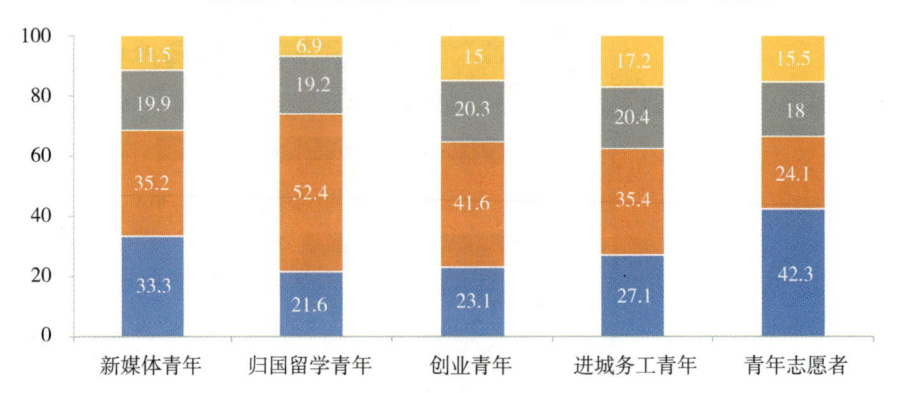

图例：■ 愿意反驳，激浊扬清　■ 不去管它，与我无关
　　　■ 很反感，但不愿给自己惹麻烦　■ 这些言论有时也有一些道理

类别	愿意反驳，激浊扬清	不去管它，与我无关	很反感，但不愿给自己惹麻烦	这些言论有时也有一些道理
新媒体青年	33.3	35.2	19.9	11.5
归国留学青年	21.6	52.4	19.2	6.9
创业青年	23.1	41.6	20.3	15
进城务工青年	27.1	35.4	20.4	17.2
青年志愿者	42.3	24.1	18	15.5

附图　新兴领域青年对于网络谣言/虚假信息是否愿意站出来反驳（%）

选项	男	女
愿意反驳，激浊扬清	36.8	29.9
不去管它，与我无关	30.0	30.8
很反感，但不愿给自己惹麻烦	20.2	22.5
这些言论有时也有一些道理	13.1	16.7

附图　对于网络谣言/虚假信息，您是否愿意站出来反驳与性别的关系（%）

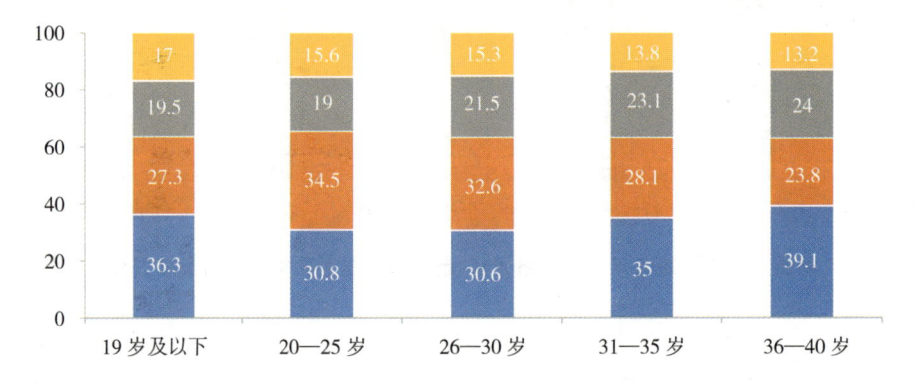

年龄	愿意反驳，激浊扬清	不去管它，与我无关	很反感，但不愿给自己惹麻烦	这些言论有时也有一些道理
19岁及以下	36.3	27.3	19.5	17
20—25岁	30.8	34.5	19	15.6
26—30岁	30.6	32.6	21.5	15.3
31—35岁	35	28.1	23.1	13.8
36—40岁	39.1	23.8	24	13.2

附图　对于网络谣言/虚假信息，您是否愿意站出来反驳与年龄的关系（%）

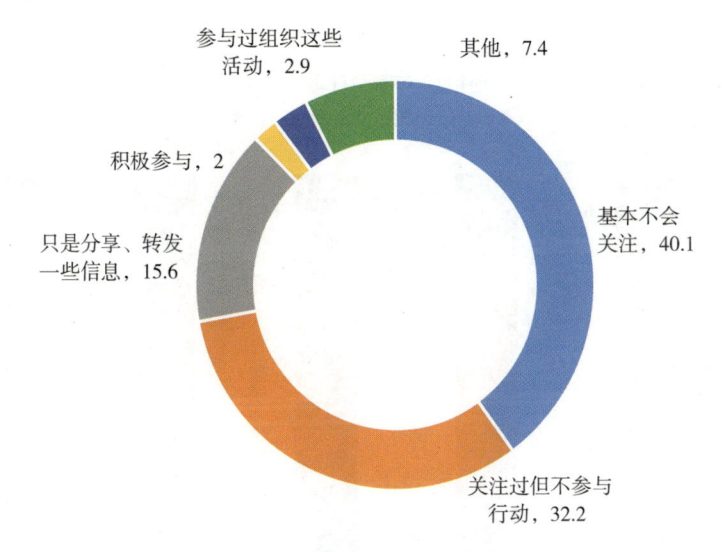

第七章 陕西青少年的互联网运用状况

附图 近一年来，您是否参与网络声援、网络签名、网络声讨等活动（%）

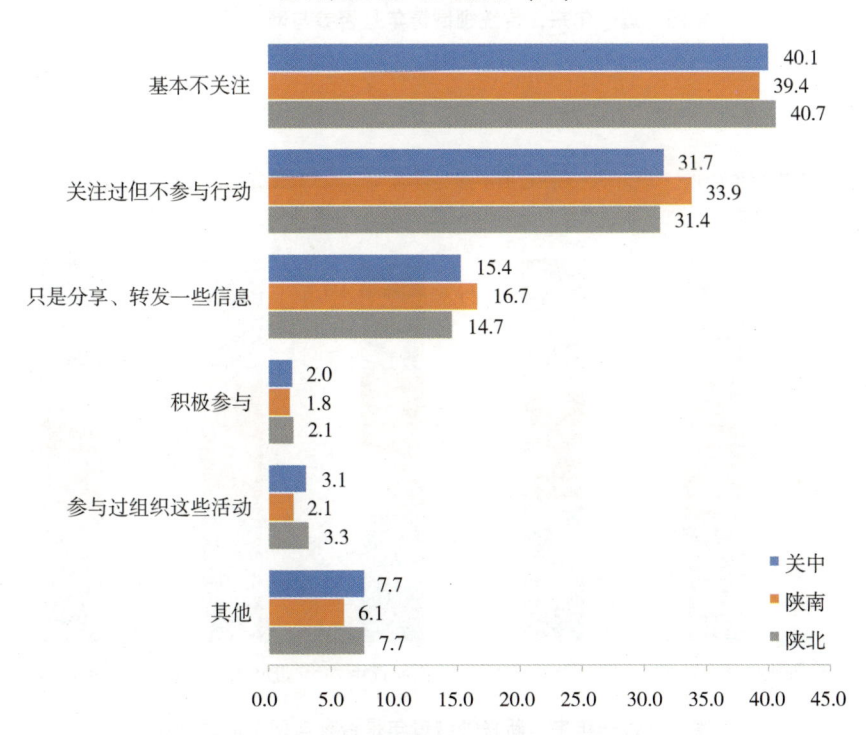

- 其他，7.4
- 参与过组织这些活动，2.9
- 积极参与，2
- 只是分享、转发一些信息，15.6
- 基本不会关注，40.1
- 关注过但不参与行动，32.2

附图 近一年来，您是否参网上活动与地域的关系（%）

类别	关中	陕南	陕北
基本不关注	40.1	39.4	40.7
关注过但不参与行动	31.7	33.9	31.4
只是分享、转发一些信息	15.4	16.7	14.7
积极参与	2.0	1.8	2.1
参与过组织这些活动	3.1	2.1	3.3
其他	7.7	6.1	7.7

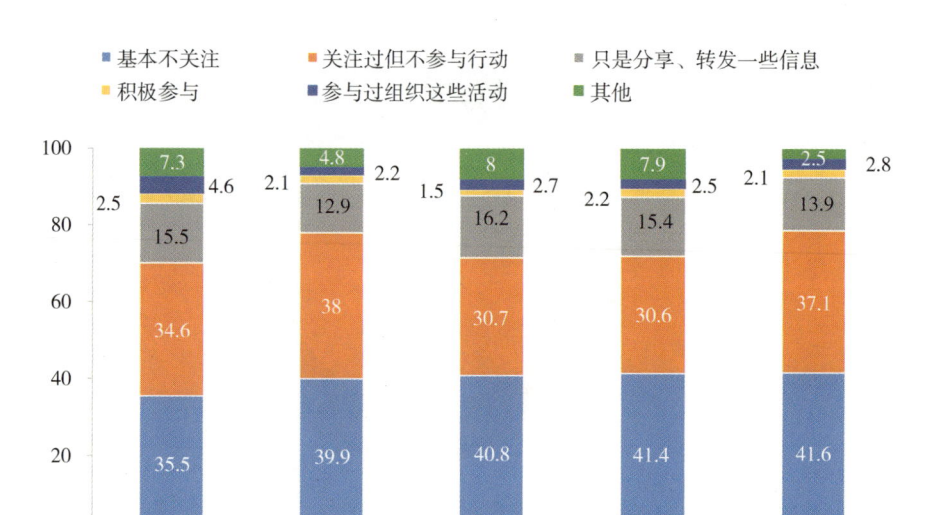

图例：■ 基本不关注　■ 关注过但不参与行动　■ 只是分享、转发一些信息　■ 积极参与　■ 参与过组织这些活动　■ 其他

类别	基本不关注	关注过但不参与行动	只是分享、转发一些信息	积极参与	参与过组织这些活动	其他
社会组织从业青年	35.5	34.6	15.5	2.5	4.6	7.3
行政事业单位青年	39.9	38	12.9	2.1	2.2	4.8
企业从业青年	40.8	30.7	16.2	1.5	2.7	8
农业青年	41.4	30.6	15.4	2.2	2.5	7.9
青年教师	41.6	37.1	13.9	2.1	2.5	2.8

附图　近一年来，传统领域青年是否参与网上活动（%）

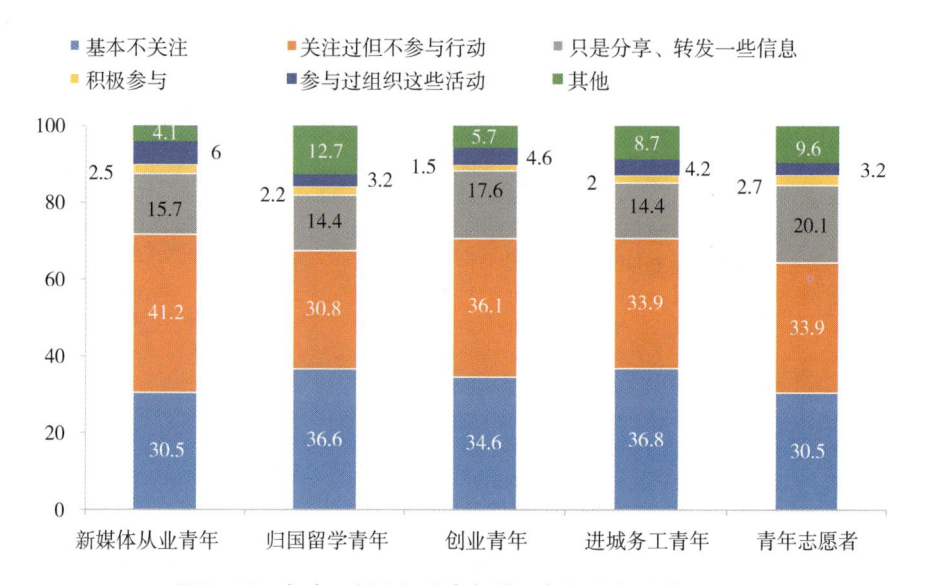

类别	基本不关注	关注过但不参与行动	只是分享、转发一些信息	积极参与	参与过组织这些活动	其他
新媒体从业青年	30.5	41.2	15.7	2.5	6	4.1
归国留学青年	36.6	30.8	14.4	2.2	3.2	12.7
创业青年	34.6	36.1	17.6	1.5	4.6	5.7
进城务工青年	36.8	33.9	14.4	2	4.2	8.7
青年志愿者	30.5	33.9	20.1	2.7	3.2	9.6

附图　近一年来，新兴领域青年是否参与网上活动（%）

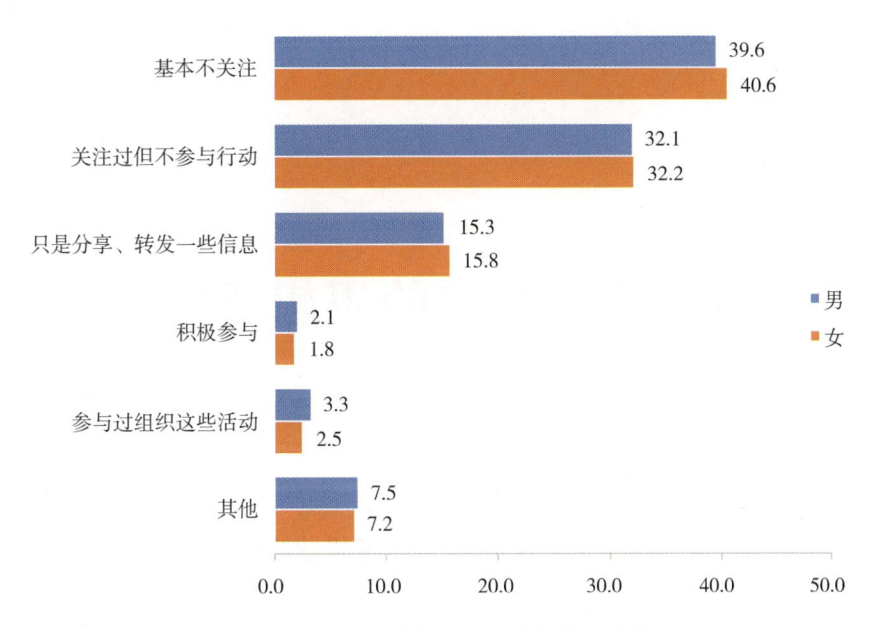

第七章 陕西青少年的互联网运用状况

附图 近一年来，您是否参与网上活动与性别的关系（%）

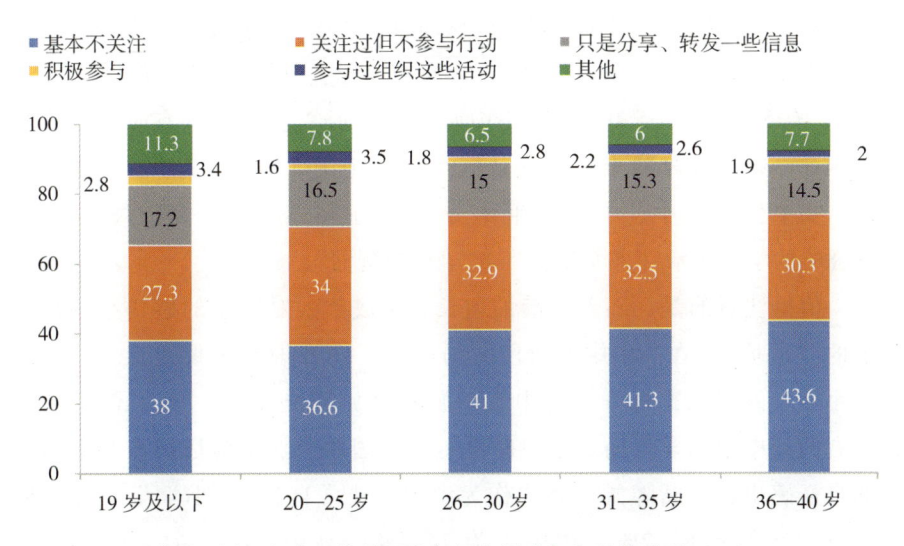

	男	女
基本不关注	39.6	40.6
关注过但不参与行动	32.1	32.2
只是分享、转发一些信息	15.3	15.8
积极参与	2.1	1.8
参与过组织这些活动	3.3	2.5
其他	7.5	7.2

附图 近一年来，您是否参与网上活动与年龄的关系（%）

	19岁及以下	20—25岁	26—30岁	31—35岁	36—40岁
基本不关注	38	36.6	41	41.3	43.6
关注过但不参与行动	27.3	34	32.9	32.5	30.3
只是分享、转发一些信息	17.2	16.5	15	15.3	14.5
积极参与	2.8	1.6	1.8	2.2	1.9
参与过组织这些活动	3.4	3.5	2.8	2.6	2
其他	11.3	7.8	6.5	6	7.7

第八章

陕西青少年的思想状况

一 未成年人的思想状况

1. 国家认同方面

总体看来,陕西未成年人在国家认同方面较为正向,呈积极状态。调查显示,未成年人对国家有强烈的认同感,对国旗、国歌等与国家相关的仪式有崇高的感情,其中有87.4%的初小学生表示"升国旗时无比自豪",有57.5%和35.0%的高中中职学生表示"会"和"有时会"主动唱国歌;绝大部分的未成年人认同"作为中国人非常自豪",其中小学生、初中生和高中、中职学生中分别有的95.3%、92.5%、85.4%和86.8%的学生表示"非常赞同"或"比较赞同"。

值得注意的是,随着年龄的增长,未成年人对国家的感情呈现出明显的"滑坡",在高中中职阶段尤为明显。在升国旗等仪式上,91.3%的小学生感到无比自豪,初中生的自豪感则降到了79.7%,仅有一半左右的高中中职学生面对国旗时会主动唱国歌,随年龄增长作为中国人的自豪感也在不断降低。对"作为中国人非常自豪",小学生"非常同意"的比例为87.2%,初中生为74.4%,高中、中职学生的比例为53.9%和55.2%,高中、中职学生在国家认同方面与初小学生有一定差距。

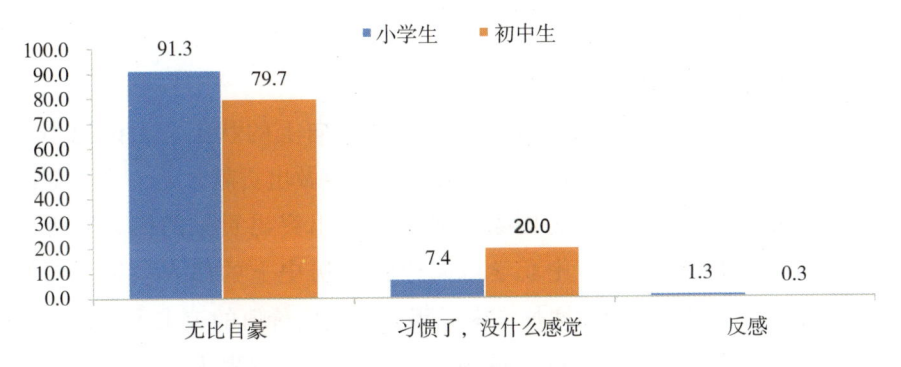

附图　初小学生在升国旗、唱国歌时的感觉比较（%）

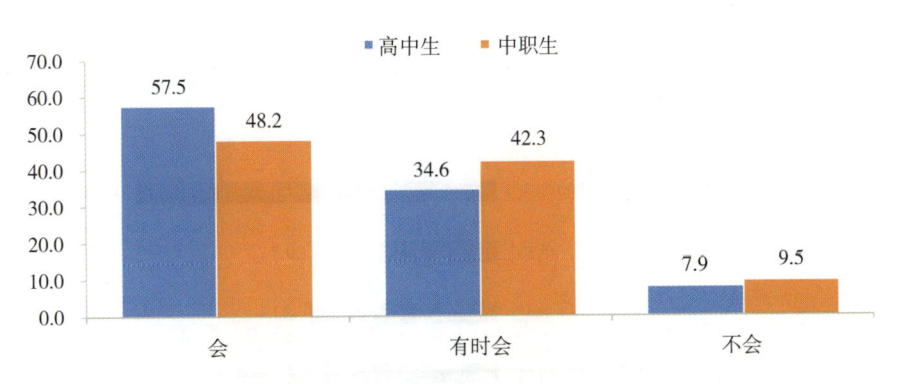

	小学生	初中生
无比自豪	91.3	79.7
习惯了，没什么感觉	7.4	20.0
反感	1.3	0.3

附图　高中中职学生在升国旗时是否会主动唱国歌的比较（%）

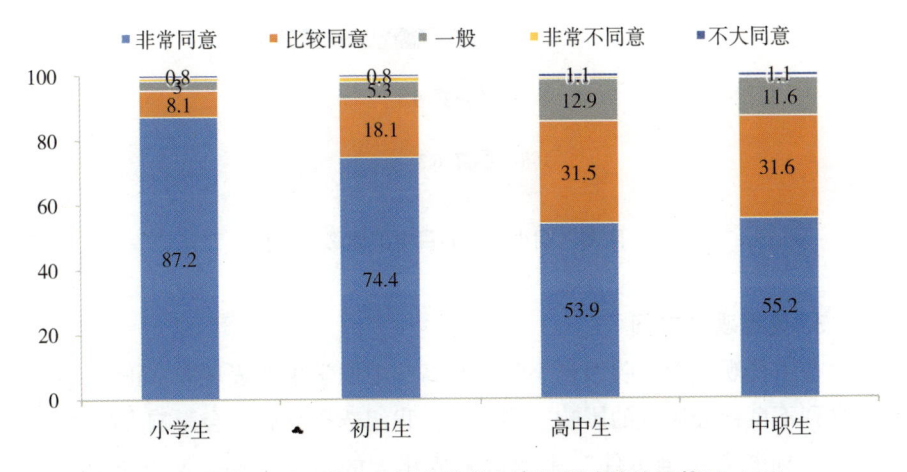

	高中生	中职生
会	57.5	48.2
有时会	34.6	42.3
不会	7.9	9.5

附图　未成年人对"作为中国人非常自豪"提法的认同状况（%）

	小学生	初中生	高中生	中职生
非常同意	87.2	74.4	53.9	55.2
比较同意	8.1	18.1	31.5	31.6
一般	0.8	0.8	12.9	11.6
非常不同意	0.8	0.8	1.1	1.1
不大同意		5.3		

2. 价值追求方面

在价值追求上，未成年人也呈现出积极向上的状态。无论初小学生，还是高中、中职学生均认为对国家和社会做出贡献才是个人价值的最大体现。初小学生将"为国家或者世界做出突出贡献的伟人"视为偶像的比例最高，高中、中职学生同样将"历史上的伟人"视为偶像的比例最高。随着年龄的增长，未成年人对人生价值的追求也在慢慢发生变化，小学生崇拜伟人的比例为64.1%，而初中生为56.7%，小学生对老师崇拜的比例为48.4%，而初中生比例降至25.3%，同时初中生崇拜明星的比例开始增大；高中中职学生既认同人生价值在于"对社会贡献的大小"（比例为32.3%），同时也关注"实现自己的理想"（比例为28.1%）。

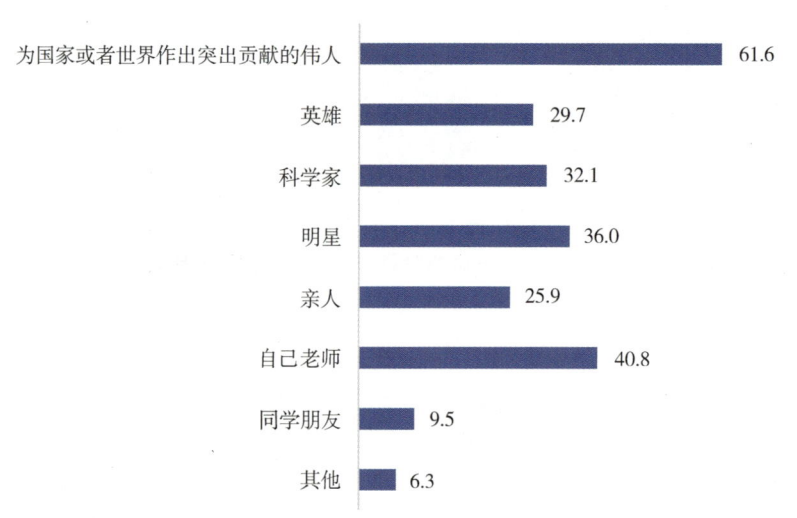

类别	比例
为国家或者世界作出突出贡献的伟人	61.6
英雄	29.7
科学家	32.1
明星	36.0
亲人	25.9
自己老师	40.8
同学朋友	9.5
其他	6.3

附图　初小学生心目中的偶像（%）

3. 道德观念方面

在道德观念上，陕西初小学生和高中中职学生的表现非常正面，但仍然受到不良社会风气的影响。调查中，我们选择具有社会影响力的道德事件"碰到老人摔倒事件"来测量未成年人的道德选择。调查结果显示，大部分未成年人遇见老人摔倒的情况会及时伸出援手，体现出助人为乐的良好道德品格，其中94.4%的小学生和77.4%的初中生表示会扶起摔倒

第八章　陕西青少年的思想状况

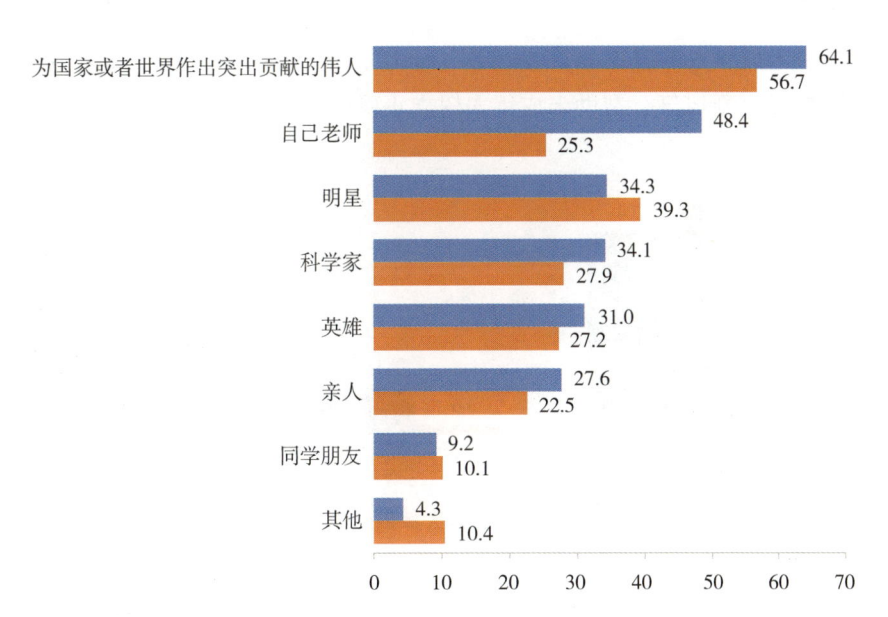

为国家或者世界作出突出贡献的伟人　64.1 / 56.7
自己老师　48.4 / 25.3
明星　34.3 / 39.3
科学家　34.1 / 27.9
英雄　31.0 / 27.2
亲人　27.6 / 22.5
同学朋友　9.2 / 10.1
其他　4.3 / 10.4

附图　初小学生心目中的偶像比较（%）

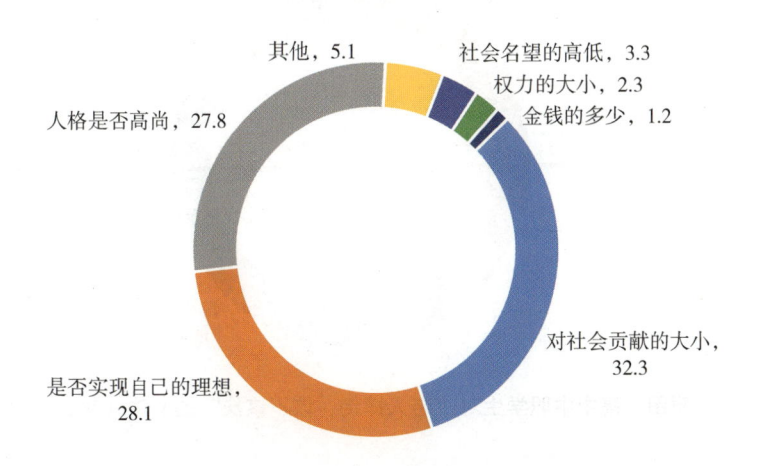

其他，5.1
社会名望的高低，3.3
权力的大小，2.3
金钱的多少，1.2
人格是否高尚，27.8
是否实现自己的理想，28.1
对社会贡献的大小，32.3

附图　高中中职学生对个人价值取决因素的看法（%）

的老人，有52.8%的高中中职学生会没有顾虑地立即扶起老人，另有34.8%的高中学生在有摄像头的条件下会去扶起老人。需要注意的是，仅有2%和4%的小学生明确表示不会扶起老人，但有12.4%高中中职学生明确表示不扶，这些高中中职学生选择不扶主要的原因还是"不敢扶、害怕被讹"，说明随着年龄的增大，未成年人明显受到不良社会风气的影响，尊老爱幼、助人为乐本是中华的优良传统，但是受到负面道德事件的影响，未成年人的道德水准也出现了下滑，全社会亟须共同营造"正能量"的社会新风气，帮助未成年人树立正确的道德观念。

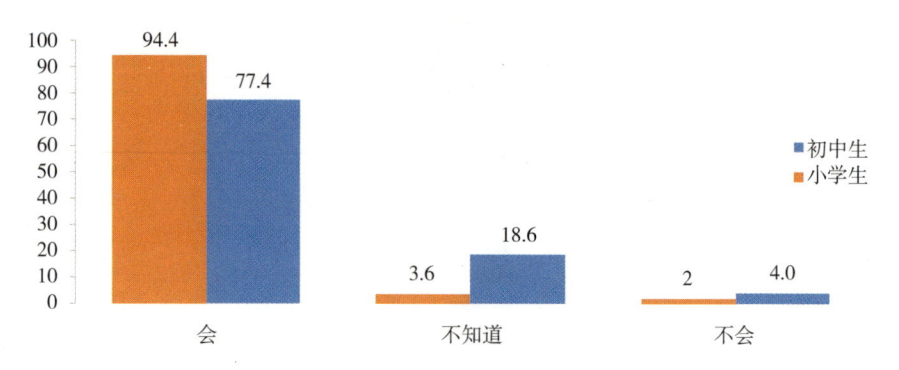

附图　初小学生在碰到老人摔倒时的选择比较（%）

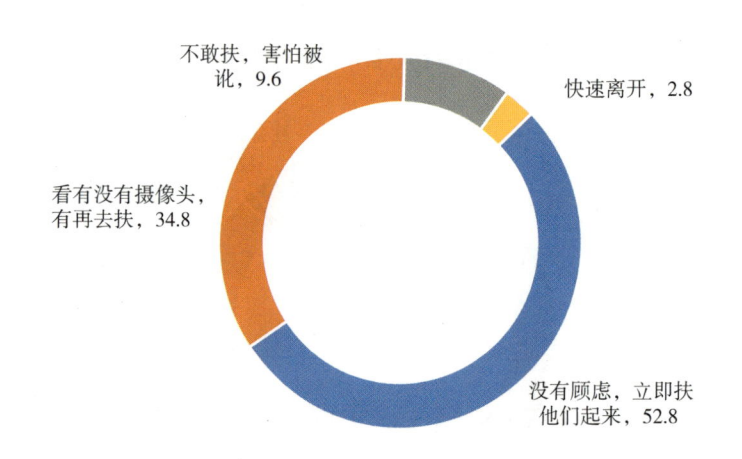

	初中生	小学生
会	94.4	77.4
不知道	3.6	18.6
不会	2	4.0

附图　高中中职学生对"老人摔倒，该不该扶"的看法（%）

- 不敢扶，害怕被讹，9.6
- 快速离开，2.8
- 看有没有摄像头，有再去扶，34.8
- 没有顾虑，立即扶他们起来，52.8

二　陕西青年的思想状况

1. 国家认同方面

总体上，陕西青年国家认同感比较强烈，对民族充满了自豪感，对党和国家充满信心，但青年教师群体的状态需要引起重视。调查显示，89.2%的陕西青年认同"作为中国人非常自豪"，84.6%的陕西青年认同"中国梦一定能够实现"。在传统领域中，大学生的民族自豪感最强（比例为92.1%），其次是农业青年和行政事业单位青年（比例均超过90%），社会组织从业青年和企业从业青年比例为87.7%和87.4%，青年教师的比例最低，仅为84%；同样，大学生对党和国家的信心最强（比例为87.5%），青年教师信心最低，比例仅为81.6%。在新兴领域中，青年志愿者的民族自豪感最强（比例为94.4%），对党和国家的信心最强（比例为89.6%），归国留学青年的比例较低，认同"作为中国人非常自豪"和"中国梦一定能够实现"的比例分别为82.1%和78.6%。

需要特别指出的是，与其他传统领域群体相比，青年教师在国家认同方面的表现并不能令人满意，青年教师作为教育工作者，严重影响着学生思想观念的形成，本应做出表率，但调查结果表明不容乐观，这与之前得出的结论"未成年人思想状况出现滑坡"有着紧密的联系，必须引起社会的高度重视，青年教师的思想引导工作需要全面加强。

此外，陕西青年对未来的陕西的发展同样充满信心，对政府报告中"保障和改善民生"的议题更加关注。调查显示，82.8%的陕西青年认为"三个陕西"建设一定会实现，其中行政事业单位青年信心最强（比例为86.6%），青年教师的信心最弱（比例为80%）；针对"您对2016年陕西省政府工作哪些内容最感兴趣"这一问题，有34.6%的受访青年选择"保障和改善民生"，其他受青年关注的议题还有"环境建设和生态保护"、"新型城镇化建设"和"重塑创新引领和适应消费的产业体系"，关注比例分别为18.8%、15.1%和12.4%。从群体上看，行政事业单位青年对"保障和改善民生"的关注度比其他群体更高，而农业青年更加关注"新型城镇化建设"，对"环境建设和生态保护"的关注较其他群体更低。从年龄结构上看，随着年龄的增长，对"保障和改善民生"的关注度越高，其中"75后"对此的关注度为42%，"80后"的关注度在37%左右，"90后"的关注度在27%左右。

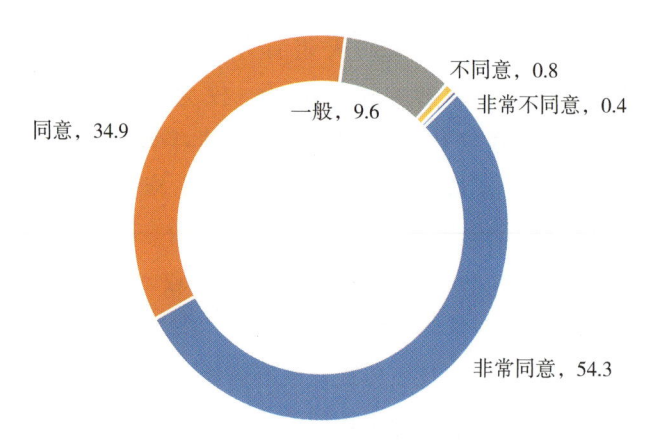

附图　陕西青年对"作为中国人非常自豪"的认同程度（%）

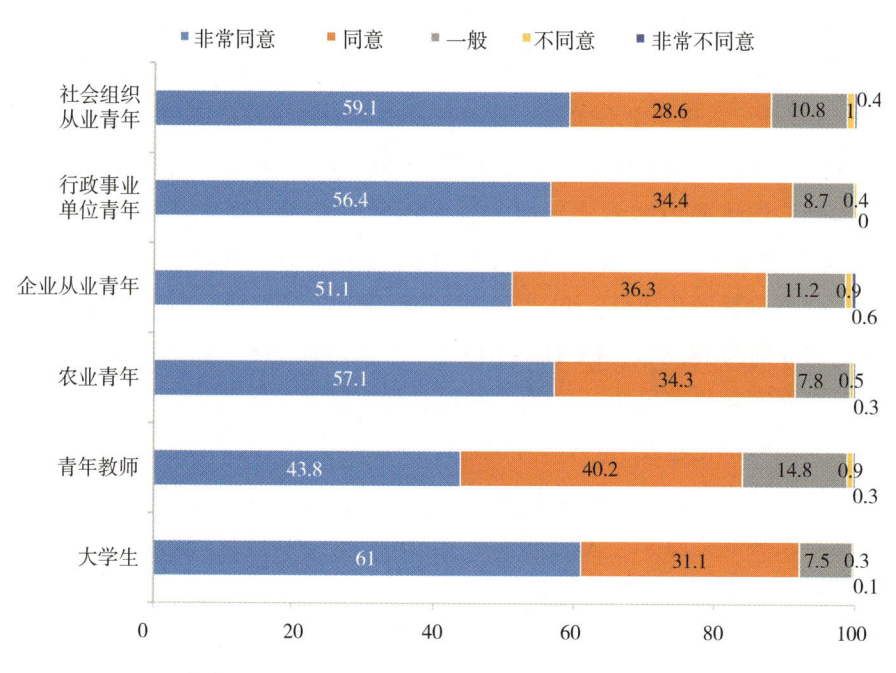

同意，34.9
一般，9.6
不同意，0.8
非常不同意，0.4
非常同意，54.3

附图　传统领域青年对"作为中国人非常自豪"的认同程度（%）

类别	非常同意	同意	一般	不同意	非常不同意
社会组织从业青年	59.1	28.6	10.8	1	0.4
行政事业单位青年	56.4	34.4	8.7	0.4	0
企业从业青年	51.1	36.3	11.2	0.9	0.6
农业青年	57.1	34.3	7.8	0.5	0.3
青年教师	43.8	40.2	14.8	0.9	0.3
大学生	61	31.1	7.5	0.3	0.1

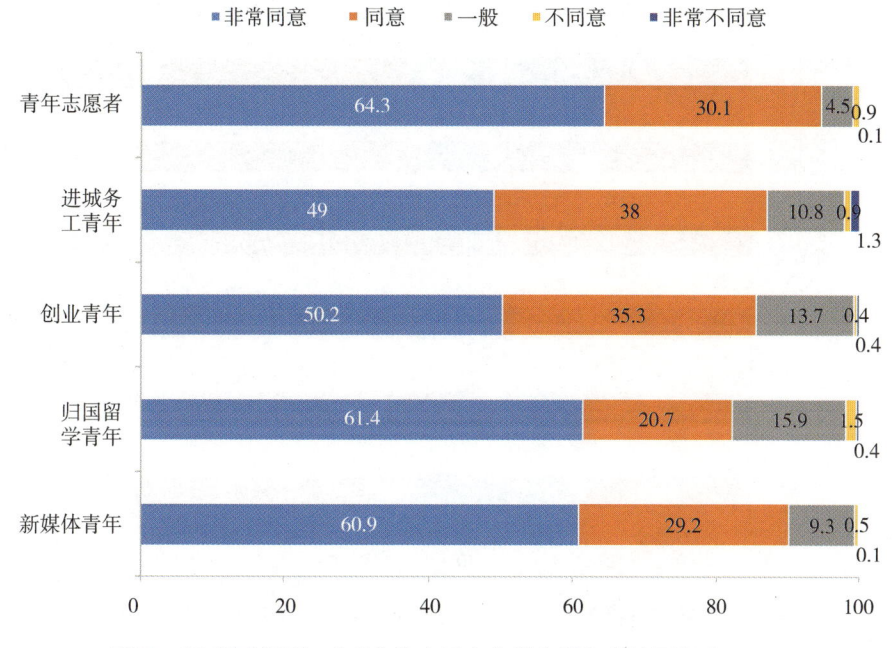

第八章 陕西青少年的思想状况

图例：■非常同意 ■同意 ■一般 ■不同意 ■非常不同意

群体	非常同意	同意	一般	不同意	非常不同意
青年志愿者	64.3	30.1	4.5	0.9	0.1
进城务工青年	49	38	10.8	0.9	1.3
创业青年	50.2	35.3	13.7	0.4	0.4
归国留学青年	61.4	20.7	15.9	1.5	0.4
新媒体青年	60.9	29.2	9.3	0.5	0.1

附图 新兴领域青年对"作为中国人非常自豪"的认同程度（%）

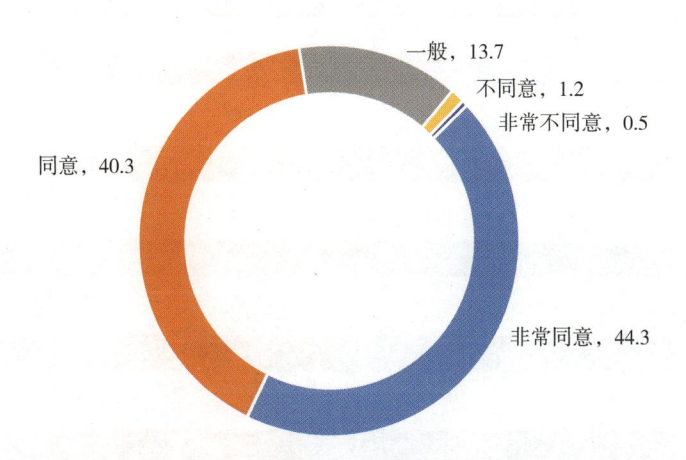

非常同意，44.3
同意，40.3
一般，13.7
不同意，1.2
非常不同意，0.5

附图 陕西青年对"中国梦一定能够实现"的认同程度（%）

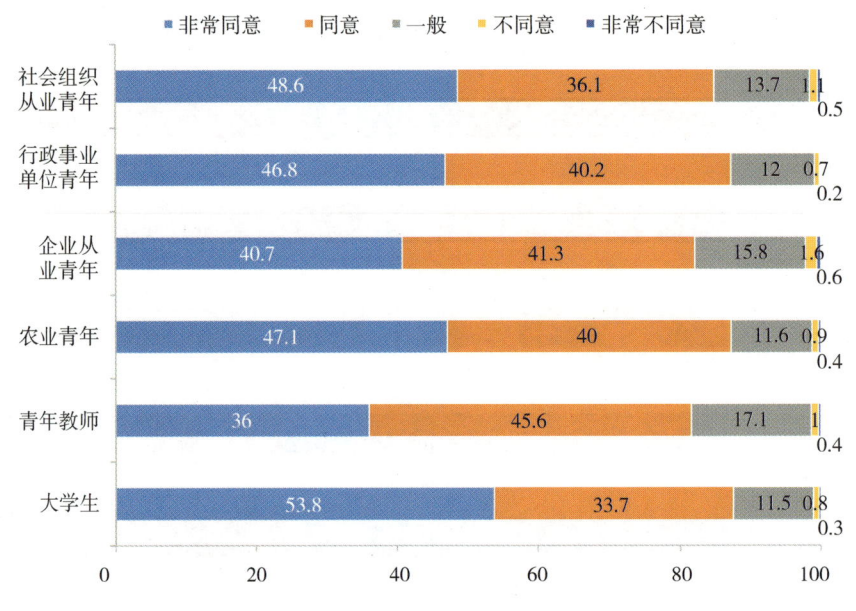

附图　传统领域青年对"中国梦一定能够实现"的认同程度（%）

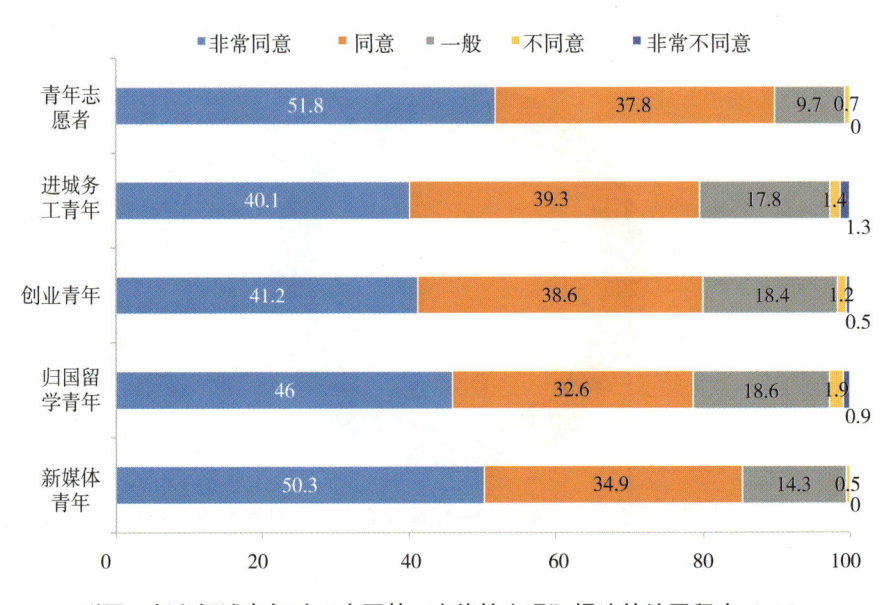

类别	非常同意	同意	一般	不同意	非常不同意
社会组织从业青年	48.6	36.1	13.7	1.1	0.5
行政事业单位青年	46.8	40.2	12	0.7	0.2
企业从业青年	40.7	41.3	15.8	1.6	0.6
农业青年	47.1	40	11.6	0.9	0.4
青年教师	36	45.6	17.1	1	0.4
大学生	53.8	33.7	11.5	0.8	0.3

附图　新兴领域青年对"中国梦一定能够实现"提法的认同程度（%）

类别	非常同意	同意	一般	不同意	非常不同意
青年志愿者	51.8	37.8	9.7	0.7	0
进城务工青年	40.1	39.3	17.8	1.4	1.3
创业青年	41.2	38.6	18.4	1.2	0.5
归国留学青年	46	32.6	18.6	1.9	0.9
新媒体青年	50.3	34.9	14.3	0.5	0

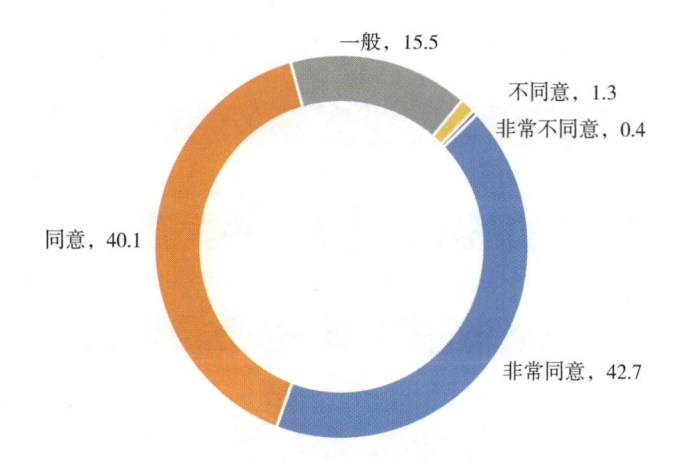

第八章　陕西青少年的思想状况

附图　陕西青年对"三个陕西一定会实现"提法的认同程度（%）

- 非常同意，42.7
- 同意，40.1
- 一般，15.5
- 不同意，1.3
- 非常不同意，0.4

群体	非常同意	同意	一般	不同意	非常不同意
社会组织从业青年	46.8	35.6	15.1	2	
行政事业单位青年	44.1	42.5	12.7	0.4	
企业从业青年	39.4	40.9	17.6	1.5	
农业青年	45.9	38.9	13.9	1	
青年教师	35.3	44.7	18.7	1	
大学生	48.8	33.1	16.7	0.9	

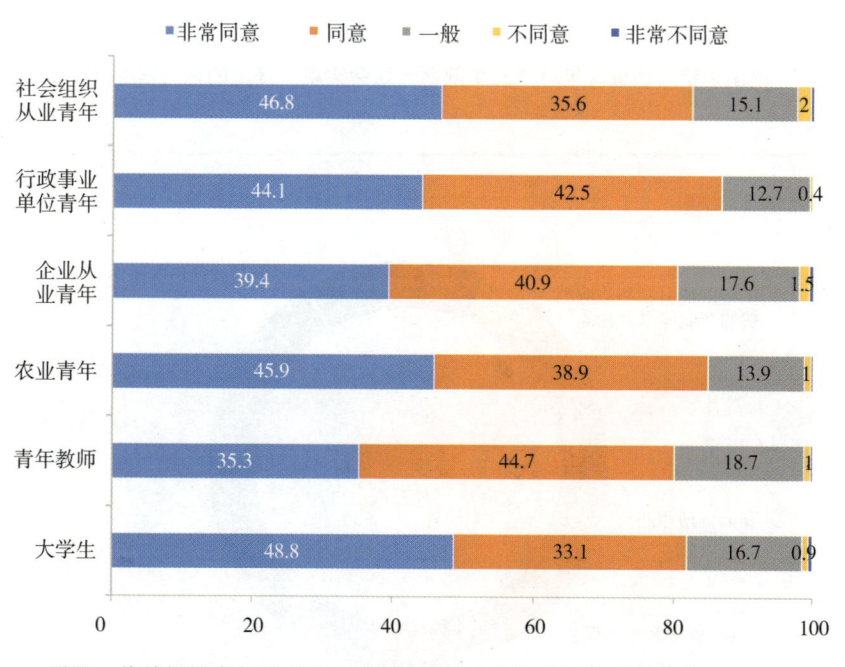

附图　传统领域青年对"三个陕西一定会实现"提法的认同程度（%）

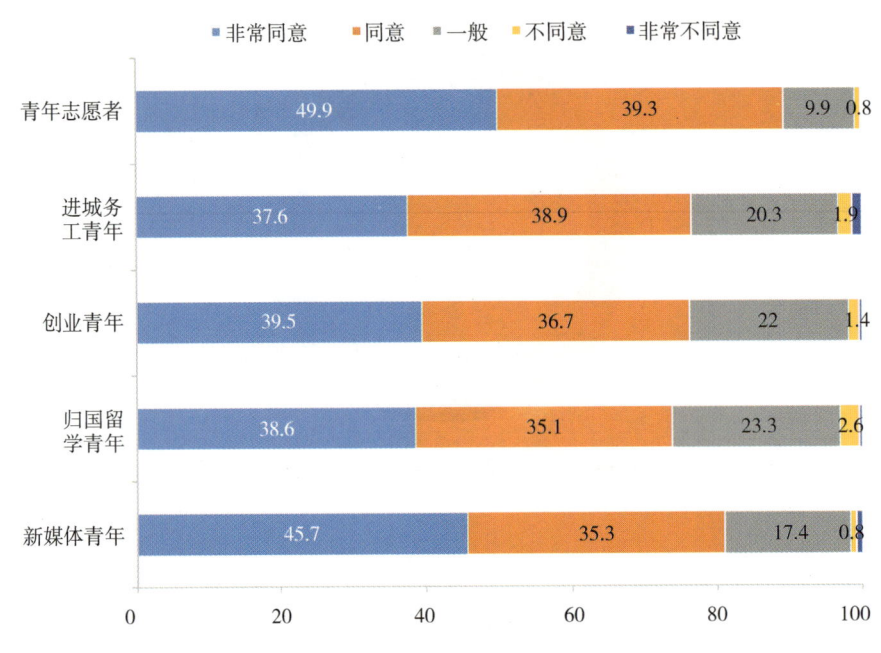

附图　新兴领域青年对"三个陕西一定会实现"提法的认同程度（%）

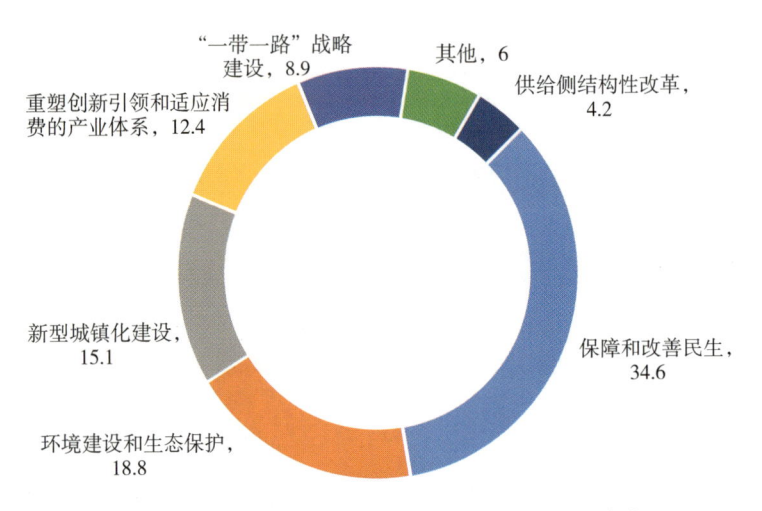

	非常同意	同意	一般	不同意	非常不同意
青年志愿者	49.9	39.3	9.9	0.8	
进城务工青年	37.6	38.9	20.3	1.9	
创业青年	39.5	36.7	22	1.4	
归国留学青年	38.6	35.1	23.3	2.6	
新媒体青年	45.7	35.3	17.4	0.8	

附图　陕西青年对陕西省政府2016年最感兴趣的工作内容（%）

- "一带一路"战略建设，8.9
- 其他，6
- 供给侧结构性改革，4.2
- 保障和改善民生，34.6
- 环境建设和生态保护，18.8
- 新型城镇化建设，15.1
- 重塑创新引领和适应消费的产业体系，12.4

第八章　陕西青少年的思想状况

- ■ 供给侧结构性改革
- ■ 新型城镇化建设
- ■ 环境建设和生态保护
- ■ 其他
- ■ 重塑创新引领和适应消费的产业体系
- ■ "一带一路"战略建设
- ■ 保障和改善民生

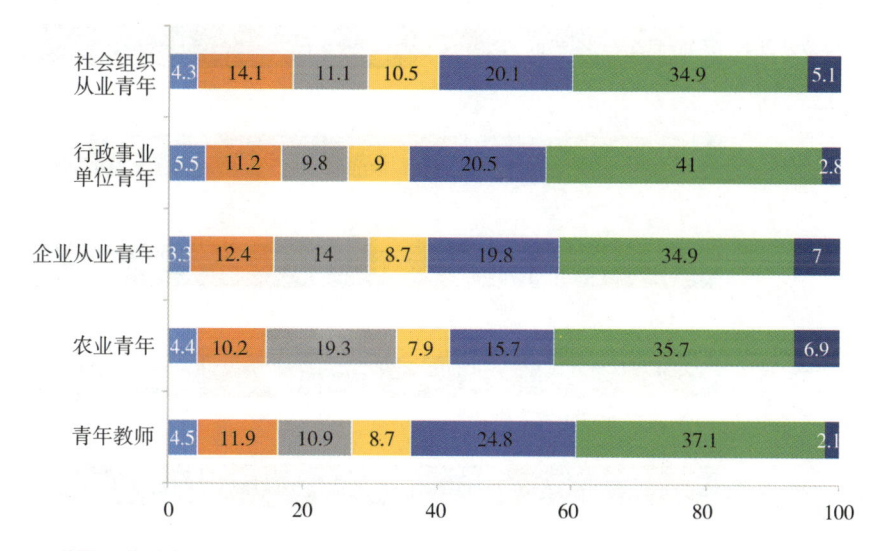

群体	供给侧结构性改革	重塑创新引领和适应消费的产业体系	新型城镇化建设	"一带一路"战略建设	环境建设和生态保护	保障和改善民生	其他
社会组织从业青年	4.3	14.1	11.1	10.5	20.1	34.9	5.1
行政事业单位青年	5.5	11.2	9.8	9	20.5	41	2.8
企业从业青年	3.3	12.4	14	8.7	19.8	34.9	7
农业青年	4.4	10.2	19.3	7.9	15.7	35.7	6.9
青年教师	4.5	11.9	10.9	8.7	24.8	37.1	2.1

附图　传统领域从业青年对陕西省政府2016年最感兴趣的工作内容（%）

- ■ 供给侧结构性改革
- ■ 新型城镇化建设
- ■ 环境建设和生态保护
- ■ 其他
- ■ 重塑创新引领和适应消费的产业体系
- ■ "一带一路"战略建设
- ■ 保障和改善民生

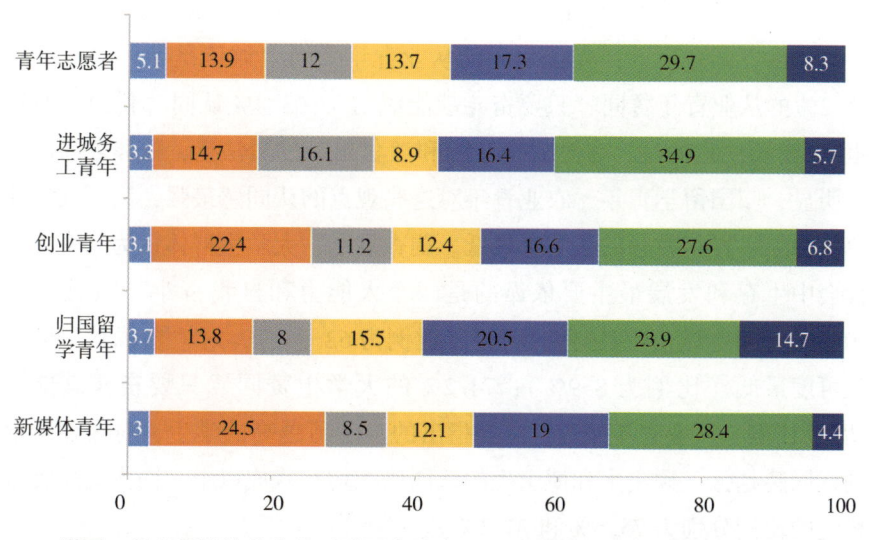

群体	供给侧结构性改革	重塑创新引领和适应消费的产业体系	新型城镇化建设	"一带一路"战略建设	环境建设和生态保护	保障和改善民生	其他
青年志愿者	5.1	13.9	12	13.7	17.3	29.7	8.3
进城务工青年	3.3	14.7	16.1	8.9	16.4	34.9	5.7
创业青年	3.1	22.4	11.2	12.4	16.6	27.6	6.8
归国留学青年	3.7	13.8	8	15.5	20.5	23.9	14.7
新媒体青年	3	24.5	8.5	12.1	19	28.4	4.4

附图　新兴领域从业青年对陕西省政府2016年最感兴趣的工作内容（%）

■ 供给侧结构性改革		■ 重塑创新引领和适应消费的产业体系
■ 新型城镇化建设		■ "一带一路"战略建设
■ 环境建设和生态保护		■ 保障和改善民生

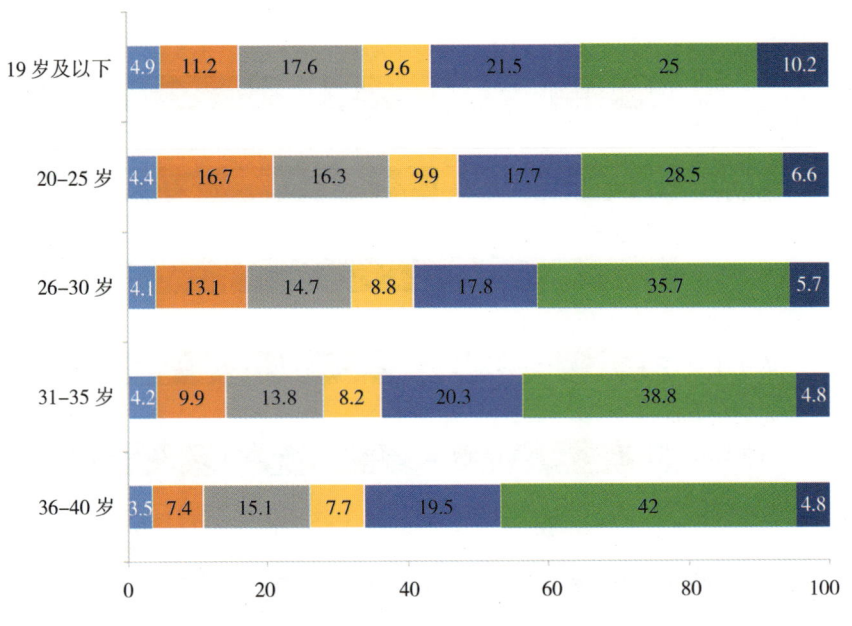

年龄	供给侧	重塑创新	新型城镇化	一带一路	环境建设	保障和改善民生	其他
19岁及以下	4.9	11.2	17.6	9.6	21.5	25	10.2
20–25岁	4.4	16.7	16.3	9.9	17.7	28.5	6.6
26–30岁	4.1	13.1	14.7	8.8	17.8	35.7	5.7
31–35岁	4.2	9.9	13.8	8.2	20.3	38.8	4.8
36–40岁	3.5	7.4	15.1	7.7	19.5	42	4.8

附图 分年龄比较陕西青年对陕西省政府2016年最感兴趣的工作内容（%）

2. 价值追求方面

总体看来，陕西青年的人生观和价值观积极向上，讲求诚信，注重奋斗与付出。调查显示，有96.4%的从业青年赞同"诚信是做人的基础"，75.2%的从业青年赞同"只要奋斗就能成功"，63.4%认同"付出就有回报"。需要注意的是，在对"奋斗"和"付出"的看法上，群体之间的差异明显，归国留学青年、农业青年对这些观点的认同感最强，而行政事业单位青年、青年教师的认同感最低。调查显示，大学生群体认为一个人在社会中生存和发展最主要依靠的是"个人能力和自我奋斗"（比例为90.2%）和"诚信等良好的品质"（比例为62.7%），对"金钱"的因素认可度最低（比例为8.9%）；74.2%的大学生赞同"只要奋斗就能成功"，比例与从业青年接近，需要指出的是学历越高的学生，对奋斗价值的认同感越强，硕士生和博士生的认同比例均在八成以上，而大专生和本科生的比例分别为75.5%和73.3%。

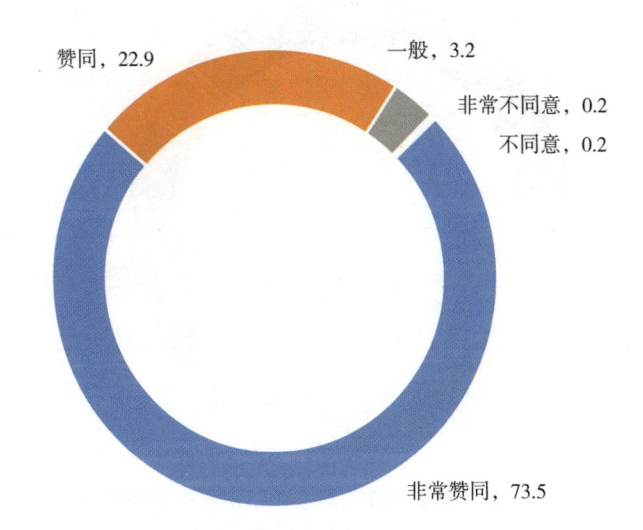

附图　陕西青年对"诚信是做人的基础"提法的认同程度（%）

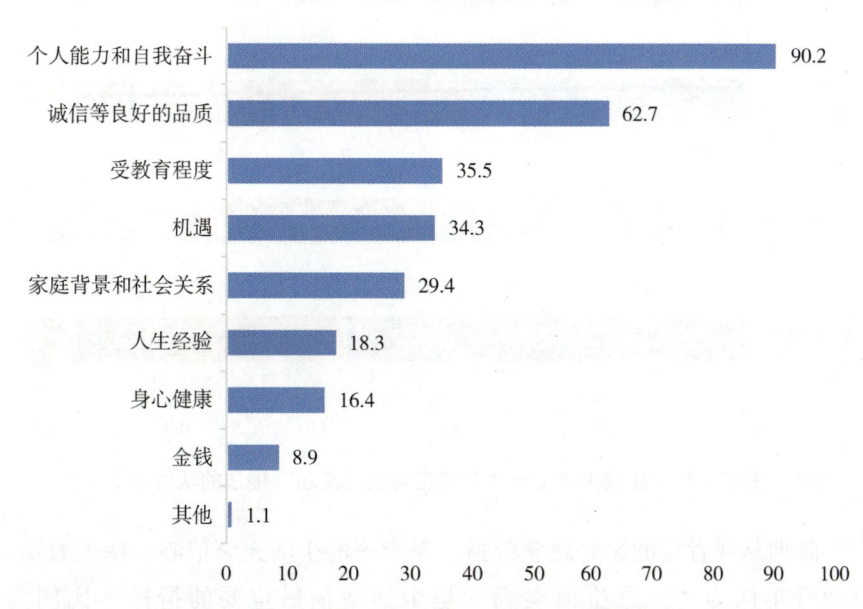

赞同，22.9
一般，3.2
非常不同意，0.2
不同意，0.2
非常赞同，73.5

项目	百分比
个人能力和自我奋斗	90.2
诚信等良好的品质	62.7
受教育程度	35.5
机遇	34.3
家庭背景和社会关系	29.4
人生经验	18.3
身心健康	16.4
金钱	8.9
其他	1.1

附图　大学生眼中一个人在社会中生存和发展中的最主要依靠（多选题）（%）

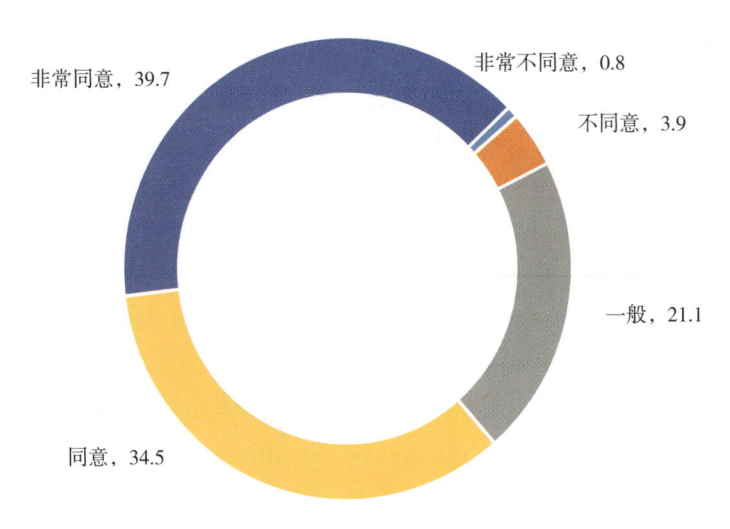

附图　大学生对"只要奋斗就能成功"提法的认同程度（%）

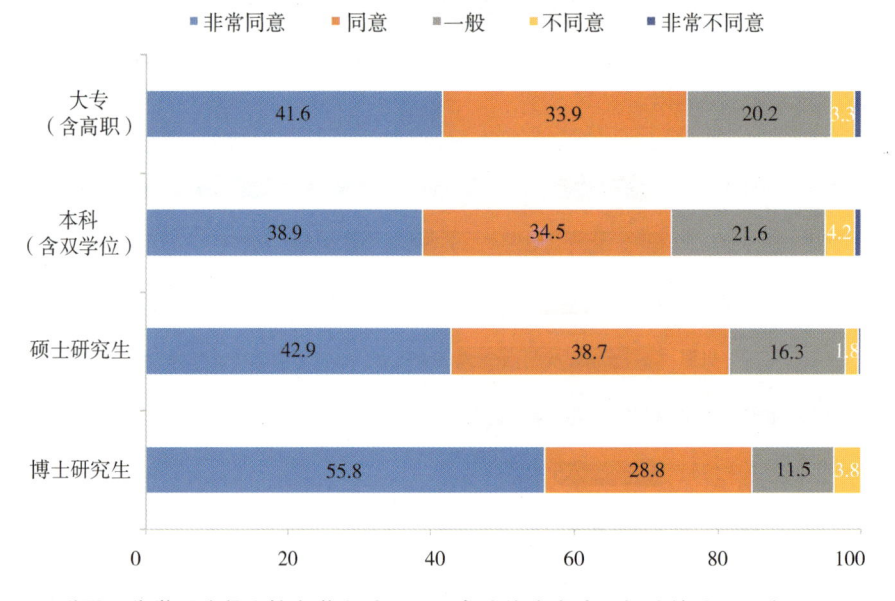

附图　分学历阶段比较大学生对"只要奋斗就能成功"提法的认同程度（%）

陕西从业青年的家庭观念较强，对未来的生活充满信心。调查表明，从业青年认为"家庭生活美满"是生活幸福最重要的指标（比例为53.9%），其次是身体健康（比例为12.9%）和事业有成（比例为12.7%），可见陕西青年对美满的家庭生活最为向往。从地域上看，陕南地区青年认可"家庭生活美满"的比例最高（比例为62%），高出关中和陕北地区约 10 个百分点。调查显示，84.4% 的从业青年认为"我的生活会越来越好"，其中行政事业单位青年对未来的信心最高（比例达到87.1%）；与从业青年相比，大学生对未来生活更有信心，认为"我的生活会越来越好"的比例达到了 91.8%。

与未成年人不同，陕西青年更多地把"父母亲人"当作偶像，其中从业青年把"父母亲人"当作偶像的比例为 24.5%，大学生的比例为29%，比例远超过其他选项。需要指出的是，在调查的所有选项中，从业青年将"网红、网络大 V"和"老师"列为偶像的比例最低，比例分别为 0.9% 和 2.3%；在大学生中的同样是最低，比例分别为 0.6% 和1.5%。

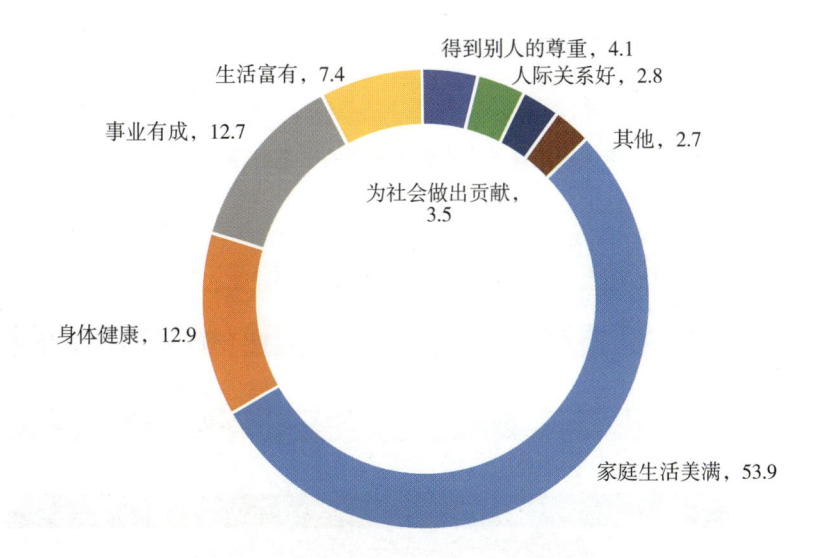

生活富有，7.4
事业有成，12.7
为社会做出贡献，3.5
得到别人的尊重，4.1
人际关系好，2.8
其他，2.7
身体健康，12.9
家庭生活美满，53.9

附图　陕西青年眼中生活幸福的最重要指标（%）

3. 道德观念方面

我们以志愿服务为切入点，分析陕西青年的道德观念水平，通过调查发现，陕西青年热衷公益事业，参与志愿服务的意愿非常强烈。其中，有79% 的从业青年表示"在力所能及的范围内，愿意当志愿者"。从地域上看，陕南地区的比例最高（82.7%），陕北地区其次（79.4%），关中地区的比例最低（77.4%）。从群体上看，传统领域中行政事业单位青年的

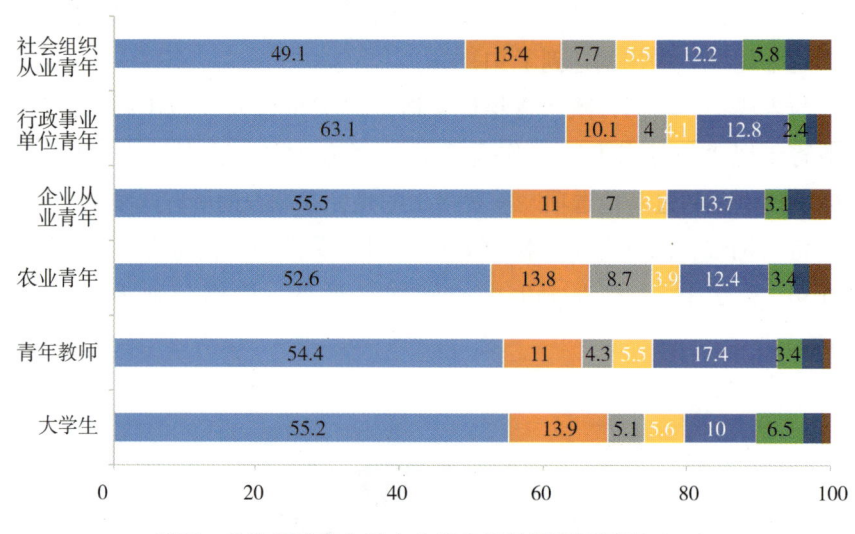

■家庭生活美满 ■事业有成 ■生活富有 ■得到别人的尊重
■身体健康 ■为社会做出贡献 ■人际关系好 ■其他

类别	家庭生活美满	事业有成	生活富有	得到别人的尊重	身体健康	为社会做出贡献	人际关系好
社会组织从业青年	49.1	13.4	7.7	5.5	12.2	5.8	
行政事业单位青年	63.1	10.1	4	4.1	12.8	2.4	
企业从业青年	55.5	11	7	3.7	13.7	3.1	
农业青年	52.6	13.8	8.7	3.9	12.4	3.4	
青年教师	54.4	11	4.3	5.5	17.4	3.4	
大学生	55.2	13.9	5.1	5.6	10	6.5	

附图　传统领域青年眼中生活幸福的最重要因素（%）

■家庭生活美满 ■事业有成 ■生活富有 ■得到别人的尊重
■身体健康 ■为社会做出贡献 ■人际关系好 ■其他

类别	家庭生活美满	事业有成	生活富有	得到别人的尊重	身体健康	为社会做出贡献
青年志愿者	49.7	13.0	4.6	5.4	12.1	7.0
进城务工青年	46.8	17.6	11.7	3.6	10.0	3.6
创业青年	37.5	21.3	15.6	4.9	9.5	4.3
归国留学青年	31.4	27.1	15.2	3.7	6.3	4.1
新媒体青年	46.3	20.0	11.0	3.8	8.5	5.5

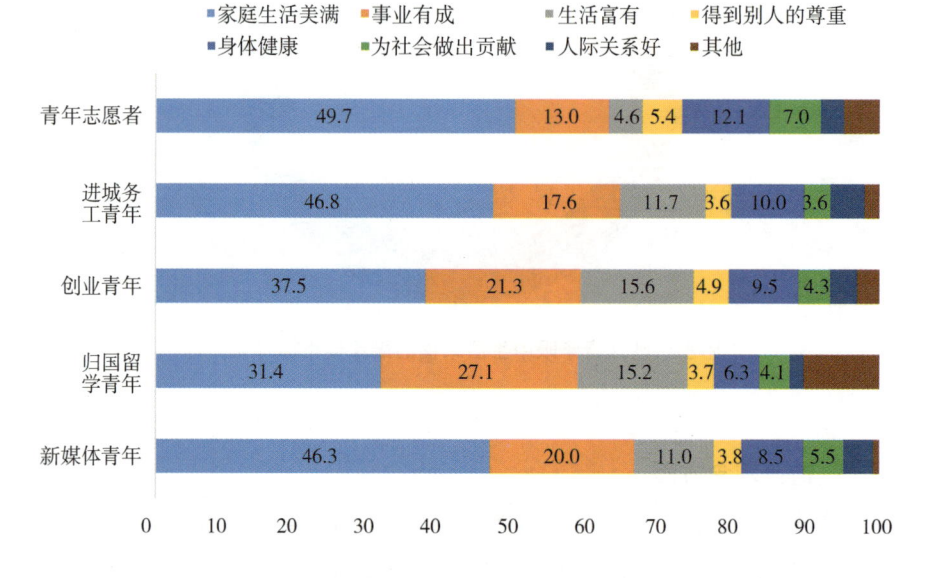

附图　新兴领域青年眼中生活幸福的最重要因素（%）

比例最高，比例为83.5%，而企业从业青年的的比例最低，仅为77.8%；新兴领域中青年志愿者比例最高比例为86.9%，归国留学青年比例最低，

第八章 陕西青少年的思想状况

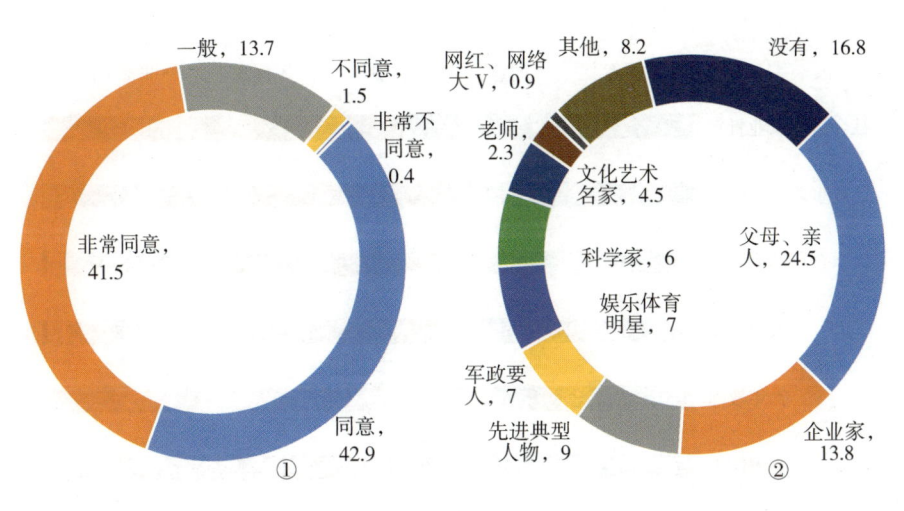

附图 陕西青年对"我的生活会越来越好"提法的认同程度①和偶像类型②（%）

①一般 13.7；不同意 1.5；非常不同意 0.4；同意 42.9；非常同意 41.5

②网红、网络大V 0.9；其他 8.2；没有 16.8；老师 2.3；文化艺术名家 4.5；科学家 6；娱乐体育明星 7；军政要人 7；先进典型人物 9；企业家 13.8；父母、亲人 24.5

仅为68.5%。另外，有85.3%的大学生表示"在力所能及的范围内愿意当志愿者"。而且，随着受教育程度的增加，从初中及以下，到高中/中职、大专/职高，比例依次为75.3%、77%和79.6%，本科的比例最高，达到了82.7%。从本科学历以后，比例又呈现出下降的趋势，硕士生和博士生的比例分别为77.6%和61.5%。

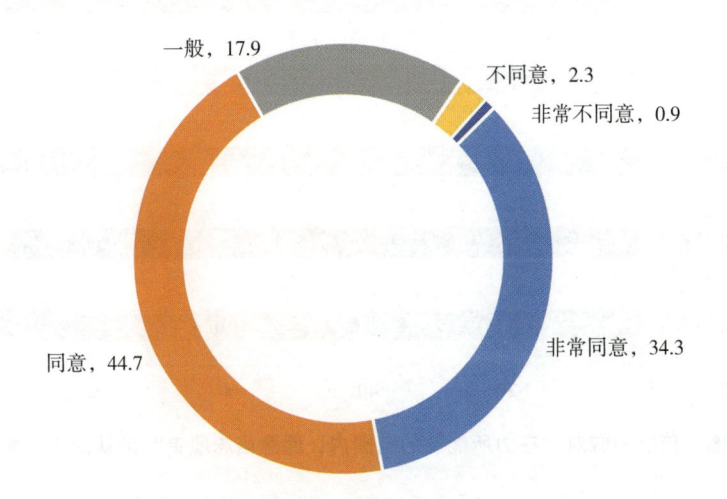

附图 陕西青年对"在力所能及的范围内，愿意当志愿者"的认同程度（%）

一般 17.9；不同意 2.3；非常不同意 0.9；非常同意 34.3；同意 44.7

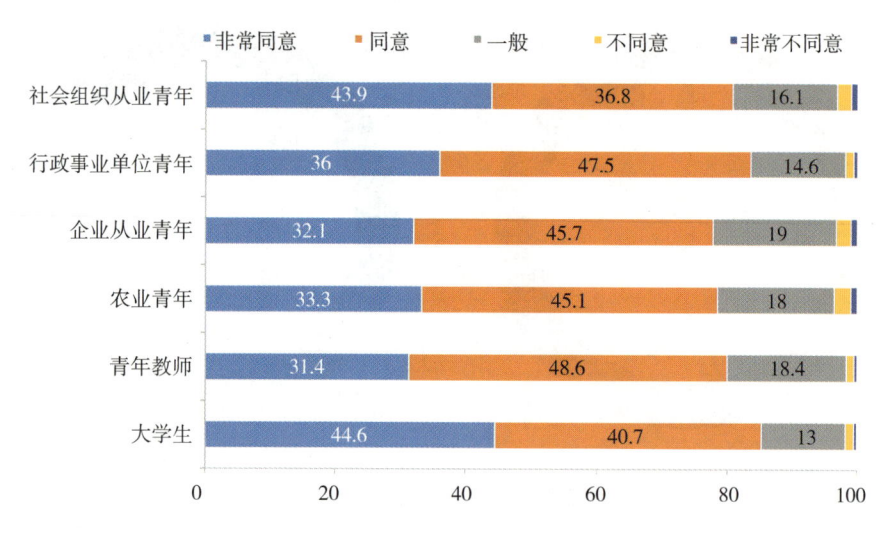

	非常同意	同意	一般	不同意	非常不同意
社会组织从业青年	43.9	36.8	16.1		
行政事业单位青年	36	47.5	14.6		
企业从业青年	32.1	45.7	19		
农业青年	33.3	45.1	18		
青年教师	31.4	48.6	18.4		
大学生	44.6	40.7	13		

附图 传统领域对"在力所能及的范围内,愿意当志愿者"的认同度(%)

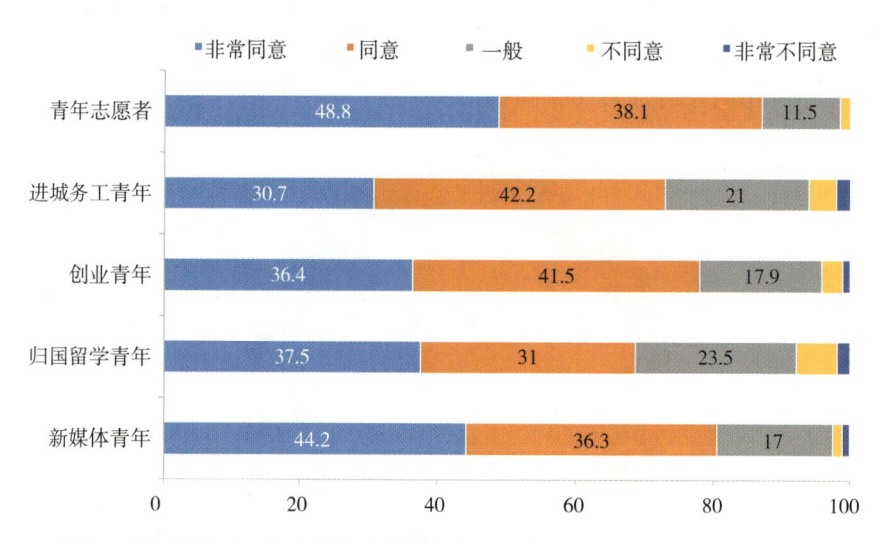

	非常同意	同意	一般	不同意	非常不同意
青年志愿者	48.8	38.1	11.5		
进城务工青年	30.7	42.2	21		
创业青年	36.4	41.5	17.9		
归国留学青年	37.5	31	23.5		
新媒体青年	44.2	36.3	17		

附图 传统领域对"在力所能及的范围内,愿意当志愿者"的认同度(%)

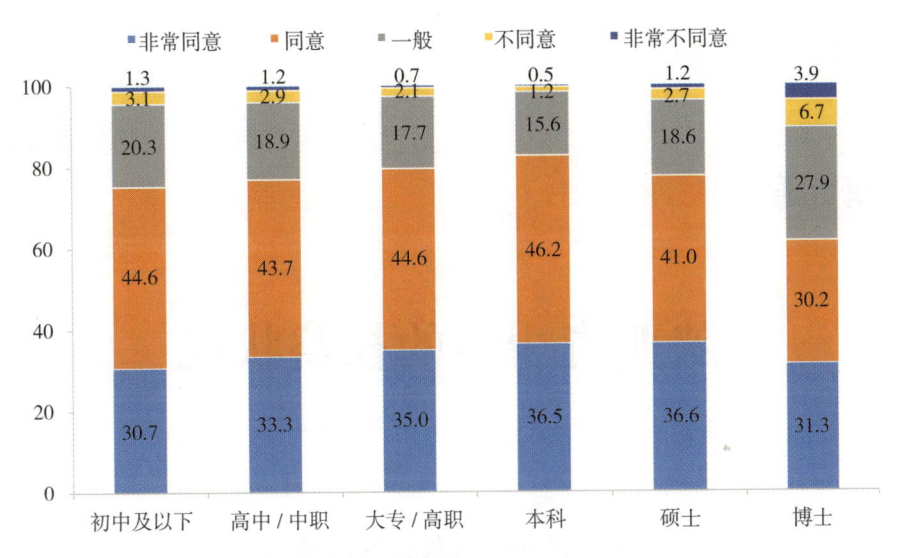

第八章 陕西青少年的思想状况

■非常同意 ■同意 ■一般 ■不同意 ■非常不同意

学历	非常同意	同意	一般	不同意	非常不同意
初中及以下	30.7	44.6	20.3	3.1	1.3
高中/中职	33.3	43.7	18.9	2.9	1.2
大专/高职	35.0	44.6	17.7	2.1	0.7
本科	36.5	46.2	15.6	1.2	0.5
硕士	36.6	41.0	18.6	2.7	1.2
博士	31.3	30.2	27.9	6.7	3.9

附图 分学历比较对"在力所能及的范围内，愿意当志愿者"的认同度（%）

第九章

陕西青少年的权益状况

一 未成年人权益保障情况

当前,陕西未成年人在学校生活中被体罚、打架等事件时有发生,经受着来自同学和校外社会分子的多重欺凌,未成年人的权益保障状况应引起关注。经调查,在初中生中超四成(44.5%)的受访者表示存在被体罚的现象,从地域上看,关中和陕北地区较为严重,陕南地区略轻。同学之间打架、欺凌现象也时有发生,58.4%的初中生认为在自己的学校里存在同学之间的暴力事件,有39%的高中生表示存在校外社会分子与校内同学之间发生暴力事件的现象。

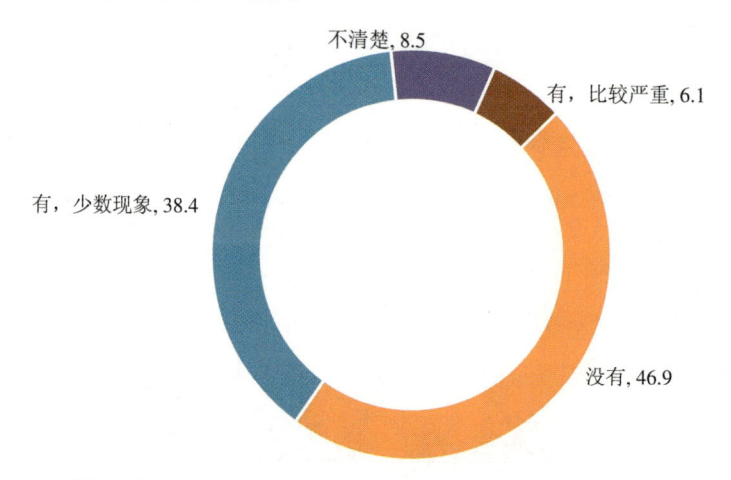

附图 初中生对学校里是否存在老师体罚现象的回答(%)

- 不清楚,8.5
- 有,比较严重,6.1
- 有,少数现象,38.4
- 没有,46.9

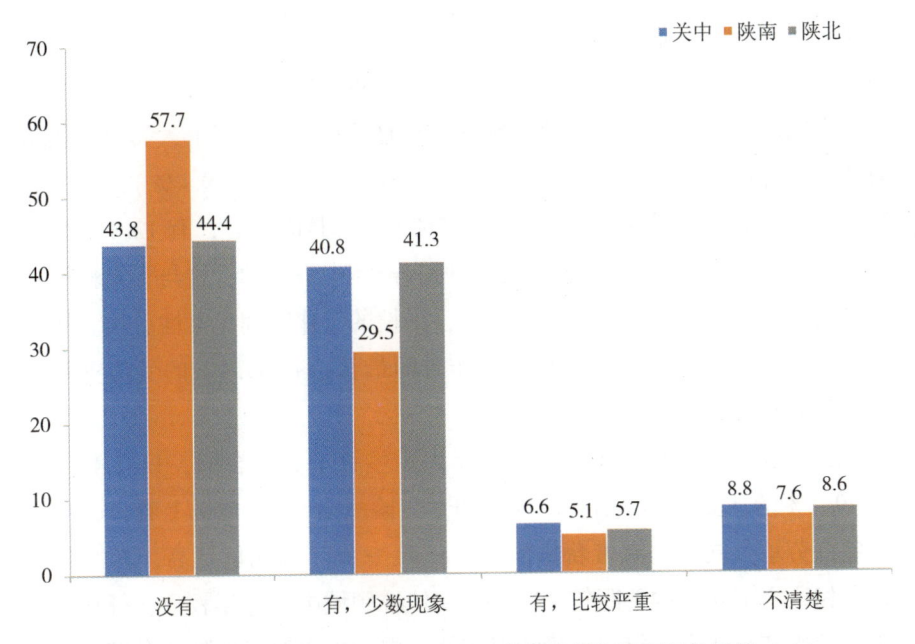

第九章 陕西青少年的权益状况

■关中 ■陕南 ■陕北

附图 分地域比较初中生对学校里是否存在老师体罚现象的回答（%）

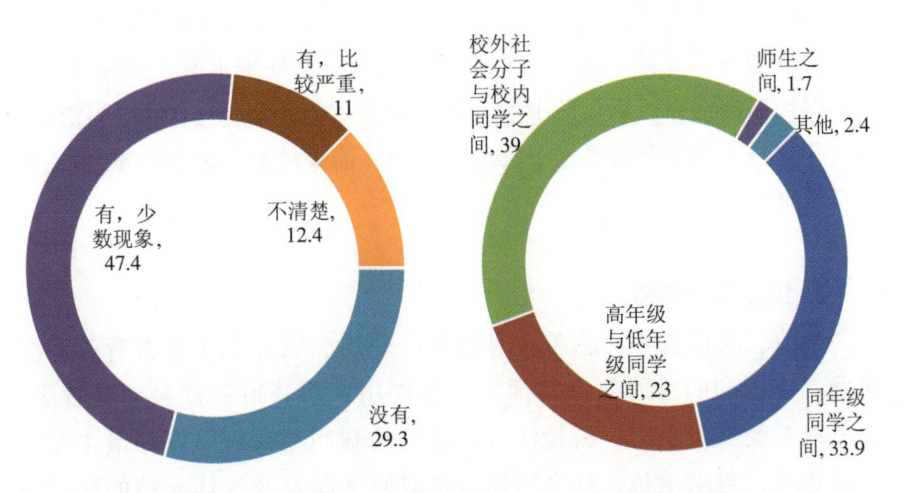

附图 中学生对学校里是否存在同学之间打架、欺凌现象的回答（%）

二 从业青年权益保障情况

1. 基本情况

陕西青年的工作权益保障状况值得重视，从业青年的工作时间偏长，劳动合同、带薪休假、"三险一金"等保障机制的覆盖率不高,部分从业青年的权益保障意识淡薄,对自身的权益保障状况并不关心。

调研显示,超五成的从业青年日工作时长在8小时以上,其中,陕北青年日工作时长在8小时以上的现象相对较少(比例为49.4%),关中和陕南较多(比例分别为56.8%和56.5%)。从群体上看,有72.1%的青年教师表示工作时长超过8小时,是所有群体中最高的,这与青年教师表示工作压力最大相吻合。从性别上看,男性的工作时间比女性更长。从年龄来看,31—35岁的从业青年的工作时间最长,有63.4%的受访青年表示工作时长超过8小时。

调查表明,有61.7%的从业青年表示签订了劳动合同,只有49.2%和49.1%的从业青年享有带薪休假和"三险一金"。从地域上看,关中青年签订劳动合同、享有带薪休假和"三险一金"的比例更高,其次是陕北,相比之下陕南的差距较为明显。在传统领域中,青年教师、行政事业单位青年和企业青年权益保障情况较好,农业青年权益保障情况堪忧;在新兴领域中,进城务工青年签订工作合同的比例最高,归国留学青年在享有带薪休假和"三险一金"方面的比例更高。从性别上看,女性权益保障情况比男性稍好。从年龄上看,26—30岁、31—35岁两个年龄段的从业青年权益保障情况明显优于其他年龄段,需要注意的是36—40岁青年权益状况出现明显下滑。

2. 权益保障途径

当前,陕西青年面临着自身发展、住房、就业和子女教育等诸多难题,亲戚和朋友的支持发挥了主要作用,而获得的社会支持较少。当其权益受到侵害时,公检法等司法机构和当地政府是青年最主要的维权途径,寻求单位、社会团体、亲戚同学朋友及媒体支持的比例较小。

调查显示,陕西青年的当前遇到的主要困难是在自身发展、住房、就业和子女教育困难,比例分别为22.7%、17.8%、15.6%和12.7%。在遇到困难时,"家人及亲戚"给予的帮助最大,比例达66.8%,其次是"朋友"和"同学、老乡",比例分别为16.1%和2.7%,而同事、人民团体、工作单位、当地政府,以及公益组织提供的支持较小,说明当前陕

第九章 陕西青少年的权益状况

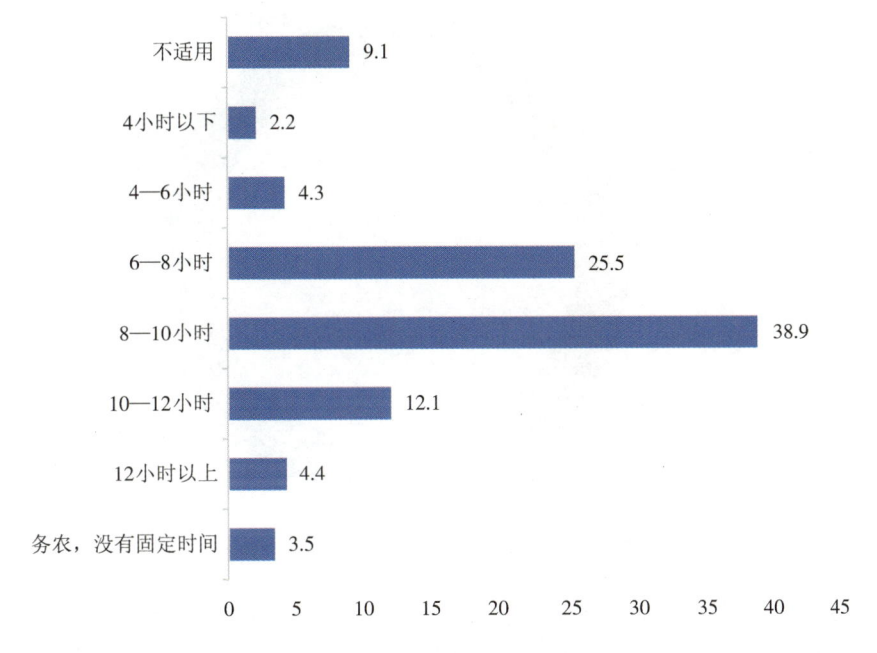

工作时长	百分比
不适用	9.1
4小时以下	2.2
4—6小时	4.3
6—8小时	25.5
8—10小时	38.9
10—12小时	12.1
12小时以上	4.4
务农，没有固定时间	3.5

附图 从业青年的工作时长状况（%）

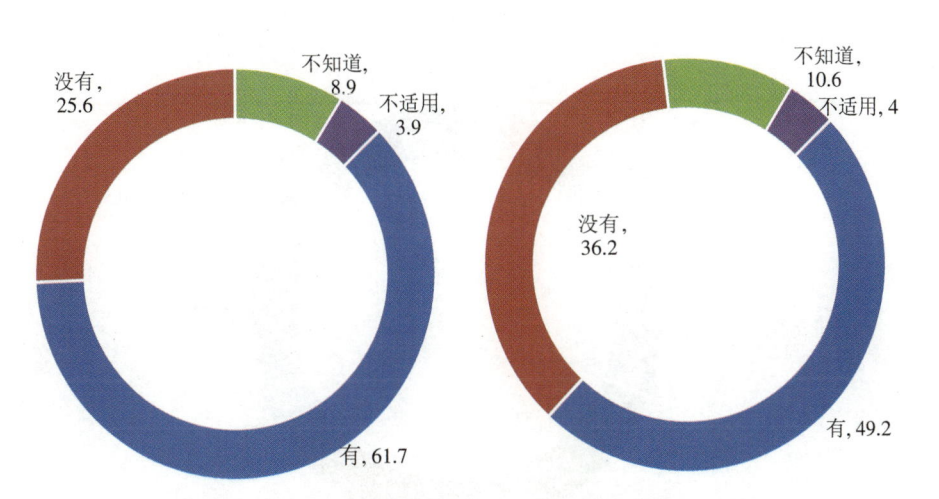

左图：没有，25.6；不知道，8.9；不适用，3.9；有，61.7
右图：没有，36.2；不知道，10.6；不适用，4；有，49.2

附图 从业青年签订劳动合同、带薪休假的情况（%）

西青年主要获得的支持依旧是来自家庭和朋友，获取的社会支持明显不足。从地域上看，陕南地区对家人及亲戚的依赖更为明显，比例为76.6%，而关中地区的比例最低，仅为62.5%；关中青年对朋友的依赖相对更为明显（比例为18.3%），陕南、陕北青年依赖朋友的比例分别为

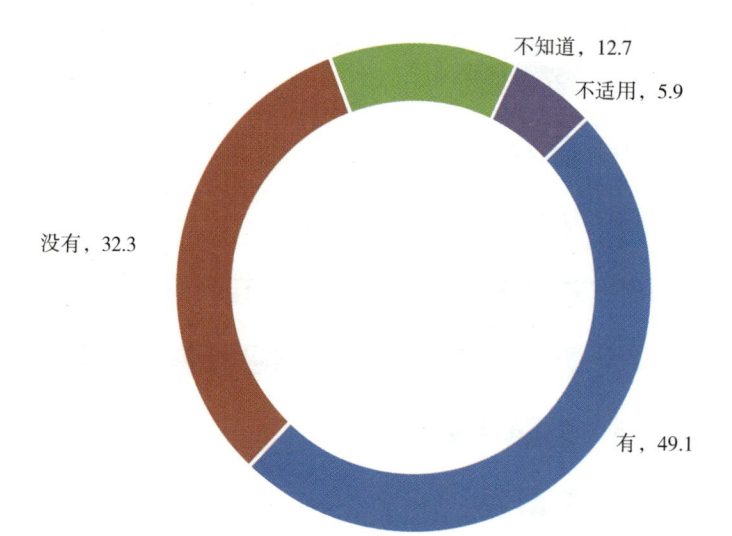

附图　从业青年的"三险一金"情况（%）

11.8%和14.5%。从群体上看，社会组织从业青年获得社会支持的比例最高，这与社会组织从业青年的工作性质密不可分。

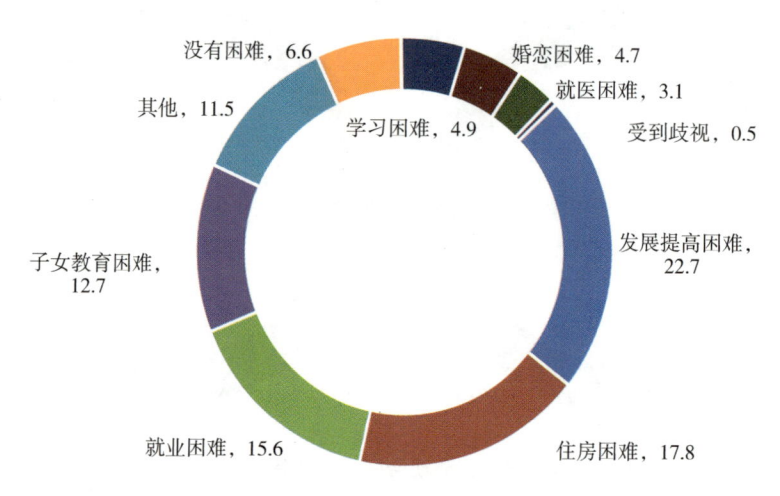

附图　当前陕西青年面临的主要困难（%）

第九章 陕西青少年的权益状况

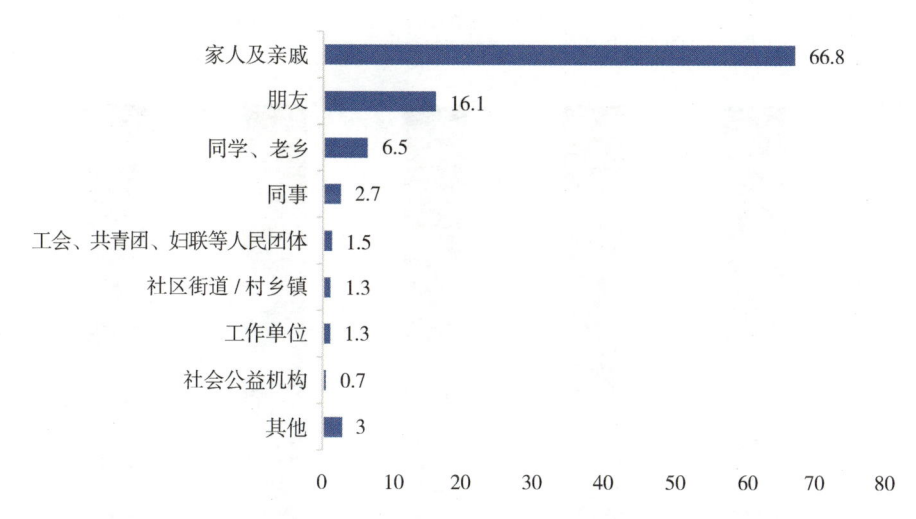

对象	比例(%)
家人及亲戚	66.8
朋友	16.1
同学、老乡	6.5
同事	2.7
工会、共青团、妇联等人民团体	1.5
社区街道/村乡镇	1.3
工作单位	1.3
社会公益机构	0.7
其他	3

附图　遇到困难或紧急情况时给予陕西青年帮助最大的对象（%）

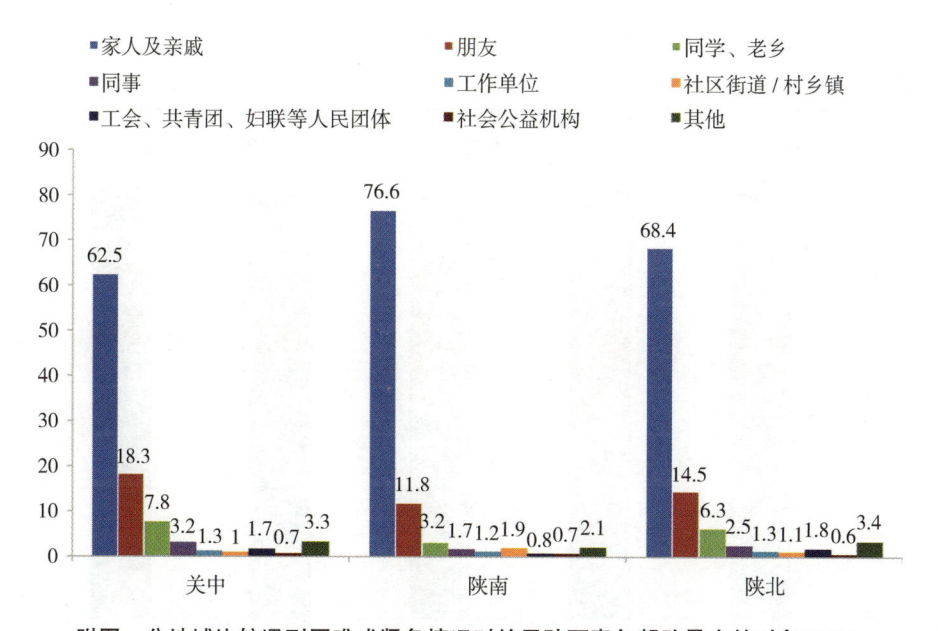

对象	关中	陕南	陕北
家人及亲戚	62.5	76.6	68.4
朋友	18.3	11.8	14.5
同学、老乡	7.8	3.2	6.3
同事	3.2	1.7	2.5
工作单位	1.3	1.2	1.3
社区街道/村乡镇	1	1.9	1.1
工会、共青团、妇联等人民团体	1.7	0.8	1.8
社会公益机构	0.7	0.7	0.6
其他	3.3	2.1	3.4

附图　分地域比较遇到困难或紧急情况时给予陕西青年帮助最大的对象（%）

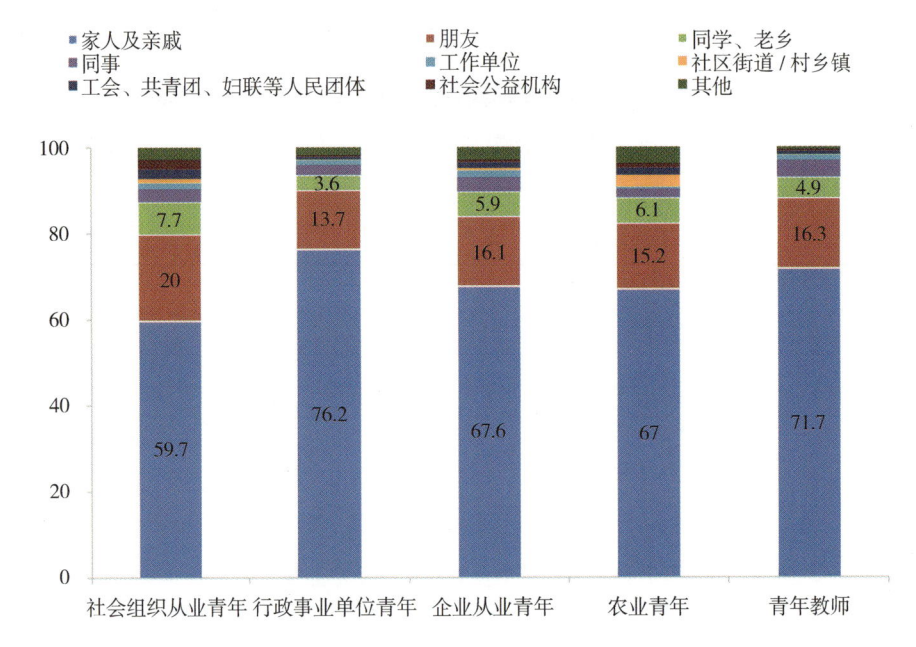

陕西青少年社会抽样调查蓝皮书

■ 家人及亲戚　　　　　　　　■ 朋友　　　　　　　　■ 同学、老乡
■ 同事　　　　　　　　　　　■ 工作单位　　　　　　■ 社区街道/村乡镇
■ 工会、共青团、妇联等人民团体　■ 社会公益机构　　　　■ 其他

社会组织从业青年	行政事业单位青年	企业从业青年	农业青年	青年教师
59.7 / 20 / 7.7	76.2 / 13.7 / 3.6	67.6 / 16.1 / 5.9	67 / 15.2 / 6.1	71.7 / 16.3 / 4.9

附图　传统领域青年群体遇到困难或紧急情况时给予帮助最大的对象（%）

■ 家人及亲戚　　　　　　　　■ 朋友　　　　　　　　■ 同学、老乡
■ 同事　　　　　　　　　　　■ 工作单位　　　　　　■ 社区街道/村乡镇
■ 工会、共青团、妇联等人民团体　■ 社会公益机构　　　　■ 其他

新媒体青年	归国留学青年	创业青年	进城务工青年	青年志愿者
53.7 / 25.9 / 11.3	41.1 / 27.1 / 14.2	49.1 / 25.1 / 14.9	58.4 / 22.6 / 9.4	62.9 / 19.8 / 6.9

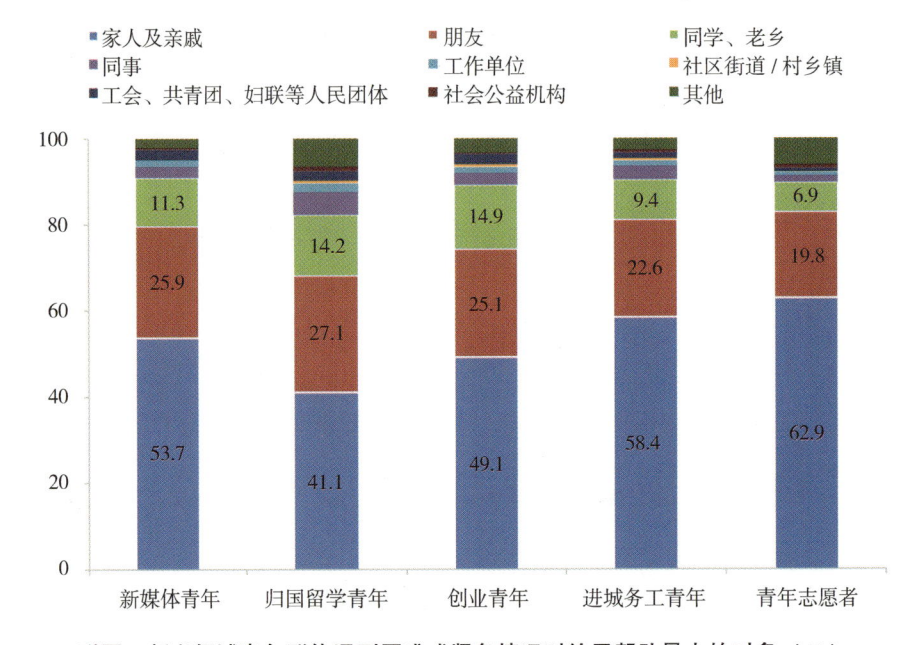

附图　新兴领域青年群体遇到困难或紧急情况时给予帮助最大的对象（%）

第九章　陕西青少年的权益状况

在权益受到侵害时，陕西青年最主要的维权途径是公检法等司法机构，比例为43.5%，其次是本地政府，比例为16.7%，向单位、人民团体、社会社团、亲戚朋友等寻求支持的比例较低。从区域上看，在向公检法等政府部门反映或寻求支持方面，陕南地区青年比例较高（比例为46.2%）；从群体上看，传统领域中农业青年向本地政府求助的比例，大学生和青年教师群体向单位（学校）求助的比例明显高于其他群体；新兴领域中，归国留学青年选择"不知道"的比例达到10.8%，明显高于其他群体。

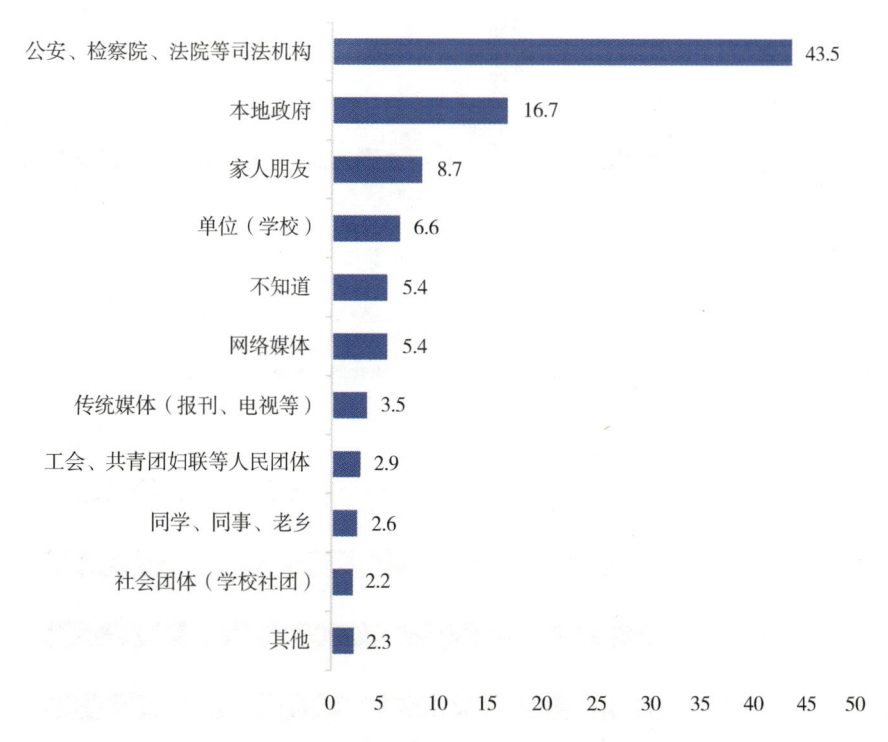

途径	比例(%)
公安、检察院、法院等司法机构	43.5
本地政府	16.7
家人朋友	8.7
单位（学校）	6.6
不知道	5.4
网络媒体	5.4
传统媒体（报刊、电视等）	3.5
工会、共青团妇联等人民团体	2.9
同学、同事、老乡	2.6
社会团体（学校社团）	2.2
其他	2.3

附图　当权益受到侵害陕西青年最希望采用的途径（%）

陕西青少年社会抽样调查蓝皮书

图例：
- 公安、检察院、法院等司法机构
- 本地政府
- 家人朋友
- 单位（学校）
- 不知道
- 网络媒体
- 传统媒体（报刊、电视等）
- 工会、共青团、妇联等人民团体
- 同学、同事、老乡
- 社会团体
- 其他

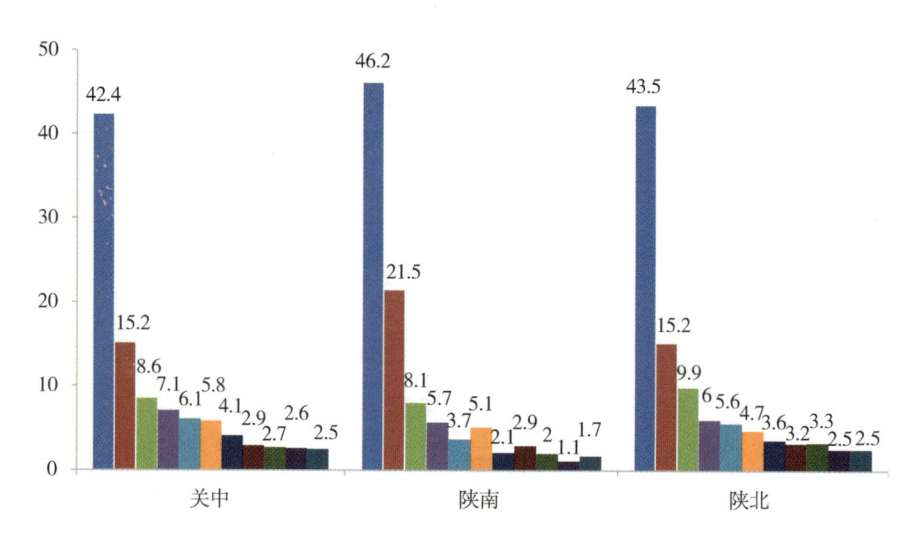

地域	公安检察院法院	本地政府	家人朋友	单位(学校)	不知道	网络媒体	传统媒体	工会共青团妇联	同学同事老乡	社会团体	其他
关中	42.4	15.2	8.6	7.1	6.1	5.8	4.1	2.9	2.7	2.6	2.5
陕南	46.2	21.5	8.1	5.7	3.7	5.1	2.1	2.9	2	1.1	1.7
陕北	43.5	15.2	9.9	6	5.6	4.7	3.6	3.2	3.3	2.5	2.5

附图　分地域比较当权益受到侵害陕西青年最希望采用的途径（%）

图例：
- 单位（学校）
- 本地政府
- 法院、检察院、公安等司法机构
- 工会、共青团、妇联等人民团体
- 社会团体（学校社团）
- 家人朋友
- 同学、同事、老乡
- 传统媒体（报刊、电视等）
- 网络媒体
- 其他
- 不知道

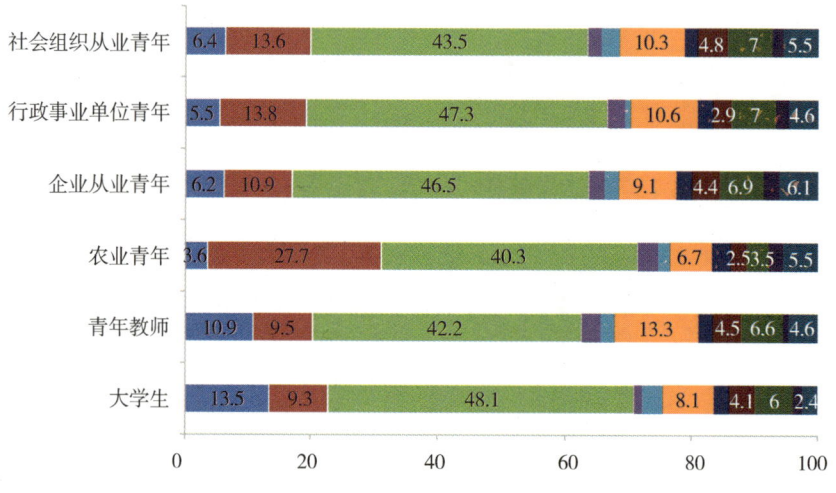

群体	单位(学校)	本地政府	法院检察院公安	工会共青团妇联	社会团体	家人朋友	同学同事老乡	传统媒体	网络媒体	其他	不知道
社会组织从业青年	6.4	13.6	43.5			10.3	4.8	.7	5.5		
行政事业单位青年	5.5	13.8	47.3			10.6	2.9	.7	4.6		
企业从业青年	6.2	10.9	46.5			9.1	4.4	6.9	6.1		
农业青年	3.6	27.7	40.3			6.7	2.5	3.5	5.5		
青年教师	10.9	9.5	42.2			13.3	4.5	6.6	4.6		
大学生	13.5	9.3	48.1			8.1	4.1	6	2.4		

附图　传统领域青年群体权益受到侵害时最希望采用的途径（%）

第九章　陕西青少年的权益状况

图例：
- 单位（学校）
- 本地政府
- 法院、检察院、公安等司法机构
- 工会、共青团、妇联等人民团体
- 社会团体（学校社团）
- 家人朋友
- 同学、同事、老乡
- 传统媒体（报刊、电视等）
- 网络媒体
- 其他
- 不知道

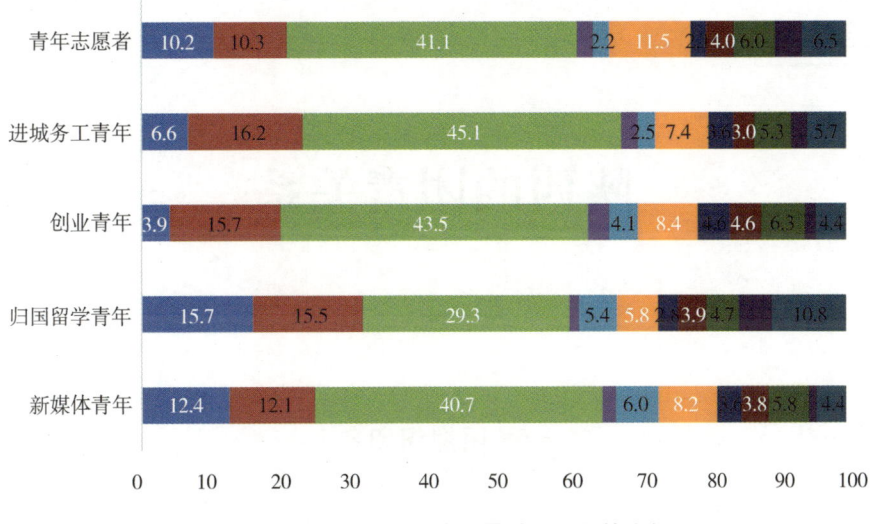

群体	单位(学校)	本地政府	司法机构	人民团体	社会团体	家人朋友	同学同事老乡	传统媒体	网络媒体	其他	不知道
青年志愿者	10.2	10.3	41.1	2.2	11.5	2.4	4.0	6.0			6.5
进城务工青年	6.6	16.2	45.1	2.5	7.4	3.6	3.0	5.3			5.7
创业青年	3.9	15.7	43.5	4.1	8.4	4.6	4.6	6.3			4.4
归国留学青年	15.7	15.5	29.3	5.4	5.8	2.8	3.9	4.7			10.8
新媒体青年	12.4	12.1	40.7	6.0	8.2	3.6	3.8	5.8			4.4

附图　新兴群体权益受到侵害时最希望采用的途径（%）

第十章

陕西的团青关系

一 团组织印象

陕西青年对团组织的整体评价较高,从学生群体到从业青年,对共青团及少先队的吸引力与活动满意度、荣誉感、影响力以及整体印象给予了充分的肯定。调查显示,在学生群体中,81.7%的小学生很喜欢少先队的活动,83.9%的初中生觉得当一名共青团员对自己很有吸引力,71.5%的高中生觉得入团是光荣的,有82.6%的大学生表示共青团教育对自己是有影响的,但同时有超过一半的大学生认为共青团教育的影响已经开始弱化。调查发现,在高中生和大学生中,对共青团的评价越高,其入党积极性越高,这表明共青团在青少年思想引领方面发挥着重要的作用。

调查表明,42.6%的陕西从业青年对团组织的"印象良好",36.6%的青年认为"印象一般"。从地域上看,关中地区青年对团组织"印象良好"的比例略低(比例为40.3%),陕南、陕北的比例均高于45%。从群体上看,行政事业单位青年、青年志愿者对团组织"印象良好"的比例较高(比例为61.3%、59.7%),归国留学青年对团组织的印象相对较差。

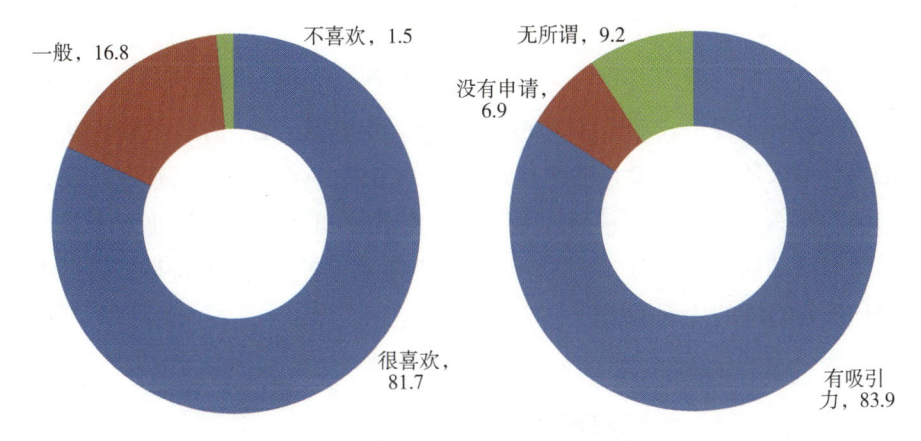

一般，16.8　　不喜欢，1.5　　　　无所谓，9.2
　　　　　　　　　　　　没有申请，6.9

很喜欢，81.7　　　　　　　有吸引力，83.9

附图　少先队活动对小学生的吸引力、共青团员对初中生的吸引力（%）

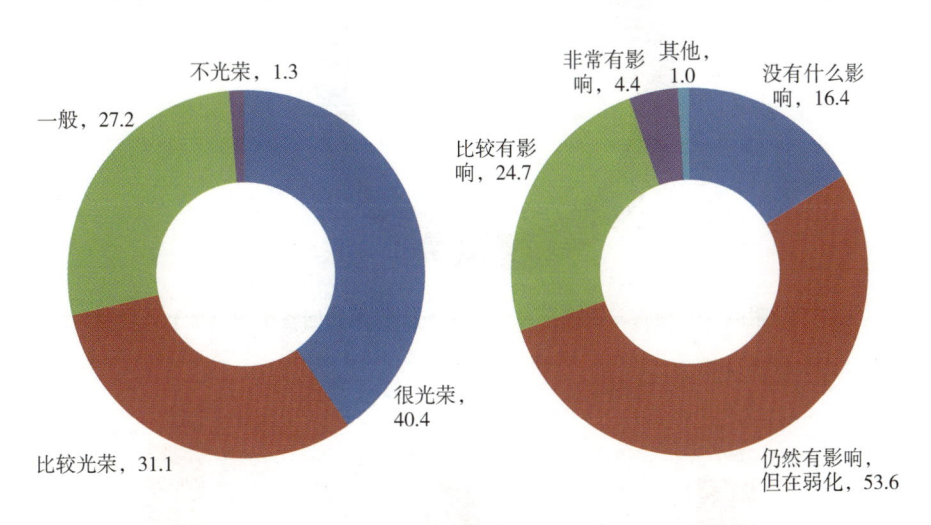

不光荣，1.3　　　　非常有影响，4.4　　其他，1.0
一般，27.2　　　　　　　　　　　　没有什么影响，16.4
比较有影响，24.7

很光荣，40.4
比较光荣，31.1　　　　　　仍然有影响，但在弱化，53.6

附图　高中生加入共青团员是否觉得光荣感、大学生对现阶段共青团教育的影响态度（%）

二　团组织覆盖率

调查显示，团组织对陕西从业青年的覆盖率达到六成，其中陕北地区的覆盖率最高，达到65.4%，陕南和关中的比例略低，覆盖率分别达到62%和59.3%。从群体上看，青年教师和行政事业单位青年的覆盖率最高，比例分别达到了79.9%和70.2%，对创业青年群体、进城务工青年群体的覆盖率最低，比例分别为46.5%、53%，其他群体的覆盖率比例在六成左右。

调查表明，近四成的从业青年明确表示没有参加过团组织活动，仅有14.4%的从业青年表示经常参加团的活动。从地域上看，陕南团组织活动的参与率较低，没有参与的比例达到了41.1%，陕北的情况较好，没有参与的比例为34.7%。从行业来看，青年教师和社会组织从业青年参与团组织活动的比例最高，农业青年、企业青年、创业青年和进城务工青年群体参与活动的比例最低。

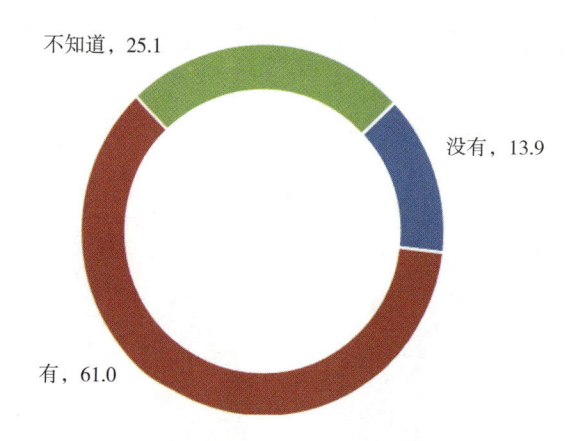

附图　从业青年对所在单位是否有团组织的回答情况（%）

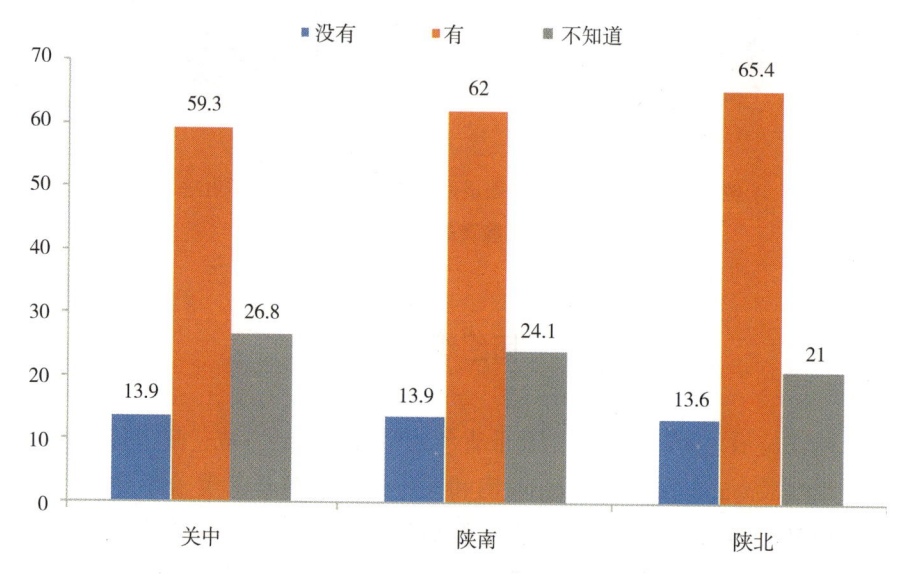

附图　分地域比较从业青年对所在单位是否有团组织的回答情况（%）

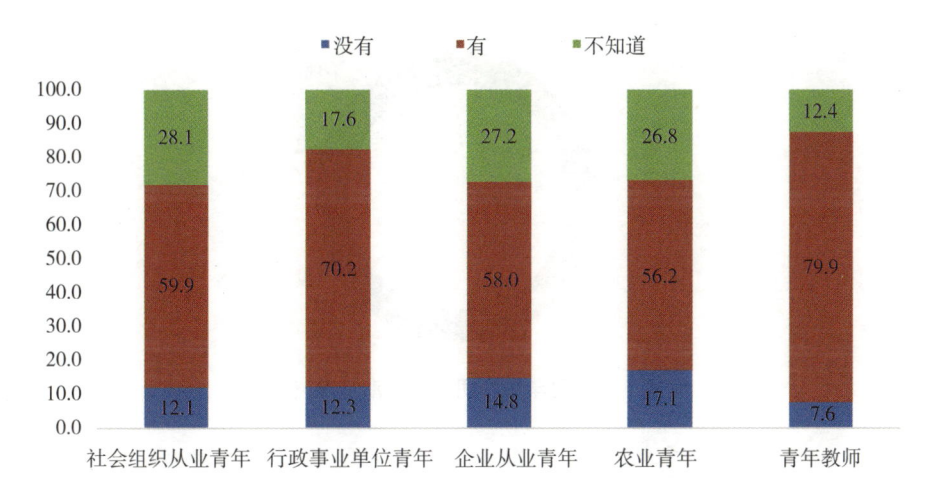

第十章 陕西的团青关系

附图 传统领域青年对所在单位是否有团组织的回答情况（%）

群体	没有	有	不知道
社会组织从业青年	12.1	59.9	28.1
行政事业单位青年	12.3	70.2	17.6
企业从业青年	14.8	58.0	27.2
农业青年	17.1	56.2	26.8
青年教师	7.6	79.9	12.4

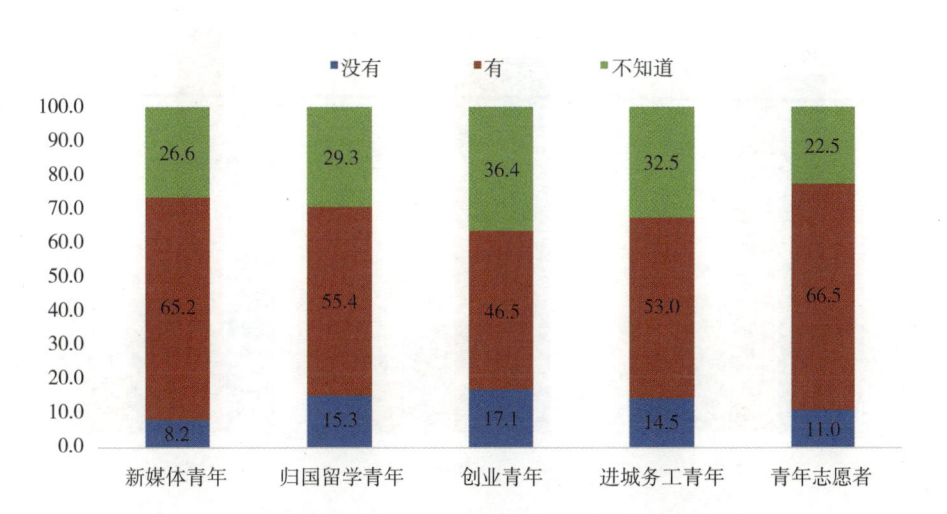

附图 新兴领域青年群体对所在单位是否有团组织的回答情况（%）

群体	没有	有	不知道
新媒体青年	8.2	65.2	26.6
归国留学青年	15.3	55.4	29.3
创业青年	17.1	46.5	36.4
进城务工青年	14.5	53.0	32.5
青年志愿者	11.0	66.5	22.5

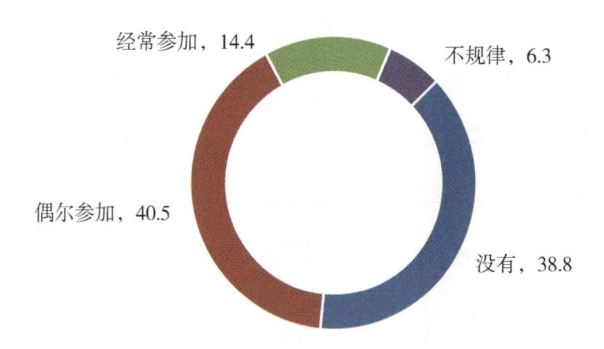

附图　从业青年参加团组织活动情况（%）

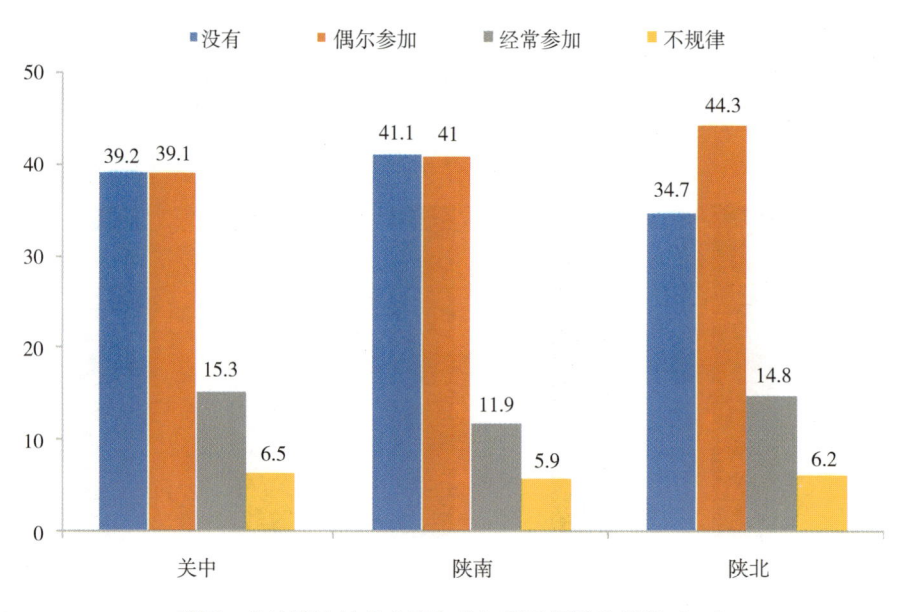

经常参加，14.4
不规律，6.3
偶尔参加，40.5
没有，38.8

附图　分地域比较从业青年参加团组织活动情况（%）

	没有	偶尔参加	经常参加	不规律
关中	39.2	39.1	15.3	6.5
陕南	41.1	41	11.9	5.9
陕北	34.7	44.3	14.8	6.2

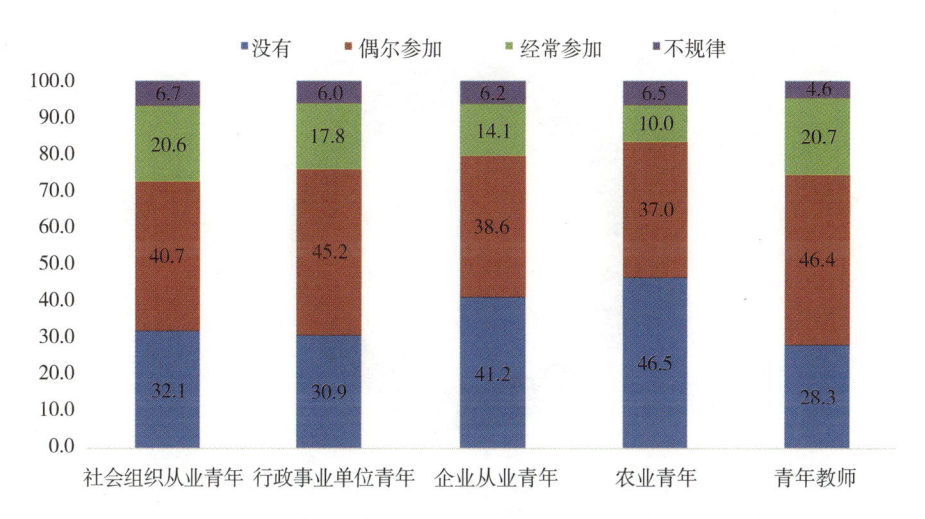

附图 传统领域青年群体参加团组织活动情况（%）

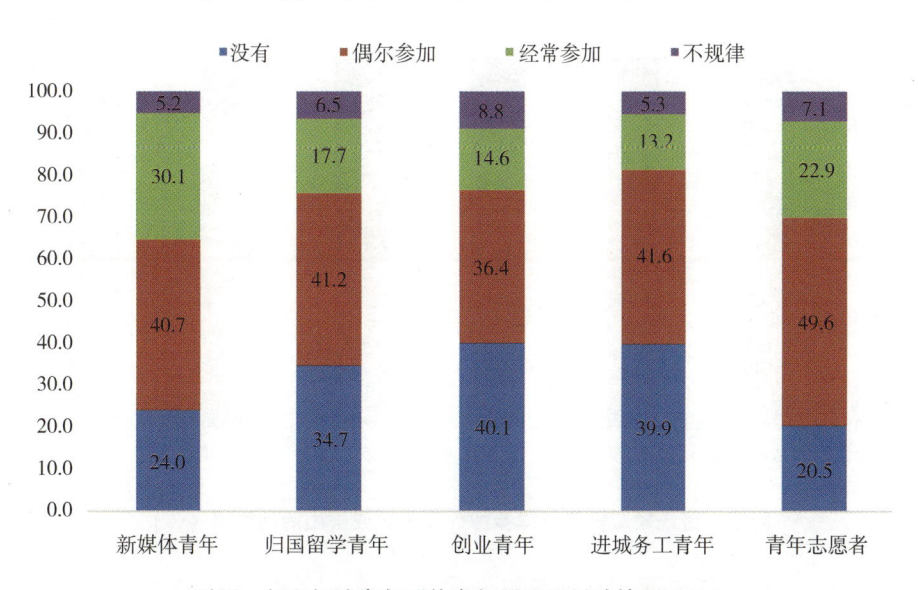

群体	没有	偶尔参加	经常参加	不规律
社会组织从业青年	32.1	40.7	20.6	6.7
行政事业单位青年	30.9	45.2	17.8	6.0
企业从业青年	41.2	38.6	14.1	6.2
农业青年	46.5	37.0	10.0	6.5
青年教师	28.3	46.4	20.7	4.6

附图 新兴领域青年群体参加团组织活动情况（%）

群体	没有	偶尔参加	经常参加	不规律
新媒体青年	24.0	40.7	30.1	5.2
归国留学青年	34.7	41.2	17.7	6.5
创业青年	40.1	36.4	14.6	8.8
进城务工青年	39.9	41.6	13.2	5.3
青年志愿者	20.5	49.6	22.9	7.1

三 社会组织参与状况

陕西青年乐于参加组织或群体活动，调查显示，70%的青年在工作学习之外参加组织或群体活动，其中，大学生和青年教师的比例最高，达到了88.4%和79.8%，农业青年参加的比例最低，比例为63.4%。

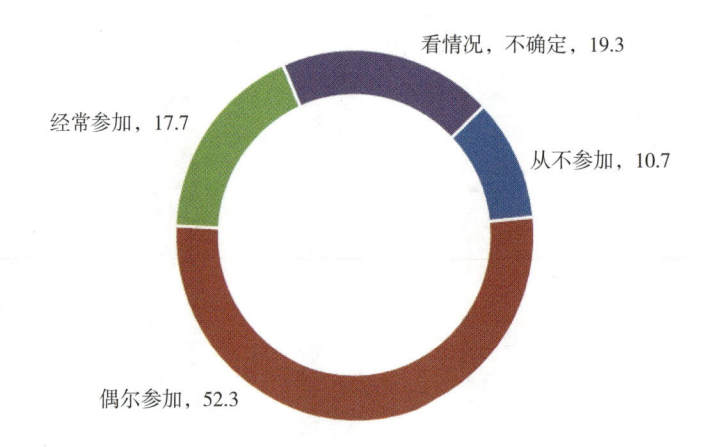

附图　从业青年工作学习之外参加社会组织或群团活动情况（%）

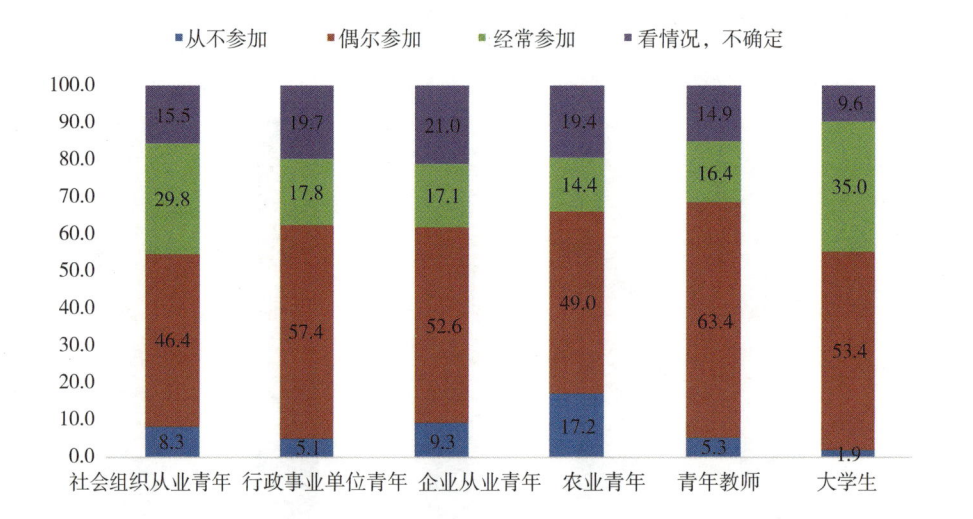

- 从不参加，10.7
- 偶尔参加，52.3
- 经常参加，17.7
- 看情况，不确定，19.3

附图　传统领域青年群体参加社会组织或群团活动情况（%）

群体	从不参加	偶尔参加	经常参加	看情况，不确定
社会组织从业青年	8.3	46.4	29.8	15.5
行政事业单位青年	5.1	57.4	17.8	19.7
企业从业青年	9.3	52.6	17.1	21.0
农业青年	17.2	49.0	14.4	19.4
青年教师	5.3	63.4	16.4	14.9
大学生	1.9	53.4	35.0	9.6

在活动内容方面，陕西青年偏爱文体娱乐（比例为32.9%）和学习培训活动（比例为23%）。在传统领域中，行政事业单位青年和青年教师最热衷文体娱乐活动，社会组织从业青年和大学生对志愿公益活动最感兴趣，农业青年对就业创业活动的需求最大。调查表明，寻觅"知己"和自我成长是陕西青年参加社会组织的主要原因，其中，通过组织或群体活动"认识更多志趣相投的人"的比例最高（比例为22.5%），其次为"对自己的工作和发展有帮助"（比例为18%），再次为"锻炼自己、展示才能"（比例为17.8%）。以上可以看出，陕西青年参加社

第十章 陕西的团青关系

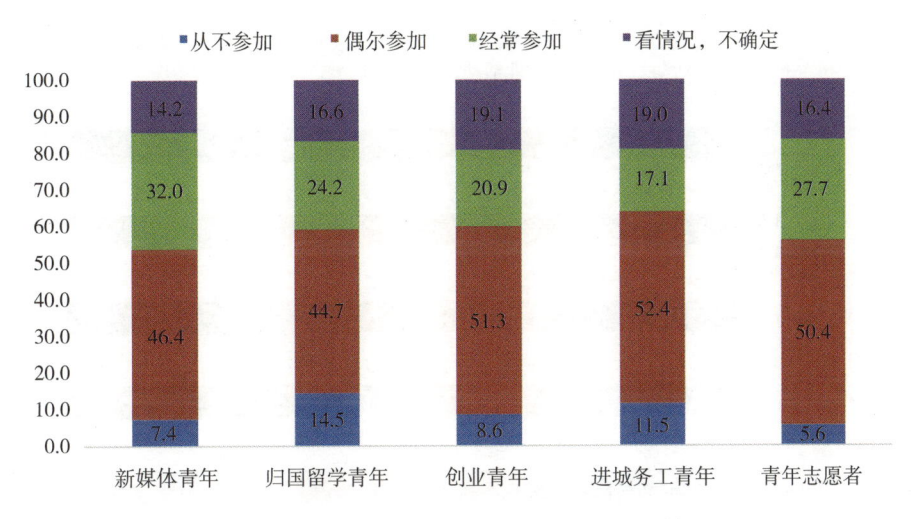

■从不参加 ■偶尔参加 ■经常参加 ■看情况，不确定

群体	从不参加	偶尔参加	经常参加	看情况，不确定
新媒体青年	7.4	46.4	32.0	14.2
归国留学青年	14.5	44.7	24.2	16.6
创业青年	8.6	51.3	20.9	19.1
进城务工青年	11.5	52.4	17.1	19.0
青年志愿者	5.6	50.4	27.7	16.4

附图 新兴领域青年群体参加社会组织或群团活动情况（%）

会组织的倾向是比较明显的，而寻觅志同道合的朋友，以及促进自我发展和成长是其主要原因。

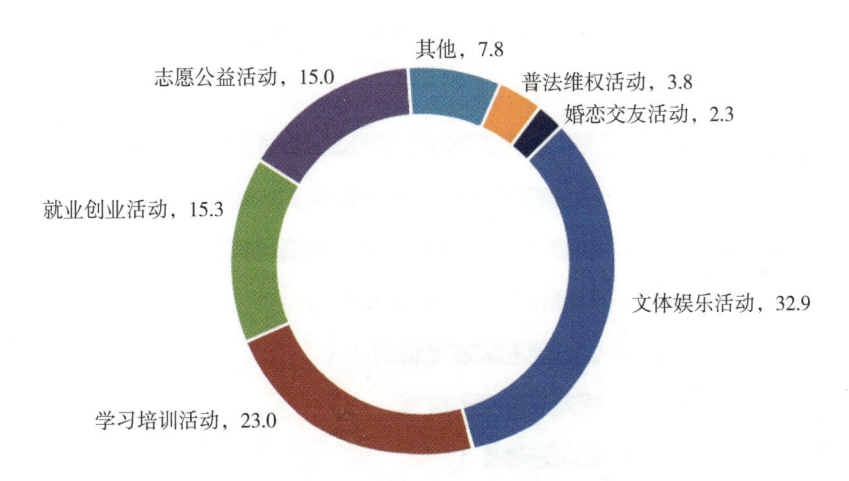

- 其他，7.8
- 普法维权活动，3.8
- 婚恋交友活动，2.3
- 文体娱乐活动，32.9
- 学习培训活动，23.0
- 就业创业活动，15.3
- 志愿公益活动，15.0

附图 从业青年最希望参加组织或群体活动内容（%）

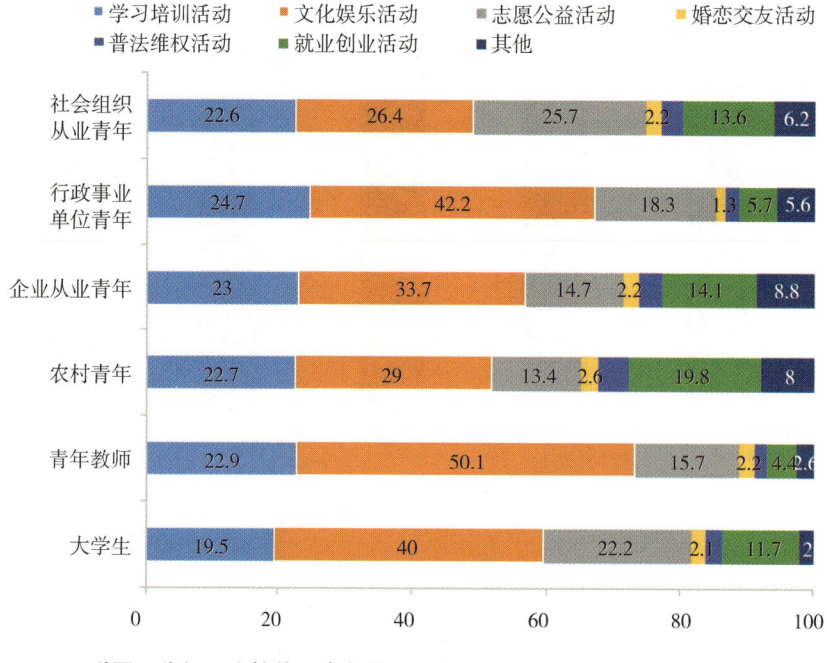

陕西青少年社会抽样调查蓝皮书

■ 学习培训活动　■ 文化娱乐活动　■ 志愿公益活动　■ 婚恋交友活动
■ 普法维权活动　■ 就业创业活动　■ 其他

群体	学习培训	文化娱乐	志愿公益	婚恋交友	就业创业	其他
社会组织从业青年	22.6	26.4	25.7	2.2	13.6	6.2
行政事业单位青年	24.7	42.2	18.3	1.3	5.7	5.6
企业从业青年	23	33.7	14.7	2.2	14.1	8.8
农村青年	22.7	29	13.4	2.6	19.8	8
青年教师	22.9	50.1	15.7	2.2	4.4	2.6
大学生	19.5	40	22.2	2.1	11.7	2

附图　分行业比较从业青年最希望参加组织或群体活动内容（%）

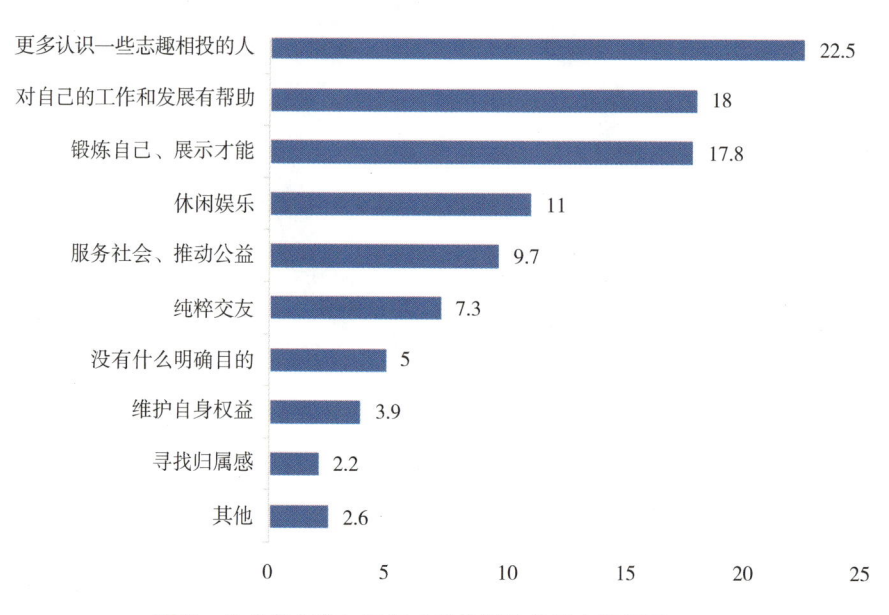

原因	百分比
更多认识一些志趣相投的人	22.5
对自己的工作和发展有帮助	18
锻炼自己、展示才能	17.8
休闲娱乐	11
服务社会、推动公益	9.7
纯粹交友	7.3
没有什么明确目的	5
维护自身权益	3.9
寻找归属感	2.2
其他	2.6

附图　从业青年参加组织或群体活动的最主要原因（%）

第十章 陕西的团青关系

- 更多认识一些志趣相投的人
- 纯粹交友
- 寻找归属感
- 锻炼自己、展示才能
- 维护自身权益
- 服务社会、推动公益
- 对自己的工作和发展有帮助
- 休闲娱乐
- 没有什么明确目的
- 其他

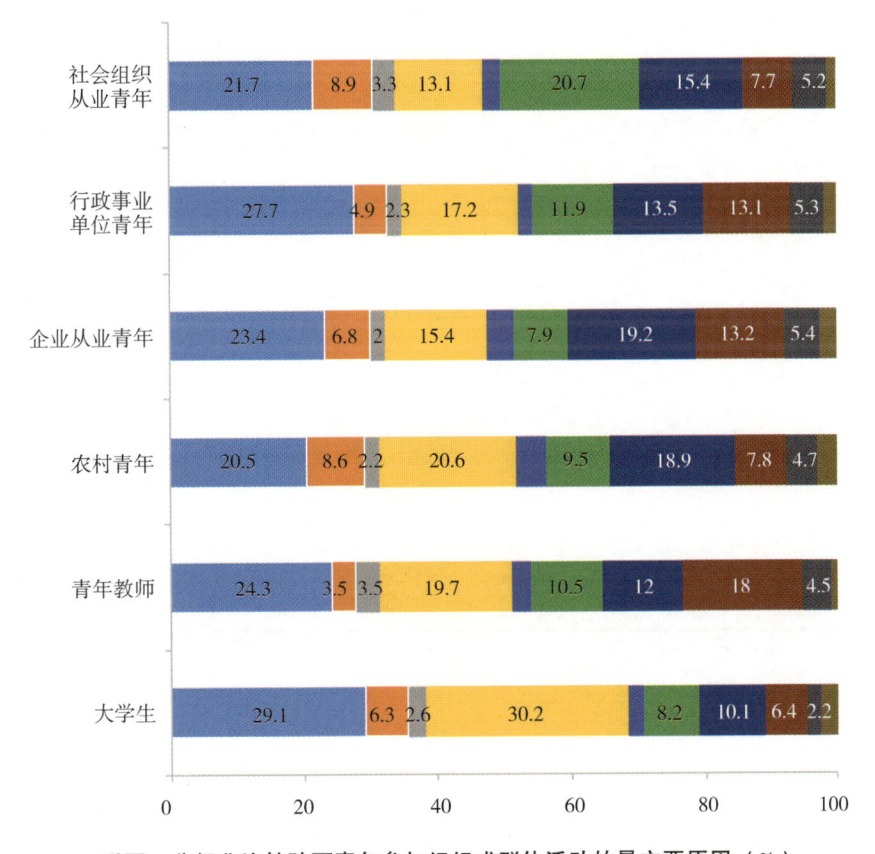

群体	更多认识	纯粹交友	寻找归属感	锻炼自己	维护自身权益	服务社会	对工作发展有帮助	休闲娱乐	没有明确目的
社会组织从业青年	21.7	8.9	3.3	13.1		20.7	15.4	7.7	5.2
行政事业单位青年	27.7	4.9	2.3	17.2		11.9	13.5	13.1	5.3
企业从业青年	23.4	6.8	2	15.4		7.9	19.2	13.2	5.4
农村青年	20.5	8.6	2.2	20.6		9.5	18.9	7.8	4.7
青年教师	24.3	3.5	3.5	19.7		10.5	12	18	4.5
大学生	29.1	6.3	2.6	30.2		8.2	10.1	6.4	2.2

附图　分行业比较陕西青年参加组织或群体活动的最主要原因（%）

分报告

陕西省初小学生群体研究报告

陕西初小学生是在改革开放事业不断深化和我国经济社会高速发展新形势下成长的一代,也是在互联网新媒体普及的社会中成长的一代。初小学生群体数量庞大、成长成才愿望强烈,这就要求我们勇于改革、善于创新,既要坚持好做法、好传统,更要主动拓展工作空间和创新工作领域,着力提高学生的综合素质,提升初小学共青团工作的科学化水平,为陕西的经济社会发展培养合格的技术技能型建设人才。

在此背景下,本次调研就陕西省初小学生的发展状况展开了调查。调查涵盖了他们的基本情况、学习状况、身心健康、对恋爱的看法、消费状况、上网状况、思想状态、权益保护和团青关系等方面。

一 群体总量

《2014 年陕西省教育事业发展统计公报》数据显示,长期在陕西省居住就学的陕西籍和非陕西籍 6—15 岁少年儿童(2001—2010 年间出生)约 338 万人。其中,小学在校人数约 226 万人,初中在校人数约 112 万人。

二 抽样方法

本次调查按照全省各市、县、区在校中小学生总人数 0.5% 的比例抽取,涵盖全省 12 个市(区)88 个县(区),350 所中小学校。最终有效样本量为 17855 人。其中,初中生占 33.3%,小学生占 66.7%。

三 群体特征

(一) 初小学生乡村生源略多,大多与父母生活在一起,多有兄弟姐妹

抽样调查中,陕西初小学生乡村生源略多,占比56%,比城市生源多了12个百分点,但有29.5%的乡村学生在城市求学。具体来说,初中生中,乡村生源较多,占比61.9%,而小学生中的比例为53%。从地域上看,陕南地区的乡村生源(64.9%)明显多于关中地区(56.0%)和陕北地区(43.7%)。

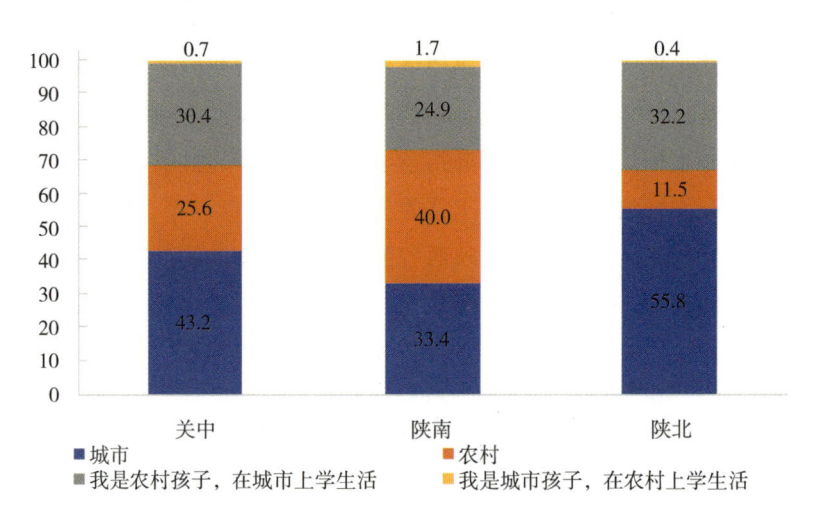

	关中	陕南	陕北
城市	43.2	33.4	55.8
农村	25.6	40.0	11.5
我是农村孩子,在城市上学生活	30.4	24.9	32.2
我是城市孩子,在农村上学生活	0.7	1.7	0.4

图1 不同地域的生源构成状况(%)

从居住情况来看,陕西初小学生主要与父母生活在一起,以核心家庭生活模式为主,比例占到80.7%。具体来说,有80.6%的初中生和80.8%的小学生和父母生活在一起;然而值得注意的是,分别有28.9%的初中生和38.4%的小学生和爷爷奶奶生活在一起。从地域上看,陕北地区初小学生更多和父母生活在一起,而陕南相对较少;关中初小学生更多和爷爷奶奶生活在一起,而陕北相对较少。

调查显示,近七成(66.8%)的受访初小学生为非独生子女,有兄弟姐妹。具体来说,分别有68.5%的初中生和65.9%的小学生不是独生

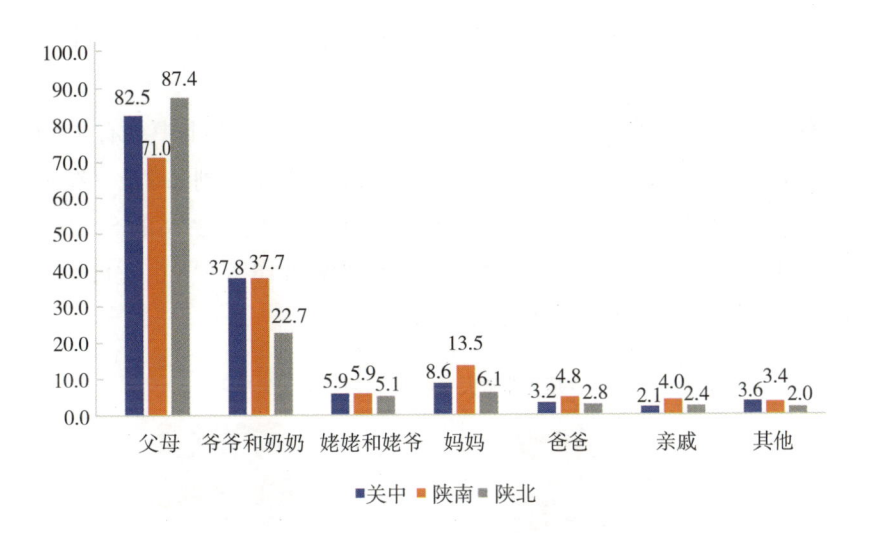

图2 初小学生的居住状况（%）

子女，没有显著的差异。而从地域上看，陕北地区非独生子女占比最高，达到79.8%，陕南、关中的比例分别是66.1%和63.4%。

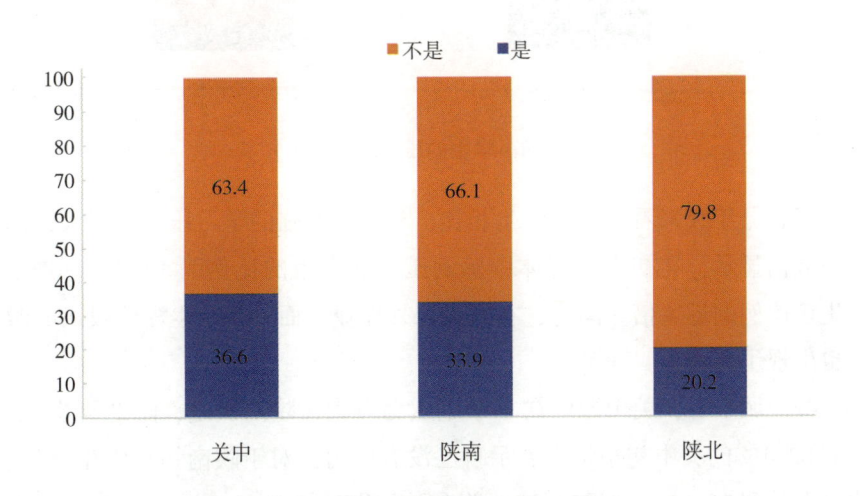

图3 不同地域初小学生的独生子女状况（%）

（二）陕西初小学生学习压力较为缓和，学习动机以内部动机为主，更多小学生参加英语奥数辅导班

调研发现，当前陕西初小学生学习压力较为缓和。数据显示，总体上大多数少年儿童感觉到的学习压力不大（35.1%）或适中（56.8%），压力非常大的不足一成（8.1%），并且63.6%的初小学生可以在1个小时之内完成课外作业。

然而，从小学到初中，学生的压力明显增加。小学生中，有48.7%感觉没有压力，而到了初中阶段，没有压力的比例骤降到8.3%。在感到有压力的学生中，小学生中感到压力适中和压力非常大的分别占比47.0%和4.3%，而初中生的比例分别为75.9%和15.8%。由此可见，随着学生升入初中，其面临的压力水平骤增。

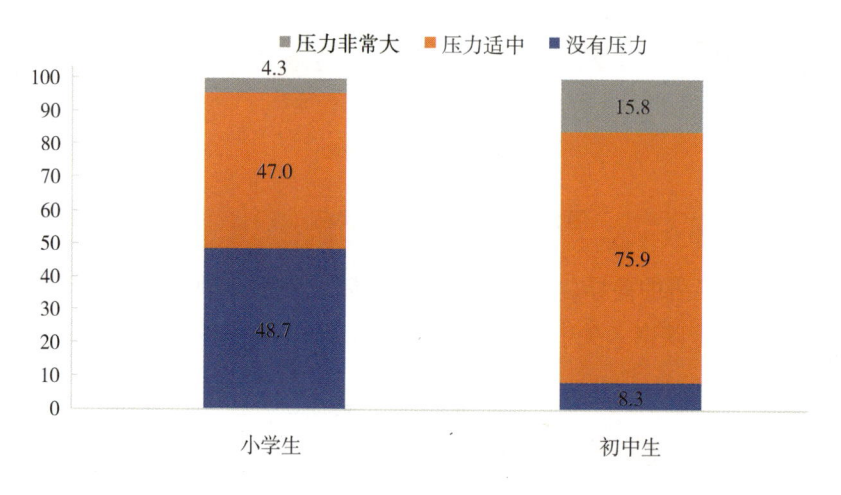

图4 初小学生的压力对比（%）

但若分年级来看，与小学生相比，初中生面临的学习压力有增大的倾向。数据显示，在初中生群体中感到压力非常大的比例为15.8%，是小学生该比例的近4倍。同时，在完成课外作业方面，初中生需要投入的时间也出现了陡增。

按地域来看，关中地区初小学生压力较大，陕南次之，陕北再次之。只有32.4%的关中初小学生表示自己没有压力，对于陕南初小学生来说，比例上升到36.6%，而陕北初小学生则上升至42.8%。

在学习动机方面，初小学生的学习动机主要来自内部需要，主要是发展需求（以后生活更好）和认知需求（自己喜欢），分别占46.6%和44.7%；外部动机只占少数，分别是老师检查（4.8%）和家长督促（3.9%）。但若分群体来看，小学生和初中生的学习动机存在一定的差异。内部动机方面，在小学阶段，认知需求（48.0%）略强于发展需求

（44.0%），而进入中学阶段之后，发展需求上升（51.2%），认知需求下降（40.0%）。外部动机方面，在小学阶段，老师检查（5.0%）强于家长督促（3.1%），而在初中阶段，家长督促（5.2%）强于老师检查（3.5%）。

为了自己以后生活更好，46.6
自己喜欢，44.7
老师检查，4.8
家长督促，3.9

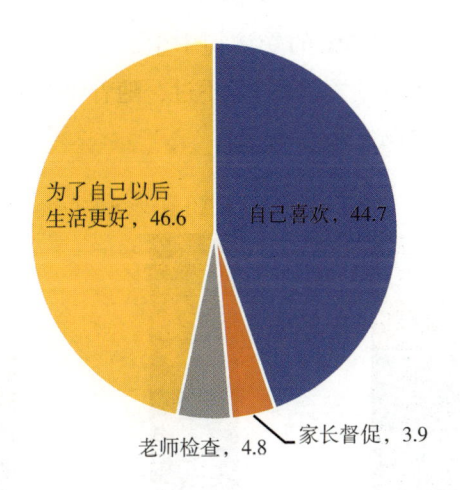

图 5　初小学生学习的最大动力（%）

在参加课外辅导的内容上，初小学生最偏好参加文体艺术课外辅导班，有更多小学生参加英语奥数辅导班。数据显示，有 39.3% 的初小学生参加文体艺术辅导班，明显高于对科技类（14.6%）、外语类（12.4%）等辅导班的参与比例。在参加英语奥数辅导班上，有 15.2% 的小学生参加，较初中生的 9.4% 高出近 6 个百分点。

从地域上看，更多关中地区初小学生每周参加课外辅导班活动（63.3%），陕南次之（50.8%），陕北最后（44.2%）。而从喜欢参加的课外辅导的内容上各地域之间并未显示出明显的差异，值得一提的是关中地区的初小学生更偏好外语类培训，占比 13.9%，高出陕北初小学生（8.4%）5 个百分点有余。

（三）初中生出现谈恋爱现象，但大多数初中生本人对恋爱持否定态度

调研发现，在陕初中生周边同学多有恋爱发生，在问及"你们班级有人谈恋爱吗?"时,总体上有44.2%的初中生给予了肯定的回答。若分年级来看,高年级同学恋爱比例高于低年级同学,数据显示,初三学生中恋爱比例(49.8%)高于初一学生(37.7%)22个百分点,以上反映出在陕西省初中生群体中,恋爱现象已经开始出现。

但对于如何看待初中生谈恋爱的现象,多数初中生并不支持在此时谈恋爱。数据显示,有59.3%的受访初中生表示"不应该",22.7%表示"没什么",18.1%表示"不清楚"。不过,随着年级的增加,谈恋爱现象被越来越多地认为"没什么"。

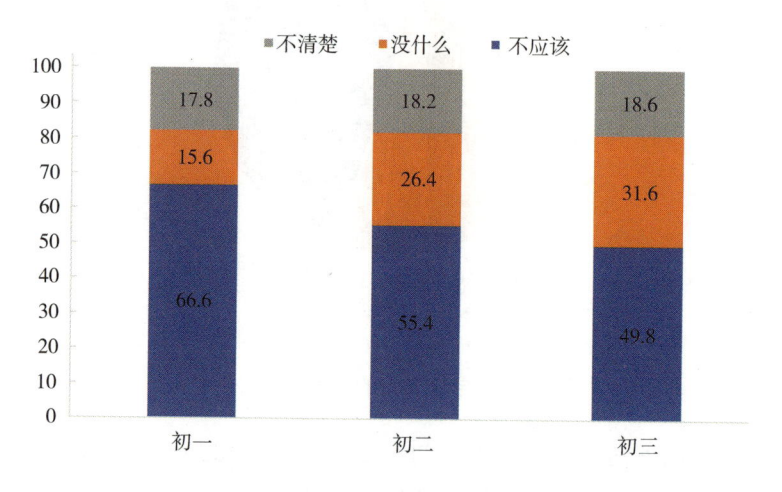

图6 初中生对谈恋爱的看法(%)

(四)小学生每周零花钱不超过10元,初中生不超过50元,主要用于购买课外书

零花钱是少年儿童学会自主支配金钱和财富的开始,对零花钱的管理既体现了他们的自理能力,也反映出他们的消费观念。本次调研发现,总体上大多数少年儿童每周零花钱不超过30元(84.9%),而对于小学生而言,每周零花钱大多不超过10元(81.6%),初中生略高,但也普遍低于每周50元(80.8%)。

虽然初小学生可以自由支配的零用钱不多,但是强烈的求知欲驱使他们将有限的零用钱用于购买书籍。具体来说,有74.2%的小学生用零用钱购买课外书籍,初中生中则有40.4%。另外与小学生相比,零用钱更多被用来购买零食、饮料,占比25.3%,高出小学生的6.7%近19个百分点。

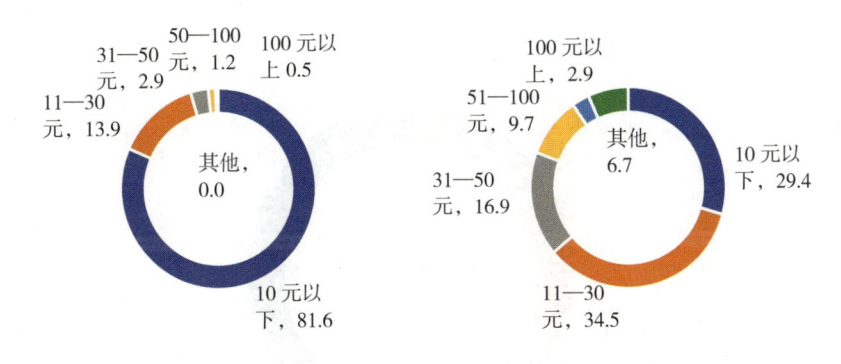

图7 初小学生的零用钱额度情况——左小右初（%）

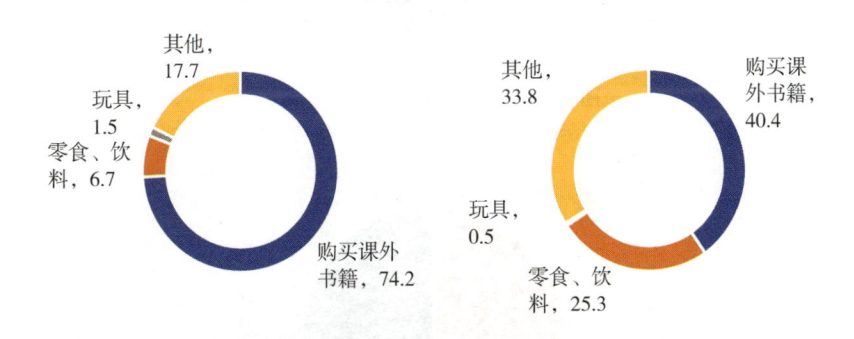

图8 初小学生的零用钱用途情况——左小右初（%）

（五）多在家中上网，手机上网现象突出，目的以查询学习资料为主

调研发现，总体上在陕初小学生网络接触率为68.3%，相对于小学生，初中生的网络接触率更高，达到84.9%，高于小学生（60%）近25个百分点。随着网络普及，家庭成了初小学生常见的上网地点，57.7%的初小学生主要在家中上网，比例远高于其他场所。

从上网时间来看，有83.8%的初小学生每天上网时间在1小时以内，上网时间在1小时以上的仅占比15.3%。总体来看上网时间合理，没有出现网络沉迷的现象。

从上网工具上看，使用手机上网现象突出。数据显示，总体上有52.3%的初小学生使用手机上网，高于传统PC电脑端上网（46.4%），其中，小学生使用手机上网比例为41.9%，初中生比例为66.8%，从侧面反映出互联网移动化发展的潮流和趋势，当代初小学生成为沐浴在移动互联网下的新生代。

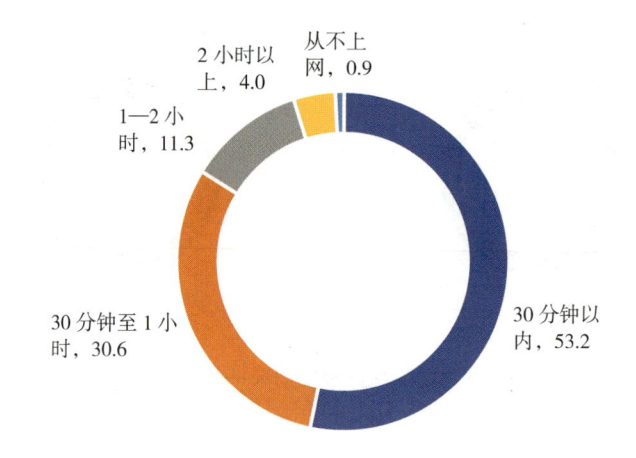

2 小时以上, 4.0
从不上网, 0.9
1—2 小时, 11.3
30 分钟至 1 小时, 30.6
30 分钟以内, 53.2

图 9　初小学生的上网时长（%）

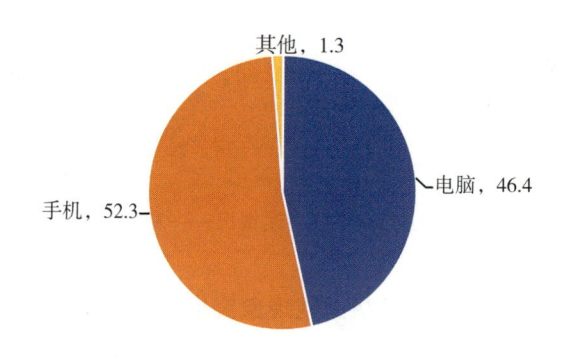

其他, 1.3
手机, 52.3
电脑, 46.4

图 10　初小学生上网工具（%）

从上网的目的来看，小学生较为单一，初中生较为多元化，但均以查询学习资料为主。数据显示，近七成（69.4%）的小学生上网主要"查询学习资料"，另外有 11.3% 用来"玩游戏"；而对于初中生来说，有 40.1% 用于"查询学习资料"，15.9% 用于"聊天"，15.1% 用于"玩游戏"，还有 15.0% 用于"看电影电视剧"。

（六）在陕初小学生国家自豪感和社会责任感均较强，初中生有弱化的想象

调研发现，在陕初小学生具有超高的国家认同感和自豪感。数据显

示，总体上超九成（92.1%）的初小学生有明显的国家自豪感，87.4%的初小学生在升国旗唱国歌时会感到无比自豪，94.4%的初小学生在当别人说国家不好时会义愤填膺。

但若分年级来看，初中生的自豪感要低于小学生。在"作为中国人非常自豪"上，92.1%的初中生表示同意，95.5%的小学生表示同意；在"升国旗、唱国歌"时，有91.3%的小学生表示"无比自豪"，而如此表示的初中生占比降为79.7%；在重新选择出生城市时，有11%的初中生选择了外国，而小学生中的这一比例仅为4%，这与小学生和初中生之间接触社会和看待社会现象的广度和深度不同有一定的关系。数据显示，在选择符合对中国描述的选项中，分别有14%和14.3%的初中生选择了"中国的环境污染很严重"和"中国人缺少文明礼貌"，而小学生在上述两项上的分布比例则分别为7.4%和5.3%。

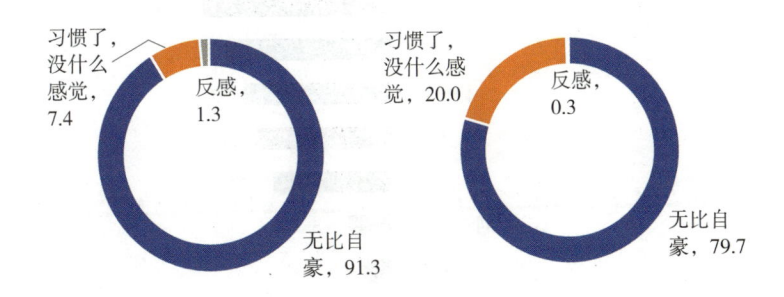

图11 小学生和初中生的民族自豪感情况——左小右初（%）

家庭幸福和奉献社会是少年儿童最主要的人生追求。在对人生幸福的选择上，初小学生最看重的前两项是"和家人在一起快快乐乐，家庭幸福"（85.5%）和"为国家贡献自己的力量"（54.2%）。同时，初小学生最崇拜的偶像是"为国家或者世界做出突出贡献的伟人"（61.6%），充分体现出他们对奉献社会的向往和追求。

但若分年级来看，在追求奉献社会方面，与小学生相比，初中生追求意愿的强度有所降低。在认为"为国家贡献自己的力量"就是幸福方面，初中生中的认同度为42.3%，低于小学生（60.1%）近18个百分点；在以"为国家或者世界做出突出贡献的伟人"为偶像方面，初中生的选择比例为56.4%，低于小学生（65%）近9个百分点。

具体到社会行为上，与小学生相比，初中生的社会责任感也相对较

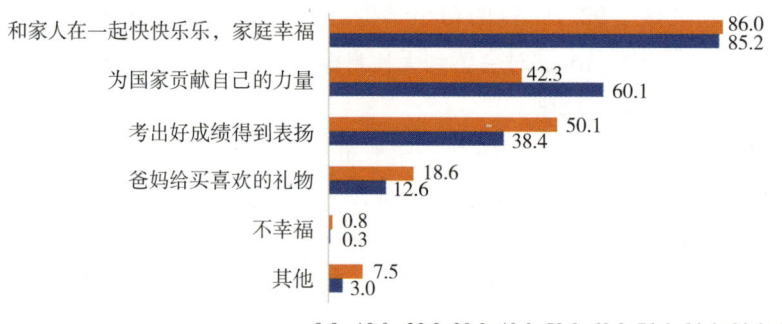

陕西青少年社会抽样调查蓝皮书

和家人在一起快快乐乐，家庭幸福　86.0 / 85.2
为国家贡献自己的力量　42.3 / 60.1
考出好成绩得到表扬　50.1 / 38.4
爸妈给买喜欢的礼物　18.6 / 12.6
不幸福　0.8 / 0.3
其他　7.5 / 3.0

■ 初中生　■ 小学生

图 12　初小学生认为什么是幸福（%）

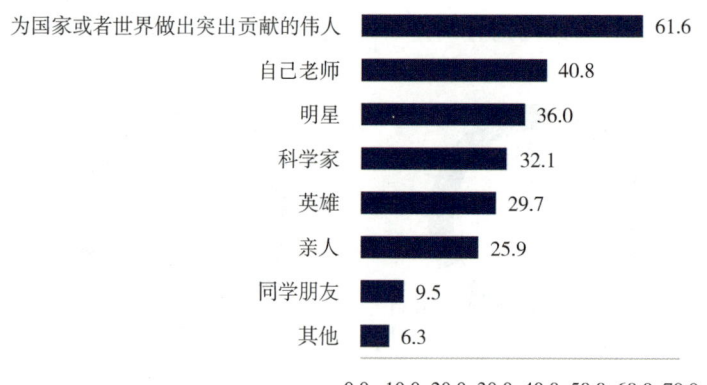

为国家或者世界做出突出贡献的伟人　61.6
自己老师　40.8
明星　36.0
科学家　32.1
英雄　29.7
亲人　25.9
同学朋友　9.5
其他　6.3

图 13　初小学生的偶像（%）

弱。当问及"碰到老人摔倒你会扶她（他）吗？"的时候，有94.4%的小学生表示"会"，初中生则只有77.4%。有近两成（18.6%）的初中生表示"不知道"。从侧面反映出随着年级升高，初小学生的戒备心就越强，越倾向于"不会"扶老人。

（七）具有较强的科学意识和劳动意识，但劳动实践不足

初小学生求知欲强，对科学有强烈的好奇心，富有批判精神，不迷信权威。数据显示，83.2%的初小学生对科学知识感兴趣，60.4%的初中生参加过学校的科技兴趣社团。59.6%的初小学生怀疑过老师对有关知识的

解答，且随着年龄增长，他们的质疑精神愈加强烈（小学生→初中生：48.8%→81.1%）。课外书和课堂是初小学生科学知识的两大主要来源，近半数初小学生的科学知识主要来自课外书（47.9%）。

初小学生有较强的劳动意识，乐于参与自我服务和家务劳动，但劳动实践略显不足。数据显示，89.7%的初中生赞同"勤劳致富"。另外，当初小学生有可以自由支配的一天时间时，分别有超过半数的比例选择了帮家长做家务、收拾自己的卧室和书桌、和好伙伴做一件有意义的事等，明显高于对玩乐与享受的选择比例。但在实际生活当中，经常帮家人干家务的小学生有73.8%，但经常自己洗衣服的仅39.1%。而且劳动实践并没有随着年龄增长而增多，反而有所下降，初中生经常帮家人干家务的仅54.2%，较小学生少19.6个百分点。以上反映出初小学生本身具有较强的劳动意识，但在转化为具体行为方面仍存在一定欠缺。

（八）初中生问题行为、老师体罚等乱象依旧存在，初中生权益保护应引起重视

数据显示，58.4%的初中生表示同学之间有打架、欺凌现象，比较严重的有11%；56.1%表示有同学迟到、旷课，比较严重的占6.5%；47.2%表示有同学抽烟，比较严重的占12.5%。由此可见，各种校园乱象还是时有发生，应该引起重视。

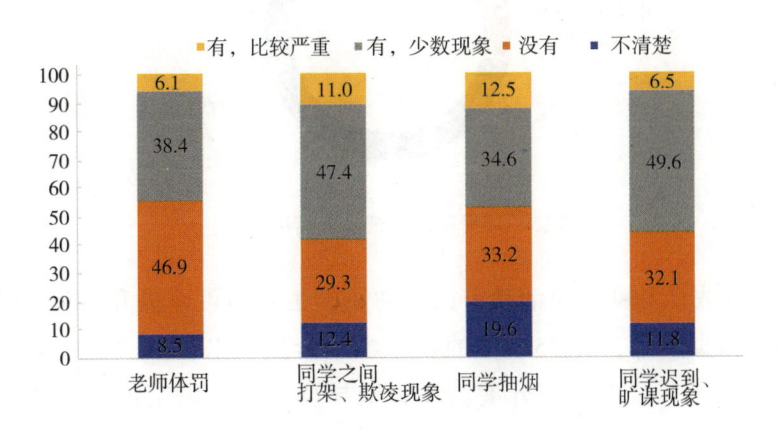

	老师体罚	同学之间打架、欺凌现象	同学抽烟	同学迟到、旷课现象
有，比较严重	6.1	11.0	12.5	6.5
有，少数现象	38.4	47.4	34.6	49.6
没有	46.9	29.3	33.2	32.1
不清楚	8.5	12.4	19.6	11.8

图14 初中生校园乱象情况（%）

在学生权益方面，体罚现象依然屡禁不止，有44.5%的初中生表示学校存在"老师体罚"的现象，且有6.1%表示该现象"比较严重"。而当权益受损时，仅38.1%的初中生表示向学校或老师"提过"意见、建议，另有高达27%的初中生表示"想提，不敢提"。

（九）初小学生普遍向往加入少先队员和共青团，希望增强组织少先队和共青团活动的自主性

调研发现，在陕初小学生普遍向往少先队员和共青团生活。首先，初小学生普遍认为少先队员和红领巾代表着光荣，有79.7%的初中生（初一年级和初二年级）认为"作为一名少先队员，觉得光荣"，62.2%的初中生（初一年级和初二年级）乐意每天按照学校要求佩戴红领巾，88.7%的小学生对"每天戴红领巾"表示"很高兴"；其次，对于初中三年级学生来说，加入共青团的热情高涨。有71.7%的初三学生"申请并加入了"共青团，有10.1%"申请了，还没加入"共青团，有83.9%的初三学生认为当一名共青团员"有吸引力"。

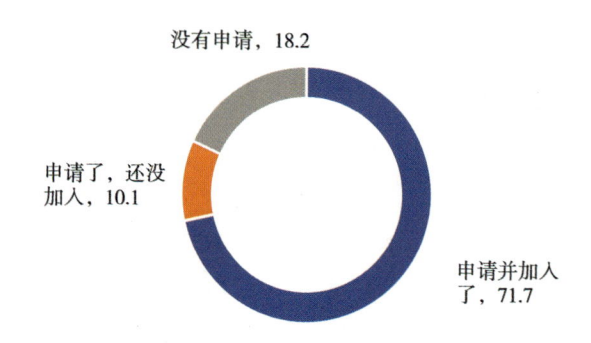

图15　共青团的申请加入情况（%）

在少先队和共青团活动方面，初小学生希望可以提升活动中的自主性。数据显示，有75.3%的初小学生希望可以通过"少先队员们自己出点子，自己组织开展活动，辅导员在旁协助"的方式参与活动，而通过"辅导员排练好，我们照着做"的方法，仅有20.2%的初小学生遵从。同时，在初三学生中，82.7%的受访者也更倾向于通

过"我们自己组织开展活动,老师在旁协助"的方式展开共青团的活动,通过"辅导员排练好,我们照着做"的方法,仅有14%的选择比例。

学习压力大,对参加共青团活动没兴趣,3.4

老师排练好,我们照着做,14.0

我们自己组织开展活动,老师在旁协助,82.7

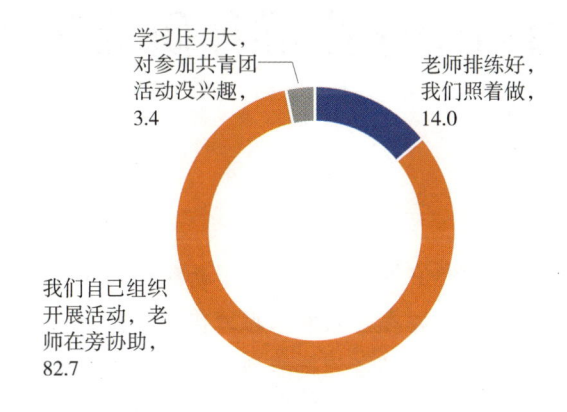

图16 共青团活动的组织方式(%)

陕西省中学生群体研究报告[*]

陕西高中中职学生是在改革开放事业不断深化和我国经济社会高速发展新形势下成长的一代，是在互联网新媒体普及的社会中成长的一代。职业教育担负着培养高素质劳动者和技能型人才的重要任务，近年来一大批优秀的中职毕业生奔赴陕西各行各业，为三秦大地的经济发展和社会进步做出了很大贡献。这对我们着力提高中职学生的综合素质和职业能力，提升中学共青团工作的科学化水平，为陕西的经济社会发展培养合格的技术技能型建设人才提出了新的时代要求。

在此背景下，本次调研就陕西高中中职学生的发展状况展开了调查。调查涵盖了他们的基本情况、学习情况、身心压力、恋爱情况、网络参与和政治思想、价值观以及团青关系等方面。

一 群体总量

本次的调研对象包括在陕的高中生和中职生。据相关统计，2014年陕西中等学校在校生122.5万人，其中普通高中84.79万人，中职学校37.71万人。

二 抽样方法

本次调研按在校生人数的0.5%比例进行抽样，总计发放6300份调

---

[*] 本书中的中学生包括普通高中生和中职生（职业高中）两类群体。文中陈述所用"中职（生）"、"职业高中（生）"均指同一类学生群体——中职生。

查问卷,其中高中发放 4500 份、中职 1800 份。回收有效问卷普通高中 4239 份,职业高中 1007 份。

三 群体特征

(一)在陕高中(中职)学生多为非独生子女,绝大多数无宗教信仰

调研发现,在陕的中学生以非独生子女为主,68.7%的受访者为非独生子女,是独生子女(31.3%)人数的 2 倍有余。具体来说,与普通高中生相比,中职学生更多为非独生子女,占比 73.5%,比普通高中生高 5 个百分点(68.2%)有余。

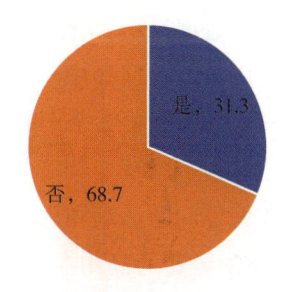

图 1 中学生是独生子女的情况(%)

宗教信仰方面,绝大多数陕西中学生无宗教信仰,占比 90.2%。在有宗教信仰的中学生中,信仰佛教的占比 5.6%,信仰基督教的占比 1.7%,信仰天主教和伊斯兰教的分别占比 0.7% 和 0.5%。

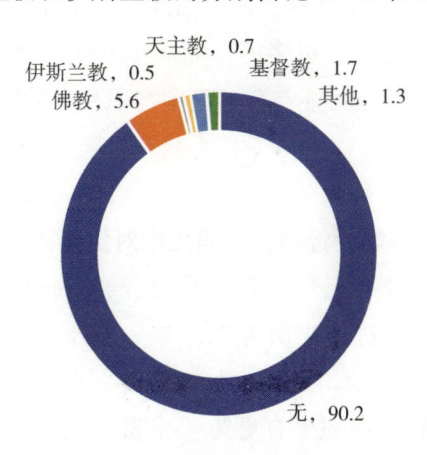

图 2 中学生宗教信仰的情况(%)

值得注意的是，中职学生中有宗教信仰的比例较高，占比15.1%，高出普通高中生（8.5%）近7个百分点。而中职学生主要信仰的是佛教，占比9.6%，普通高中生中的佛教占比4.8%。

（二）在陕普通高中生学业压力更大，需投入更多时间完成课下作业，更多认为"应试制度"阻碍了学生创新

调研发现，与中职学生相比，普通高中学生面临着更大的学业压力。数据显示，有58.9%的普通高中学生明确表示压力大，高于中职学生（30.6%）近30个百分点，并且高于中学生均值（45%）13个百分点有余。具体到学习任务上，与中职学生相比，普通高中学生需要投入更多的时间来完成老师布置的作业。数据显示，68.4%的中职生仅需要少于1个小时的时间就可以将作业完成，而普通高中学生中的这一比例为44.4%。同时，37.5%的普通高中学生每天需要2个小时以上的时间来完成课下作业，而职高学生中的这一比例为21.8%。

总体看来，中学生比较偏爱问题活动和思维训练类的课外辅导班，选择比例分别为28.1%和27.8%。普通高中生与中职学生偏好的课外辅导项目有明显的不同，普通高中生（30.1%）明显比中职学生（17.9%）更偏好思维训练类辅导。

最后，在选择什么因素最大地阻碍了学校对学生创新能力的培养方面，总体上"应试制度""缺乏先进的教育理念和方法"，以及"整体没有创新氛围"是三大阻碍因素，选择比例分别为33.1%、30.9%和21.9%。但与中职学生相比，更多的普通高中学生选择了"应试制度"，是职高学生的3倍有余，这可能与普通高中与职高对学生培养方式的不同密切关联。

（三）部分中学生有恋爱经验，中职生相对更丰富

总体看来，部分中学生已经有过恋爱经验，占比30.7%。其中，正在谈的比例为9.2%，谈过的比例为21.5%。另外，有15.8%的中学生"想谈"，但还没有实际行动。

与普通高中生相比，中职生有更为"丰富"的恋爱经验；与中职生相比，更多的普通高中生正在压抑着自己"想恋爱"的冲动。数据显示，

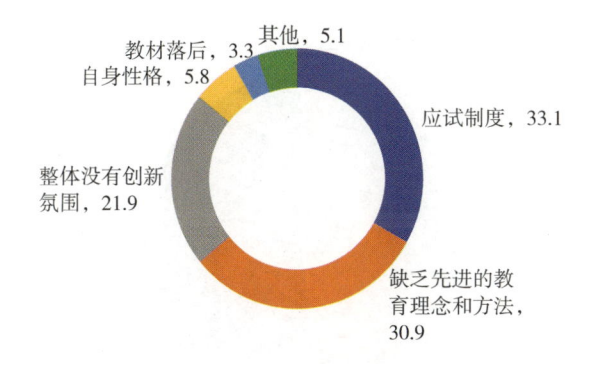

图3 哪个因素最大地阻碍了学校对学生创新能力的培养（%）

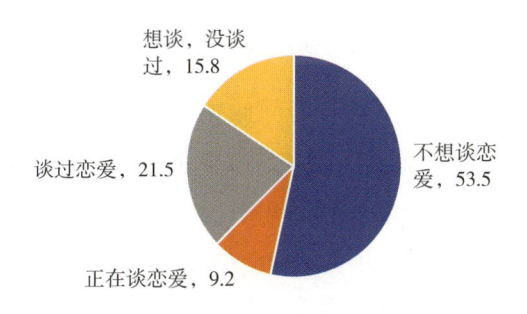

图4 你对恋爱的态度是（%）

超半数（51.5%）的中职生有恋爱经验（"正在谈恋爱"21.2%，"谈过恋爱"30.3%），比普通高中生高11个百分点有余；有23.6%的普通高中生选择了"想谈，没谈过"，比中职生高11个百分点有余。

（四）上网主求视听娱乐、学习与社交，警醒网络文化对中学生价值观的侵蚀

总体看来，"网上世界很神奇也很精彩"和"网络可以帮助学习"是陕西中学生看待上网的两种最主要的态度，分别有52%和33%的比例分布，高于对"网络是虚拟的"和"网上世界很无聊"的认知。在上网时间上，普遍集中在2个小时以内，占比70.4%，而"看视频听音乐""搜索资料""聊天"是陕西中学生上网的主要目的。

分群体来看，在上网目的方面，与职业高中学生相比，在"看新闻"选项上，普通高中生有更高的比例，占比为16.4%，是职业高中生比例

饼图数据：
- 网上世界很无聊，4.3
- 网络可以帮助学习，33.0
- 网上世界很神奇也很精彩，52.0
- 网络是虚拟的，10.7

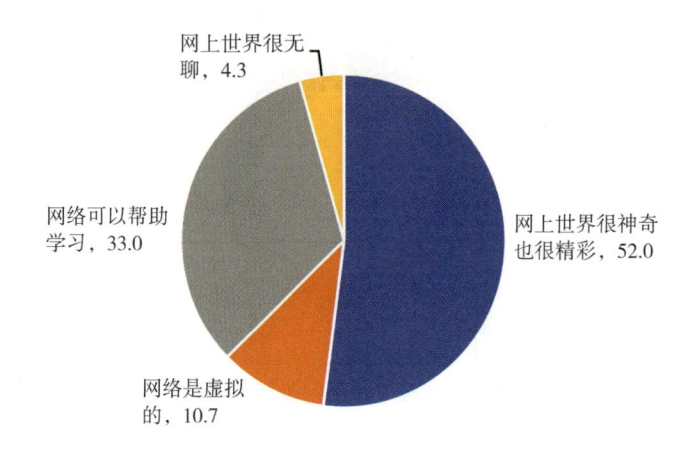

图5 你对上网的态度是（%）

的4倍有余；与普通高中生相比，在"聊天"选项上，职业高中生有更高的比例分布，占比为35%，是普通高中生比例的近2倍，以上在一定程度上反映了普高与职高学生之间在利用网络方向上的些许差异。

另外，当面临网络上关于中国的负面信息时，总体看来，陕西中学生更多地集中在"搜集资料，辨伪存真"和"评论反驳"两种应对方式上，选择比例分别为39.9%和22.6%。但若分子群体来看，普通高中生更偏向于"搜集资料"以自证，职业高中生更偏向于去反驳。数据显示，38.4%的普通高中生会"搜集其他小时，查证信息是否属实"，职业高中生的这一比例为30%；分别有23%和19%的职业高中生选择了"去留言或评论进行反驳"和"不反驳，但进行举报"，均高于普通高中生在上述两项上的选择（15.1%，13.7%）。

另外，针对网络文化的兴盛发展，陕西生中学生认为网络文化显著影响着他们价值观的发展与变化，比例达到97.1%，其中"影响很大"占22.2%，"有一定影响"占74.9%。这提示我们在中学生价值观塑造方面，要注意网络环境的肃清和净化，最大限度地规避网络垃圾文化对中学生价值观的侵蚀。

（五）普遍具有中国人身份的优越性，思想教育有待由学校单一主流渠道向学校、网络等全渠道转变

调研发现，陕西中学生普遍有强烈的民主自豪感，并积极向党组织靠拢。数据显示，针对"作为中国人非常自豪"的这一说法，85.7%的受访者明确表示同意，并有83.3%的受访者"有"加入中国共产党的想法。其中，普通高中生的入党意愿（84.5%）稍强于职高学生（79.8%）。

并且，陕西中学生对我国综合国际地位的认同感较高。有81.4%的陕西中学生认为中国有强势的综合国际地位，认为国际地位一般的占比17%，仅有1.5%中学生认为中国的国际地位处于弱势。并且，有更多的普通高中生认为中国的综合国际地位较强，比例为83.2%，比职高学生（75.8%）高出7个百分点有余。由此可见，陕西普通高中生比职高学生的国家认同感更强。

在对待移居国外的态度上，有19%的高中中职学生表示赞同，46.8%表示无所谓，34.2%明确表示不赞成。

值得赞赏的是，绝大部分高中中职学生认为"知识改变命运"（其中40.6%同意，38.2%非常同意），83.2%的学生认为"我的生活会越来越好"（其中38.2%同意，45%非常同意）。由此可见，绝大部分高中中职学生思想积极阳光，相信知识的力量。

在政治知识获得渠道方面，学校依然是主流渠道，选择比例达到75.2%，其次为父母的言传身教，占比41.8%，但对中学生的思想发展有最大影响的是媒体（电视、网络），占比32.4%，而主流渠道"学校教育"近有19.6%的比例分布，在影响力排行榜上排在第三位。同时对中学生而言，读书、看电影是他们最能接受的思想教育方式，占比为47%。以上差异说明，在布局政治等思想教育方面应注重市场流行渠道的横向排布，注重学校专一渠道向全渠道——尤其是网络渠道的转变和侧重，寓思想教育于"乐"。

陕西中学生对社会主义核心价值观有一定程度上的了解。对于"富强、民主、文明、和谐、自由、平等、公正、法治、爱国、敬业、诚信、友善"24字社会主义核心价值观，57.2%的陕西中学生"非常了解"，38.1%表示"知道几个"，仅有4.7%表示"没听说过"。值得注意的是，职高学生"非常了解"（44.6%）社会主义核心价值观的比例明显低于普通高中生（60%）。由此可见，对于陕西高中生——尤其是职高学生的社会主义核心价值观的教育工作仍需继续开展。

陕西中学生整体上持有正确的道德观，然而部分学生的思想仍需纠正。在对考试作弊的看法中，有74.6%的中学生表示"作弊是不对的，我不作弊"，然而却有14.1%的中学生在一定程度上认同作弊行为，这种思想仍需及时纠正。值得警惕的是，职高学生中，一定程度上认同作弊行为的学生（25%）明显高于普通高中生（11.2%）。由此可见，对职高学生的道德思想教育亟待加强。

在社会公德心上，陕西中学生具有较强的社会公德心和自我保护意识。当问到"大街上，有老人在你身边摔倒，你的态度是？"的时候，有52.8%的中学生表示"没有顾虑，立即扶他们起来"，社会责任心较强；有34.8%的中学生表示要"看有没有摄像头，有再去扶"，将自我权益保护放在首位；有11.8%中学生选择"不扶起老人"，需要进行思想教育。在对这一事件的态度上，普通高中生和职高学生没有明显差别。

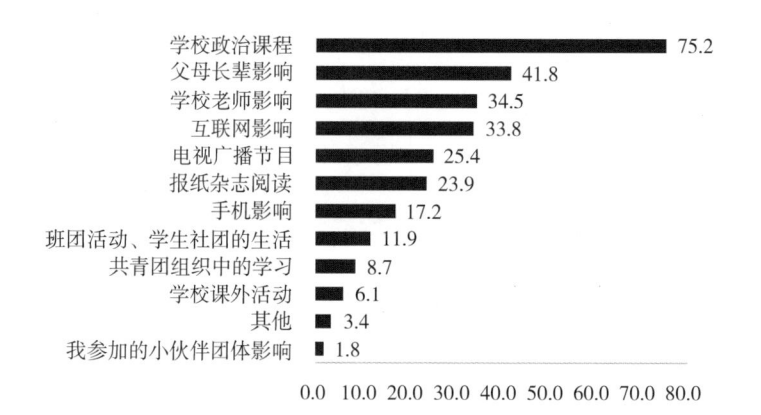

来源	百分比
学校政治课程	75.2
父母长辈影响	41.8
学校老师影响	34.5
互联网影响	33.8
电视广播节目	25.4
报纸杂志阅读	23.9
手机影响	17.2
班团活动、学生社团的生活	11.9
共青团组织中的学习	8.7
学校课外活动	6.1
其他	3.4
我参加的小伙伴团体影响	1.8

图6　你的政治知识主要来源于（%）

（六）生活态度总体正向，认为健康是幸福的标志，向往平淡与自由的生活方式

调研发现，陕西中学生生活态度总体正向，向往平淡与自由的生活方式。数据显示，83.2%的受访中学生认为"我的生活会越来越好"，

71.2%的受访中学生认为"只要奋斗就能成功",66.4%的受访中学生认为"我们社会中的每一个人都有机会变得富有"。当问及"你最喜欢的生活方式是什么"时,42.4%的受访中学生选择了"平平淡淡,自由快乐度过现在的每一天",高于对其他生活方式的向往比例,这从侧面反映出陕西省中学生群体在生活追求方面表现除了与其年龄不相匹配的淡定安然,值得深思。

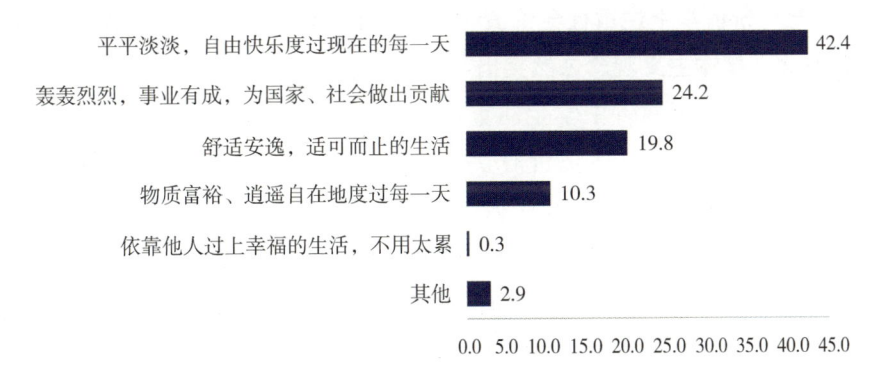

生活方式	比例(%)
平平淡淡,自由快乐度过现在的每一天	42.4
轰轰烈烈,事业有成,为国家、社会做出贡献	24.2
舒适安逸,适可而止的生活	19.8
物质富裕、逍遥自在地度过每一天	10.3
依靠他人过上幸福的生活,不用太累	0.3
其他	2.9

图7 你最喜欢的生活方式是什么(%)

在陕中学生的幸福观方面,健康是事关幸福的最重要因素。数据显示,在问及"对于幸福来讲,在人的一生中,你认为什么是最重要的"时,有43%的受访学生选择了"健康",远远高于对"知识、才智和能力"(13.5%)和"自我价值实现"(12.7%)等因素的选择。

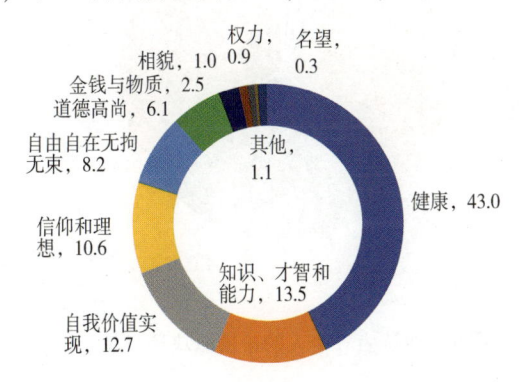

因素	比例(%)
健康	43.0
知识、才智和能力	13.5
自我价值实现	12.7
信仰和理想	10.6
自由自在无拘无束	8.2
道德高尚	6.1
金钱与物质	2.5
相貌	1.0
权力	0.9
名望	0.3
其他	1.1

图8 对于幸福来讲,在人的一生中,你认为什么是最重要的(%)

然而值得注意的是,与普通高中生相比,职业高中生更看重"健康"

在幸福中发挥的作用。数据显示,40%的职业高中生选择了"健康",高于普通高中生(28.8%)近12个百分点。

与职业高中生相比,普通高中生更看重"知识、才智和能力"在幸福中发挥的作用。数据显示,19.2%的普通高中学生选择了"知识、才能和能力",高于职业高中生(9%)10个百分点有余。

(七)价值观上注重社会价值和个人价值的统一,在处理个人与集体利益方面,集体主义观念依然突出

调研发现,陕西省中学生注重社会价值与个人价值的统一。数据显示,问及"你认为一个人的价值取决于什么"时,"对社会贡献的大小"、"是否实现了自己的理想"和"人格是否高尚"成为三大主要标志,占比分别为32.3%、28.1%和27.8%。同时,在问及偶像及偶像条件是,进一步发现,给社会带来巨大价值的"历史上的伟大人物"(28.7%)和个体表现优秀的"同龄群体"(22%)高比例位居前两位,且只有具备了"社会贡献""才华横溢""道德高尚"或"人格魅力"等条件才有资格成为中学生偶像的选择比例合计达到75.6%。

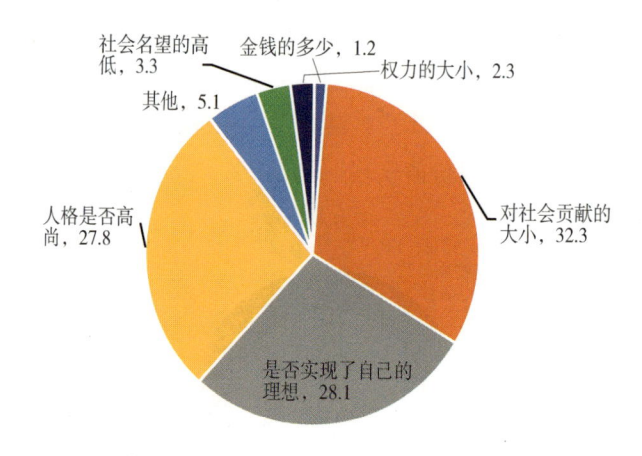

图9 你认为一个人的价值取决于(%)

有趣的是,职高学生更注重个人价值,普通高中生更注重社会价值。职高学生中,有高达36.9%的学生认为一个人的价值取决于"人格是否高尚";而高中生中,占比最高(35%)的选项是"对社会的贡献大小"。

社会环境与经济环境发展强化了当代高中生的独立意识，同时也让个体竞争意识日趋增强，发展个性的要求日益强烈，但据调研显示，当代高中生在处理个人与集体利益方面依然有较高的集体主义观念。在对责任的理解中，36%的高中、职高学生选择"个人、集体、社会责任相统一"，23.2%的学生选择"国家兴亡，匹夫有责"，27.8%的学生选择"爱校爱班，尽自己所能做贡献"，将集体荣誉感和责任感放在了第一位，而选择"以我为本，自己对自己负责"的只占到7.9%。

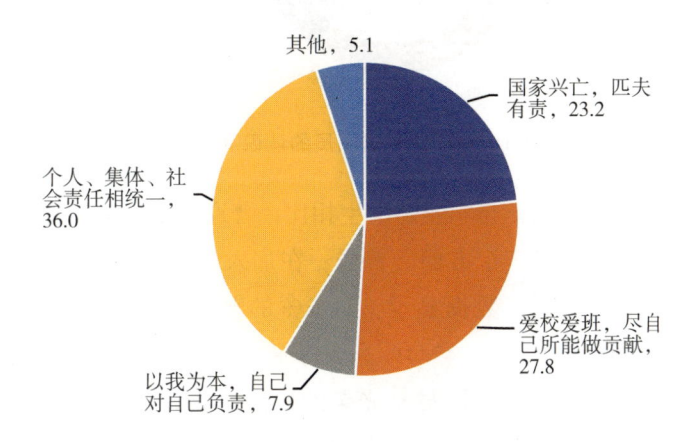

图10　你对责任的理解是（%）

具体看来，在"班级需要你参加一项重要任务，而你恰好由于同学约好一块出去玩，这时你会？"这一问题中，74.7%的高中、职高学生选择"服从班级需要，认真参加并努力做好"，但也有5.4%的学生表示"以自己有事情为由推掉班级任务"，4.9%的学生表示"不情愿地参加班级任务，应付了事"。当个人利益与集体利益发生冲突时，多数高中、职高学生依然会选择尊重集体的利益。

（八）认为加入共青团是一种荣誉，与职业高中生相比，普通高中生对共青团的观感弱化

调查显示，对于加入共青团组织的看法，超过半数的学生表示"团组织是先进青年、优秀青年的组织，争取早日加入"，并有32.4%的学生认为"加入团组织意味着我是一名优秀的中学生，会感到自豪"，在"你认为成为一名共青团员光荣吗？"的问题中，超过70%的高中、职高学生选择了"很光荣"或"比较光荣"。

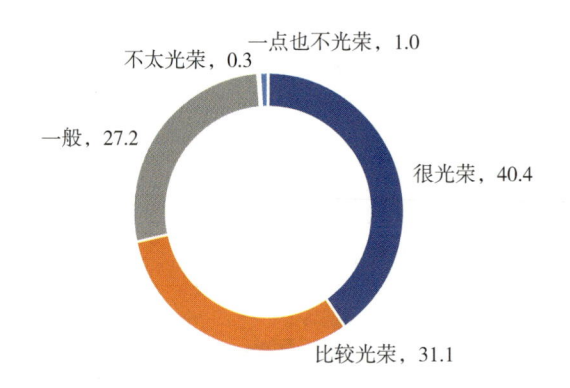

图11　对成为共青团员的认识（%）

一点也不光荣，1.0
不太光荣，0.3
一般，27.2
很光荣，40.4
比较光荣，31.1

然而值得注意的是，与职业高中生相比，普通高中生对共青团的观感弱化，主要体现在以下三个方面。首先，在加入共青团组织的认知方面，普通高中生荣誉感偏低。数据显示，34.2%的普通高中生表示会"争取早日加入"，比职业高中生（42.4%）低了8个百分点有余；53.4%的普通高中生认为成为一名共青团员是光荣的，比职业高中生（60%）低了近7个百分点；其次，对本校共青团工作方面，普通高中生评价偏弱。数据显示，有23.3%的普通高中生认为学校共青团凝聚力差，是职业高中生（12.2%）的近2倍；12.3%的普通高中生认为学校团委老师的工作能力差，是职业高中生（4%）的3倍有余；43.9%的普通高中生认可学校团委老师的工作方式，比职业高中生（59.6%）低了近16个百分点；最后，在参与团组织活动方面，普通高中生积极性不强。数据显示，38.4%的普通高中生认为是有意思的并积极参与，比职业高中生低了15个百分点有余。

（九）陕西中学生政治意识已基本形成，普遍拥有理智的爱国情感，对西方发达国家抱有好感

政治意识基本形成的同时，大部分高中生对学校共青团组织的工作认同度也比较高，在"你认为学校共青团组织是否有凝聚力？"这一问题中，有56.6%的学生选择了"是的，很有凝聚力"和"有凝聚力"，对所在学校团委老师的工作能力和工作方式的评价也比较高，有68.8%的学生认为校团委老师工作能力"非常强"和"比较强",67.8%的学生认为校团委老师的工作方式"非常好"和"比较好"。同时56%的学生对与学校团组织开展的活动表示"有意思,积极参与",共青团组织的工作得到了高中生的有力支持。

爱国情感方面,在"作为中国人非常自豪?"这一说法中,超过85%的学生表示"同意"和"非常同意",81.4%的学生认为目前中国的综合国际地位"非常强"和"比较强",95.9%的学生认为在五年之后,中国的综合国际地位会"增强很多"和"增强一些",对未来中国的发展充满希望。同时,大部分学生也以比较理智的心态表达爱国情怀,在"中国应该采取更强硬的措施维护领土完整,哪怕使用战争手段"这一看法中,39.7%的学生表示"不太同意",10.4%的学生表示"完全不同意",也分别有27.7%和20.2%的学生表示"比较同意"和"非常同意"。当代高中生对国外文化产品和国际局势均能保持清醒的认识和判断。

在对不同国家的印象上,陕西中学生普遍认可西方发达国家。调查显示,陕西中学生对法国印象最好(65.8%),其次是英国(62.0%),美国和俄罗斯并列排在第三位(56.5%)。相对地,陕西中学生对日本印象最差(18.8%),其次是印度(20.9%),再次是印度尼西亚(21.5%)。

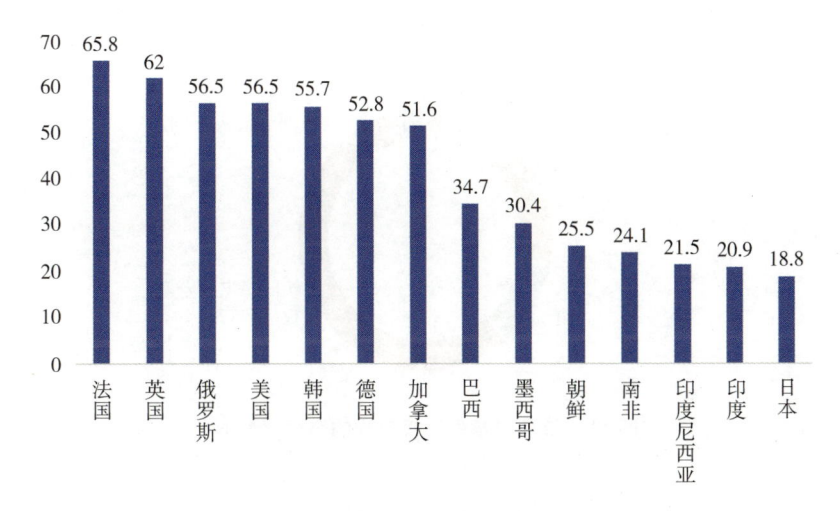

图12 陕西中学生对不同国家的好感度(%)

（十）对新事物具有客观审慎的态度，较尊崇专家权威

调查显示，陕西中学生对社会上出现的新事物持有客观审慎的态度。具体来说，有71%的中学生认为对新事物应该"看看，辨别后再表态接纳"，展现出冷静审慎的态度；有20.9%表示"欢迎、拥护，世界因多元而精彩"，也展现出多元包容的心态。

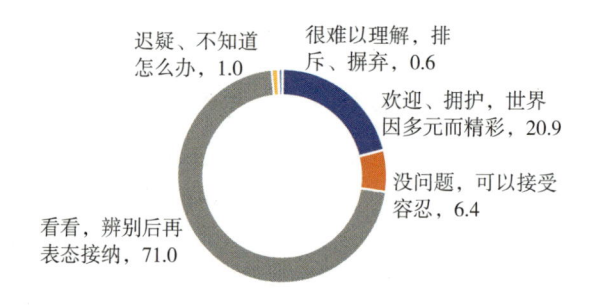

图13 陕西中学生对社会新事物的态度（%）

而对于专家、权威，陕西中学生更多持"认同、支持"态度，占比57.6%。认为"专家权威很厉害，要遵循、服从"的中学生占比3.4%；也有部分中学生展现出藐视权威，"不要把专家权威太当回事"的态度，占比28.2%；持有"怀疑、否定"态度的占比10.8%。

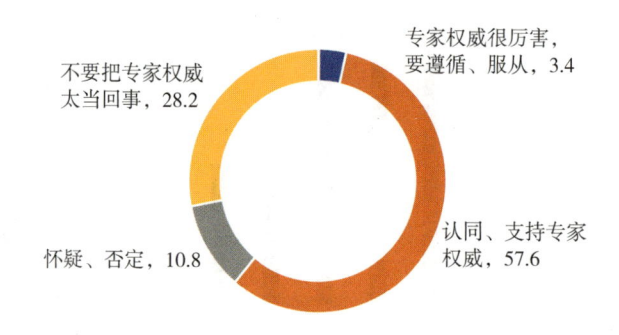

图14 陕西中学生对权威观的态度（%）

陕西省高校学生群体研究报告

作为教育大省、高教大省，陕西高校学生的成长状况事关陕西经济社会发展，事关陕西"追赶超越"宏大目标的实现，对大学生的学习、生活、思想状况的精准把握不仅是高校共青团搞好工作的基础，更加关系到全团深化改革的成效。

因此，团省委就陕西大学生的发展状况开展抽样调查工作。调查的内容涵盖了陕西高校学生的基本情况、学习情况、就业创业情况、婚恋观、思想政治情况、权益维护、活动参与和校园人际等方面。

一　群体总量

本次调研的对象指1976年以后出生（40周岁以下）的各类在校本专科生、硕士研究生及博士研究生。根据2015年《陕西教育年鉴》统计，陕西省普通高校在校生人数约有118.2万人，包括专科生38.9万人，本科生69.5万人，硕士研究生8.1万人，博士研究生1.7万人。

二　抽样方法

本次调研群体总数的0.5%进行抽样，随机选取5500名大学生作为样本，共回收有效样本4510个。

三　群体特征

（一）陕西大学生省内生源居多，农业户口居多，团员覆盖率高

调查的户籍情况，从省内—省外角度来看，省内生源占据大半，比例

达到 56.7%，高于外地户籍学生（43.3%）。若从农村—非农角度来看，农业户口生源占多数，比例达到 55.4%，高于非农户口生源（46.6%）。

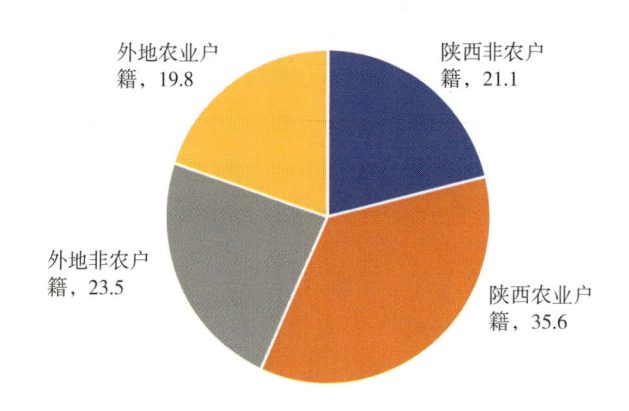

图1　陕西大学生户籍分布情况（%）

从就读的学校来看，重点大学中外地非农生源数量最多，普通公办高校和民办高校中本省农业户口生源数量最多。数据显示，重点大学中，陕西非农户籍生源占比 19%，陕西农业户籍生源占比 11.6%，外地非农户籍生源占比 41.3%，外地农业户籍生源占比 28.1%；普通公办高校中，陕西非农户籍生源占比 21.2%，陕西农业户籍生源占比 53.6%，外地非农户籍生源占比 10.6%，外地农业户籍生源占比 14.7%；民办高校中，陕西非农户籍生源占比 29.9%，陕西农业户籍生源占比 69.7%，外地非农户籍生源占比 9.1%，外地农业户籍生源 11.3%。

政治面貌上，团员覆盖率高，比例高达 87.3%；党员比例为 9.4%。从学历角度来看，学历越高，共产党员的比例越高。其中，大专（含高职）学历青年中共产党员比例为 4.9%，本科（含双学位）5.8%，硕士研究生 49.5%，博士研究生 76.9%；大专（含高职）学历青年中共青团员的比例为 91%，本科（含双学位）91.2%，硕士研究生 47%，博士研究生 11.5%。

从就读的院校来看，重点大学学生中的青年共产党员比例最高，其中，重点大学生共产党员比例为 14.3%，普通公办学校为 6.9%，民办高校为 2.3%；重点大学生共青团员比例为 82.7%，普通公办学校为

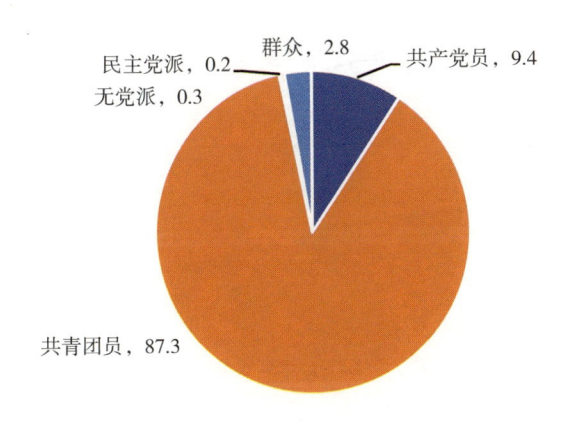

民主党派，0.2　群众，2.8　共产党员，9.4
无党派，0.3

共青团员，87.3

图 2　陕西大学生政治面貌情况（%）

89.3%，民办高校为 95.6%。

（二）自律能力弱成为学习的最大困扰，看重社会实践

调研发现，陕西省高校大学生整体上对自己的学习状况满意度不佳，仅有 34.8% 的受访学生明确表示满意自己的学习状况（非常满意 4.1%，比较满意 30.7%）。进一步发掘导致大学生对自己的学习情况不满的原因时，发现自律能力弱是关键原因，有 40.2% 的受访学生将"自律能力较弱"作为不满原因，远高于其他原因。另外，71.3% 的高校大学生每周用来学习的课外时间低于 6 小时，学习时间稍显不足。以上结果反映出高校大学生由于自律能力较弱，在学习方面投入不足是导致学业方面面临诸多困难的主要原因。

从学历角度来看，与大专、本科等青年相比，硕士研究生和博士研究生对自己的学习状况满意度更高。数据显示，大专生对自己的学习状况满意率为 37.8%，本科生对自己的学习状况满意率为 33.2%，硕士研究生对自己的学习状况满意率为 51.2%，博士研究生对自己的学习状况满意率为 46.2%。

值得说明的是，在学习状况不满意因素方面，与大专、本科、硕士不同的是，导致博士研究生不满的主要因素为"对所学专业不感兴趣"（41.4%）。

在课外学习投入时间方面，随着学历的升高，投入时间呈现越长的趋

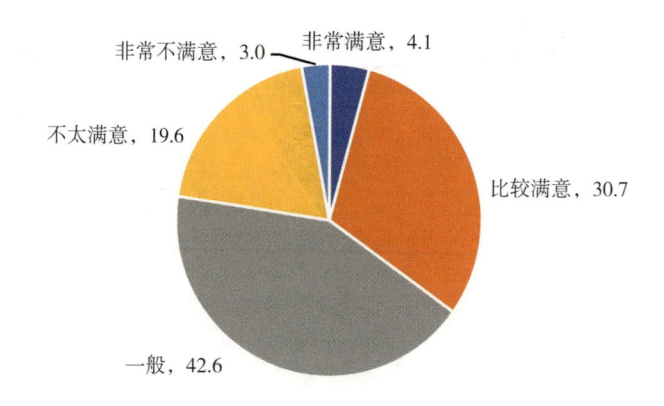

非常不满意，3.0　　非常满意，4.1
不太满意，19.6
比较满意，30.7
一般，42.6

图3　陕西大学生学习满意情况（%）

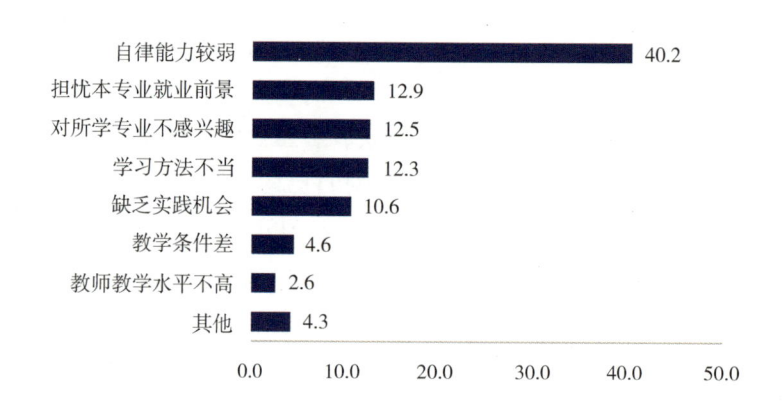

自律能力较弱　40.2
担忧本专业就业前景　12.9
对所学专业不感兴趣　12.5
学习方法不当　12.3
缺乏实践机会　10.6
教学条件差　4.6
教师教学水平不高　2.6
其他　4.3

图4　陕西大学生对学习不满的原因（%）

势。数据显示，大专生每周投入课外学习的时间在4小时以上的占比41.7%，本科生的这一比例为55.7%，硕士研究生为69%，博士研究生71.2%。

从就读院校的角度来看，在课外学习投入时间方面，与普通公办学校和民办高校相比，重点大学学生课外学习时间投入更长。数据显示，重点大学学生每周投入课外学习的时间在4小时以上的占比66.5%，普通公办学校生的这一比例为48.1%，民办高校生为43.2%。

在陕西省高校大学生眼中，社会实践占据重要位置，有23%的受访学生将"社会实践受到企业、老师的认可"作为学习生活中最有成就感的事情，高于学业成绩（18.9%）、奖学金（15.1%）、资格证书

(14%)。所带来的成就感。

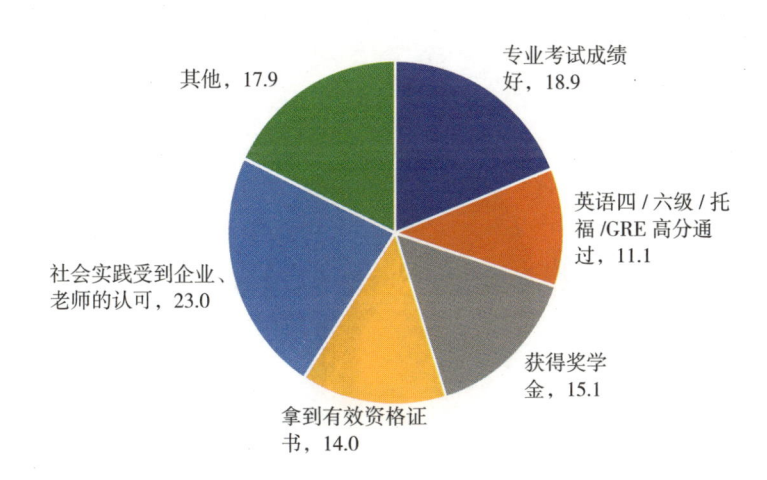

图5　陕西大学生眼中学习中最有成就感的事（%）

- 专业考试成绩好，18.9
- 英语四/六级/托福/GRE高分通过，11.1
- 获得奖学金，15.1
- 拿到有效资格证书，14.0
- 社会实践受到企业、老师的认可，23.0
- 其他，17.9

从学历角度来看，社会实践是各学历青年首要看重因素，具有一致性。但相对而言，学历越高，越看重奖学金。数据显示，大专生、本科生、硕士研究生、博士研究生分别有21.6%、23.1%、24.6%和23.1%的受访者选择了"社会实践受到企业、老师的认可"，比例最高；大专生、本科生、硕士研究生、博士研究生选择"获得奖学金"的比例分别为10.5%、14.9%、23.1%和28.8%，呈上涨之势。

从就读的院校来看，普通公办学校学生和民办高校学生最看重社会实践，重点大学学生则最看重学业成绩，也最看重奖学金。数据显示，普通公办学校生和民办高校生选择"社会实践受到企业、老师的认可"的比例分别为25.8%和23.1%，居各因素之首，重点大学学生选择"专业考试成绩好"的比例为23%，居各因素之首。另外，重点大学学生、普通公办学生、民办高校生选择"获得奖学金"的比例分别为17.6%、14.9%和6.7%。

（三）陕西高校大学生偏爱国企或行政/事业单位，就业看重社会实践的核心竞争地位，创业注重机遇的先决性

调研发现，总体上陕西高校大学生对第一份工作的与其薪资主要集中

在2500—5000元/月之间，比例占到62.7%。若从学历角度来看，学历越高对工资的期待水平越高。从就读院校的角度来看，重点大学生对工资的期待水平最高。

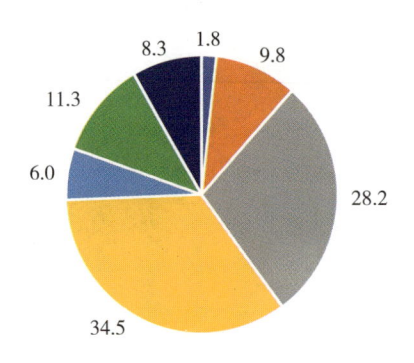

图6 陕西大学生首份工作的预期月工资（%）

调研发现，陕西省高校大学生对自己未来职业发展的三大规划依次为工作（42.2%）、创业（25.5%）和深造（25.2%）。

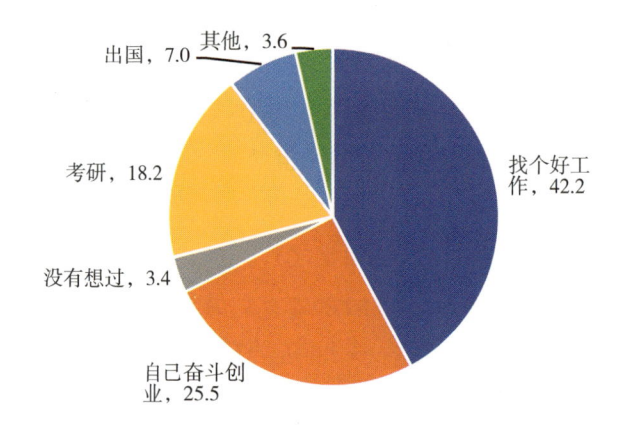

图7 陕西大学生的未来规划（%）

工作方面，陕西省高校大学生偏爱国企或行政机关/事业单位，在偏好单位排名前9位中，除却"自主创业"，其余均为省市各级国企或行政机关/事业单位。在陕西省高校大学生眼中，社会实践对于找到一份满意的工作至关重要，与将社会实践看作最大的学习成就形成呼应。数据显示，43.9%的受访学生认为"参加社会实践较多"是找到一份满意工作的关键所在，高于成绩（22.4%）等其他因素，而在导致大学生就业难的原因选择中，与社会实践关系密切的"没有工作经验"亦位居榜首（50.9%），其次才为知识能力储备不足（47.5%）和期望值太高（47.1%）。从学历上看，大专生、本科生和硕士研究生与总体保持一致，均最为看重社会实践对找到一份满意的工作促动作用，但博士研究生则更为看重特长和社会关系。若从就读院校的角度来看，普通公办学校学生和民办学校学生最为看重社会实践对找到一份满意的工作促动作用，而重点大学生除去实践因素之外，还看重学业成绩因素。

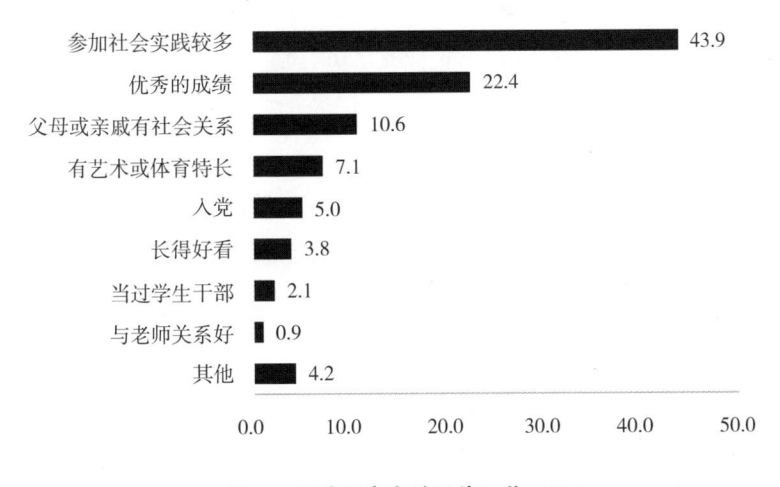

因素	百分比
参加社会实践较多	43.9
优秀的成绩	22.4
父母或亲戚有社会关系	10.6
有艺术或体育特长	7.1
入党	5.0
长得好看	3.8
当过学生干部	2.1
与老师关系好	0.9
其他	4.2

图8 哪种因素有助于找工作（%）

在阻碍到西部或基层就业的因素方面，总体看来，工作和生活条件及"乡愁"是主要因素。但若从学历层次来看，大专生、本科生和硕士研究生看法与总体趋于一致，更多的博士生则认为是国家鼓励政策不到位是核心因素，并且担忧未来的发展前景；从就读院校的角度来看，普通公办学校学生和民办高校学生将工作生活条件和"乡愁"看作最主要的两大限制性因素，而重点大学生则认为工作生活条件和担忧未来发展是最主要的两大因素。

创业方面，在陕西省高校大学生看来，机会成为先决因素，经验和资金为最大障碍。数据显示,在问及如何看待大学生创业时,57.6%的受访学生表示"机会合适就能创业",高于对风险担忧的选择(21%)。在创业障碍因素选择上,"缺乏经验"(76.1%)和"缺乏资金"(63.4%)以超高比例居于前两位。

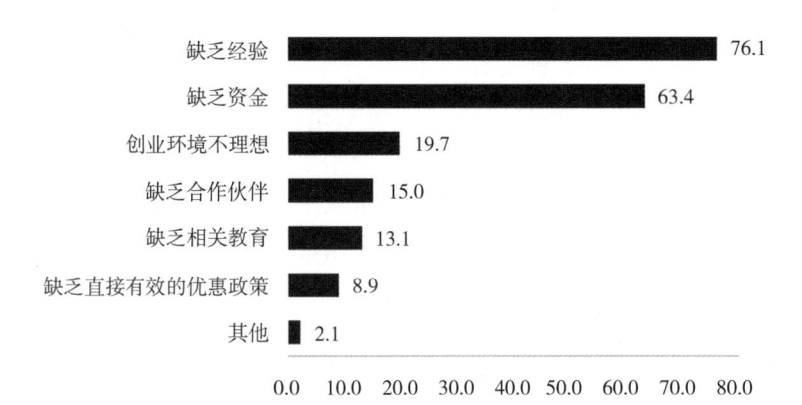

障碍因素	比例
缺乏经验	76.1
缺乏资金	63.4
创业环境不理想	19.7
缺乏合作伙伴	15.0
缺乏相关教育	13.1
缺乏直接有效的优惠政策	8.9
其他	2.1

图9 创业的障碍(%)

从学历角度来看,呈现出学历越低越看重经验的趋势。数据显示,大专生、本科生、硕士研究生和博士研究生选择"机会合适就创业"的比例依次为58%、57.4%、56.9%和67.9%。大专生、本科生、硕士研究生和博士研究生将"缺乏资金"作为障碍因素的比例依次为37.8%、35.8%、34.3%和56.6%,将"缺乏经验"作为障碍因素的比例依次为40.7%、43.5%、41.7%和18.9%。

从就读院校的角度来看,资金和经验成为创业最大的障碍。数据显示,重点大学生、普通公办学校学生和民办高校学生选择"机会合适就能创业"的比例依次为55.2%、59.5%、59%和48.5%,比例最高。重点大学生、普通公办学校学生和民办高校学生将"缺乏资金"作为障碍因素的比例依次为33.4%、38%和37.2%,将"缺乏经验"作为障碍因素的比例依次为44.3%、41.6%和42.1%。

(四)陕西高校大学生更加注重婚恋双方权利和地位的均等,对网恋、离婚、一夜情、同性恋等婚恋行为更包容

与传统领域从业青年群体相比,在看待周边婚恋现象时,陕西省高校大学生更加看重两性之间权利和地位的平等，并对网恋、离婚、一夜情、同性恋等持理解和接受的态度。数据显示，受访大学生在"谈恋爱AA制""婚前财产公证""子女随母姓"等与两性权利和地位均等相关联方面的选择上，其接受比例分别为53.8%、59.3%、43.5%，大比例高于从业青年群体在上述三项上的选择比例（比例依次为23.8%、33.8%、27.5%）。另外，高校大学生接受网恋的比例为35.8%，社会从业青年为23%；接受离婚的比例为31.1%，社会从业青年为20.7%；接受一夜情的比例为12.7%，社会从业青年为6.6%；接受同性恋的比例为25.6%，社会从业青年为9.1%。

从学历角度来看，针对不同的婚恋现象，呈现出不同的特点，呈现与学历分布没有直接关系的现象；从就读院校角度来看，相对而言，重点大学生的婚恋观更为开放，数据显示，重点大学生、普通公办学校学生和民办高校学生对网恋的接受率分别为41%、32.2%和31.4%；对离婚的接受率分别为39.9%、24.9%和25.4%；对"婚外情"的接受率分别为8.7%、7.3%和5.3%；对一夜情的接受率分别为14.8%、11.7%和8.9%；对同性恋的接受率分别为32.8%、20.6%和22.1%；对"谈恋爱AA制"的接受率分别为59.8%、49.6%和50.8%；对"婚前财产公证"的接受率分别为64.7%、55.6%和55.4%；对"子女随母姓"的接受率分别为47.1%、40.8%和43.2%；对"未婚生子"的接受率分别为21.1%、15.7%和14.1%。

分性别来看，男生更"多情"，女生更"公平"。数据显示，在网恋（男40.6%，女29.4%）、"婚外情"（男9.2%，女5.6%）、一夜情（男16.7%，女7.4%）、未婚生子（男19.9%，女15%）等方面，男生的接受率更高；在离婚（男28.3%，女34.7%）、同性恋（男18.9%，女34.5%）、谈恋爱AA制（男49.3%，女59.9%）、婚前财产公证（男52.5%，女68.3%）、子女随母姓（男30.5%，女60.6%）等方面，女生的接受率更高。

（五）陕西高校大学生具有超强的国家身份认同，在生活中看重家庭幸福，在思想教育上强调社会实践

调研发现，陕西省高校大学生向党组织靠拢积极，并具有超强的国家身份认同和较强的政治理想信心。数据显示,58%的受访学生表示"向往并争取入党",75%的受访学生认为坚定的政治立场对一名学生有着重要或非常重要的意义。在对"作为中国人非常自豪""中国梦一定能实现""三个陕西(富裕陕西、和谐陕西、美丽陕西)一定会实现"说法表示看法是,分别有92%(高于社会从业青年群体)、87.4%(高于社会从业青年群体)和81.9%(低于社会从业青年群体)的受访学生表示"同意"或"非常同意"。这说明我省高校大学生对党和国家充满信心,对中国梦充满信心。

分学历来看,各学历受访者对国家身份认同和政治理想信心度均较强且没有明显的差异,而且博士研究生对"三个陕西"实现的信心度尤其高,呈现学历越高,信心度越高的趋势。

与从业青年群体相比,陕西高校大学生表现出更为积极的生活态度,并将家庭生活美满看作生活幸福的标志。数据显示,受访学生对"我的生活会越来越好"这一命题持同意态度的为91.8%,明显高于社会从业青年群体的84.4%。当问及"您觉得生活幸福最重要的指标是什么"时,有55.2%的学生选择了"家庭生活美满",该比例甚至要高于其他7个选项之合。

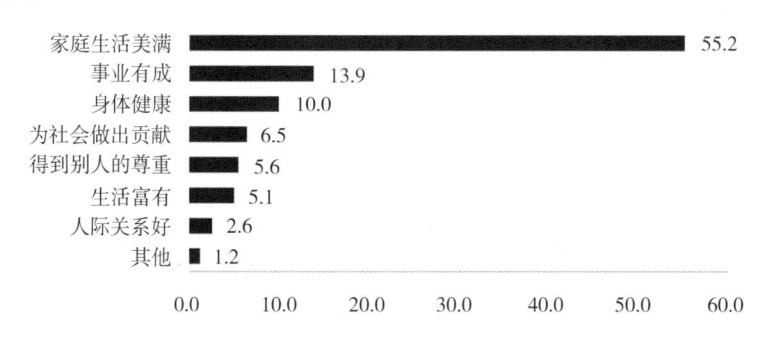

指标	百分比
家庭生活美满	55.2
事业有成	13.9
身体健康	10.0
为社会做出贡献	6.5
得到别人的尊重	5.6
生活富有	5.1
人际关系好	2.6
其他	1.2

图10 您觉得生活幸福最重要的指标是什么?(%)

分学历来看,各学历受访者均表现出较为积极的生活态度,且均将家庭生活美满看作生活幸福的最主要标志;分就读院校来看,重点大学生、普通公办学校学生和民办高校学生均具有积极的生活态度,且均将家庭生活美满看作生活幸福的最主要标志。

在思想教育方式上,我省高校大学生更加热衷实践,强调社会实践在思想教育中的核心地位。数据显示，32.2%的受访学生更愿意接受"通过课外活动、社会实践等教育方式"进行思想教育，高于课堂教育（22.2%）10个百分点。同时，分别有64%和51.6%的受访学生认为"综合实践活动"和"志愿服务活动"在思想引导上更为有效，高于对社团活动（42.3%）、主题教育活动（27.1%）等方式的选择比例。

（六）陕西高校大学生维权注重法定程序，希冀政府加强对社会不良事件的监管

当个人权益遭到损害时，我省高校大学生更多地会借助国家司法机构，通过法定程序进行维权。数据显示，在问及"如果您的权益受到侵害时，您最想通过以下哪一种渠道反映或寻求保护？"时，48.1%的受访大学生选择通过"公安、检察院、法院等司法机构"进行维权，远远高于对单位（13.5%）、媒体（10.1%）、本地政府（9.3%）、家人朋友（8.1%）等其他媒介的依赖。

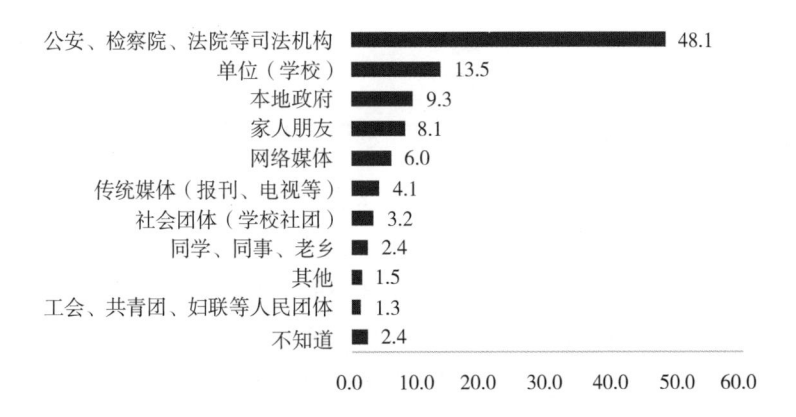

渠道	比例
公安、检察院、法院等司法机构	48.1
单位（学校）	13.5
本地政府	9.3
家人朋友	8.1
网络媒体	6.0
传统媒体（报刊、电视等）	4.1
社会团体（学校社团）	3.2
同学、同事、老乡	2.4
其他	1.5
工会、共青团、妇联等人民团体	1.3
不知道	2.4

图11　如果您的权益受到侵害时，您最想通过
以下哪一种渠道反映或寻求保护？（%）

（七）文体娱乐活动最受青睐，锻炼与结交是参加组织或群体活动的主要目的

调研发现，陕西省高校大学生在工作学习之外参加组织或群体活动的情况比较可观，有88.4%的受访学生表示会参加组织或群体活动，其中有53.4%的受访学生仅是"偶尔参加"。在参加活动类型方面，文体娱乐

最受学生青睐,有40%的受访学生表示最希望参加"文体娱乐活动",显著高于对志愿公益(22.2%)、学习培训(19.5%)等活动的期待。分学历和就读院校来看,不同学历和不同就读院校学生间参加组织或群体活动的情况均较为客观,差异不明显,亦均最热衷参加"文体娱乐活动"。

陕西省高校大学生参加组织或群体活动的主要目的在于锻炼自己和结交挚友。数据显示,分别有30.2%和29.1%的受访学生将"锻炼自己、展示才能"和"更多认识一些志趣相投的人"作为自己参加组织或群体活动的原因,此二项高居前两位。

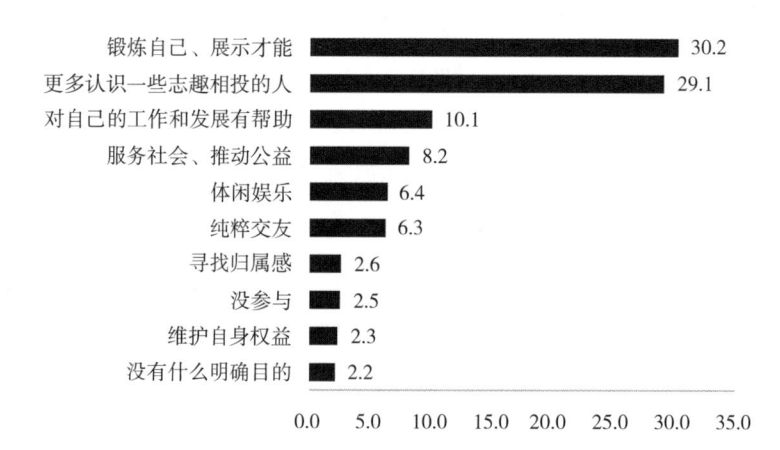

选项	比例
锻炼自己、展示才能	30.2
更多认识一些志趣相投的人	29.1
对自己的工作和发展有帮助	10.1
服务社会、推动公益	8.2
休闲娱乐	6.4
纯粹交友	6.3
寻找归属感	2.6
没参与	2.5
维护自身权益	2.3
没有什么明确目的	2.2

图12 参加组织或群体活动的主要目的(%)

(八)与舍友关系最好,和学生干部交而有度,同老师交流不足

调研发现,在校园人际关系中,学生之间舍友关系最为亲密,其次为普通同学关系,数据显示,90.6%的受访学生表示与宿舍舍友之间关系密切,69.2%的受访学生表示与同学之间关系密切,只有不足五成(49.8%)的受访学生表示与学生干部之间关系密切。

相对学生之间的关系,高校学生与高校教师之间的关系不甚密切。相对而言,高校学生与任课老师之间的关系最为密切,但选择比例也仅为29.7%。而与行政岗位教师之间关系密切的学生比例更低,均在20%以下。调研认为师生之间关系不甚密切的局面可能与日常师生交流不足有关,平时"除了学习时间外",70.8%的受访学生"很少"(46.7%)或"从不"(24.1%)与老师交流。这表明高校中应当注重各类教师与学生之间的沟通交流，创造相互理解、关系融洽的师生环境。

（九）整体上陕西高校学生消费注重节俭与质量并行，借贷观念不突出

调研发现，整体上陕西高校学生消费注重节俭与质量并行，借贷观念不突出。数据显示，96.1%的受访高校学生赞同"生活条件好了，但节俭仍需要提倡"的说法，71.3%的受访高校学生赞同"只要产品和服务质量好，东西贵一点也没有关系"，只有28.8%的受访高校学生赞同"如果想买某个商品但手头的钱不够，可以贷款购买"。

从学历角度来看，博士研究生的节俭观念最强，78.8%的受访博士研究生赞同"生活条件好了，但节俭仍需要提倡"，高于大专生的63.5%、本科生的60.7%和硕士研究生的57.1%。另外，随着学历层次的提升，大学生越发具有消费借贷的观念。数据显示，大专生、本科生、硕士研究生和博士研究生认同"如果想买某个商品但手头的钱不够，可以贷款购买"的比例分别为26.8%、28.1%、33.7%和69.2%；从就读院校的角度来看，不同院校级别高校的学生的节俭观念均较强，差异不明显，但在消费贷款方面，更多的重点大学学生接受借贷消费。数据显示，重点大学生、普通公办学校学生、民办学校学生赞同"如果想买某个商品但手头的钱不够，可以贷款购买"的比例依次为36.2%、25.1%和19.3%。另外，重点大学生也最为看重产品和服务质量，78.3%的受访重点大学生赞同"只要产品和服务质量好，东西贵一点也没有关系"的说法，高于普通公办学校学生（66.3%）和民办学校学生（69.1%）的赞同比例。

从性别角度来看，男生与女生之间均十分注重节俭，分别有96%和96.3%的受访者赞同"生活条件好了，但节俭仍需要提倡"。另外，分别有70.9%和71.8%的受访男生和女生赞同"只要产品和服务质量好，东西贵一点也没有关系"，差异也不明显。但在消费借贷方面，男生赞同"如果想买某个商品但手头的钱不够，可以贷款购买"的比例（30.7%）略高于女生（26.4%）。

陕西省社会组织从业青年群体研究报告

近年来,随着我国社会经济的蓬勃发展,迅速发展壮大起来的各级社会组织,在促进经济发展、繁荣社会事业、创新社会治理等领域发挥积极作用。越来越多的青年加入或发起社会组织,实现自己服务社会的理念。截至2015年底,在全国注册的社会组织从业人员中,45岁以下的青年占71.15%,青年已经成了社会组织的中坚力量和绝对主力。

面对种类繁多的社会组织和众多的社会组织从业青年,作为青年思想的引领者,共青团应及时关注青年社会组织工作,在青年社会组织工作中发挥枢纽作用,与时俱进地夯实党治国理政的青年群众基础。在此背景下,共青团陕西省委通过抽样调查的方式,从基本情况、学习状况、婚恋观、消费状况、思想状况和价值取向、社会组织工作等方面对社会组织从业青年进行了客观的了解与分析。

一 群体总量

社会组织从业青年是指在各级民政部门正式登记注册的社会团体、民办非企业单位和基金会中,年龄在18—40周岁,取得工资或其他形式劳动报酬的专兼职人员。根据《陕西省统计年鉴》(2015),全省18—40岁的社会组织从业人员约有57.7万人。

二 抽样方法

本次调查研究主要通过随机抽样/分层抽样方法进行问卷调查，根据各地市的社会组织分布情况进行抽样，调查范围涵盖全省12市区（含杨凌示范区、韩城市），共发放调查问卷1800份，回收有效问卷1669份，有效率93%。

三 群体特征

（一）社会组织从业青年中女性比例较高，"80后"成为主要力量

受访者中，男性占42.9%，女性占57.1%，总体上女性比例略高于男性比例，这从侧面反映陕西省社会组织从业青年女多男少的状态。从子群体来看，在组织负责人中女性居多，比例占到53.9%，比男性比例高7个百分点有余；骨干成员中男性居多，比例占到54%，比女性比例高8个百分点；普通成员中女性居多，比例占到59.5%，比男性比例高19个百分点。以上反映出整体上陕西省社会组织从业青年女多男少，但在骨干成员中男性占据优势，并且在组织负责人中，男性权重有所增加。

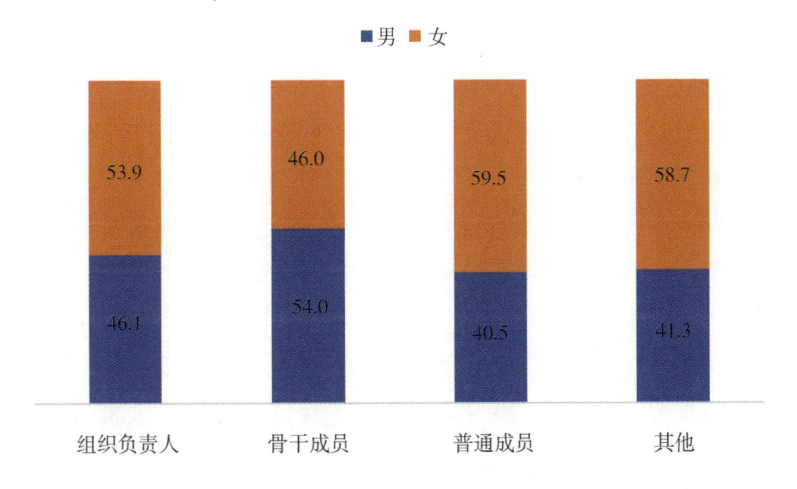

图1 社会组织从业青年性别分布情况（%）

年龄上，整体上"80后"青年目前居于主体地位，并且在组织负责

人和骨干成员中,"80后"成为明显的主力,"75后"人员的比例也明显上升。数据显示,整体上"80后"青年的比例为46.8%,"90后"的比例为38.1%,"75后"的比例为15.2%。从子群体来看,组织负责人中"75后"占比22.8%,"80后"占比49.7%,"90后"占比27.6%;骨干成员中"75后"占比14%,"80后"占比54.9%,"90后"占比31.1%;普通成员中"75后"占比13.7%,"80后"占比47.4%,"90后"占比38.9%。

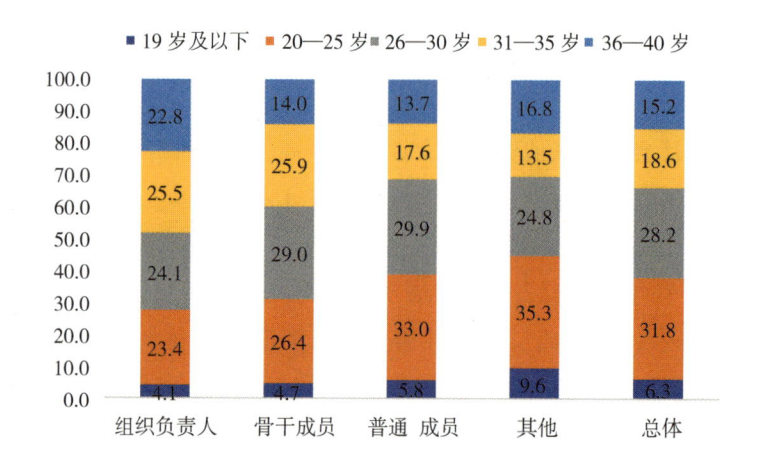

图2 社会组织从业青年的年龄分布(%)

从户籍状态上来看,与从业青年总体分布不同的是,"本市非农户籍"人员是社会组织从业青年群体的主要来源,比例占到了46.8%,居于各种户籍状态的首位。

从信仰来看,当前陕西省社会组织从业青年主体是无宗教信仰的,所占比例为82.7%。陕西社会组织从业青年主要的宗教信仰有佛教(8.8%)、道教(2.1%)、基督教(1.8%)、伊斯兰教(1.7%)、天主教(0.6%)。

从独生子女角度看,当前陕西省社会组织从业青年以非独生子女为主体,占据整个受访人群的70.8%,独生子女仅仅为受访人群的29.2%,独生子女与非独生子女的比例为1:2.42。

(二)社会组织从业青年工作流动性较大,在权益维护方面应引起重视

近五年来,社会组织从业青年没有换过工作的仅占43.9%,换过1

陕西省社会组织从业青年群体研究报告

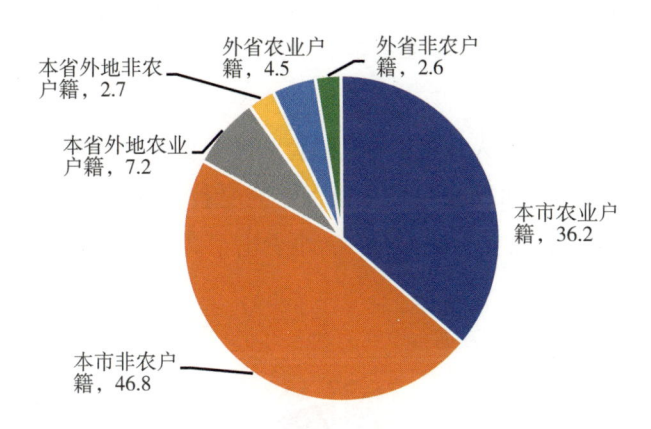

外省农业户籍，4.5
外省非农户籍，2.6
本省外地非农户籍，2.7
本省外地农业户籍，7.2
本市农业户籍，36.2
本市非农户籍，46.8

图3 陕西社会组织从业青年户籍状态（%）

次工作的占27.2%，换过2—3次的占16.3%，换过4—5次的占4.0%，换过6次及以上的占1.1%。由此可见，全省社会组织从业青年换工作的频率并低，工作状态不够稳定。

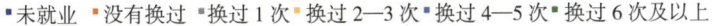

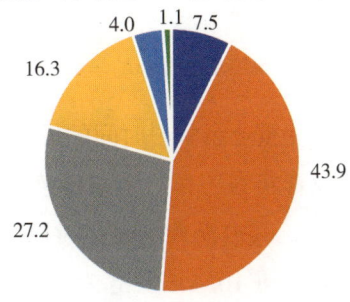

■未就业 ■没有换过 ■换过1次 ■换过2—3次 ■换过4—5次 ■换过6次及以上

4.0 1.1 7.5
16.3
27.2
43.9

图4 社会组织从业青年换工作分布情况（%）

在工作权益机制方面，有59.9%的社会组织从业青年和工作单位签有劳动合同，有48.7%的青年拥有带薪休假的权益，有44.3%的青年工作单位为其提供三险一金，体现劳动者工作权益的三项指标有超四成的社会组织从业青年还没有，表明青年群体依法维护自身合法权益的现状不佳，需要进一步加强青年权益维护方面的工作。

（三）社会组织从业青年业余学习投入时间较长，爱好综合能力、职业技能以及兴趣发展培训

当前陕西社会组织从业青年的受教育程度主要集中在本科和大专，但仍然有一定基数的陕西社会组织从业青年的受教育水平是不高的（高中及以下占30.1%），研究生数量偏少，也看出了高素质的专业性社会组织人才在该行业的稀缺。

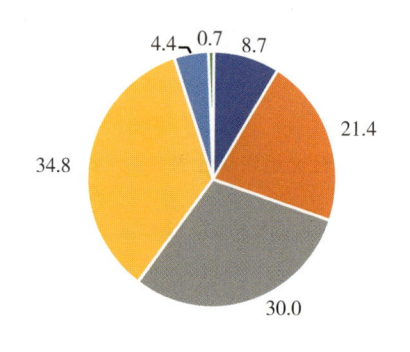

- 初中及初中以下 4.4
- 高中（含职高中专技校）21.4
- 大专（含高职）30.0
- 本科 34.8
- 硕士研究生（含本科双学位）0.7
- 博士研究生 8.7

图5 社会组织从业青年的学历分布情况（%）

社会组织从业青年注重业余学习时间的投入，注重自我提升。调查显示，陕西社会组织从业青年在工作之余坚持读书（看报）、学习的时间2个小时以上的占44.7%，其中投入5个小时以上的人群占13.4%，比其他从业人员的平均用时比重10.4%多出3个百分点。从社会组织子群体来看，各自群体间业余学习投入时间没有太大的差异。

社会组织从业青年偏好综合能力提升、职业技能以及兴趣发展方面的培训。数据显示，社会组织从业青年渴望在综合能力提升、职业技能、兴趣爱好等方面获得培训的选择比例分别为33.7%、20.1%、17.8%，明显著高于对岗位培训（11.1%）等其他方面的选择。

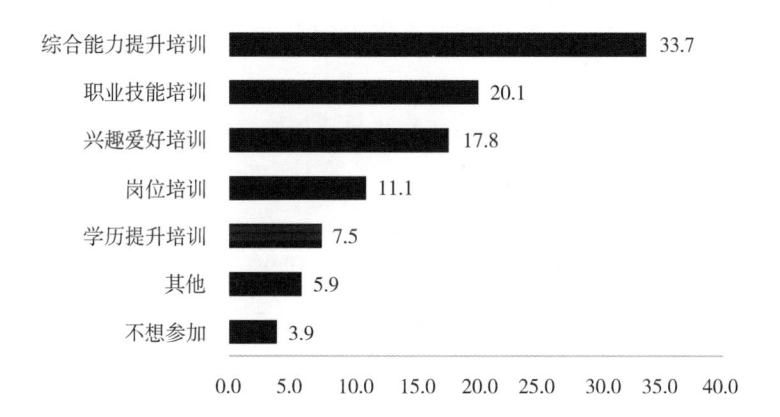

```
综合能力提升培训  33.7
职业技能培训      20.1
兴趣爱好培训      17.8
岗位培训          11.1
学历提升培训       7.5
其他              5.9
不想参加           3.9
```

图6　陕西社会组织从业青年渴求参加培训类型（%）

（四）社会组织从业青年更加注重婚恋双方权利和地位的均等，对网恋、离婚、同性恋、未婚生子等现象的态度更包容

与从业青年平均水平相比，在看待周边婚恋现象时，社会组织从业青年更加注重两性之间权利和地位的均等性，同时对网恋、离婚、同性恋、未婚生子等社会现象更加开放与包容，更容易接受周边的这些行为。数据显示，在"谈恋爱AA制""婚前财产公证""子女随母姓"与两性权利和地位均等相关联方面的选择上，其接受比例分别为32.9%、44.8%、42%，均高于总体平均水平（从业青年上述各项选择比例分别为23.8%、33.8%、27.5%）。另外，社会组织从业青年接受网恋的比例为36.9%，总体均值为23%；接受离婚的比例为34.5%，总体均值为20.7%；接受同性恋的比例为15%，总体均值为9.1%；接受未婚生子的比例为20%，总体均值为13.4%。

（五）社会组织从业青年需要更多的教育和社交支出以及长辈的经济支持

在消费方面，社交应酬在社会从业青年群体中的权重（位次）获得较大幅度的提升。与从业青年总体一致，食品、居住、抚养子女等方面的开销依然居于前三位。但值得关注的是，在社会组织从业青年群体中，教育和社交应酬上的开销分别排在了第四和第六位，与它们在从业青年总体中的排位（第六位和第七位）相比，有所上升。另外，分群体来看，与普通成员相比，骨干成员和组织负责人的社交开支更多，比例分别为32%和30.7%。

另外，值得关注的是，与从业青年总体相比，有更多的社会组织从业青年需要长辈给予经济支持。数据显示，在社会组织从业青年中，需要长辈经济支持的比例达到了39.2%，其中，需要长辈大量补贴的比例为11.2%，而从业青年上述均值分别为33.7%和9%。分群体来看，与组织负责人（39.9%）、和普通成员（38%）相比，骨干成员更需要家长补贴家用，比例为42%。

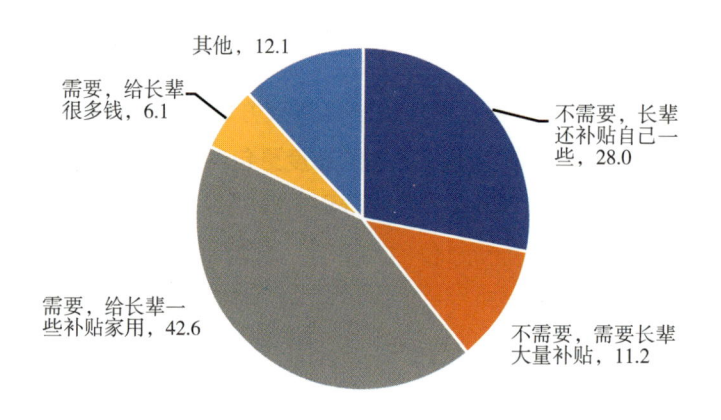

其他，12.1
需要，给长辈很多钱，6.1
需要，给长辈一些补贴家用，42.6
不需要，长辈还补贴自己一些，28.0
不需要，需要长辈大量补贴，11.2

图7　陕西社会组织从业青年补贴家用情况（%）

（六）社会组织从业青年在国家认同和道德观念方面与总体水平基本持平

调研显示，与从业青年整体水平相比，社会组织从业青年在国家身份认同和政治理想信心度方面持平。社会组织从业青年受访者认同"作为中国人非常自豪"，坚信"中国梦一定能实现"和"三个陕西一定能实现"的比例分别占到87.7%、84.7%和82.4%，在五大从业青年群体（社会组织从业青年、行政事业单位青年、企业从业青年、农业青年、青年教师）中均排在第三位。相比于传统领域从业青年在这三个命题上89.2%、84.6%和82.8%的认同度，可以看出陕西社会组织从业青年的政治信仰和对作为中国人和陕西人的认同感与总体水平基本持平。

```
      89.2
       ■
       ●
      87.7                84.6
                            ■
                           ●
                          84.7                82.8
                                                ■
                                                ●
                                               82.4
```

作为中国人自豪　　　中国梦一定能实现　　　三个陕西一定能实现

●— 社会组织从业青年　　■— 从业青年平均值

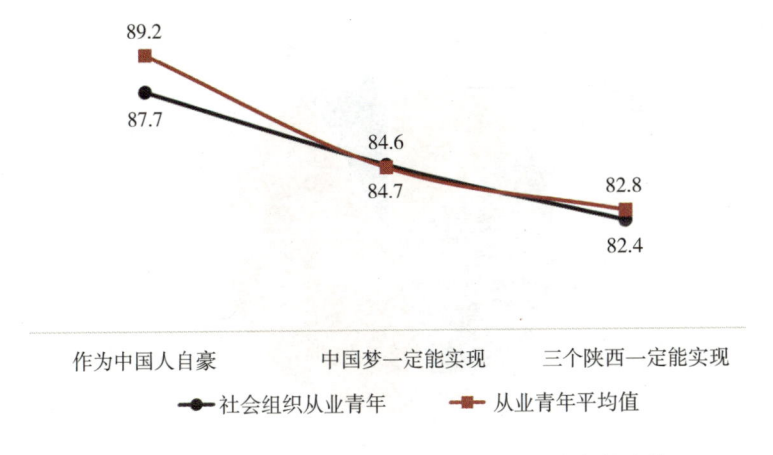

图 8　社会组织从业青年与从业青年在价值观认同度上的比较（％）

另外，与从业青年总体相比，社会组织从业青年生活态度积极和奋斗观念也并不突出。分子群体来看，更多的普通成员生活态度积极。受访者对"我的生活会越来越好"这一命题持同意态度的为84％，与从业青年平均值（84.4％）基本持平。并且，青年志愿者对"只要奋斗就能成功"这一命题持同意态度的为75.7％，也与从业青年平均值（76％）基本持平。从子群体来看，与组织负责人（84.4％）和骨干成员（82.1％）相比，更多的普通成员坚信"我的生活会越来越好"，比例为87.4％，与组织负责人（74.8％）相比，更多的成员相信"只要奋斗就能成功"（骨干成员79％；普通成员79.7％）

（七）社会组织从业青年更热衷参加组织/群体活动，且最为看重活动的社会价值

与从业青年总体相比，社会组织从业青年参与组织或群体活动的积极性更高。分子群体来看，组织负责人和骨干成员参加组织或群体活动的积极性更高。数据显示，29.8％的社会组织从业青年"经常参加"组织或群体活动，要高于从业青年总体平均水平（17.7％）12个百分点有余。分群体来看，组织负责人和骨干成员会经常参加组织或群体活动，比例分别为53％和57.5％，而普通成员的这一比例仅为24.1％。

进一步地，在参与活动动机方面，社会价值对社会组织从业青年有着极大的推动作用，明显强于对其他从业青年的推动性。数据显示，有

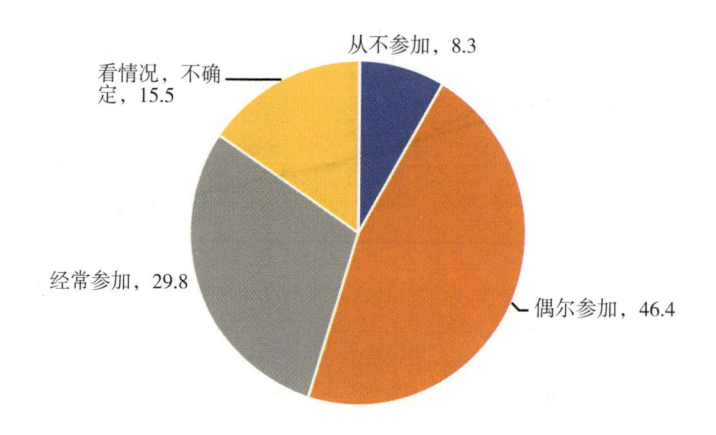

图9 社会组织从业青年参加组织或群体活动的频率（%）

20.7%的社会组织从业青年选择了"服务社会、推动公益"作为他们参与组织或群体活动的原因，高于从业青年均值（9.7%）11个百分点，也显著高于行政事业单位等其他从业青年群体对该选原因的选择比例，在传统领域从业青年群体中居于首位。另外，在问及"您为什么创办/加入该社会组织"时，有25.1%的受访者将"服务社会"排在了首位，高于对"实现个人价值"（20.9%）"扩大社交圈"（19.4%）等原因的选择。

图10 陕西社会组织从业青年参加组织或群体活动的原因（%）

（八）社会组织从业多在2年及以下，长期发展青年后备力量薄弱

调研显示，陕西省社会组织从业青年参加社会组织的年限普遍在2年及以下，选择比例高达76%，而5年以上的人员比例仅占9.1%。另外，

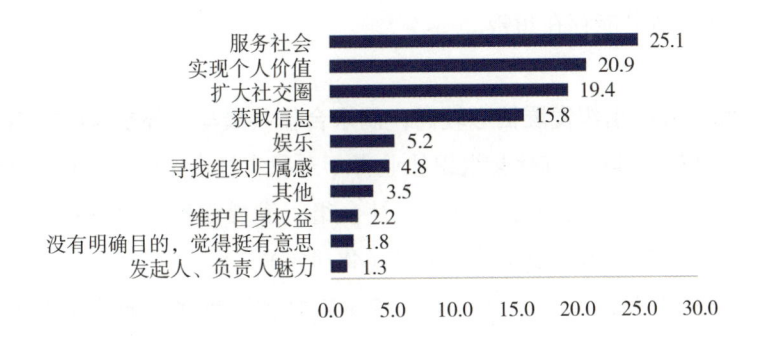

```
服务社会          25.1
实现个人价值       20.9
扩大社交圈        19.4
获取信息         15.8
娱乐            5.2
寻找组织归属感      4.8
其他           3.5
维护自身权益      2.2
没有明确目的，觉得挺有意思  1.8
发起人、负责人魅力   1.3
           0.0  5.0  10.0  15.0  20.0  25.0  30.0
```

图 11　陕西社会组织从业青年创办/加入社会组织的原因（%）

在计划工作时长上，打算长期在社会组织领域深耕的人员并不多，仅 17.2% 的社会组织从业青年表示会工作"5 年以上"，高达 78% 的社会组织从业青年选择了"2 年及以下"（34.5%）或处于不确定状态（43.5%）。

分子群体来看，更多的组织负责人和骨干成员的工作时间在 5 年以上，比例分别为 31.8% 和 32%，是普通成员比例的 2 倍。分组织类型来看，组织类型越大，工作年限在 5 年以上的比例越高，按照组织类型由小到大，5 年以上成员比例依次为 7.8%、10.2%、20.7% 和 36.9%。

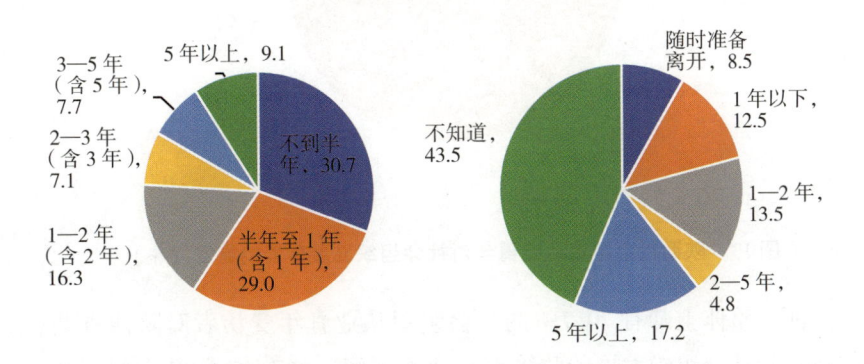

左图（从业年限）：
- 不到半年：30.7
- 半年至1年（含1年）：29.0
- 1—2年（含2年）：16.3
- 2—3年（含3年）：7.1
- 3—5年（含5年）：7.7
- 5年以上：9.1

右图（打算工作年限）：
- 随时准备离开：8.5
- 1年以下：12.5
- 1—2年：13.5
- 2—5年：4.8
- 5年以上：17.2
- 不知道：43.5

图 12　社会组织从业青年从业年限（左）及打算工作年限（右）（%）

上述两方面的数据结果可能反映了陕西省社会组织从业青年的现状。一方面说明陕西省社会组织从业青年的流动性较强——"铁打的营盘流水的兵"，长期发展后备力量薄弱，依赖随走随补；一方面"计划深耕人员与实际深耕人员之间比例的反差"反映了陕西省社会组织在吸引青年长期发展方面可能存在短板。

（九）社会组织发展信心较高，渴求合作共赢与对外交流的渠道支持

调研发现，陕西省社会组织从业青年对我省社会组织领域的发展充满信心，有72.4%的受访者在问及"社会组织发展前景"时选择了"非常有信心"（24%）或"比较有信心"（48.4%）。

分群体来看，与普通成员（73.2%）相比，更多的骨干成员和组织负责人对我省社会组织领域的发展有信心，比例分别为85.8%和85.1%；分组织类型来看，与微型组织成员对我省社会组织领域的发展信心最弱，信心度为60.2%，超大型组织成员对陕西省社会组织领域的发展最有信心，信心度达到81.7%。

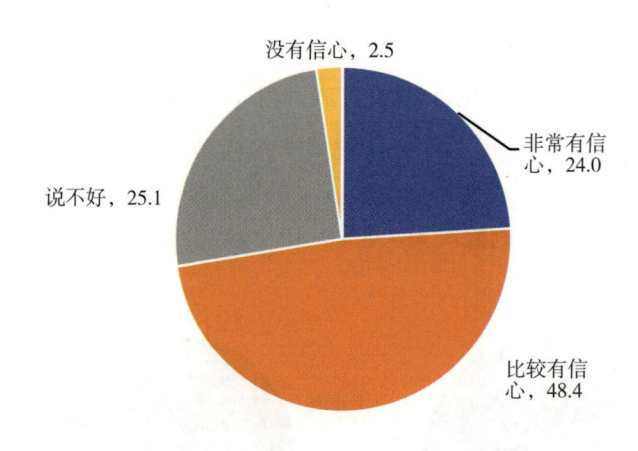

图13 陕西社会组织从业青年对社会组织发展前景的看法（%）

然而，整体上却有70.7%的社会组织从业青年受访者对陕西省共青团扶持青年社会组织发展的政策表示"不了解"，67.7%的社会组织从业青年对青春驿站也"不了解"。分群体来看，与组织负责人和骨干成员相比，普通成员对陕西省共青团扶持青年社会组织发展的政策的了解程度最弱，73.3%的受访普通成员表示"不了解"；分组织类型来看，组织规模越大，对陕西省共青团扶持青年社会组织发展的政策的了解程度越高（微型26.8%，小型31.7%，大型34.7%，超大型40.8%）。

了解，29.3

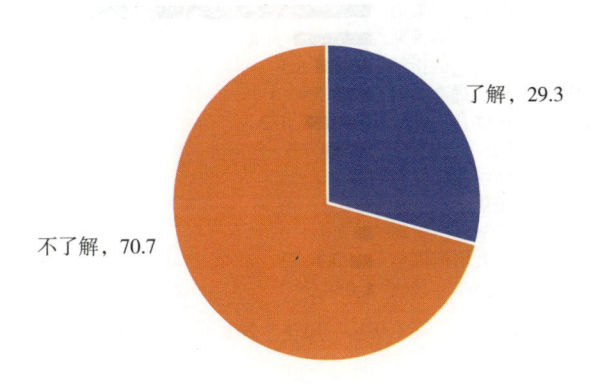

不了解，70.7

图14　社会组织从业青年对共青团扶持青年社会组织政策了解情况（%）

在陕西省社会组织从业青年看来，青春驿站和社会组织应当建立的首要关系应当是合作共赢；青春驿站在服务社会组织发展时的首要任务应当是帮助社会组织开辟对外交流的渠道。数据显示，33.6%的社会组织从业青年在研判青春驿站与社会组织的首要关系时，选择了"合作开展活动，共赢"，明显高于其他关系；42.9%的社会组织从业青年在索求首要支持时，选择了"扩大对外交流的机会和渠道"，显著高于其他支持。

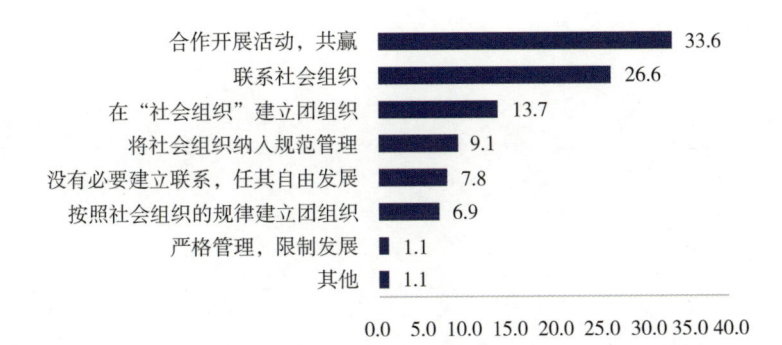

选项	比例
合作开展活动，共赢	33.6
联系社会组织	26.6
在"社会组织"建立团组织	13.7
将社会组织纳入规范管理	9.1
没有必要建立联系，任其自由发展	7.8
按照社会组织的规律建立团组织	6.9
严格管理，限制发展	1.1
其他	1.1

图15　青春驿站应该和"社会组织"之间构筑怎样的关系（%）

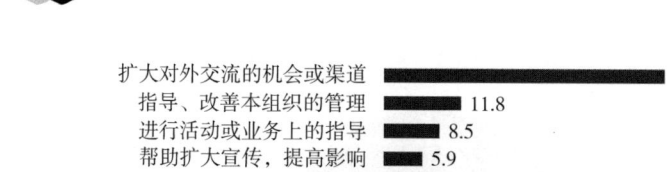

扩大对外交流的机会或渠道	42.9
指导、改善本组织的管理	11.8
进行活动或业务上的指导	8.5
帮助扩大宣传，提高影响	5.9
争取政策支持，提供合法身份	10.2
提供经费和物质上的支持	7.6
联系官方机构为活动提供便利	4.1
提供活动信息	2.2
对优秀"社会组织"提出表彰	2.6
加大培训机会	3.3
其他	0.9

图 16　您最希望青春驿站为社会组织提供何种服务支持？（%）

陕西省行政事业单位青年群体研究报告

按照习近平总书记的追赶超越和"五个扎实"的要求，以及国家赋予陕西省建设内陆改革开放新高地先行先试的使命，落实"十三五"期间陕西省提出的发展目标、主要任务和重大举措，在基本公共服务均等化、人民生活质量进一步提高、同步建成小康社会的过程中，在行政事业单位工作的青年既责无旁贷又是中坚力量。

在此背景下，本次调研就陕西行政事业单位青年群体的发展状况展开调查。调查涵盖了他们的基本情况、学习教育情况、就业创业情况、身心健康特征、婚恋观、思想状况、权益状况、团青关系等方面。

一 群体总量

行政事业单位青年是指在行政单位、事业单位以及具有行政管理职能的事业单位工作的、年龄在19—40周岁的人员。根据2015年《陕西省统计年鉴》测算，全省共有行政事业单位青年57.18万人，其中青年公务员17.09万人，事业编制青年40.09万人。

二 抽样方法

本次调查研究主要通过随机抽样/配额抽样方法进行问卷调查，共发放调查问卷2555份，回收有效问卷2544份，有效率99.6%。

三 群体特征

(一) 行政事业单位青年中"80后"占主体地位,本科学历为主,大多来自本地非农户籍青年

年龄上,"80后"是目前陕西省行政事业单位青年的主力,26—35岁的受访者比例达到了60.7%,其中26—30岁的比例为33.7%,31—35岁的比例为27%,20—25岁+19岁及以下比例为24.2%,36—40岁比例为15%。

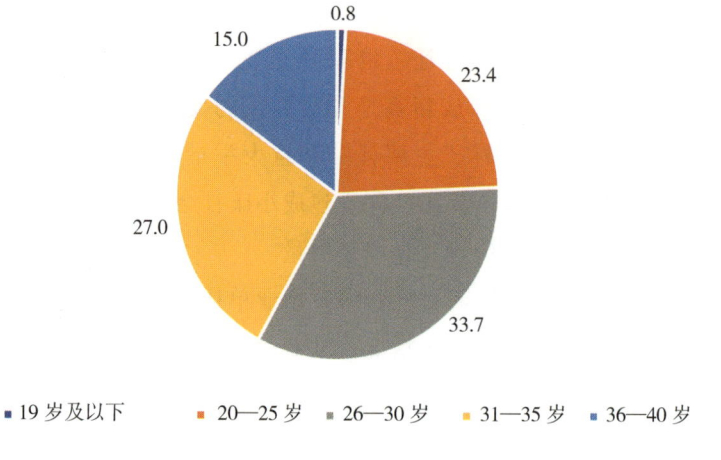

图1 陕西行政事业单位青年的年龄分布(%)

从编制的类型角度来看,行政编和事业编从业青年以"80后"为主要力量,聘任制青年的年龄则偏低,主要集中在20—30岁之间。数据显示,行政编从业青年中19岁及以下占比0.3%,20—25岁占比20.5%,26—30岁占比30.6%,31—35岁占比29.9%,36—40岁占比18.8%;事业编青年中19岁及以下占比0.5%,20—25岁占比14.7%,26—30岁占比35%,31—35岁占比33%,36—40岁占比16.9%;聘任制青年中19岁及以下占比0.5%,20—25岁占比39.2%,26—30岁占比36%,31—35岁占比15.8%,36—40岁占比8.6%。

受教育水平上,本科生是从事行政事业工作的主力,比例高达65.3%,明显高于社会从业青年总体的本科生比例(30.3%)。在从业青

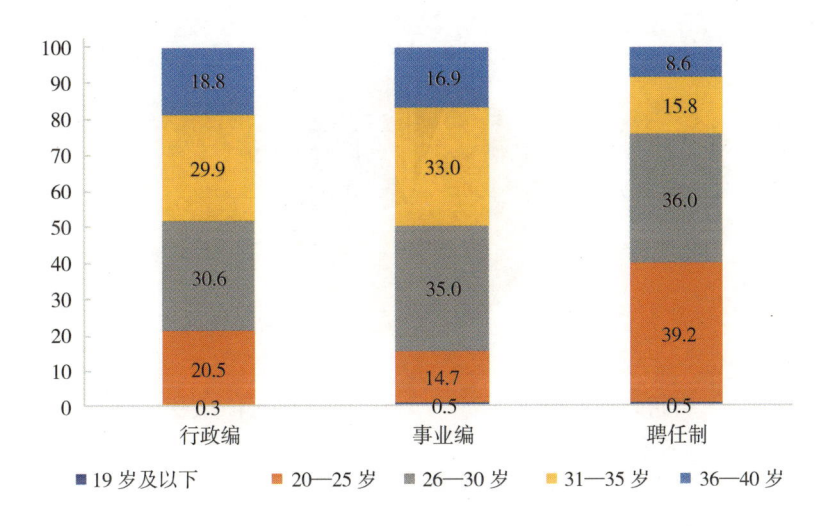

	行政编	事业编	聘任制
36—40岁	18.8	16.9	8.6
31—35岁	29.9	33.0	15.8
26—30岁	30.6	35.0	36.0
20—25岁	20.5	14.7	39.2
19岁及以下	0.3	0.5	0.5

图2 不同编制类型群体的年龄分布（%）

年群体中也仅次于青年教师（72.1%），居于第二位。

从编制的类型角度来看，行政编本科及以上学历青年占比最高，事业编次之，聘任制最低。数据显示，行政编、事业编和聘任制青年中本科及以上的比例分别为83.2%、72.6%和55.2%。

群体来源上，来自本市非农户籍的青年占整个群体的大多数（71.6%），是从业青年群体平均水平（37.3%）的两倍有余，并且在从业青年群体中位居第二，仅次于青年教师群体（77.1%）这一结果反映出陕西省行政事业单位从业青年具有地缘特性。

从编制的类型角度来看，行政编、事业编和聘任制青年均以本市户籍青年为主，且以非农户籍青年居多，数据显示，行政编青年、事业编青年和聘任制青年中本市非农户籍青年占比依次为77.9%、79.7和53.3%，本市农业户籍青年占比依次为13.6%、14.6%和37.4%。

（二）行政事业单位青年投入学习的业余时间更多，青睐职业相关和学历提升方面的培训

调研发现，与社会从业青年总体相比，行政事业单位青年将更多的业余时间投入学习当中。数据显示，29.9%行政事业单位青年在工作之余投入阅读学习的时间在3小时以上，比社会从业青年的平均水平高10个百

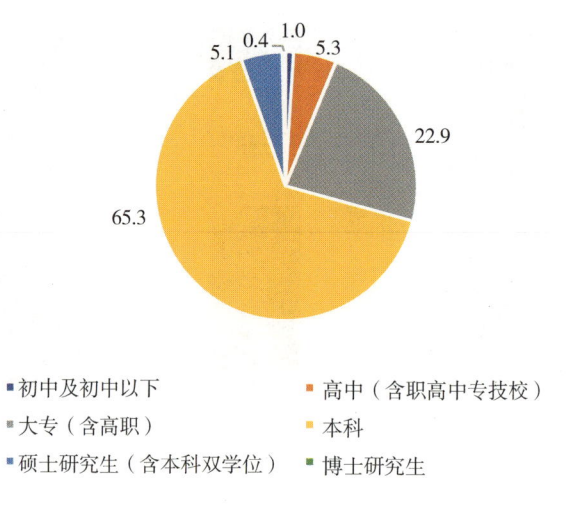

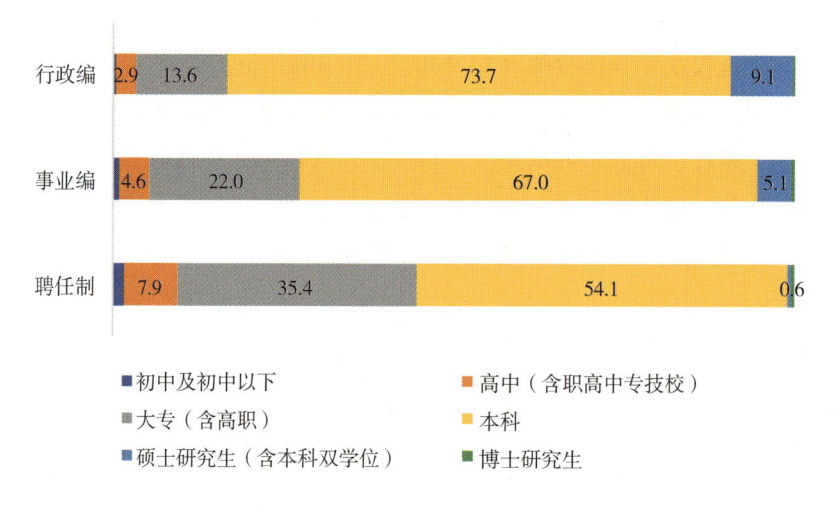

图3 陕西行政事业单位青年的学历分布（%）

分点。其中，有16.7%的比例更在5小时以上，该比例居从业青年群体之首。

从编制的类型角度来看，行政编、事业编和聘任制青年业余学习投入时间总体上并没有显著差异，但每周投入3小时以上业余时间学习的比例，行政编青年略高。数据显示，行政编青年、事业编青年和聘任制青年每周投入3小时以上的比例依次为33.1%、28.4%、29.6%。

在继续教育方面，职业技能培训、岗位培训和学历提升培训是行政事

陕西省行政事业单位青年群体研究报告

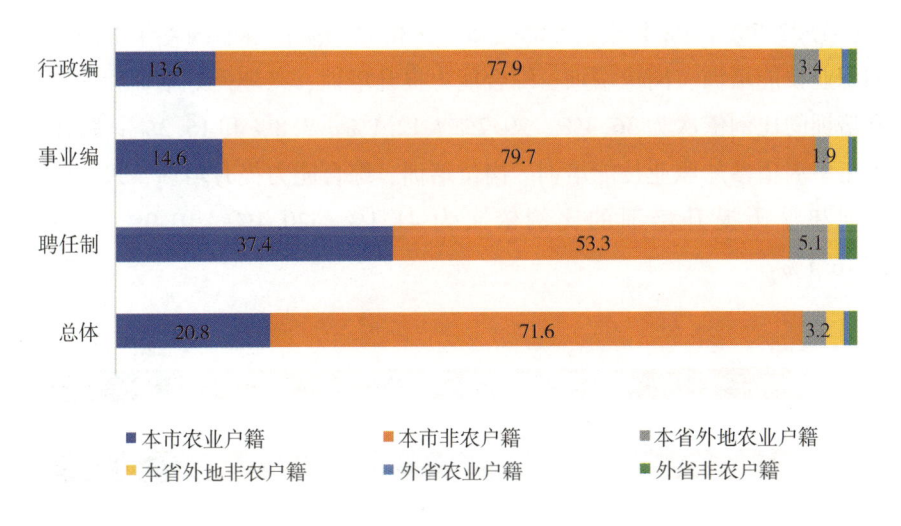

图4 陕西行政事业单位青年的户籍分布（%）

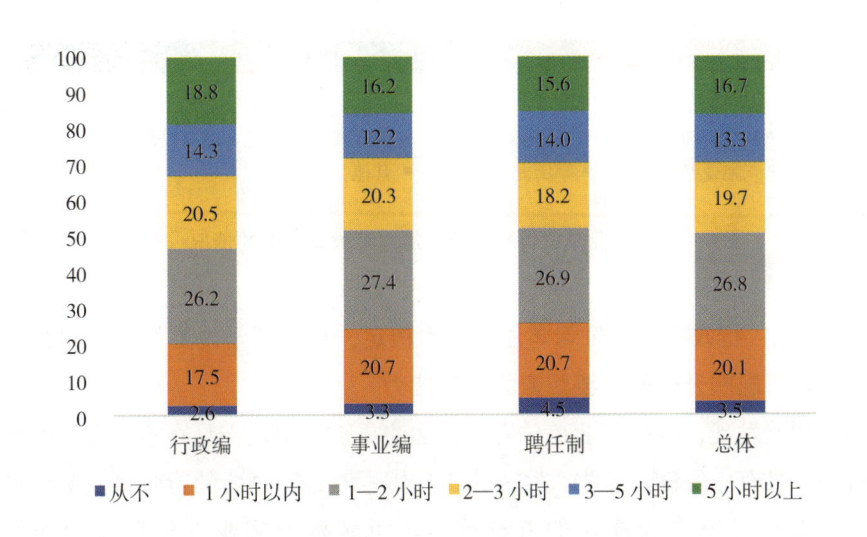

行政编：本市农业户籍13.6，本市非农户籍77.9，本省外地农业户籍3.4
事业编：14.6，79.7，1.9
聘任制：37.4，53.3，5.1
总体：20.8，71.6，3.2

图例：本市农业户籍、本市非农户籍、本省外地农业户籍、本省外地非农户籍、外省农业户籍、外省非农户籍

图5 行政事业单位青年的课外学习投入时间情况（%）

行政编：从不2.6，1小时以内17.5，1—2小时26.2，2—3小时20.5，3—5小时14.3，5小时以上18.8
事业编：3.3，20.7，27.4，20.3，12.2，16.2
聘任制：4.5，20.7，26.9，18.2，14.0，15.6
总体：3.5，20.1，26.8，19.7，13.3，16.7

业单位青年参与继续教育培训的三大主要类型，综合占比78.2%。但值得注意的是，与其他从业青年群体相比，行政事业单位青年参加学历提升培训的比例（15.4%）最高，在从业青年群体中居于首位。

从编制的类型角度来看，行政编最青睐岗位培训，事业编和聘任制青年最青睐职业技能培训。数据显示，行政编青年中渴望参加职业技能培训、岗位培训、综合能力提升培训、兴趣爱好培训和学历提升培训的比例依次为22.7%、35.4%、19.8%、5.3%和14.5%；事业编青年中渴望参加职业技能培训、岗位培训、综合能力提升培训、兴趣爱好培训和学历提升培训的比例依次为36.3%、29.7%、12.1%、3.8%和15.3%；聘任制青年中渴望参加职业技能培训、岗位培训、综合能力提升培训、兴趣爱好培训和学历提升培训的比例依次为41.1%、20.4%、10.9%、7.1%和16.1%。

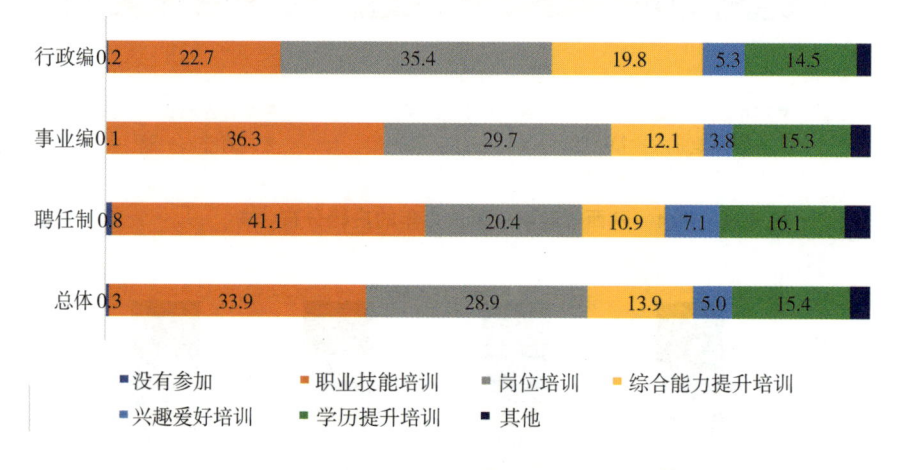

图6 行政事业单位青年渴望参加继续教育培训的情况（%）

（三）行政事业单位青年注重工作稳定，未来五年内更倾向于继续本职工作，影响升迁的主要因素为工作能力

调研发现，行政事业单位青年更加注重工作稳定，且在不同编制类型青年中具有一致性。首先，在考虑工作因素时，33.1%的行政事业单位青年将工作稳定作为择业的首选因素，明显高于从业青年群体的均值（18.8%），在传统领域从业青年群体中居于首位，并且分别有36.3%的行政编受访青年，34.1%的事业编受访青年，29.7%的聘任制受访青年将"工作稳定"作为选择工作时首要考虑因素，选择比例最高；其次，63.1%的行政事业单位青年近五年来没有换过工作，比从业青年群体均值（45.9%）高17个百分点有余，仅次于青年教师群体。另外，分别有70.3%的行政编受访青年、65.7%的事业编受访青年和51.6%的聘任制受访青年没有换过工作，在总体保持稳定性的同时，聘任制青年工作流动性相对更大。

在问及未来五年的工作规划时，更多的行政事业单位青年表示会"继续本职工作"，比例达到60.4%，比从业青年总体均值（48.2%）高12个百分点，仅次于青年教师，居于第二位。若分性别来看，分别有62.2%的受访男性和59%的受访女性会"继续本职工作"，比例最高，反映出不同性别的行政事业单位青年间深耕本职工作的一致性。

另外，在未来五年有自主创业计划的行政事业单位青年比例（13.1%）显著低于从业青年总体均值（24.4%），反映了陕西省行政事业单位青年事业规划的特点。

调查显示，在陕行政事业单位青年认为工作能力是影响工作升迁的首要因素，且在不同编制类型青年中具有一致性，其中选择工作能力为首要因素的比例为48.7%，远高于对学历（14.3%）、人际关系（17.3%）等因素的选择。其中，行政编、事业编和聘任制选择工作能力为首要因素的比例依次为49.9%、44.6%和53.2%，比例均高于其他因素。

（四）行政事业单位青年对网恋、"婚外情"、一夜情、未婚生子等现象接受度较低

调查发现，在陕行政事业单位青年对待恋爱"AA制"、婚前财产公证、子女随母姓等现象的接受程度一般，而对网恋、婚外情、一夜情、未婚生子等现象则较为反感，反映出在陕行政事业单位青年婚恋观倾向传统，讲求规矩的特征。分性别来看，不同性别的行政事业单位青年对网恋、婚外情、一夜情等现象的接受程度没有明显差异，但在对恋爱"AA制"、婚前财产公证、子女随母姓、离婚、同性恋、未婚生子等现象的接受上，女性接受比例更高。不同性别间对不同婚恋现象的接受比例如下：网恋（男19.4%，女19.7%）、离婚（男18.9%，女25.8%）、"婚外情"（男4.6%，女4.8%）、一夜情（男4.9%，女3.7%）、同性恋（男6%，女11.3%）、谈恋爱"AA制"（男20.1%，女28.5%）、婚前财产公证（男27.3%，女40.8%）、子女随母姓（男15.6%，女40.8%）、未婚生子（男9%，女11.8%）。

（五）行政事业单位青年服务社会的意识强烈

行政事业单位青年更乐于服务社会。调查显示，83.5%的行政事业单位青年认同"在力所能及的范围之内，愿意当志愿者"，该比例高出从业青年的平均值（79.0%）近5个百分点，在五大青年群体中居首位。同时，在关于陕西省政府2016年最感兴趣的工作内容的调查中，41%的行政事业单位青年关注保障和改善民生的问题，20.5%的青年关心环境建设和生态保护，两项比例均高于从业青年的平均值。这从侧面反映了行政事业单位青年对社会问题颇为关注，愿意在业余时间为社会做贡献。

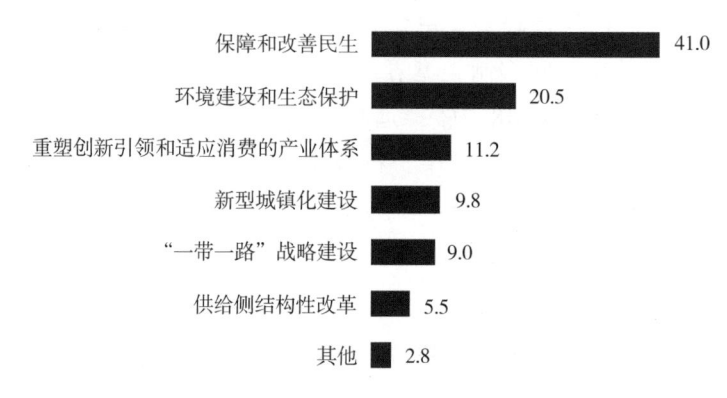

内容	比例
保障和改善民生	41.0
环境建设和生态保护	20.5
重塑创新引领和适应消费的产业体系	11.2
新型城镇化建设	9.8
"一带一路"战略建设	9.0
供给侧结构性改革	5.5
其他	2.8

图7　您对陕西省政府2016年工作哪些内容最感兴趣（%）

（六）行政事业单位青年社会保障完善，家人朋友在行政事业单位青年遇到困难时给予的帮助最大

调研发现，行政事业单位青年所在单位的保障机制较为完善。数据显示，劳动合同方面，69.5%的行政事业单位青年拥有劳动合同，高出所有从业青年的平均值7.8个百分点。此外，行政事业单位青年的带薪休假机制和三险一金制度的完善程度均处于五大社会青年群体的首位，分别为78.1%和78.2%，远远高于平均值的49.2%和49.1%。

在遇到困难或紧急情况时，家人朋友是行政事业单位青年最主要的依靠。数据显示，89.9%的受访行政事业单位青年认为在困难紧急情况时，"家人及亲戚"（76.2%）和"朋友"（13.7%）发挥的作用最为突出，显著高于社会从业青年平均水平（83%），在从业青年群体中对家人朋友的依赖程度最大，居于首位。分群体来看，家人朋友是行政编、事业编和聘任制青年遇到困难时给予的帮助最大,其中,"家人及亲戚"对聘任制青年的帮助较其他行政事业单位青年帮助更大,数据显示,"家人及亲戚"对行政编、事业编和聘任制青年的支持比例分别为75.4%、74.6%和82.3%,而"朋友"的支持比例分别为14%、15.3%和9.3%。

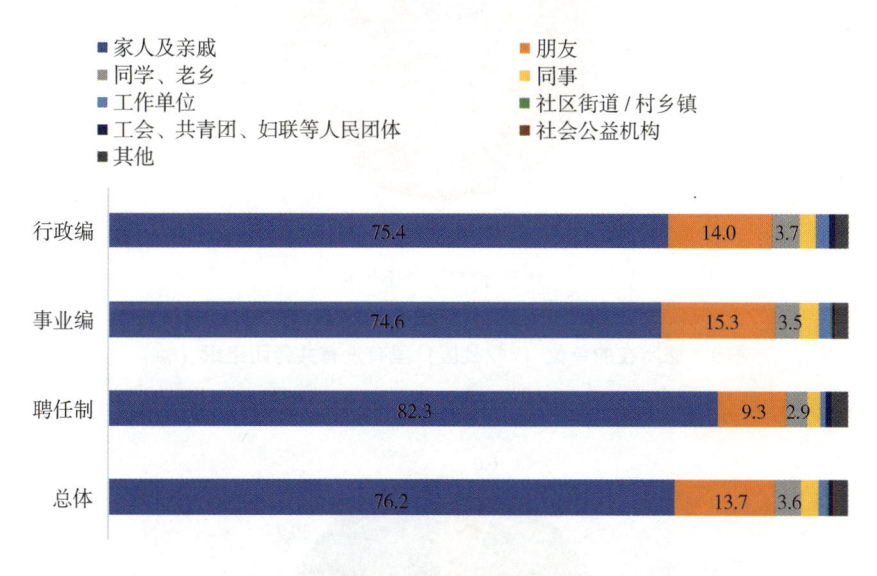

图例:
- 家人及亲戚
- 朋友
- 同学、老乡
- 同事
- 工作单位
- 社区街道/村乡镇
- 工会、共青团、妇联等人民团体
- 社会公益机构
- 其他

类别	家人及亲戚	朋友	同学、老乡
行政编	75.4	14.0	3.7
事业编	74.6	15.3	3.5
聘任制	82.3	9.3	2.9
总体	76.2	13.7	3.6

图8 在您遇到困难或紧急情况时谁给您的帮助最大(%)

(七)行政事业单位青年对共青团组织颇具好感,参加组织活动最为踊跃

调研发现,与其他从业青年相比,在陕行政事业单位青年所在单位或社区的共青团组织覆盖率较高,且对共青团组织的好感度最高。数据显示,有70.2%的受访行政事业单位青年表示单位或生活社区存在共青团组织,高于传统领域从业青年总体水平,在从业青年群体中仅次于青年教师,居于第二位。同时,61.3%的受访行政事业单位青年对共青团组织印象良好,比从业青年平均水平高出19个百分点有余,在从业青年群体中排名第一。

(八)行政事业单位青年多入不敷出或略有盈余,最渴望能增加收入

调研发现,在陕行政事业单位青年的收入并不占优,多处于入不敷出或略有盈余的状态。数据显示,在问及"您的收入是否有盈余"时,

12.3
17.6
70.2

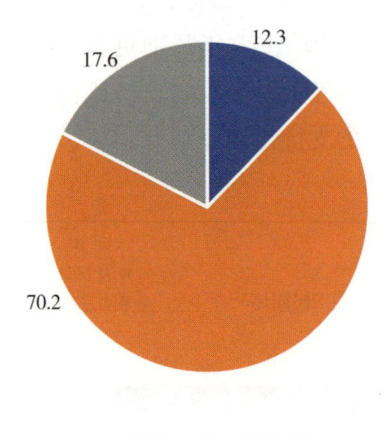

■ 没有　■ 有　■ 不知道

图9　您所在的单位（村/社区）里有没有共青团组织（%）

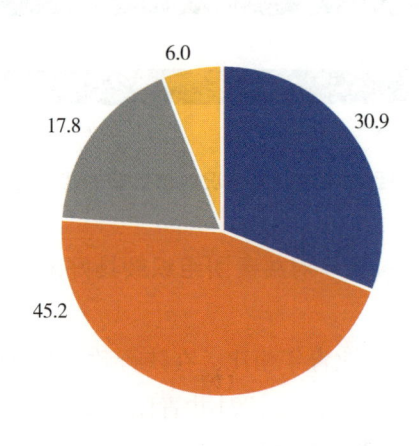

6.0
17.8
30.9
45.2

■ 没有　■ 偶尔参加　■ 经常参加　■ 不规律

图10　您对共青团组织的印象（%）

0.9%的受访行政事业单位青年选择了"有，很多"，34.6%的选择了"有，但不多"，37%选择了"入不敷出"，20.9%选择了"收支平衡"，6.7%处于模糊状态，选择了"说不清楚"。

相一致地，增加收入成为行政事业单位青年的最大诉求。数据显示，目前行政事业单位青年最渴望增加收入（71.4%）、补充专业知识

```
                    0.9
              6.7
       20.9                    34.6


              37.0
```

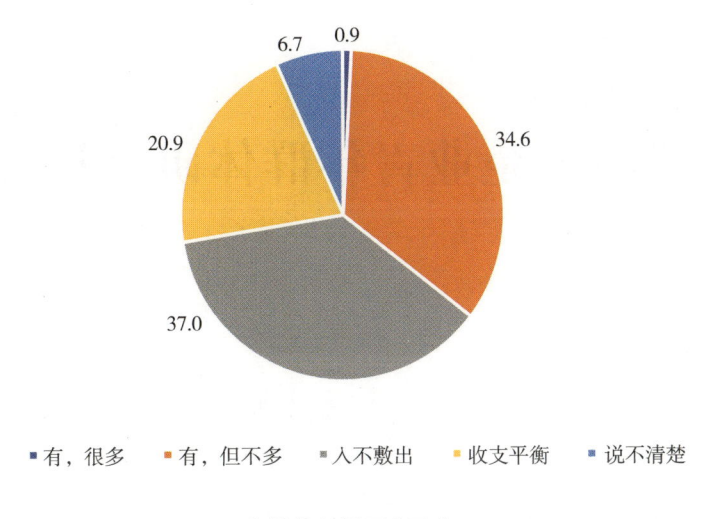

■ 有，很多   ■ 有，但不多   ■ 入不敷出   ■ 收支平衡   ■ 说不清楚

图 11　您的收入是否有盈余（%）

（34.4%）和实现职级晋升（33.0%）。另外，在寻求解释公务员"辞职潮"原因的过程中，经济压力大、收入偏低成为最为集中的原因集聚点，选择比例达到70.7%，也从侧面印证了行政事业单位青年对目前薪资水平的不满，迫切需求提高薪资水平的现状。

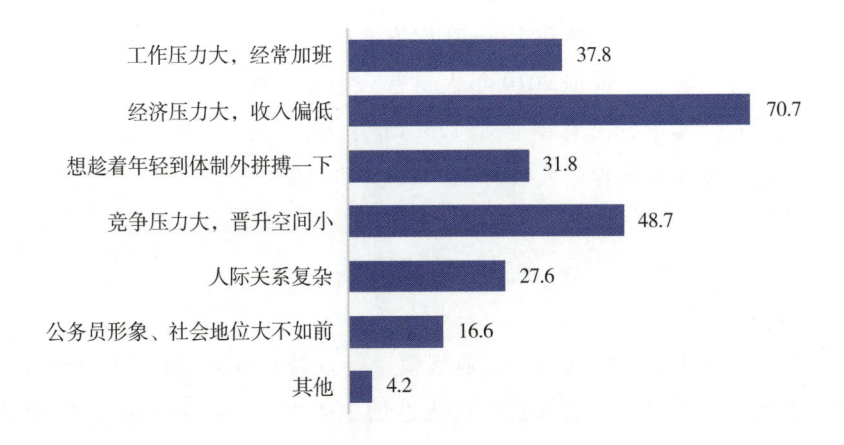

```
工作压力大，经常加班            37.8
经济压力大，收入偏低                        70.7
想趁着年轻到体制外拼搏一下      31.8
竞争压力大，晋升空间小          48.7
人际关系复杂                    27.6
公务员形象、社会地位大不如前    16.6
其他                            4.2
```

图 12　公务员"辞职潮"原因分析（%）

陕西省企业青年群体研究报告

陕西省企业青年总量大（含公有制企业青年和非公有制企业青年）、占全省青年总数比例较高，是全省从业群体的重要组成部分。多年来，企业青年群体在服务全省经济建设和促进社会发展中发挥了重要作用。

在此背景下，本次调研就陕西企业青年的发展状况展开调查，调查内容涵盖了企业青年的基本情况、学习情况、工作情况、健康状况、居住情况、消费情况、婚恋情况、思想动态与团青关系调查等方面。

一 群体总量

企业青年主要指年龄在19—40周岁之间、在企业从事一定劳动并取得报酬的青年职工。根据2010年人口普查数据，陕西省企业就业青年共有341万人，其中，公有制企业125.13万人，非公有制企业215.87万人，分别占企业从业青年人数的36.7%和63.3%。

二 抽样方法

本次调查研究按照地域、企业规模、行业特点在陕西的12个地市选取规模较大、适中、较小等具有代表性的304家非公有制企业、78家公有制企业青年中按照各群体人数比例配额发放。总共发放问卷1.71万份，回收1.42万份，回收率83%，其中有效问卷1.41万份，有效率99.2%，样本对调查对象有较好的代表性和覆盖面。

三 群体特征

(一) 企业青年中男女均衡，高等学历人员相对不足，多分布于国有、集体企业

调查中，男性占49.9%，女性占50.1%，总体上男女均衡。年龄上，20—30岁企业青年的比重占63.9%（20—25岁占28.5%，26—30岁占35.4%）。从企业类型来看，在国有、集体企业中男性居多，在非公有制企业中女性居多。数据显示，国有、集体企业中男性和女性分别占比57.3%和42.7%，非公有制企业中男性和女性分别占比44.9%和55.1%。从职位上看，中高层管理人员和一线工作人员中男性居多，临时及其他工作人员中女性居多；在中高层和一线工作人员中，26—30岁青年居多，在临时及其他工作人员中，20—25岁青年居多。数据显示，中高层管理人员中男性和女性的占比分别为53.2%和46.8%，19岁及以下、20—25岁、26—30岁、31—35岁以及36—40岁的青年占比分别为2.5%、20.4%、29.7%、29.7%和19.8%；一线工作人员中男性和女性的占比分别为51.5%和48.5%，19岁及以下、20—25岁、26—30岁、31—35岁以及36—40岁的青年占比分别为1.6%、26.9%、38.9%、19.6%和13%；临时及其他工作人员中男性和女性的占比分别为44%和56%，19岁及以下、20—25岁、26—30岁、31—35岁以及36—40岁的青年占比分别为7.9%、37%、27.6%、14.7%和12.9%。

受教育水平上，主要以高中、大专和本科为主，三项合计占到82.5%。企业青年中接受过高等教育（大专及以上学历）的占比62.4%，虽略高于从业青年平均水平（58.7%），但在传统从业青年中仅排在第四位。从企业类型来看，国有、集体企业中本科学历青年的占比显著高于非公有制企业中本科学历青年占比，大专及以下学历青年的占比远低于非公有制企业中的占比。数据显示，在国有、集体企业中大专及以下占比52.8%，本科占比41.5%，硕士占比5.3%，博士占比0.4%；在非公有制企业中大专及以下占比75.8%，本科占比23%，硕士占比3.4%，博士占比0.1%。

50.1　49.9

■ 男　■ 女

3.0
13.8
28.5
19.3
35.4

■ 19 岁及以下　■ 20—25 岁　■ 26—30 岁　■ 31—35 岁　■ 36—40 岁

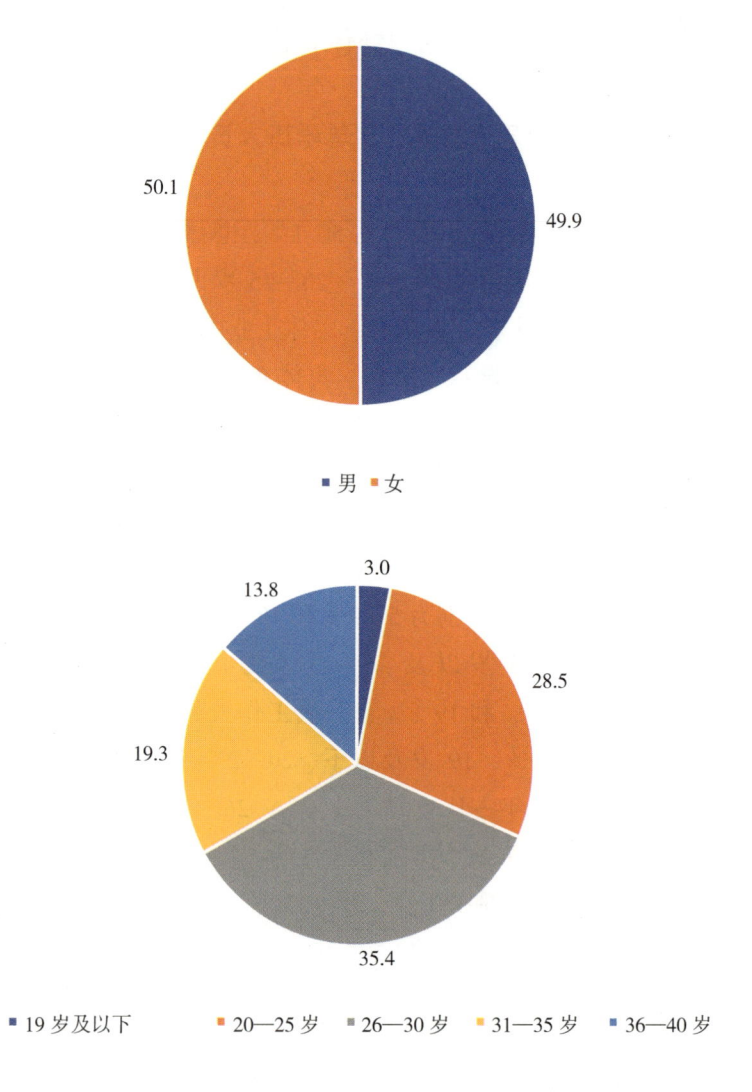

图 1　企业从业青年的性别和年龄分布情况（%）

（二）企业从业青年更注重业余学习，渴望提升综合能力

企业从业青年坚持提升自我，增强职业技能。调查显示，参加过（包括"偶尔参加"和"经常参加"）继续教育类培训的企业从业青年占比 62.2%，略高于其他从业青年的平均参与率（57.8%）。参加的培训主要内容是"职业技能培训"（40.7%）和岗位培训（27.4%）。从企业类

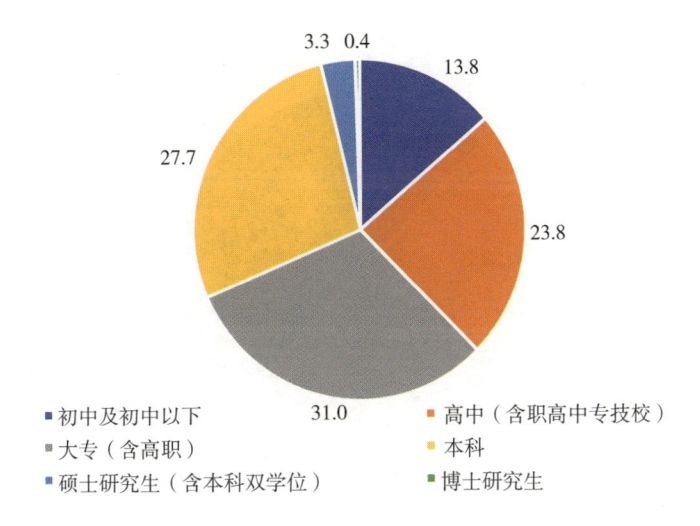

```
                    3.3  0.4
                              13.8


          27.7


                                      23.8



                    31.0
    ■ 初中及初中以下              ■ 高中（含职高中专技校）
    ■ 大专（含高职）             ■ 本科
    ■ 硕士研究生（含本科双学位）   ■ 博士研究生
```

图 2　陕西企业从业青年学历分布（%）

型来看，国有、集体企业青年参加继续教育类培训的频率更高，而在培训类型方面，除却职业技能和岗位培训是国有、集体企业和非公有制企业青年最为热衷的培训之外，国有、集体企业青年更偏爱学历提升培训，非公有制企业青年更偏爱综合能力提升培训。数据显示，国有、集体企业青年参加过继续教育类培训的比例为67.3%，非公有制企业为60.5%；国有、集体企业青年参加的最主要的三种培训依次为职业技能培训（43%）、岗位培训（28.8%）和学历提升培训（11.8%），非公有制企业青年参加得最主要的三种培训依次为职业技能培训（41.6%）、岗位培训（26.8%）和综合能力提升培训（13.8%）。

调查显示，陕西企业从业青年最渴求能在综合能力提升（34.5%）、兴趣爱好（15.5%）、职业技能（21.9%）、岗位培训（11.9%）、学历提升（8.1%）等方面获得培训，较为多元。分单位来看，国有、集体企业青年渴求参加综合能力提升培训（36.2%）、兴趣爱好培训（19.7%）和职业技能培训（18.6%），非公有制企业青年渴求参加综合能力提升培训（39.3%）、职业技能培训（24.7%）和兴趣爱好培训（12.2%）。从职位来看，中高层管理人员渴求参加综合能力提升培训（42.5%）、职业技能培训（21%）和岗位培训（15.7%），

■ 从来没有　■ 偶尔参加　■ 经常参加

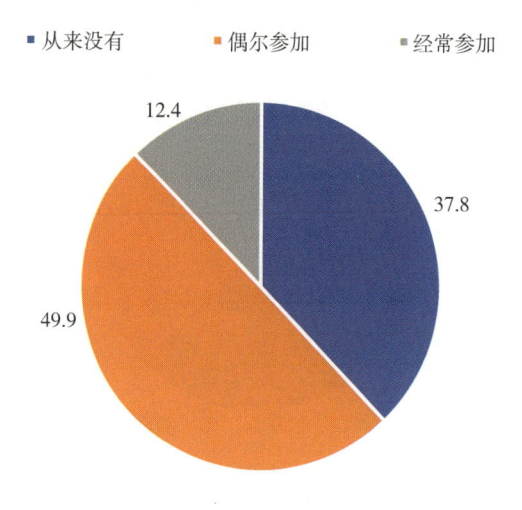

图3　企业从业青年参加继续教育类培训的情况（%）

■ 没有参加　■ 职业技能培训　■ 岗位培训　■ 综合能力提升培训
■ 兴趣爱好培训　■ 学历提升培训　■ 其他

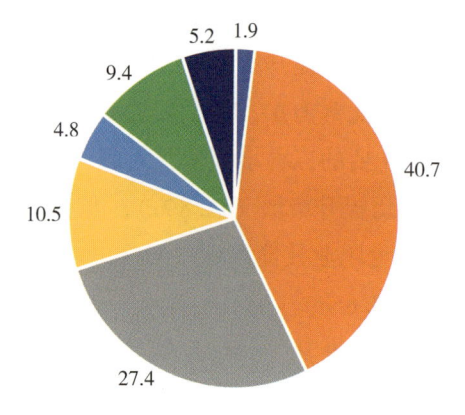

图4　企业从业青年参加过的继续教育培训（%）

一线工作人员渴求参加综合能力提升培训（35.7%）、职业技能培训（21%）和岗位培训（15.7%），一线工作人员渴求参加综合能力提升培训（35.7%）、职业技能培训（22.7%）和兴趣爱好培训（16.6%），临时及其他工作人员渴求参加综合能力提升培训（27.1%）、职业技能培训（20.6%）和兴趣爱好培训（15.3%）。

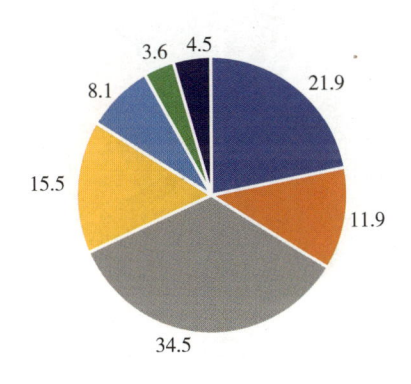

图5 陕西企业从业青年希望参与的培训（%）

职业技能培训 21.9
岗位培训 11.9
综合能力提升培训 34.5
兴趣爱好培训 15.5
学历提升培训 8.1
不想参加 3.6
其他 4.5

对于职业技能的培训方式，企业从业青年更偏好"实际工作岗位操作学习"（29.2%）和"企业实践导师授课"（20.2%）的方式。分单位来看，国有、集体企业青年和非公有制企业青年与总体一致，均偏好岗位实操和企业实践两种培训方式；分职位来看，总高层管理人员、一线工作人员和临时及其他工作人员也与总体一致，均偏好岗位实操和企业实践两种培训方式。

（三）多通过亲友介绍或参加招聘入职，偏好体制内单位，工作流动性较低

调研发现，在陕企业青年当前的工作主要是通过亲戚朋友介绍获得的，对于非公有制企业青年来说尤是如此，国有、集体企业青年主要通过招聘会入职。从职位来看，在中高层管理人员和临时及其他工作人员中主要通过亲戚朋友介绍获取工作，一线工作人员主要通过招聘会途径。数据显示，总体上，通过亲戚朋友介绍和招聘会获取工作的比例分别为32%和26.7%；国有、集体企业青年中的比例分别为22.6%和35.3%，非公有制企业青年中的比例分别为35.1%和23.1%，中高层管理人员中上述二者的比例分别为33.3%和22.6%，一线工作人员中上述二者的比例分

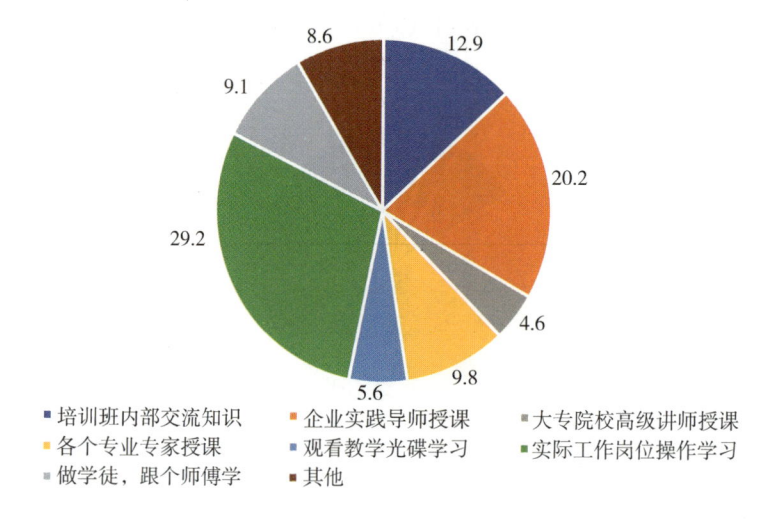

图6 企业从业青年愿意参加的职业技能培训方式（%）

别为 29.2% 和 31.3%，临时及其他工作人员的上述二者比例分别为 40.2% 和 15.2%。

陕西企业从业青年更偏好"体制内"的工作单位。如果可以选择，受访者最希望在省级事业单位（54.7%）就业，其次是省级国有企业（52.8%）。值得注意的是，有高达 46% 的受访者表示会选择"自主创业"。由此可见，企业从业青年一方面渴望稳定的工作，另一方面又希望通过创业实现自我价值。

调查显示，与从业青年相比，企业从业青年的工作稳定性较高。在过去 5 年中，没有换过工作的受访者占比 51.1%，换过 1 次工作的占比 27.1%，整体来看，工作流动性较低，在未来五年里，打算"继续本职工作"的占比 56.1%，要出从业青年近 8 个百分点（48.2%）。

从企业类型来看，与非公有制企业青年相比，国有、集体企业青年的工作稳定性更高。数据显示，国有、集体企业青年中没有换过工作的占比 69.4%，换过 1 次的为 18.8%，换过 2—3 次为 8%，换过 4—5 次的为 1.4%，换过 6 次及以上的为 0.7%；非公有制企业青年中没有换过工作的占比 40.3%，换过 1 次的为 31.3%，换过 2—3 次的为 22.4%，换过 4—5 次的为 2.7%，换过 6 次及以上的为 1.2%。

企业从业青年的劳动保障状况应引起重视。数据显示，每天工作时间

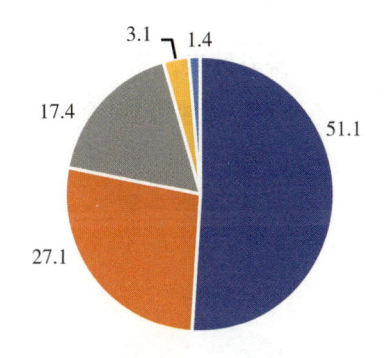

图7 企业从业青年更换工作的情况（%）

在8小时以上的企业从业青年占比65.6%，高出从业青年（55.4%）10个百分点有余。

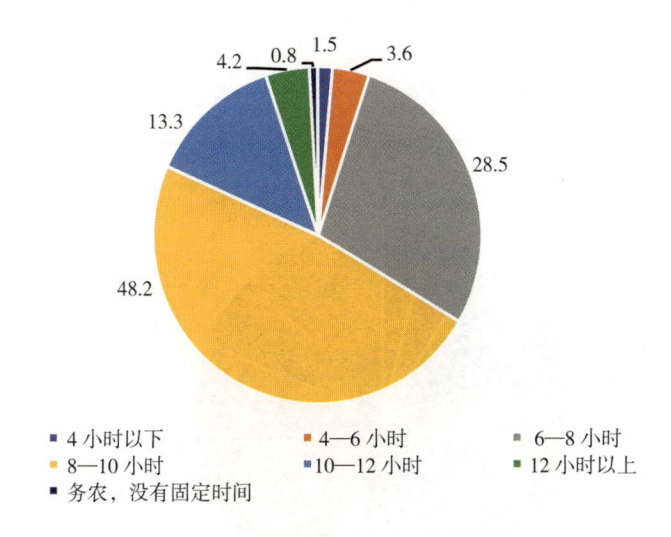

图8 企业从业青年工作时长/天情况（%）

从职位上来看，与临时及其他工作人员相比，中高层管理人员和一线工作人员的工作时间更长。数据显示，中高层管理人员和一线工作人员平均每天工作8小时以上的比例为67.7%和66%，临时及其他工作人员的这一比例为58.7%。

（四）陕西企业从业青年身心健康，压力适中

调研发现，近七成（66.5%）企业从业青年对自己的身体状况感到满意，但半数左右（51.6%）企业从业青年每周锻炼时间小于2小时，这与从业青年平均水平（52.4%）基本一致。

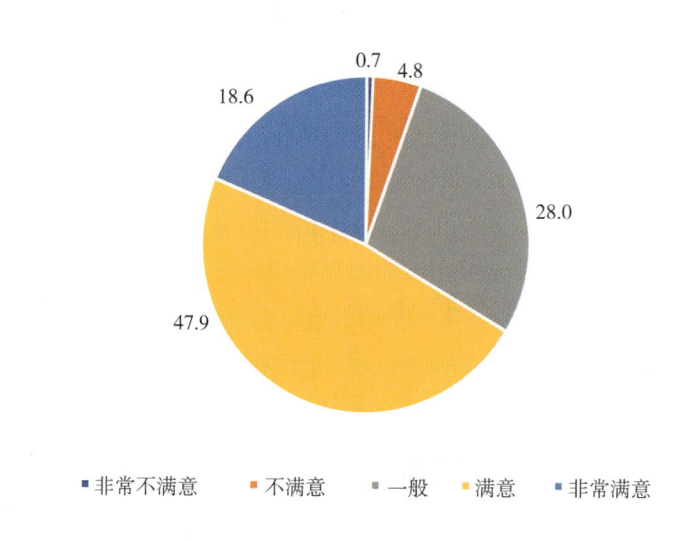

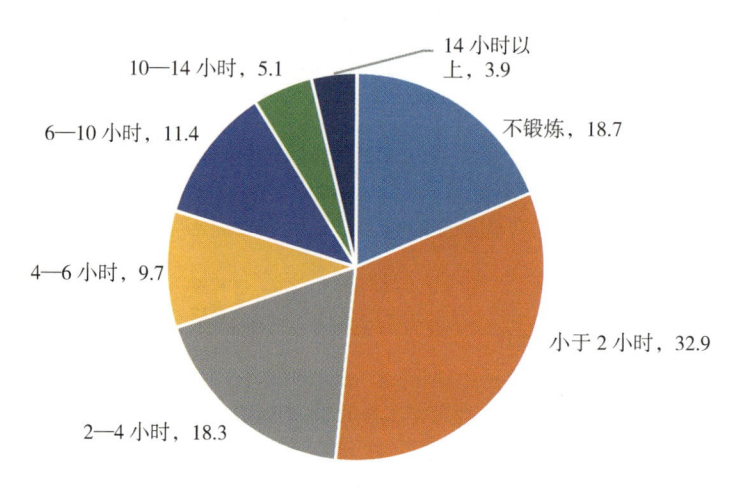

0.7　4.8　28.0　47.9　18.6

■非常不满意　■不满意　■一般　■满意　■非常满意

10—14 小时，5.1　14 小时以上，3.9
6—10 小时，11.4　不锻炼，18.7
4—6 小时，9.7
2—4 小时，18.3　小于 2 小时，32.9

图 9　企业从业青年对身体状况的满意程度及锻炼情况（%）

从压力水平上看，企业从业青年与从业青年平均水平相近。具体来

说，表示压力大、一般和压力小的企业从业青年分别占比46.6%、31.9%和21.5%，而从业青年对应的比例分别是46.9%、30.4%和22.8%。从单位性质上看，国有、集体企业青年和非公有制企业青年的压力状况基本一致，差异不显著；从职位上看，与临时及其他工作人员相比，中高层管理人员和一线工作人员压力较大。数据显示，中高层管理人员和一线工作人员表示压力大的比例分别为47.5%和47.9%，临时及其他工作人员表示压力大的比例为41.4%。

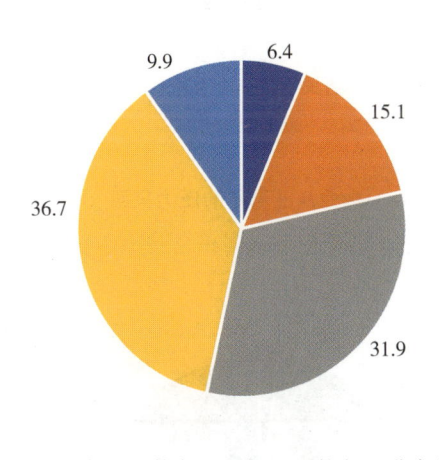

图10 过去一年，企业从业青年的压力情况（%）

调查显示，企业从业青年的压力也主要来自经济和工作方面，分别占比44.1%和28.8%。从职业子群体来看，国有、集体企业青年承受工作方面压力的比例稍高（国有、集体企业33.9%，非公有制企业27.1%），非公有制企业青年承受经济压力的比例略高（非公有制企业47.1%，国有、集体企业43.2%）；从职位上看，中高层承受工作方面压力的比例最高，一线工作人员和临时及其他工作人员承受经济压力的比例较高。

（五）更多租房和在集体宿舍居住，住房压力略大

整体来看，企业从业青年和从业青年住房情况基本相似，四成左右（39.1%）的企业从业青年自购（自建）住房，成为主要居住方式，而租房和在集体宿舍中居住的比例分别是21.8%和9.3%，略高于从业青年平

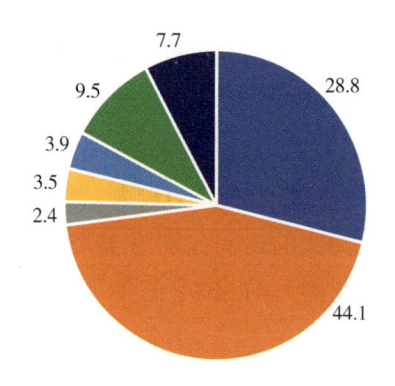

■ 工作方面　　■ 经济方面　　■ 人际关系方面　　■ 学习方面
　　■ 健康方面　　■ 婚恋、家庭方面　■ 其他

图 11　企业从业青年的压力来源（%）

均的18%和7.1%。

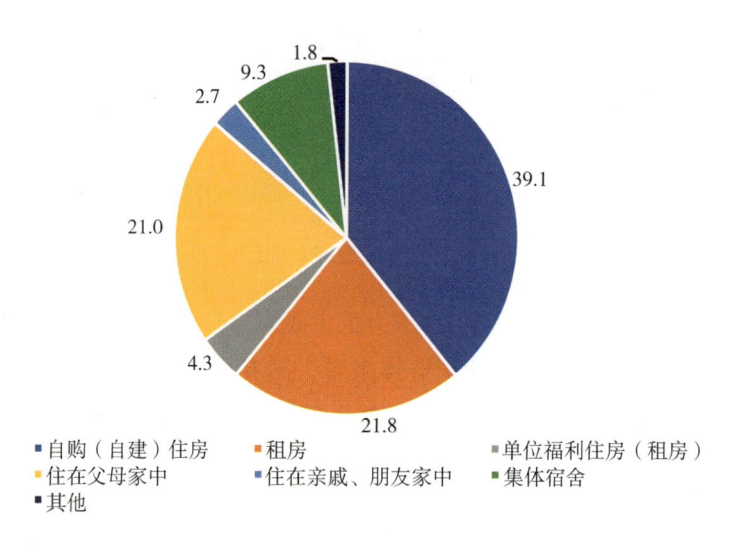

　　■ 自购（自建）住房　　■ 租房　　■ 单位福利住房（租房）
　　■ 住在父母家中　　■ 住在亲戚、朋友家中　■ 集体宿舍
　　■ 其他

图 12　企业从业青年的住房情况（%）

　　从单位性质上看，国有、集体企业与非公有制企业居住情况差别不大。从职位上看，更高比例的中高层管理人员居住在"自购（自建）住房"（53.5%），一线工作人员和临时及其他工作人员在租房居住和与父母住在一起的比例更为突出。

在购房愿望上，企业从业青年与其他从业青年平均状况相一致。具体来说，有60.5%有购房（自建房）的愿望，其中，有"很强烈"的愿望占多数，比例为34.9%。有19.6%的受访者认为他们现在面临的最主要困难是"住房困难"。

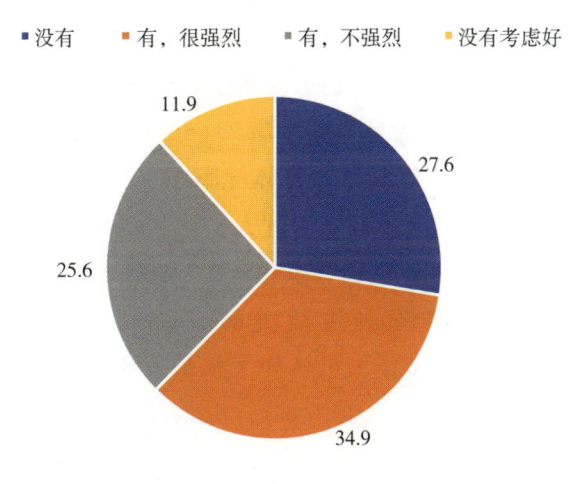

图13　未来5年内，企业从业青年购房意愿（%）

（六）在陕企业从业青年的婚恋观呈现合规合矩，偏向保守的倾向

调研发现，与社会从业青年总体水平相比，在陕企业从业青年的婚恋观倾向于合规合矩，偏向保守。数据显示，在面对周边网恋、离婚、"婚外情"、一夜情、同性恋、谈恋爱"AA制"、婚前财产公证、子女随母姓等现象或行为时，企业从业青年的赞同比例并不突出，具体如下：网恋（企业从业青年→从业青年：21.5%→23%）、离婚（企业从业青年→从业青年：18.9%→20.7%）、婚外情（企业从业青年→从业青年：5.8%→6.6%）、一夜情（企业从业青年→从业青年：6.5%→6.6%）、同性恋（企业从业青年→从业青年：8.6%→9.1%）、谈恋爱"AA制"（企业从业青年→从业青年：21.8%→21.1%）、婚前财产公证（企业从业青年→从业青年：30.2%→33.8%）、子女随母姓（企业从业青年→从业青年：23.7%→27.5%）。

（七）企业从业青年人生观和价值观坚定正直，有较强的国家认同感和政治理想

就企业从业青年的思想状况来看，坚定的人生观和正确的价值观占主流地位。96.2%的受访者赞成"诚信是做人的基础"，显示出其正直的价值观导向。对于"付出就会有回报"，60.8%受访者表示赞同，与从业青年总体水平（63.4%）持平，显示出企业从业青年积极的人生态度。

对于幸福的定义，"家庭生活美满"（55.5%）成为生活幸福的主要指标，其他较为重要的依次是"身体健康"（13.7%）和"事业有成"（11.0%）。从职位上看，中高层管理人员认为幸福最重要的两个指标是"家庭生活美满"（50.3%）和"事业有成"（15.5%），一线工作人员认为幸福最重要的是"家庭生活美满"（59.1%）和"身体健康"（13.9%），临时及其他工作人员认为幸福最重要的是"家庭生活美满"（48.1%）和"身体健康"（13.7%），由此可见不同职位的企业青年对"幸福"的认识出现差异。

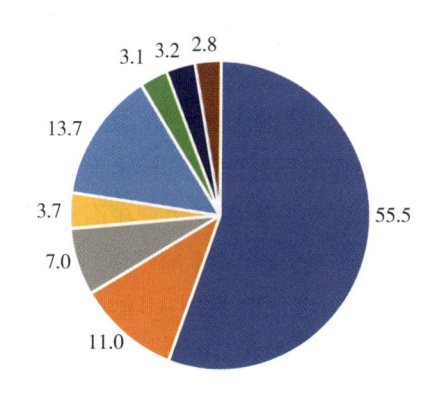

图14 企业从业青年认为幸福最重要的指标是（%）

在国家认同感和政治理想坚定度上，企业从业青年有较强的国家认同感，对国家发展、陕西发展充满信心，企业从业青年认同"作为中国人

非常自豪",坚信"中国梦一定能实现"和"三个陕西一定能实现"的比例分别占到87.4%、82%和80.3%。

(八) 企业从业青年对共青团主导活动有了解,认同品牌活动发挥的精神引领作用

调研发现,在陕企业从业青年对共青团主导的活动有了解,但并不深入。对于共青团组织的各项活动,三成左右的企业青年表示"了解、熟悉",四成左右的企业青年表示"听说过"。对于共青团的品牌活动,超过三成(31.3%)在陕企业从业青年认为其对"对树立正确的理想信念有帮助",受访者还认为帮助他们"能开阔眼界,多交朋友"(15%)、"能提高自身的技能和竞争力"(11.4%)和"能促进本职工作"(10.8%)。另外,在陕企业从业青年希望这些活动能够"加强思想引导、传递正能量"(31.2%)、"结合目前青年群体的兴趣爱好,丰富业余生活"(15.1%)和做到"以企业效益为中心,促进工作任务完成"(12.9%)。

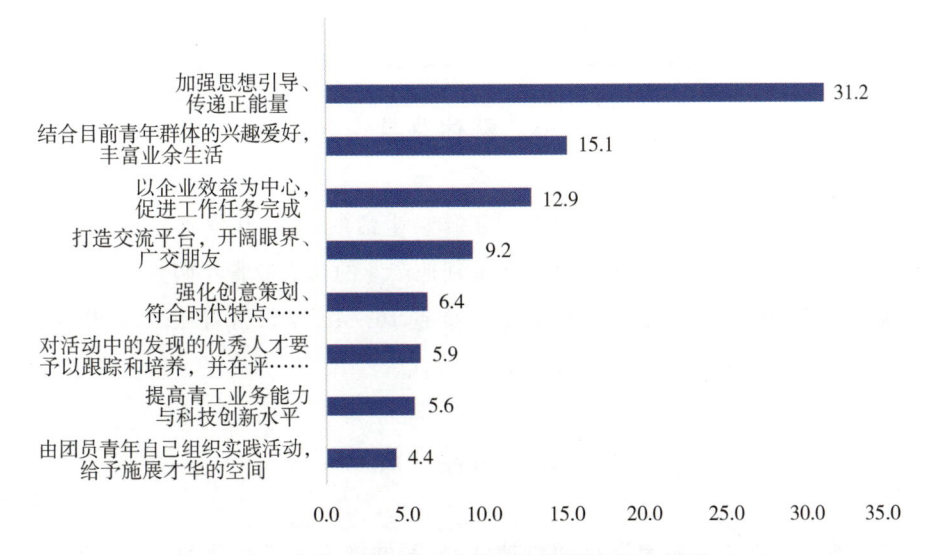

项目	百分比
加强思想引导、传递正能量	31.2
结合目前青年群体的兴趣爱好,丰富业余生活	15.1
以企业效益为中心,促进工作任务完成	12.9
打造交流平台,开阔眼界、广交朋友	9.2
强化创意策划、符合时代特点……	6.4
对活动中的发现的优秀人才要予以跟踪和培养,并在评……	5.9
提高青工业务能力与科技创新水平	5.6
由团员青年自己组织实践活动,给予施展才华的空间	4.4

图15 企业从业青年对共青团品牌活动的意见和建议(%)

陕西省农村青年基本状况调研报告

陕西省农村青年总量大、占全省青年总数比例较高，是全省青年群体的重要组成部分，在服务全省经济建设和社会发展中发挥着重要作用。共青团组织是联系服务青年的桥梁和纽带，深入调研和了解当前农村青年的结构性特征、职业特征、政治参与、人际交往和精神文化生活等状况，对进一步做好服务农村青年工作和向各级党委、政府提出加强农村青年工作政策建议具有重要意义。

本次调查涵盖了他们的基本情况、学习情况、工作情况、婚恋观、思想状况、权益保障、团青关系等方面。

一 群体总量

陕西农村青年是指在陕西农村工作、生活的16—40岁青年，含从事农业及其相关产业的农业青年和从事其他产业的非农业青年两大类。根据陕西省2010年人口普查资料数据，全省16—40岁农村青年人口为740万人。

二 抽样方法

本次调查研究主要通过随机抽样/配额抽样方法进行问卷调查，共发放问卷1.67万份。在全县（区）按照人口规模、经济水平等综合因素选取规模大、适中、较小等具有代表性的6个村，总计618个村进行调研。

三　群体特征

（一）年龄多在 20—30 岁之间，大专及以下学历为主，更多租房和在集体宿舍居住

调研的陕西农村青年多在 20—30 岁之间。其中，调查对象中，19 岁及以下占比 4.6%，20—25 岁占比 24%，26—30 岁占比 27.4%，31—35 岁占比 19.3%，36—40 岁占比 24.7%。

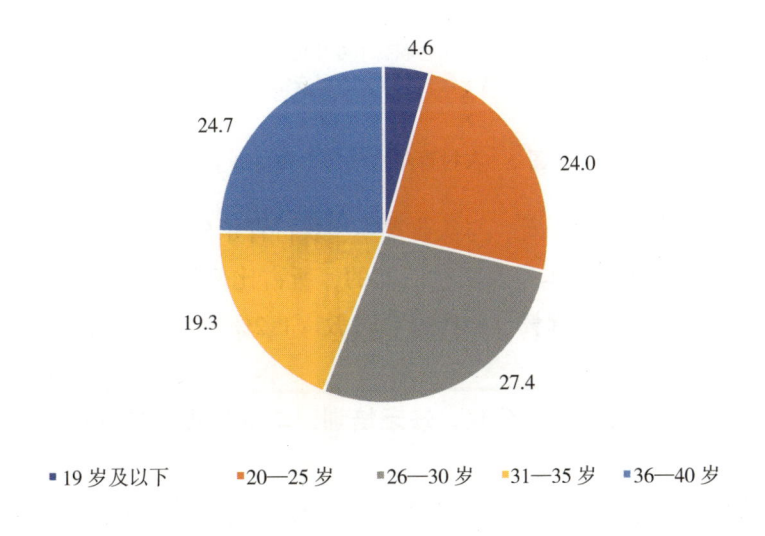

图 1　农村青年的年龄分布（%）

从学历水平来看，与农村青年相比，农业青年的学历水平偏低。数据显示，农业青年的高等教育入学率（大专以上）为 28.6%，高中（含职高中职技校）为 33%，初中及以下占 38.5%。而农村青年总体中，大专及以上的占比 42.9%，高中（含职高中专技校）占比 29.4%，初中及初中以下占比 27.7%。

与传统领域从业青年相比，农业青年的学历水平最低。数据显示，社会组织从业青年大专（含高职）及以上的比例为 70%，行政事业单位青年占比 93.8%，企业从业青年占比 62.4%，青年教师占比 98.4%，均远高于农业青年大专（含高职）及以上的学历占比。

```
                     0.6
              10.4
       17.5
                           38.5

              33.0
```

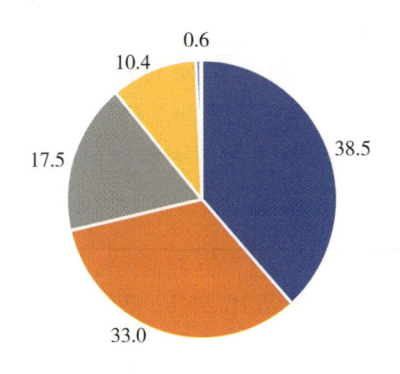

■ 初中及初中以下　　■ 高中（含职高中专技校）　　■ 大专（含高职）
■ 本科　　■ 硕士研究生（含本科双学位）　　■ 博士研究生

图 2　农村青年的学历分布（%）

从宗教信仰角度来看，与从业青年、农村青年分布情况基本一致，当前陕西省农业青年主体是无宗教信仰的，所占比例为 87%。陕西农业青年主要的宗教信仰有佛教（8.1%）、道教（1.2%）和基督教（1%）。

（二）阅读习惯两极分化，缺乏培训，培训以提升职业技能为主要目的

与农村青年基本一致，农业青年在工作之余平均每周读书（看报）学习的时间 1 小时以内的占 29%，1—2 小时的占 25.6%，2—3 小时的占 12.7%，3—5 小时的占 5.8%，5 小时以上的占 6%，从不读书（看报）的占 20.9%。可以看到，农业青年的业余阅读情形也出现了两极分化的情况，经常阅读的和从不阅读的都占到了较大的比例。

从业余参加培训的角度来看，在教育类培训方面，农业青年经常参加培训的比例很低，不足一成，仅占比 5.5%。另外，偶尔参加教育类培训的比例为 39.1%，从来没有参加过的比例为 55.4%。这表明农业青年在培训的广度和深度上做的尚且不够。

在培训方面，与其他从业青年一致，广大农业青年经常参加的培训为职业技能类培训与岗位培训（占比 66.7%），表明农业青年参加培训提升岗位技能为主要目的，但青年基于兴趣爱好（7%）和综合素质提升的培

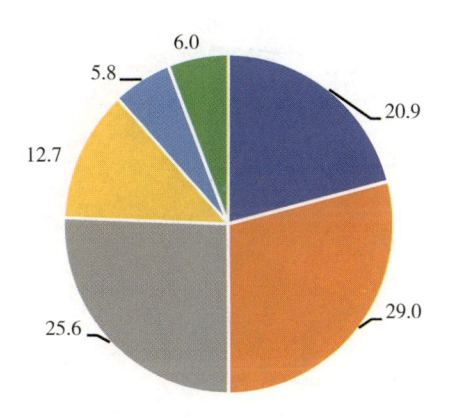

图3 农业青年的业余阅读时间情形（%）

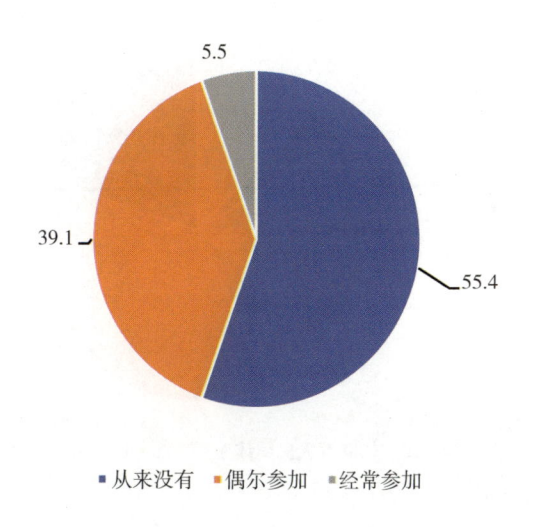

图4 农业青年参加教育培训的情况（%）

训（10.2%）明显不足，需要加强。

农业青年所参加的培训主要是由本地政府（37.1%）和学校或者单位（20.1%）主办的，我们看到工会、共青团、妇联等群团组织所主办的培训只占培训类型的8.3%。说明共青团组织在组织和引领农业青年培训方面尚有许多工作需要开展。

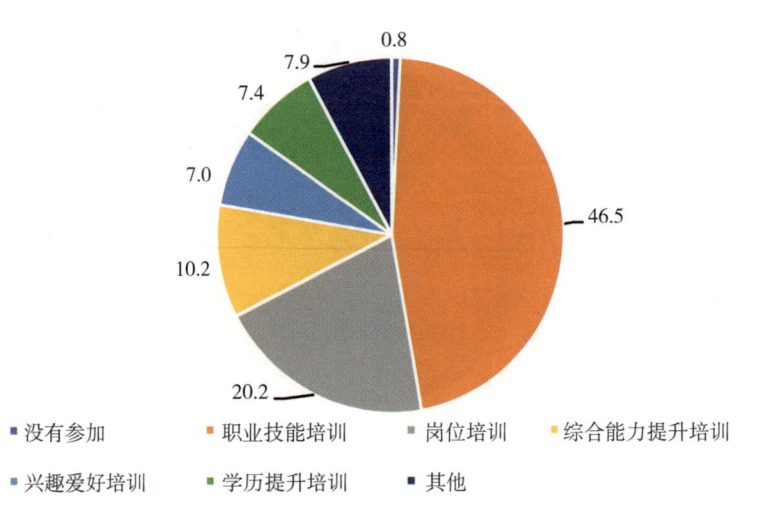

图5 农业青年参加的培训内容（%）

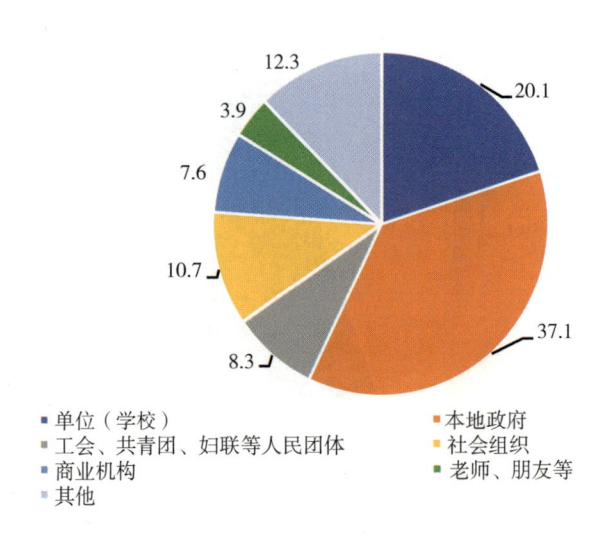

图例：没有参加 0.8、职业技能培训 46.5、岗位培训 20.2、综合能力提升培训 10.2、兴趣爱好培训 7.0、学历提升培训 7.4、其他 7.9

图6 农业青年参加培训的组织单位（%）

图例：单位（学校）20.1、本地政府 37.1、工会、共青团、妇联等人民团体 8.3、社会组织 10.7、商业机构 7.6、老师、朋友等 3.9、其他 12.3

当前农业青年倾向于参加的培训类型和其认可的影响农业青年择业和职位升迁的因子是相同的，主要集中于职业技能培训（35%）、综合能力提升（24.9%）、岗位培训（11.4%）和兴趣爱好培训（10.5%）等。与农村青年相比，相较于其他培训，农业青年则更重视"职业技能培训"（35%）。

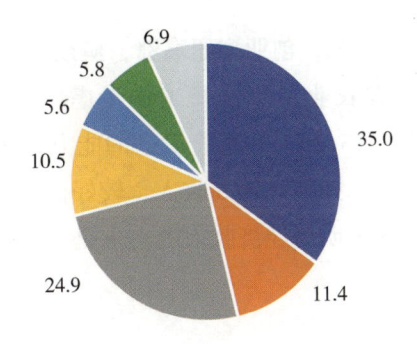

图例:■ 职业技能培训 ■ 岗位培训 ■ 综合能力提升培训 ■ 兴趣爱好培训 ■ 学历提升培训 ■ 不想参加 ■ 其他

数值:35.0、11.4、24.9、10.5、5.6、5.8、6.9

图 7　农业青年希望参加的培训类型（%）

农业青年认可的主要培训方式有组织专家进村培训（22.5%），专家培训、指导（22.5%），现场参观学习（21.3%）等，也就是更希望面对面的培训和实地体验，我们要灵活采用多种培训方式，引导更多的农村青年参与丰富多彩的培训中。

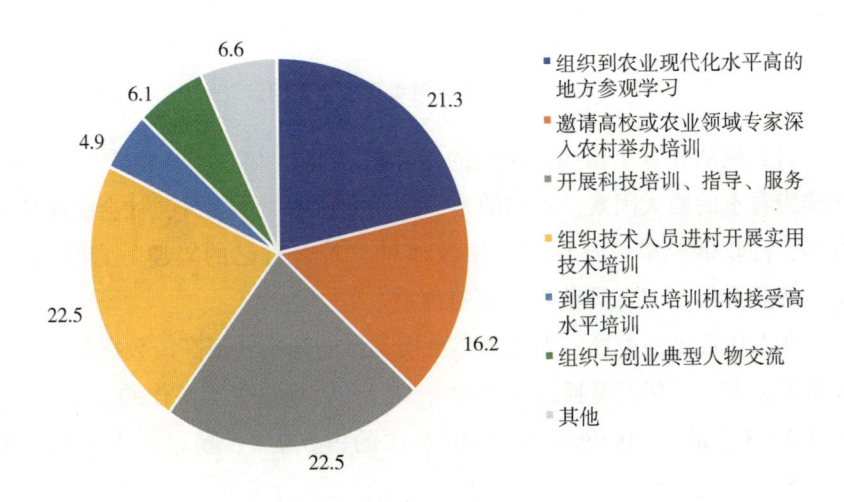

图例:■ 组织到农业现代化水平高的地方参观学习 ■ 邀请高校或农业领域专家深入农村举办培训 ■ 开展科技培训、指导、服务 ■ 组织技术人员进村开展实用技术培训 ■ 到省市定点培训机构接受高水平培训 ■ 组织与创业典型人物交流 ■ 其他

数值:21.3、16.2、22.5、22.5、4.9、6.1、6.6

图 8　农业青年希望参加的培训方式（%）

（三）工作稳定性较强，创业意愿高涨，亟须创业支持

调研发现，陕西省农业青年选择工作考虑的前三位是因素收入高（46.7%）、工作稳定（13.3%）、适合自己的能力（10.3%）。由此可见，农业青年在从业中渴望选择具有较高收入、较好福利、适合自己能力和具有发展前景的工作，这表明对经济收入的追求是当前农业青年最重要的现实需求。

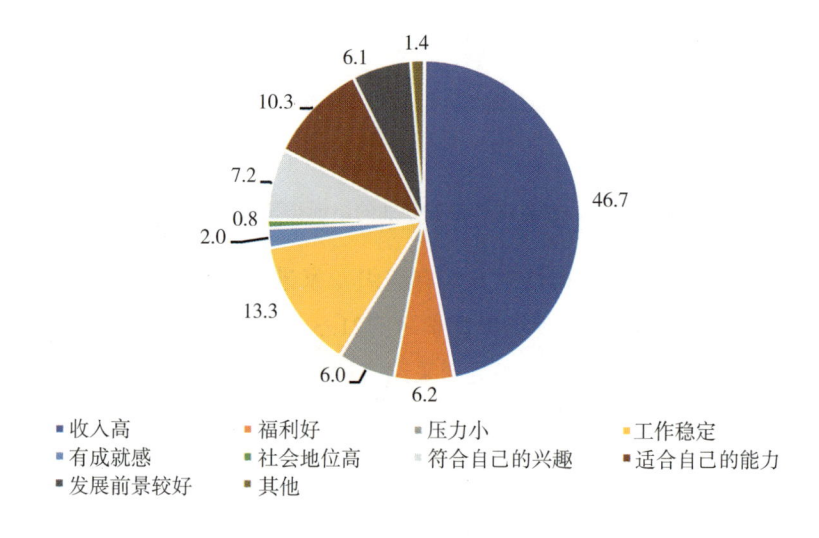

图9　农业青年选工作时看重的首要因素（%）

与其他从业青年相比，相同的是"收入高"和"工作稳定"是他们均较为看重的两大因素；不同的是，除了上述两大因素外，社会组织从业青年、行政事业单位青年和青年教师对"符合自己的兴趣"青睐有加，企业从业青年对"发展前景"更有侧重。

在工作流动性方面，农业青年更换工作的频率并不高。数据显示，近五年来，农业青年没有换过工作的占31.1%，换过1次工作的占20.2%，换过2—3次的占20.9%，换过4—5次的占5.7%，换过6次及以上的占2.5%。

农业青年有创业意愿（还未行动）的占到51.6%，已实施和筹划创业的占28.1%，无创业意愿的仅占到两成（20.3%）。青年农业创业意愿

图10 农业青年换工作的频率（%）

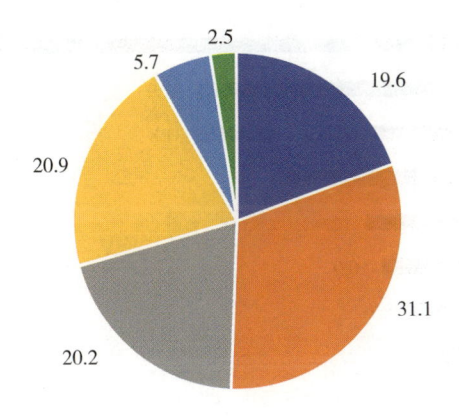

未就业 19.6；没有换过 31.1；换过1次 20.2；换过2—3次 20.9；换过4—5次 5.7；换过6次及以上 2.5

的高涨为"明天谁来种地"带来了最有希望的回答，当然也应看到，未付出行动的拟创业农业青年受制于各种因素，是需要我们加以疏导和帮助的重点人群，也需要为农业青年的创业项目和市场定位、营销等做有针对性的指导，提高农业青年创业成功率。

陕西省农业青年在创业时遇到的困难在前三的是：缺乏资金，占64.3%；缺少技术支持，占31.9%；缺乏创业指导，占31.8%。由此可见，农业青年创业在资金、创业思维、技能等方面的制约还是很大的。

（四）初婚年龄较早，理性择偶，婚恋观日趋开放和理性

调查显示，农业青年的初婚年龄峰值在24—26岁（47.2%），23岁及以下初婚的农业青年依然还有22.3%，陕西省农业青年结婚年龄普遍早于城市。若与其他从业青年相比，与社会组织从业青年、行政事业单位青年、企业从业青年和青年教师一致，初婚年龄最多集中在24—26岁之间，但在23岁及以下结婚的比例，农业青年明显较高，在27—29岁之间结婚的比例明显低于其他从业青年，说明陕西省农业青年初婚整体偏早。

择偶标准上，农业青年在择偶的条件选择上更多是趋于理性和成熟的，59.8%的农业青年在择偶时更关注对方的能力及道德品质的内在之美，同时综合对方的学历、双方的感情和家庭背景、生活习惯、身体状况

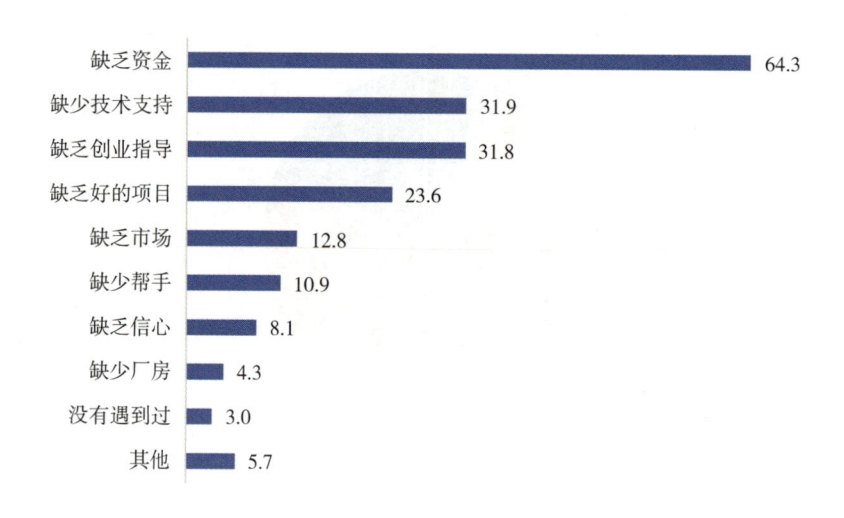

缺乏资金　　　　　64.3
缺少技术支持　　　31.9
缺乏创业指导　　　31.8
缺乏好的项目　　　23.6
缺乏市场　　　　　12.8
缺少帮手　　　　　10.9
缺乏信心　　　　　8.1
缺少厂房　　　　　4.3
没有遇到过　　　　3.0
其他　　　　　　　5.7

图11　农业青年创业的困难（%）

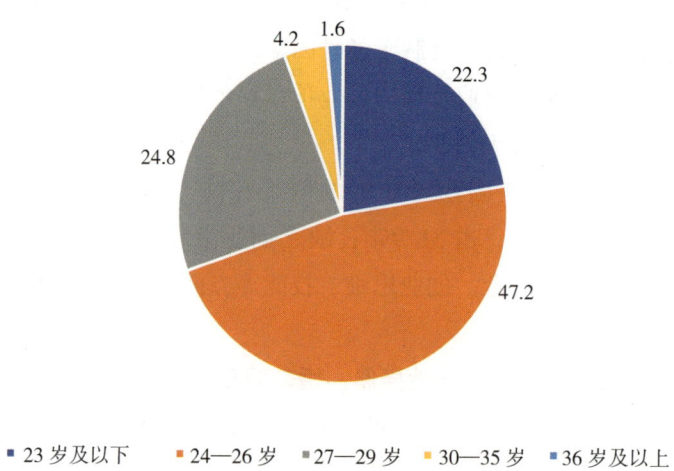

22.3　23岁及以下
47.2　24—26岁
24.8　27—29岁
4.2　30—35岁
1.6　36岁及以上

图12　农业青年的初婚年龄分布（%）

等因素。而职业、地域、个人收入等因素则未被选入较高影响因素均低于10%。

生育观上，在排除生育政策限制的情况下，农业青年愿意生育二胎的占58.8%，只生一个孩子的占30.3%。意愿生育3个以上的只占3.2%。可见随着计划生育观念的深入人心，陕西省农业青年的生育观念已经得到

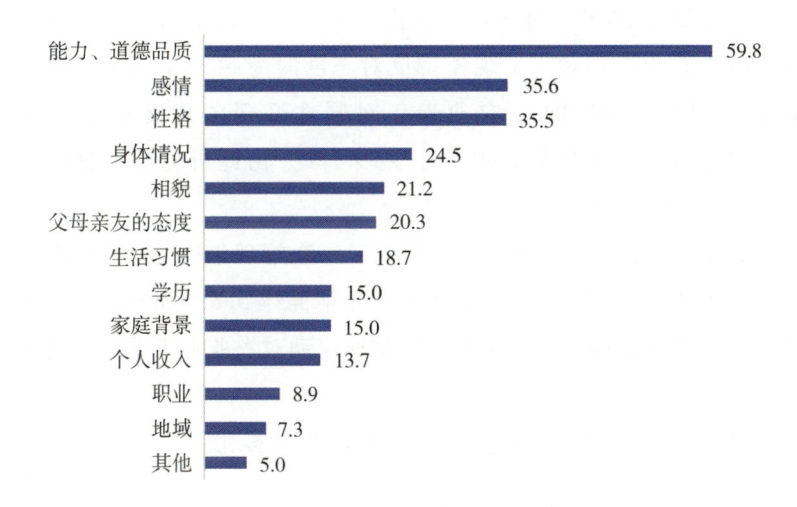

择偶标准	比例
能力、道德品质	59.8
感情	35.6
性格	35.5
身体情况	24.5
相貌	21.2
父母亲友的态度	20.3
生活习惯	18.7
学历	15.0
家庭背景	15.0
个人收入	13.7
职业	8.9
地域	7.3
其他	5.0

图 13　农业青年的择偶标准（%）

了改善，甚至出现了不愿意生育的"丁克族"（不生育，2.1%）。

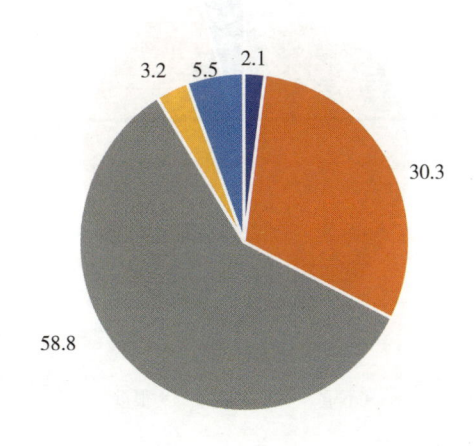

生育意愿	比例
不生育	2.1
生育1个	30.3
生育2个	58.8
生育3个及以上	3.2
没考虑好	5.5

图 14　农业青年的生育意愿（%）

陕西省农村青年不愿意再生育一个孩子的首要原因是经济因素的制约（59.6%），其次是忙于工作后没有人照看孩子的问题（12%）和孩子的教育、医疗问题（10.8%）。

婚恋观上，陕西省农业青年对网恋现象持反对态度的为 47.4%，与企业从业青年群体36.9%的反对率相比，我省农业青年的网恋观相对较为谨慎；我省农业青年对离婚现象持反对态度的为56.5%，而企业青年对离婚的反对率为44.8%；农业青年对同性恋现象持反对态度的为81.1%；对未婚生子现象持反对态度占59.2%。由此可见，农业青年的婚恋观有其保守的一面。

然而，虽然陕西省农业青年对婚外情、一夜情现象持反对率较高，但两者依然有近10%的认同率，高于企业青年群体5.8%和6.5%的认同率，显然农村近年来的剧烈变化和青年加速流动对农业青年婚恋观造成影响，需要引起重视。

在彩礼上，有60.1%的农业青年感觉现在的彩礼负担很重，认为一般的有35.4%，认为负担不重仅有4.5%，表明农村彩礼过重情况日益加重。

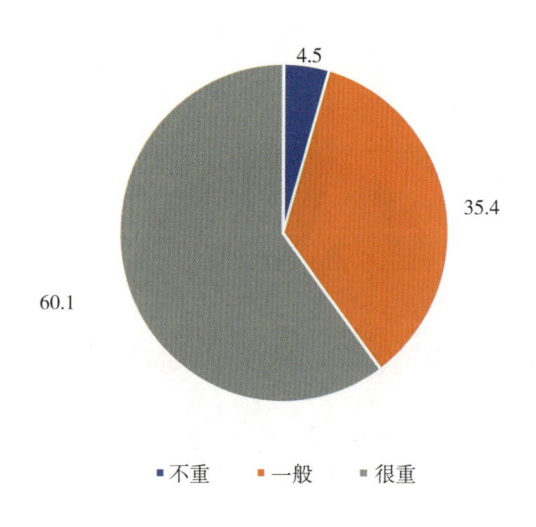

图15 农业青年的彩礼负担（%）

（五）在陕农业青年关注民生，拥有正直的思想价值导向

陕西省农业青年对省政府2016年工作感兴趣的领域依次是保障和改善民生（35.7%）、新型城镇化建设（19.3%）、环境建设和生态保护（15.7%）、重塑创新引领和适应消费的产业体系（10.2%）、"一带一路"战略建设（7.9%）、其他（6.9%）、供给侧结构改革（4.4%）。可见民生、城镇化、环境和生态保护以及重塑产业体系是陕西省农业青年关注的重要领域，也体现了农业青年对民生改善的期望和对政府工作的关注。

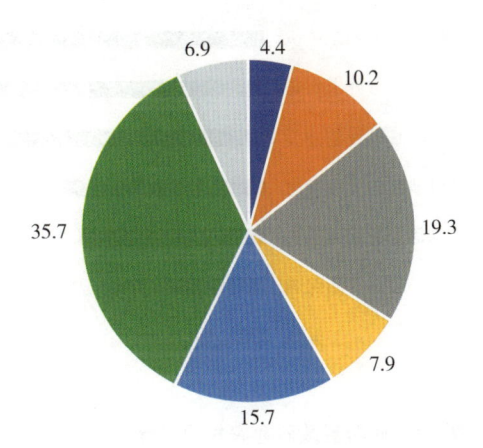

饼图数据：
- 供给侧结构性改革：15.7
- 重塑创新引领和适应消费的产业体系：10.2
- 新型城镇化建设：19.3
- "一带一路"战略建设：7.9
- 环境建设和生态保护：4.4
- 保障和改善民生：35.7
- 其他：6.9

图16 农业青年关注的省政府2016年工作（%）

当问及"国家一直在加大'三农'扶持力度，您希望政府为农村提供什么？"时，农业青年对"三农"政策的关注点排在前三位的分别是：农业补贴，占42.9%；教育或培训机会，占38.8%；医疗保险，占38.8%。

调查显示，91.4%的农业青年同意对于"作为中国人非常自豪"，在从业青年群体中比例最高。由此可见，农业青年体现了身为中国人的高度自信，共青团青年思想引领工作可以顺势而为，进一步释放好声音、正能量。

对于"中国梦一定能够实现"，87.1%受访者表示同意，在从业青年群体中比例最高。由此可见，绝大部分的农业青年对于中国梦一定能实现是认同的，应当在现有成果的基础上继续努力，提升全体农业青年对中国梦一定能实现的信心。

建设三个陕西（富裕陕西、和谐陕西、美丽陕西），是"中国梦"在

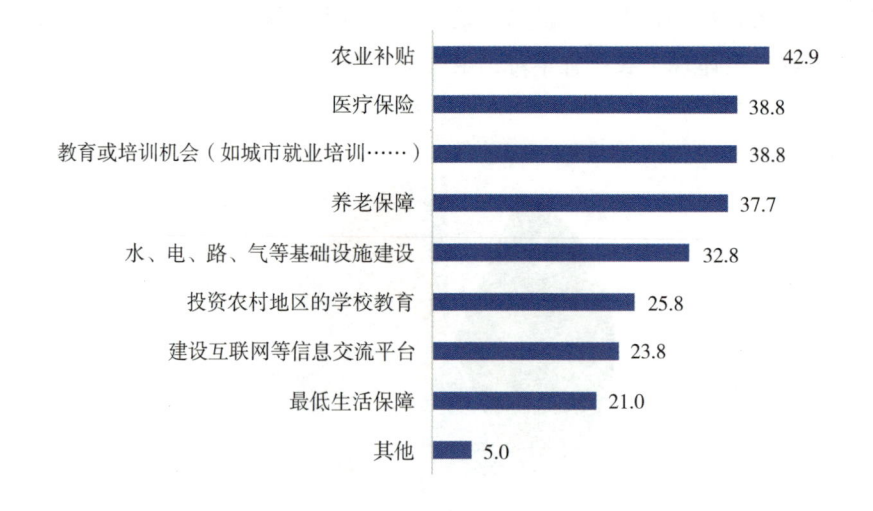

```
农业补贴                                    42.9
医疗保险                                 38.8
教育或培训机会（如城市就业培训……）         38.8
养老保障                                37.7
水、电、路、气等基础设施建设          32.8
投资农村地区的学校教育              25.8
建设互联网等信息交流平台           23.8
最低生活保障                     21.0
其他                       5.0
```

图17 您希望政府为农村提供什么？（%）

陕西的具体实践，是陕西人实现"中国梦"的"陕西梦"，是全省人民的共同期盼和为中国梦增添浓墨重彩的陕西华章。陕西省农业青年对于"陕西梦"的实现持同意态度的为84.7%，在从业青年中，仅略次于行政事业单位青年。可见，陕西省农业青年对于"三个陕西"和中国梦的支持基本上是相当的，对陕西未来发展充满信心。

（六）在陕农村青年劳动保障不足，需要进一步加强

调查显示，有49%的在陕农业青年没有劳动合同，确切表示有劳动合同的占比33.2%；61.4%没有带薪休假，确切有带薪休假的占比18.1%；55.1%没有三险一金；确切有三险一金的占比19.1%。而确切地表示有这三项劳动保障机制的农村青年占比分别为39.6%、26.4%和27.8%，农业青年的劳动保障覆盖率明显低于农村青年。并且，农业青年的各项劳动保障覆盖率在从业青年群体中，均为最低。由此可见，对农业青年的劳动保障不足，相关工作亟须完善。

影响农业青年的权益的指标劳动合同、带薪休假和三险一金有确切保障的均不足三成，一方面说明农村青年就业时的工作状态不稳定，另一方面也说明依法维护自身合法权益的意识不强，影响到农业劳动青年对于工作的满意度和工作的稳定性，这需要进一步加强青少年权益维护方面的工作。

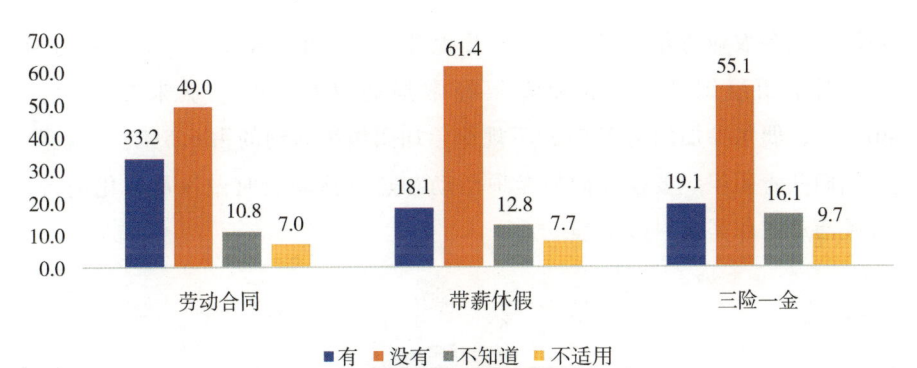

图 18　农业青年的劳动保障状况（%）

（七）基础团组织建设有待加强，共青团基层活动应常态化，农村志愿服务有广泛的群众基础

确切知道村、社区和单位等基层团组织的农业青年为 56.2%，17.1% 的陕西省农业青年表示所在社区（村、单位）没有团组织。由此，我们应当进一步加强基础团组织建设，发挥基层团组织的功能，让更多的农村青年认识团组织、信任团组织，发挥更好的桥梁纽带作用。

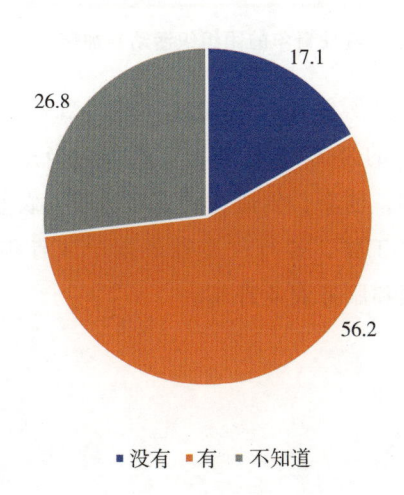

图 19　农业青年的团组织了解程度（%）

农业青年对于共青团组织印象良好的为 40.1%，印象一般的占比 37.3%，印象较差和没什么印象分别为 3.3% 和 19.3%。我们应进一步加强联系服务农业青年的工作，进一步提升共青团在青年中的有效影响力。

对于团组织活动，农业青年经常加的仅有10%，从未参加的为46.5%，偶尔参加的为37%，不规律参加团组织活动的占6.5%。这就要求我们共青团组织要使我们的专项活动和热点活动及时做深常态化进行，有关活动工作需进一步加强。

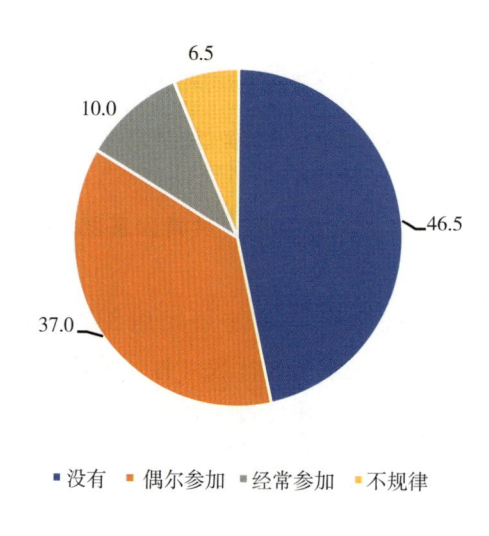

图20　农业青年的团组织活动参加情况（%）

农业青年表示在力所能及的范围内，愿意当志愿者的占78.4%，一般的为18%，不同意的为3.6%。据此，我们应当充分认识到在农村开展志愿服务的群众基础，创新、创造性的更好地服务农业青年志愿者，推动农业青年注册志愿者工作，推行"专兼职团干+青年志愿者"的农业工作模式，更好地引领和服务农业青年。

陕西省青年教师群体研究报告

青年教师是实施素质教育、推进教育现代化的生力军，是教育改革与发展的希望，是学校持续发展赢得未来的关键。实践证明，一流的教育需要有一流的青年教师队伍。适应新形势、加强对青年教师的培养，已成为当前教育系统的一项十分重要的战略性工作。在此背景下，本次调研就陕西青年教师的发展状况展开调查，调查内容涵盖了他们的基本情况、学习情况、工作情况、健康状况、活动参与情况、团青关系和师生关系情况等方面。

一　群体总量

青年教师是指1976年以后出生（40周岁以下），在普通高校、民办高校、中等及小学学校、幼儿园全职工作的人员，由所在学校支付工资的编制人员，主要是专职教师。截至2015年，陕西省教师群体总量为49.45万人，结合工作实际，此次调研的范围不含在幼儿园任教的青年教师。

二　抽样方法

本次调查研究主要通过随机抽样/配额抽样方法进行问卷调查，共发放问卷2400份，其中基础教育教师1900份、大学教师500份。基础教育教师按照小学、初中、高中教师2∶1∶1的比例抽样，调查涵盖各市（区）工作于不同学校类型的青年教师群体。调查共计回收有效问卷1945

份，有效率78%。

三 群体特征

(一) 青年女教师居多，本科学历青年比例最高，大多为本地非农青年

分性别来看，总体上，青年女教师是陕西省青年教师队伍中的主力军，比例达到67.3%，是青年男教师人数（32.7%）的2倍有余。然而，分教学层次来看，女教师的人员优势仅在低、中等教育中比较明显。随着教学层次的提升，男教师的比例逐渐呈上升趋势。到了高等教育领域，男教师的比例远超女教师。分职位来看，青年女教师站到了教学的最前线，在一线教师中占比72.2%，在基层行政人员中占比55.2%。

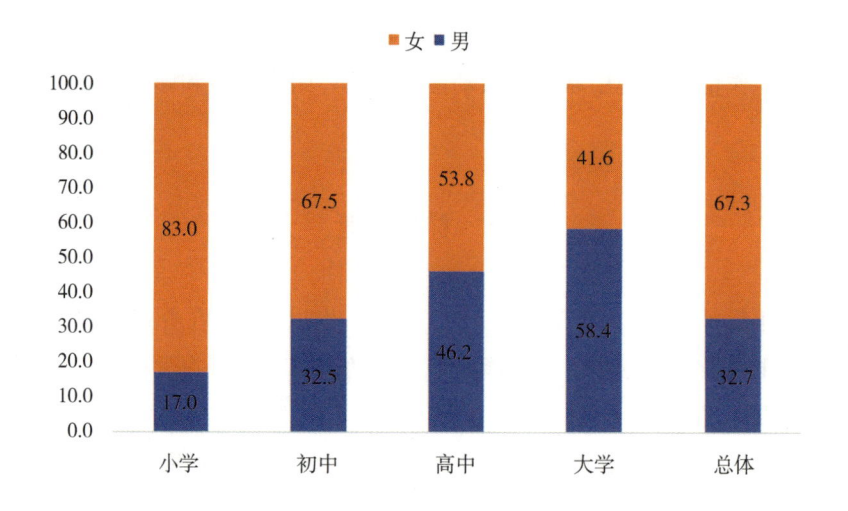

图1 青年教师的性别分布（%）

在受教育水平上，总体看来，本科学历是青年教师的主力军，比例达到72.1%，显著高于其他学历层次的人员，并且远高于从业青年均值（30.3%），在传统领域从业青年群体中位居首位。分教学层次来看，教学层次越高、青年教师的高学历比例越高，大学教师中，本科及以上学历的达到了98.1%。

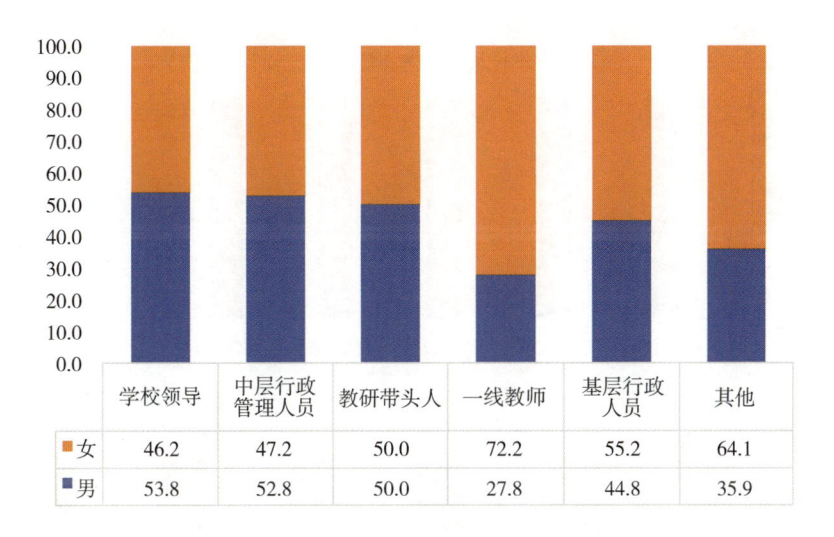

	学校领导	中层行政管理人员	教研带头人	一线教师	基层行政人员	其他
女	46.2	47.2	50.0	72.2	55.2	64.1
男	53.8	52.8	50.0	27.8	44.8	35.9

图2　不同职务的青年教师性别构成（%）

从户籍来看，本市非农户籍青年教师是青年教师队伍的主体，比例达到77.1%，其次为本市农业户籍青年教师（13.4%），而像外地各户籍状态的青年教师比例均不足5%，反映了陕西省青年教师队伍构成的地缘特质。

在婚姻状况方面，已婚人员成为青年教师的主力军，比例达到74.0%，远高于其他从业青年群体（社会组织从业青年53.6%，行政事业单位青年63.8%，企业从业青年58.1%，农业青年66.%），居于首位。

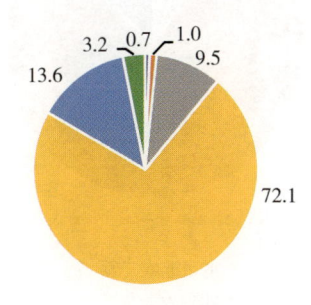

- 初中及初中以下
- 高中（含职高中专技校）
- 大专（含高职）
- 本科
- 硕士研究生（含本科双学位）
- 博士研究生

数值：3.2、0.7、1.0、13.6、9.5、72.1

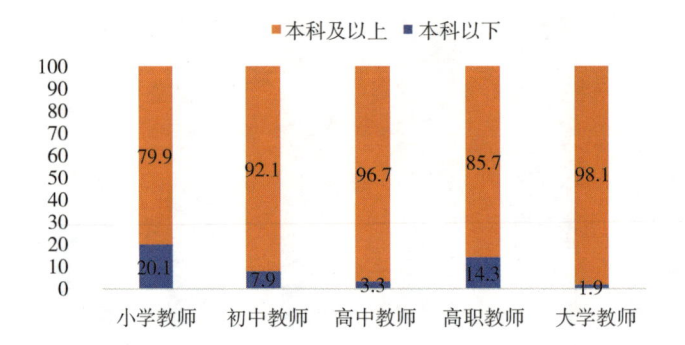

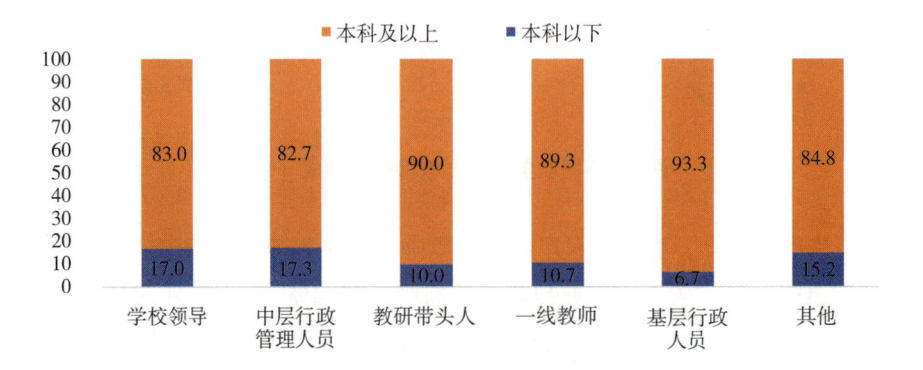

图 3　陕西青年教师学历构成（%）

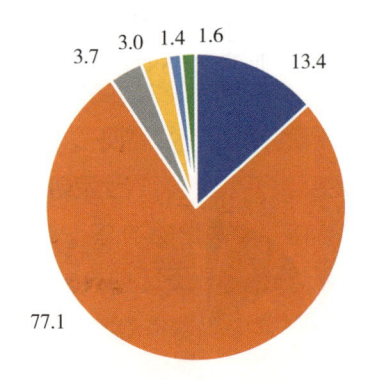

图 4　陕西青年教师户籍构成（%）

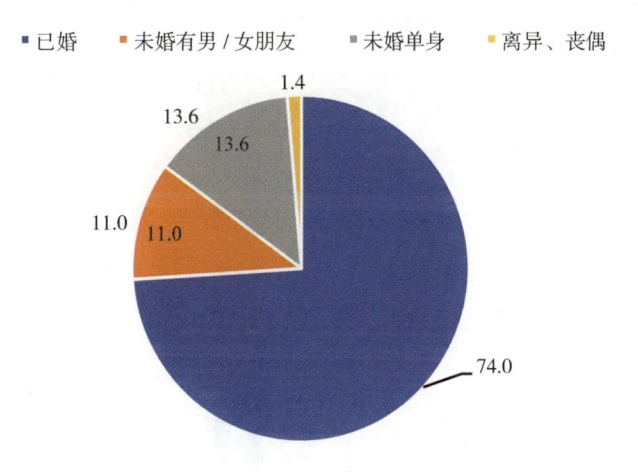

■ 已婚　■ 未婚有男/女朋友　■ 未婚单身　■ 离异、丧偶

图5　陕西青年教师婚姻状况

（二）青年教师最注重继续教育，渴望兴趣教育培训

青年教师坚持进修深造，注重自我提升。调查显示，总体来看，近九成（88.4%）的受访教师曾参加继续教育类培训，远超从业青年均值（57.8%），在传统领域的青年群体中位居第一。其中，过半（55%）受访教师经常参加培训，但是54.2%的青年教师认为现在的继续教育培训过于形式化，亟须改进。然而，分岗位来看，基层行政人员和教研带头人参加的继续教育类培训远少于中、高层领导和一线教师。

青年教师最渴望获得兴趣爱好类培训。调查显示，34.3%的青年教师最希望参加兴趣爱好培训，意愿超过从业青年（16.7%）一倍，综合能力培训（33.0%）也是青年教师最渴望获得的培训类型之一。

（三）青年教师更注重工作稳定性，工作权益保障良好

青年教师在职业选择上更注重工作稳定性。调查显示，61.5%的青年教师将"工作稳定"列为职业选择首要考虑的三个因素之一。"符合自己的兴趣"（49.4%）和"适合自己的能力"（48.5%）也是青年教师群体选择工作时普遍优先考虑的因素。青年教师"跳槽"的意愿也比较低。调查显示，仅16.5%的青年教师曾换过工作，远低于从业青年的比例（53.0%）。

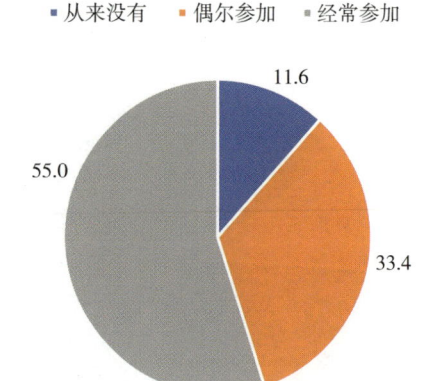

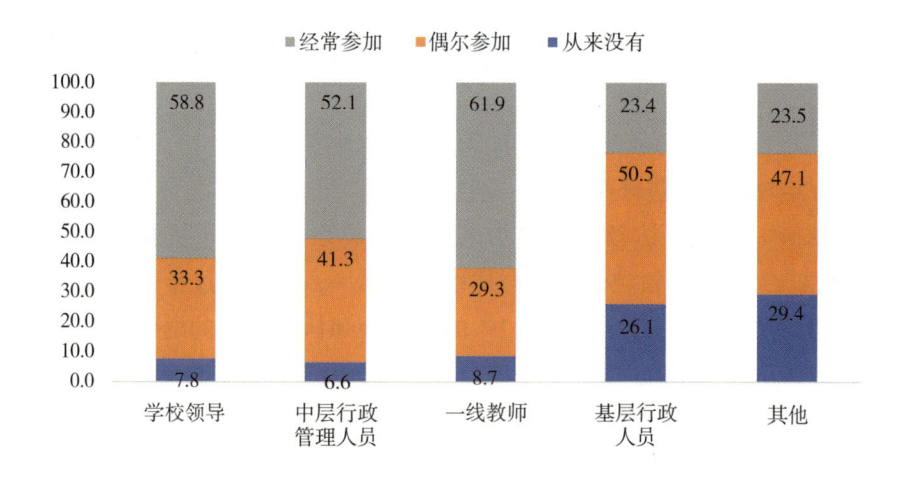

图 6　陕西青年教师参加继续教育类培训情况（%）

青年教师在未来职业规划上也体现了其注重工作稳定的特点。76.4%的青年教师表示未来五年内计划继续本职工作，远高于其他从业青年群体。

青年教师相较其他从业青年群体享有更好的工作权益保障。调查显示，青年教师工作单位提供劳动合同（85.8%）、带薪休假（72.1%）、三险一金（83.6%）的比例均远超从业青年平均值。其中，劳动合同以及三险一金享有比例在五大从业青年群体中位居首位，带薪休假仅次于行政事业单位青年（78.1%），位居第二。

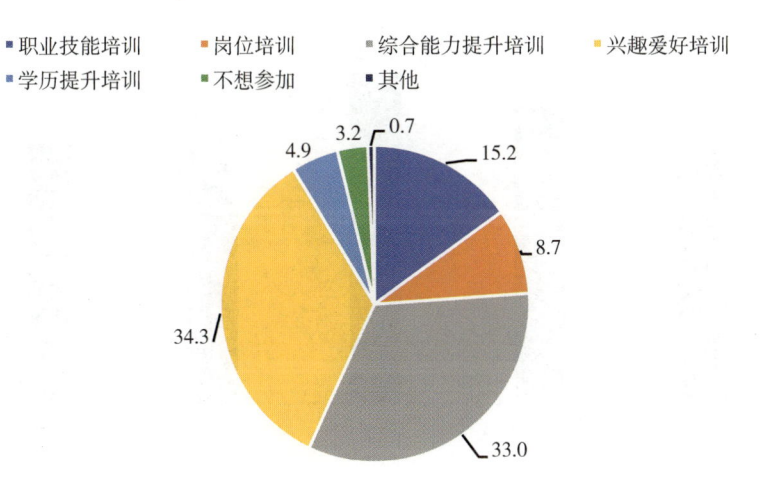

■ 职业技能培训　■ 岗位培训　■ 综合能力提升培训　■ 兴趣爱好培训
■ 学历提升培训　■ 不想参加　■ 其他

图7　陕西青年教师最渴望参加的培训类型（%）

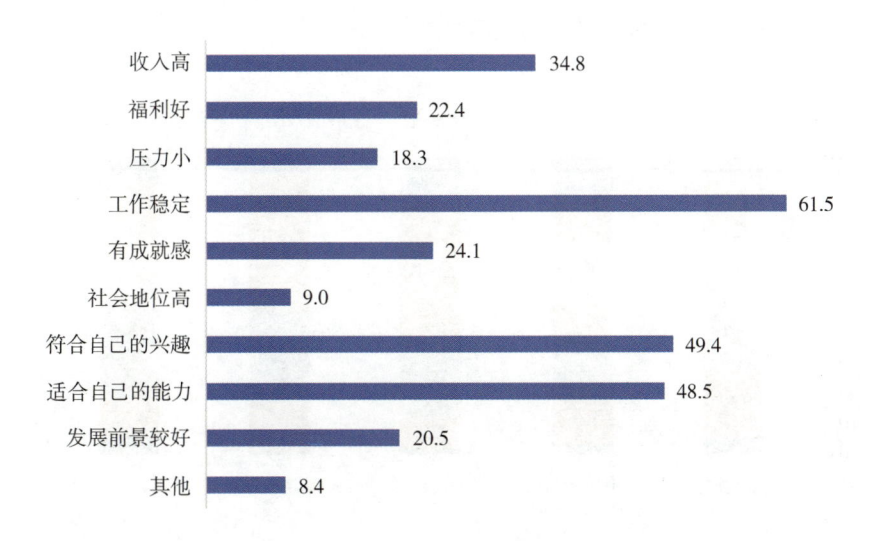

- 收入高　34.8
- 福利好　22.4
- 压力小　18.3
- 工作稳定　61.5
- 有成就感　24.1
- 社会地位高　9.0
- 符合自己的兴趣　49.4
- 适合自己的能力　48.5
- 发展前景较好　20.5
- 其他　8.4

图8　青年教师在职业选择时优先考虑的因素（%）

（四）青年教师压力最大，工作是主要压力源

调研发现，青年教师承受这较大的生活压力。数据显示，58.1%的青年教师认为自己压力大，比从业青年平均水平（46.9%）高11个百分点，是传统领域青年群体中压力最大的群体。其中，一线教师是青年教师

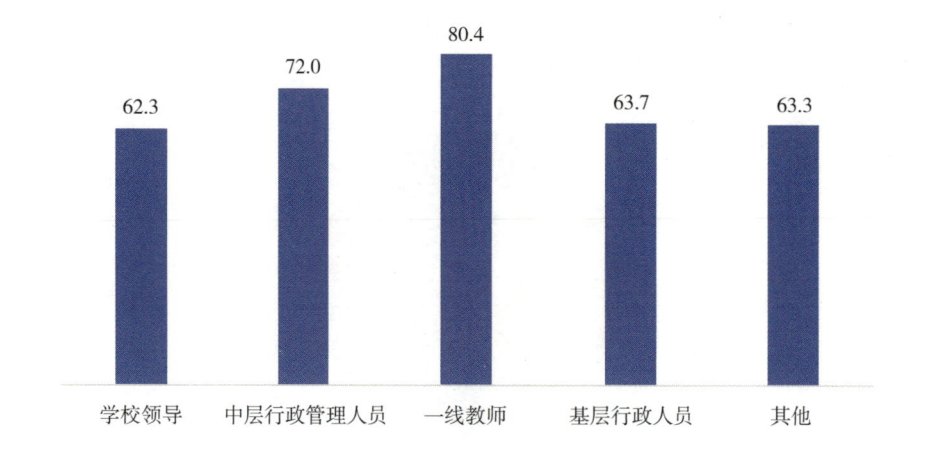

```
         62.3        72.0       80.4       63.7       63.3
```

学校领导　中层行政管理人员　一线教师　基层行政人员　其他

图9　不同青年教师群体未来五年内计划继续本职工作比例（％）

中压力最大的一个群体，有14.7%的一线教师认为自己压力非常大，46.0%的一线教师认为自己压力比较大。

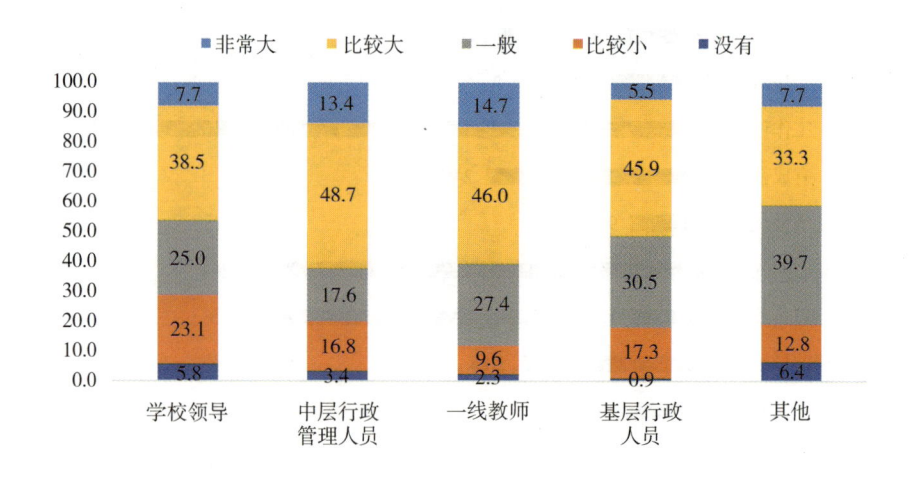

图例：非常大　比较大　一般　比较小　没有

	学校领导	中层行政管理人员	一线教师	基层行政人员	其他
非常大	7.7	13.4	14.7	5.5	7.7
比较大	38.5	48.7	46.0	45.9	33.3
一般	25.0	17.6	27.4	30.5	39.7
比较小	23.1	16.8	9.6	17.3	12.8
没有	5.8	3.4	2.3	0.9	6.4

图10　青年教师的压力感比较（％）

在压力来源上，青年教师主要承受的是工作方面的压力（44.6%），工作压力远高于从业青年均值（27.8%），并且有32.5%的受访者对自己的工作压力明确表示不满，但青年教师的经济压力（31.7%）少于从业青年（43.2%）。分岗位来看，教研带头人受到的来自工作方面的压力最大，学校领导则在经济方面更有压力。

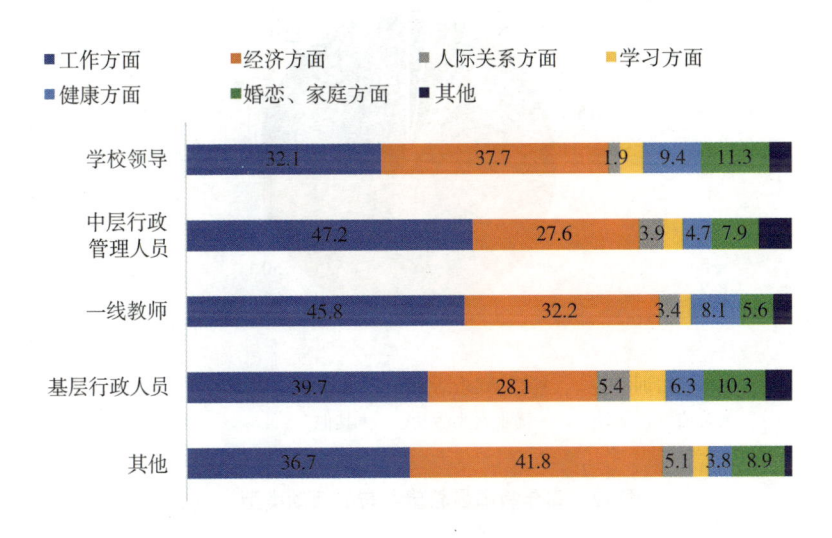

■ 工作方面　■ 经济方面　■ 人际关系方面　■ 学习方面
■ 健康方面　■ 婚恋、家庭方面　■ 其他

类别	工作方面	经济方面	人际关系方面	学习方面	健康方面	婚恋、家庭方面	其他
学校领导	32.1	37.7		1.9	9.4	11.3	
中层行政管理人员	47.2	27.6		3.9	4.7	7.9	
一线教师	45.8	32.2		3.4	8.1	5.6	
基层行政人员	39.7	28.1		5.4	6.3	10.3	
其他	36.7	41.8		5.1	3.8	8.9	

图 11　青年教师的压力来源比较（%）

（五）青年教师更热衷参加组织活动，更渴望参加娱乐活动放松生活

青年教师在工作学习之外，参加组织或群体的活动的热情较高。数据显示，79.8%的受访教师会参与组织活动，高于从业青年均值（70%）。

在活动类型上，过半（50.1%）青年教师最渴望参加娱乐活动，而这一比例在从业青年中仅为23.0%。这侧面反映了青年教师更加需要娱乐活动、放松生活，印证了前述青年教师工作压力大的发现。

（六）对共青团参与度更高、印象更良好，但团组织对青年教师的联系和服务不够，凝聚力不强

共青团组织在青年教师群体中的覆盖率显著高于其他从业青年团体。近八成（79.9%）的青年教师所在的单位、村或社区里有共青团组织，而这一比例在从业青年中仅为61.0%。青年教师也更常参与团组织活动。调查显示，71.7%的青年教师参加过团组织活动，参与度远超从业青年均值（61.2%）。

青年教师总体上对共青团印象更加良好。调查显示，过半（55.2%）青年教师对共青团印象良好，略高于从业青年（42.6%）。其中，对共青

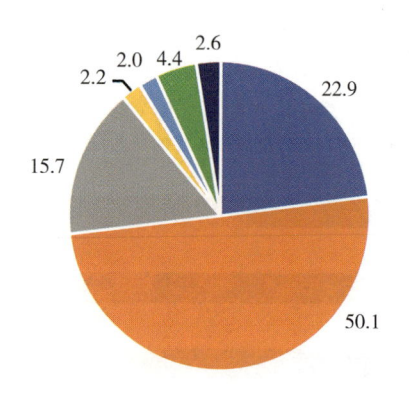

[图：饼图，显示青年教师最希望参与的活动类型占比]

- 学习培训活动 22.9
- 文体娱乐活动 50.1
- 志愿公益活动 15.7
- 婚恋交友活动 2.2
- 普法维权活动 2.0
- 就业创业活动 4.4
- 其他 2.6

图 12　青年教师最希望参与的活动类型（%）

团印象最好的是大学教师群体（61.8%）。共青团在青年教师中的认知度也较高，有 16.9% 的从业青年对共青团没什么印象，而这一比例在青年教师群体中仅为 7.3%。

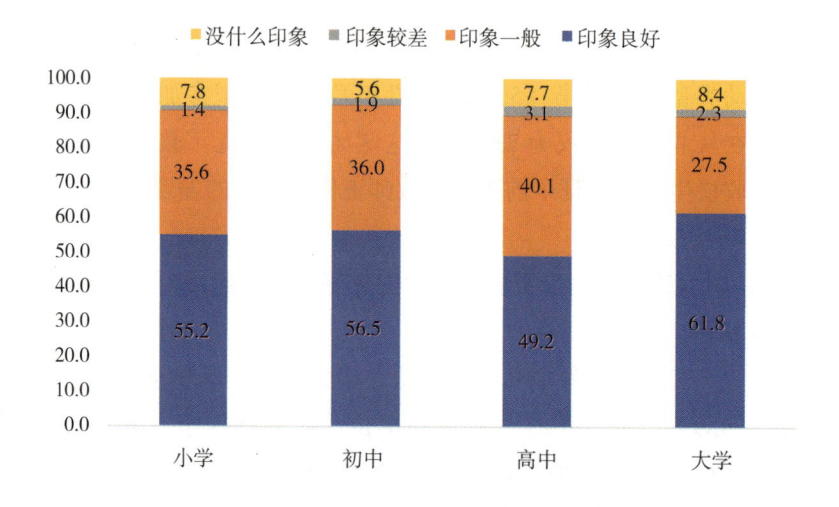

[图：堆积柱状图，青年教师与从业青年对共青团印象比较]

	小学	初中	高中	大学
印象良好	55.2	56.5	49.2	61.8
印象一般	35.6	36.0	40.1	27.5
印象较差	1.4	1.9	3.1	2.3
没什么印象	7.8	5.6	7.7	8.4

图 13　青年教师与从业青年对共青团印象比较（%）

青年教师也普遍认同共青团在学生群体中的作用。调查显示，57.5% 的受访教师认为共青团组织对学生育人有积极的影响，26.7% 的受访者认为共青团仍对大多数青年有凝聚力和吸引力。

（七）青年教师政治觉悟高，注重政治理论学习和时事教育

青年教师政治觉悟高。超过八成（85.6%）青年教师认识到了坚定地政治立场对一名教师的重要意义。其中，有42.4%的青年教师认识到了坚定的政治立场对其工作非常重要。仅1.7%的青年教师认为坚定的政治立场不重要。

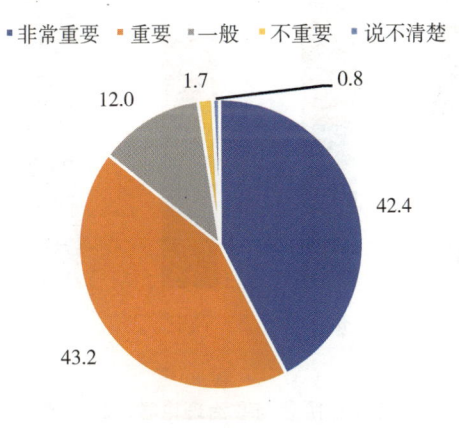

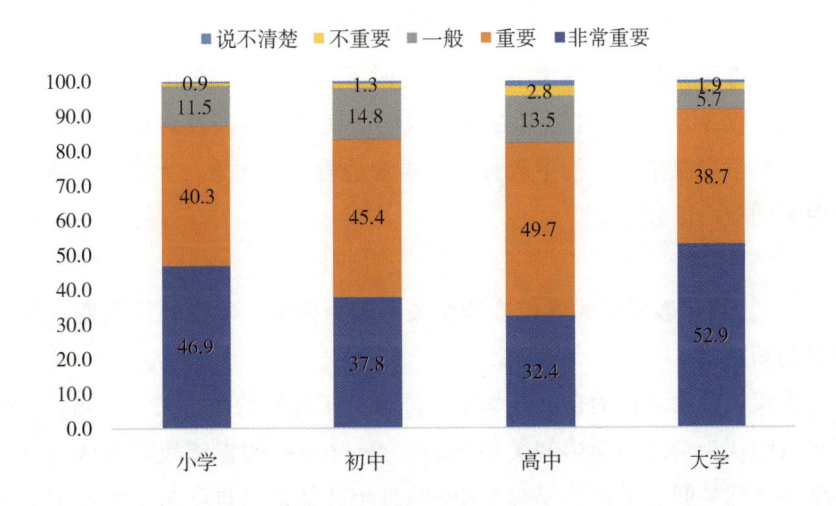

图14 青年教师对坚定的政治立场在教师工作中的重要性的态度（%）

青年教师群体注重政治理论学习。调查显示，仅有0.7%的青年教师

从来没有参加过政治理论学习，过半（52.4%）青年教师经常参加政治理论学习。这反映了青年教师积极追求先进。分教学层次来看，小学教师和大学教师参加政治理论学习的频率最高，中学教师的参与度则有待提高。

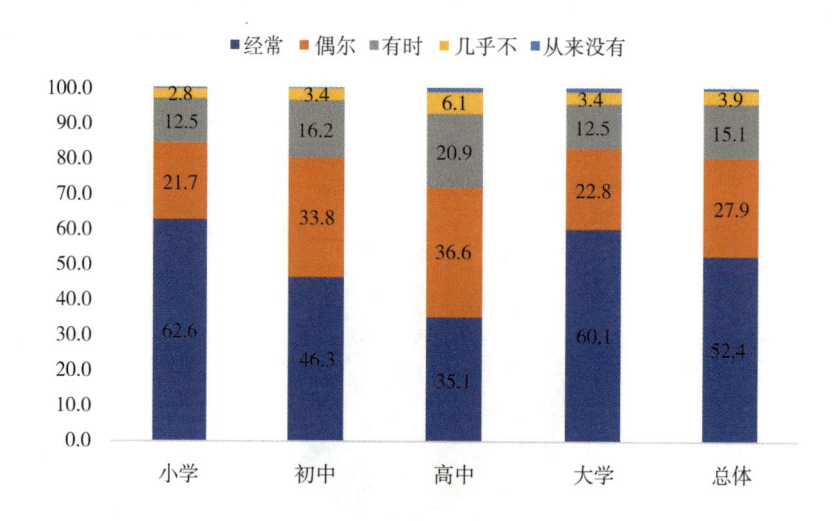

图15 青年教师参与政治理论学习的频率（%）

	小学	初中	高中	大学	总体
几乎不	2.8	3.4	6.1	3.4	3.9
有时	12.5	16.2	20.9	12.5	15.1
偶尔	21.7	33.8	36.6	22.8	27.9
经常	62.6	46.3	35.1	60.1	52.4

在教学实践上，青年教师也注重对学生的时事教育。调查显示，42.7%的青年教师会在教学中经常渗透时事教育，53.5%的青年教师会偶尔提到，仅3.8%的青年教师在日常教学活动中从不涉及对学生的时事教育。分教学层次来看，初中教师的时事渗透教育最频繁，大学教师教学中对时事的关心度较低。

（八）青年教师认为学校内师生关系较为融洽，学生知识面变广是现阶段的新挑战

青年教师大多认为自己与学生之间保持了良好的师生关系。46.7%的青年教师认为自己与学生间关系比较友好，6.1%的青年教师则认为自己与学生之间是朋友关系。仅有5.0%的青年教师认为自己与学生偶尔会发生冲突、10.1%的青年教师认为师生关系比较疏远。

对于当下在校学生的价值观，过半（51.3%）青年教师认为学生倾向于

■ 从不涉及　■ 会偶尔提到　■ 经常渗透

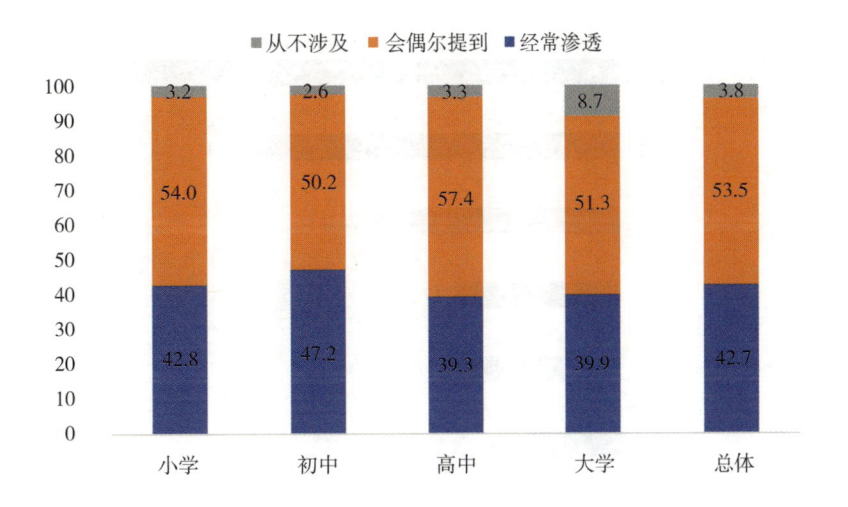

学段	从不涉及	会偶尔提到	经常渗透
小学	3.2	54.0	42.8
初中	2.6	50.2	47.2
高中	3.3	57.4	39.3
大学	8.7	51.3	39.9
总体	3.8	53.5	42.7

图16　青年教师在课堂教学活动中对学生的时事教育程度（%）

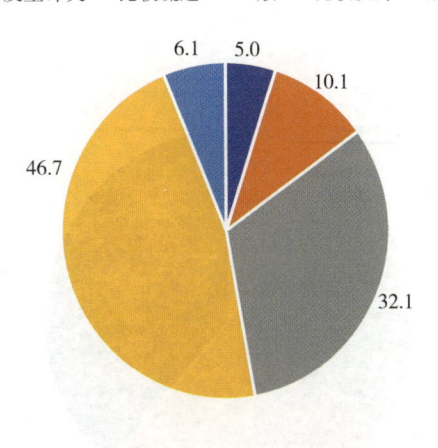

■ 偶尔发生冲突　■ 比较疏远　■ 一般　■ 比较友好　■ 朋友关系

- 偶尔发生冲突：5.0
- 比较疏远：10.1
- 一般：32.1
- 比较友好：46.7
- 朋友关系：6.1

图17　青年教师对师生关系的看法（%）

追求个人成就，金钱和权力分别占38.1%和17.3%。仅少部分青年教师认为学生在价值观上追求人格高尚（26%）和对社会贡献大（17.0%）。

对于现阶段教学工作面临的新挑战，38.7%的青年教师认为学生知识面变广、对新时代的教师提出了新的要求是最大的挑战。学生不遵纪守法、教师在教育教学中权威受到挑战（26.5%）和与家长无法统一教育

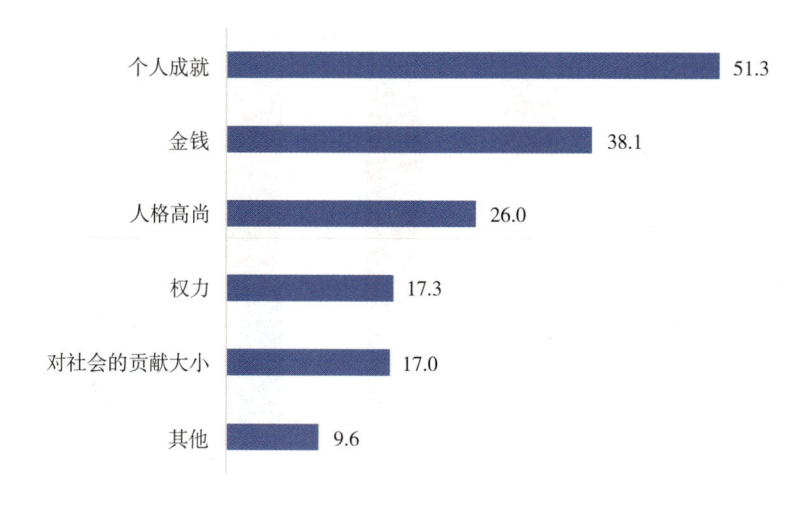

个人成就	51.3
金钱	38.1
人格高尚	26.0
权力	17.3
对社会的贡献大小	17.0
其他	9.6

图18 青年教师眼中当下学生的价值观（%）

学生的方法和理念（24.9%）也是新阶段青年教师在教学工作上面临的新挑战。

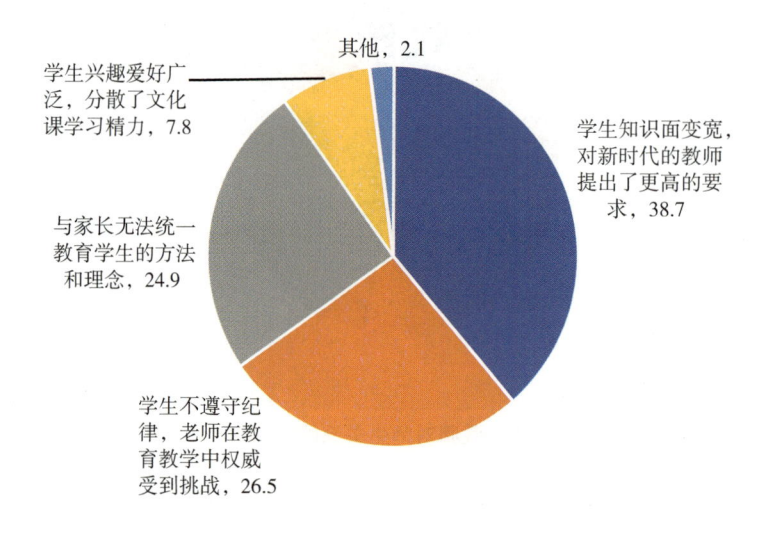

类别	比例
学生知识面变宽，对新时代的教师提出了更高的要求	38.7
学生不遵守纪律，老师在教育教学中权威受到挑战	26.5
与家长无法统一教育学生的方法和理念	24.9
学生兴趣爱好广泛，分散了文化课学习精力	7.8
其他	2.1

图19 青年教师眼中教学工作新阶段面临的新挑战（%）

（九）青年教师对国家、陕西未来发展前景持较乐观态度

青年教师群体在政治态度上积极乐观。青年教师对"作为中国人非

常自豪""中国梦一定能够实现""三个陕西（富裕陕西、和谐陕西、美丽陕西）一定能够实现"的认同度均略高于传统领域青年群体的均值。这说明，在陕青年教师对国家和陕西的未来发展前景持较乐观态度

	作为中国人非常自豪	中国梦一定能够实现	三个陕西一定能够实现	我的生活会越来越好
青年教师群体	91.4	87.1	84.7	84.4
传统领域青年群体	89.2	84.6	82.9	84.4

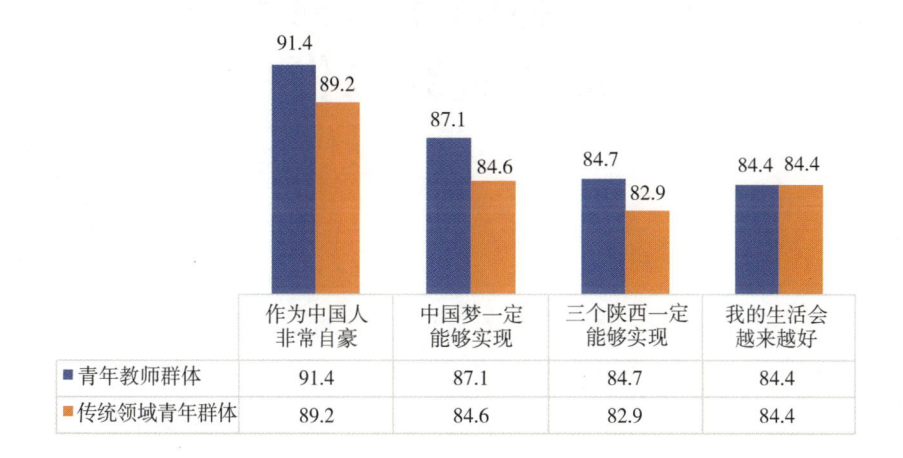

图20　青年教师群体与传统领域青年群体的政治生活认同度比较（%）

而在参加组织或群体活动的目的上，青年教师希望通过能借此认识一些志趣相投的人（24.3%）、锻炼自己或展示才能（19.7%）以及休闲娱乐（18.0%）。

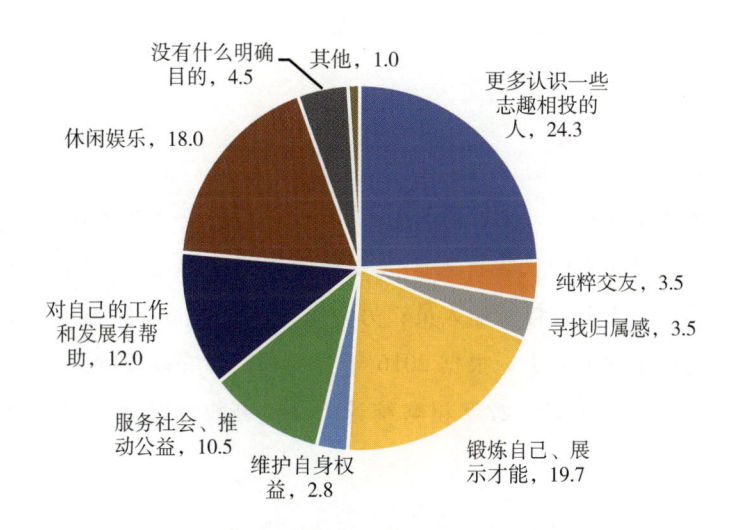

图21　青年教师参加组织或群体的原因（%）
- 更多认识一些志趣相投的人，24.3
- 纯粹交友，3.5
- 寻找归属感，3.5
- 锻炼自己、展示才能，19.7
- 维护自身权益，2.8
- 服务社会、推动公益，10.5
- 对自己的工作和发展有帮助，12.0
- 休闲娱乐，18.0
- 没有什么明确目的，4.5
- 其他，1.0

陕西省新媒体从业青年群体研究报告

新媒体作为数字信息时代的革命性技术产物,在推动经济发展、政治民主和社会和谐中发挥了举足轻重的作用。2015年5月18日施行的《中国共产党统一战线工作条例(试行)》已明确将新媒体从业人员作为新的社会阶层人士的一部分,纳入统战工作对象。新媒体中的代表性人士是伴随新媒体的发展而产生并成长起来的新群体,是推动经济社会发展的一支重要力量。

在此背景下,本次调研就陕西新媒体从业青年群体的发展状况展开了问卷调查,调查内容涵盖了基本情况、学习教育情况、身心健康情况、婚恋观、消费特征情况、行业发展等方面。

一 群体总量

新媒体从业青年,主要指年龄在16—40周岁,新媒体从业人员及意见领袖。新媒体中的代表性人士大致分两类:一类是新媒体平台的经营者,一般可称为新媒体从业人员;另一类是新媒体上内容的制造者,可笼统地称为网络意见人士。根据2016年相关部门对在陕主流新媒体平台以及自媒体平台从业人员数字粗略统计,在陕新媒体从业人员总计约3.6万人。

二 抽样方法

本次调查研究主要通过偶遇法、滚雪球法进行抽样问卷调查，共发放问卷400份，回收有效问卷367份，有效率91.8%。调查涵盖陕西省新媒体行业从业青年集中分布的省内大中城市，分别选取西安（26.7%）、宝鸡（21.3%）、咸阳（26.7%）、榆林（11.4%）、汉中（13.9%）等五个地市的新媒体从业青年作为调研对象。

三 群体特征

（一）新媒体从业青年中，男女比例协调，本科学历为主，多为本地人

受访者中，男性占51%，女性占49%，总体上男女比例均衡，从一定程度上反出新媒体从业人员无显著的性别差异。从子群体角度来看，党政媒体和都市媒体中男性居多，行业、专业传媒和自媒体中女性居多。数据显示，党政传媒中男性占比52.6%，女性占比47.4%；都市传媒中男性占比65.3%，女性占比34.7%；自媒体中男性占比43%，女性占比59%。

从年龄分布上看，陕西新媒体从业青年年龄相对较轻，以"90后"为主，占比58.9%，而"80后"和"75后"分别占比37.7%和4.4%。从子群体角度来看，在党政传媒、都市传媒以及自媒体中均以"90后"为主，在行业、专业媒体中"90后"和"80后"比例相当。但相对而言，党政传媒中"75后"比例最高。数据显示，在党政传媒中"90后"占比54.6%，"80后"占比36.4%，"75后"占比9.1%；在都市媒体中"90后"占比60.8%，"80后"占比36.5%，"75后"占比2.7%；在行业、专业媒体中"90后"占比47.4%，"80后"占比28.8%，"75后"占比4.2%；在自媒体中，"90后"占比67%，"80后"占比28.8%，"75后"占比21.2%。

从受教育水平上看，陕西新媒体从业青年学历较高，大专（含高职）以上学历的占比在五大群体中排名第一。数据显示，整体上本科生占47.3%，大专（含高职）生占28.6%，研究生占12.4%。而传统领域从

■男 ■女

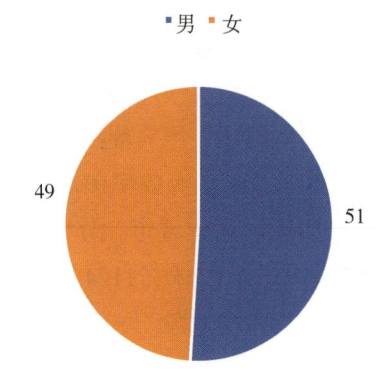

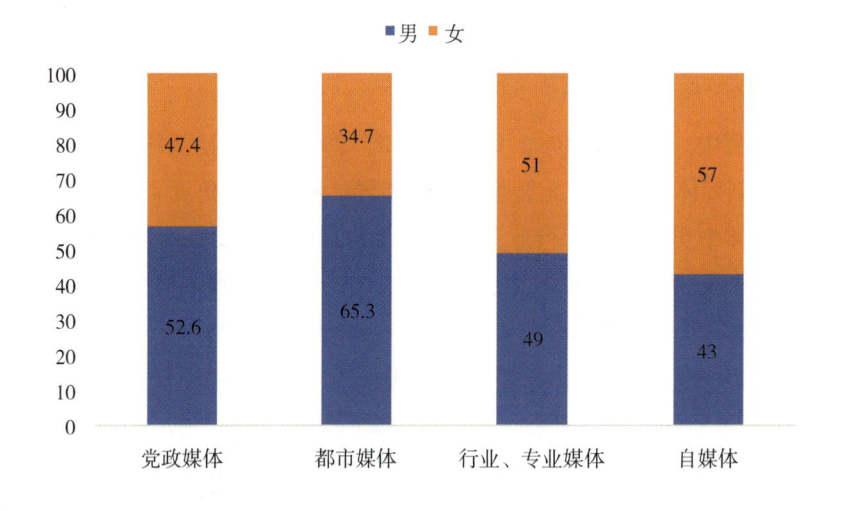

图1　新媒体从业青年的性别分布（%）

业青年本科生占30%，大专（含高职）占24.6%，研究生仅占3.3%。

在新兴领域（即新媒体从业青年、归国留学人员、创业青年、进城务工青年和青年志愿者）中，新媒体从业青年中大专生占比排名第二，仅次于创业青年的大专生比例（30.8%），硕士研究生比例也居于新兴领域青年群体的第二位，仅次于归国青年的硕士研究生比例（31.2%），高出最末位的青年志愿者硕士研究生比例（2.1%）近10.3个百分点。

从户籍状态上来看，与从业青年总体分布不同的是，"本市非农户籍"人员是新媒体从业青年群体的主要来源，比例占到了37%，居于各

陕西省新媒体从业青年群体研究报告

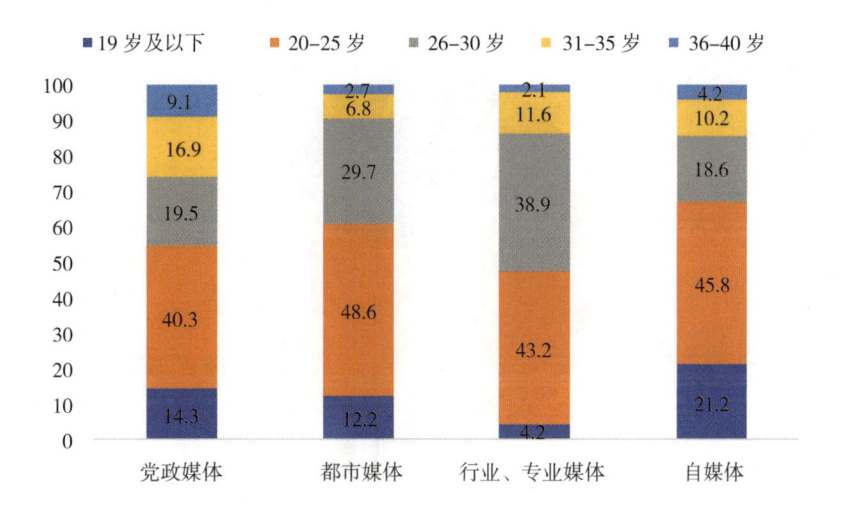

图2 新媒体从业青年子群体年龄分布情况（%）

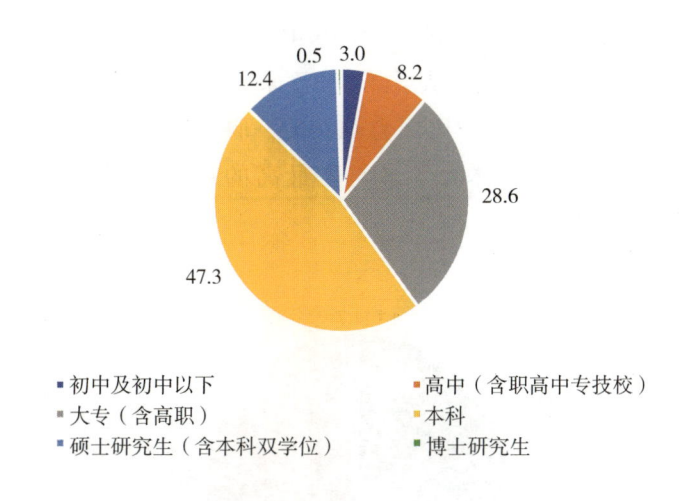

图3 新媒体从业青年的学历分布（%）

种户籍状态的首位。

（二）陕西新媒体青年热衷参加职业技能、岗位和学历提升培训

调研发现，与社会从业青年一致，在陕西新媒体从业青年看来，职业技能培训（36.7%）和岗位培训（22.0%）是参加继续教育类培训最受关注的两类培训。但与社会从业青年相比，陕西新媒体青年对"学历提

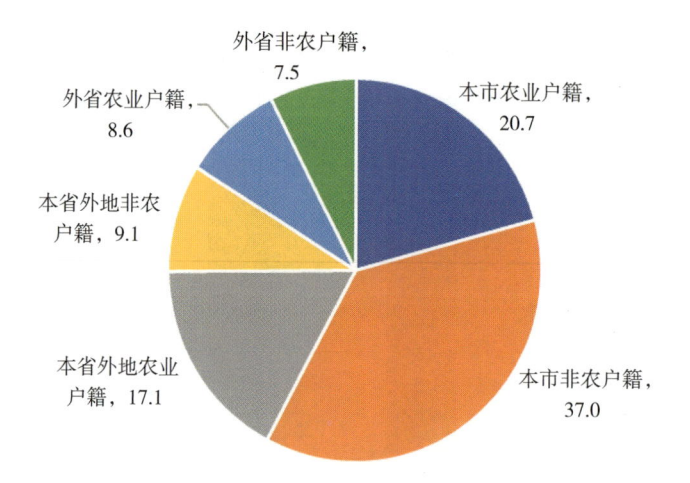

图4 新媒体从业青年户籍分布情况（%）

升培训"的参与度更高，参与比例为16.4%，高于社会从业青年平均水平（9.7%）近7个百分点。从子群体角度来看，岗位培训是党政媒体青年参与度最高的培训，参与比例为41.9%，职业技能培训是都市媒体、行业、专业媒体和自媒体青年参与度最高的培训，参与比例分别为43.5%、29.8%和49%。

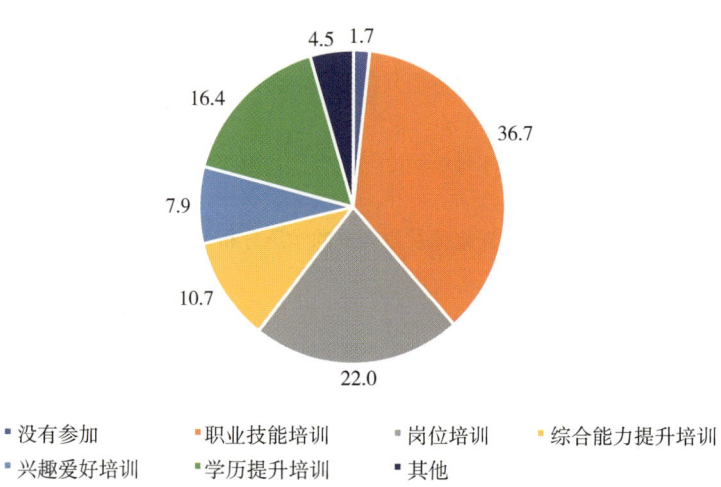

图5 新媒体从业青年参加继续教育培训情况分布（%）

比较有趣的是，在问及"最想参加什么样的培训"时，整体上渴望参加"学历提升培训"的新媒体青年人数则较少，仅占7%，排名第五，比传统领域从业青年平均水平（7.6%）还略低。

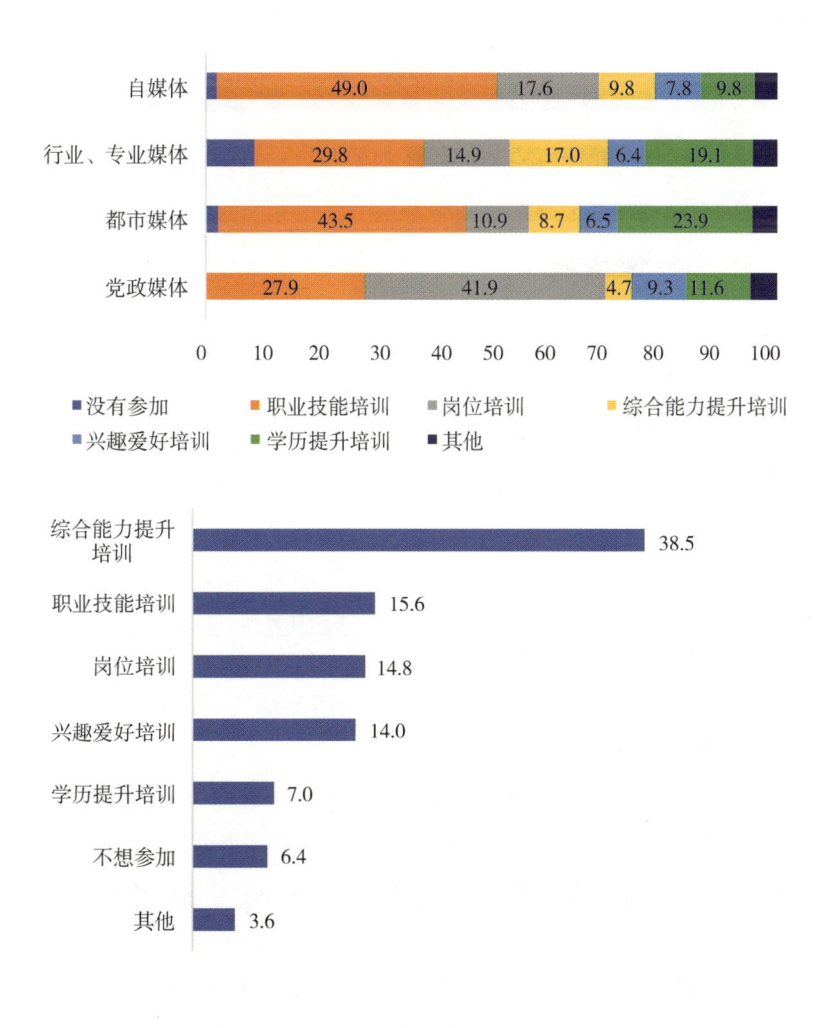

	没有参加	职业技能培训	岗位培训	综合能力提升培训	兴趣爱好培训	学历提升培训	其他
自媒体		49.0	17.6	9.8	7.8	9.8	
行业、专业媒体		29.8	14.9	17.0	6.4	19.1	
都市媒体		43.5	10.9	8.7	6.5	23.9	
党政媒体		27.9	41.9	4.7	9.3	11.6	

- 综合能力提升培训：38.5
- 职业技能培训：15.6
- 岗位培训：14.8
- 兴趣爱好培训：14.0
- 学历提升培训：7.0
- 不想参加：6.4
- 其他：3.6

图6　新媒体从业青年渴望参加继续教育培训类型（%）

（三）新媒体从业青年幸福感水平较高，认为家庭幸福、事业有成和生活富有为生活幸福三大指标

调研发现，陕西省新媒体从业青年幸福感水平较高，有68.2%的受访者认为自己目前是幸福的，高出从业人员平均水平（58.2%）10个百分点。在最能代表生活幸福的指标方面，与从业青年一致，家庭生活美满（46.3%）和事业有成（20%）位居前两位。但不一致的地方是，在新媒体青年看来，"生活富有"超越"身体健康"成为第三大最能代表生活幸福的指标。

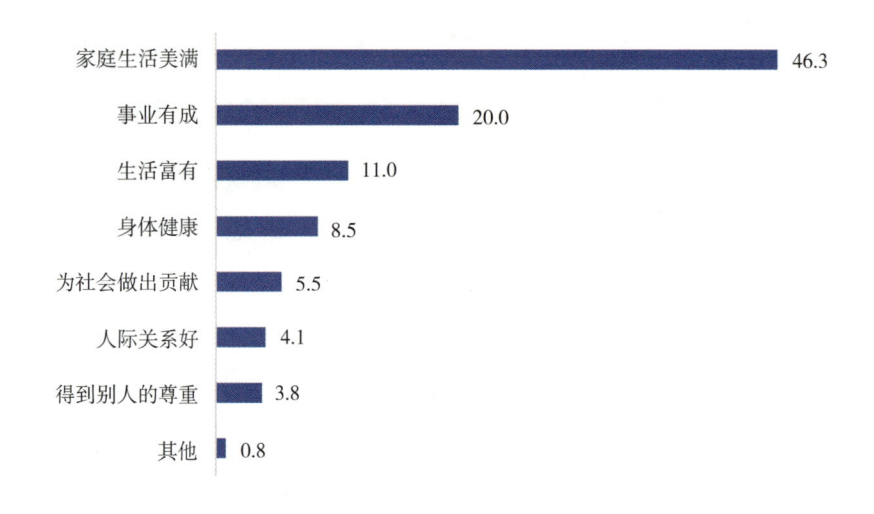

指标	百分比
家庭生活美满	46.3
事业有成	20.0
生活富有	11.0
身体健康	8.5
为社会做出贡献	5.5
人际关系好	4.1
得到别人的尊重	3.8
其他	0.8

图 7　新媒体从业青年幸福感认定指标分布（%）

（四）新媒体从业青年对网恋、离婚、"婚外情"、同性恋、未婚生子等社会现象更加宽容

与从业青年平均水平相比，在看待周边婚恋现象时，新媒体从业青年对网恋、离婚、"婚外情"、同性恋、未婚生子等社会行为更加宽容。数据显示，新媒体从业青年接受网恋的比例为 34.5%，总体均值为 23%；接受离婚的比例为 26.3%，总体均值为 20.7%；接受"婚外情"的比例为 12.9%，总体均值为 6.6%；接受一夜情的比例为 11.6%，总体均值为 6.6%；接受同性恋的比例为 25.1%，总体均值为 9.1%；接受未婚生子的比例为 19.6%，总体均值为 13.4%。另外，在"谈恋爱 AA 制"、"婚前财产公证"、"子女随母姓"等与两性权利和地位均等相关联方面的选择上，其接受比例分别为 28.9%、36%、28.1%，也高于总体平均水平（从业青年上述各项选择比例分别为 23.8%、33.8%、27.5%）。

(五) 新媒体青年更能接受贷款消费，更需要长辈的经济支持。

调研发现，与社会从业青年相比，新媒体青年更能接受预消费和更加注重产品和服务质量，数据显示，40.1%的受访者赞同"如果想买个商品但手头的钱不够，可以贷款购买"的说法，比社会从业青年平均水平（29.6%）高近11个百分点，同时也高于五大传统社会从业青年的群体比例，居于首位。71.4%的受访者赞同"只要产品和服务质量好，东西贵一点也没有关系"的说法，高于社会从业青年平均水平（60.9%）近11个百分点，并高于五大传统社会从业青年的群体比例，居于首位。

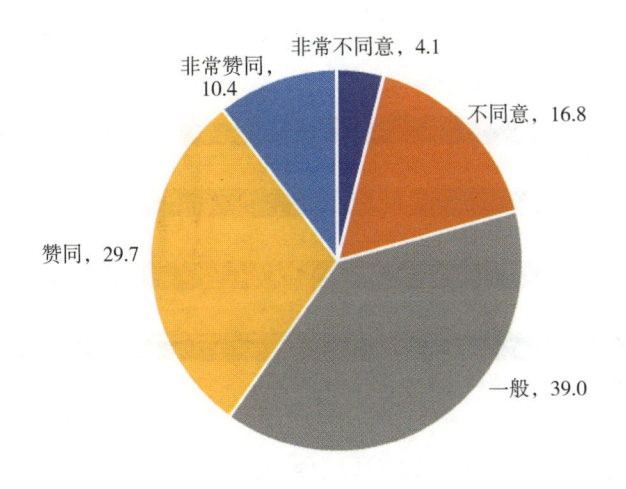

图8 新媒体从业青年对贷款购物的看法

另外，值得关注的是，与从业青年总体相比，有更多的新媒体青年需要长辈给予经济支持。数据显示，在新媒体青年中，需要长辈经济支持的比例达到了45.1%，其中，需要长辈大量补贴的比例为15.6%，而从业青年上述均值分别为33.7%和9%。若从子群体来看，在党政媒体和行业专业媒体青年中，更多地需要给长辈一些家用补贴，比例分别为46.2%和43.9%；在自媒体青年中，补贴长辈一些家用和需要长辈补贴自己家用的比例相当，分别占比38.3%和37.5%；在都市媒体青年中，则更多的人需要长辈大量补贴家用，占比34.7%。

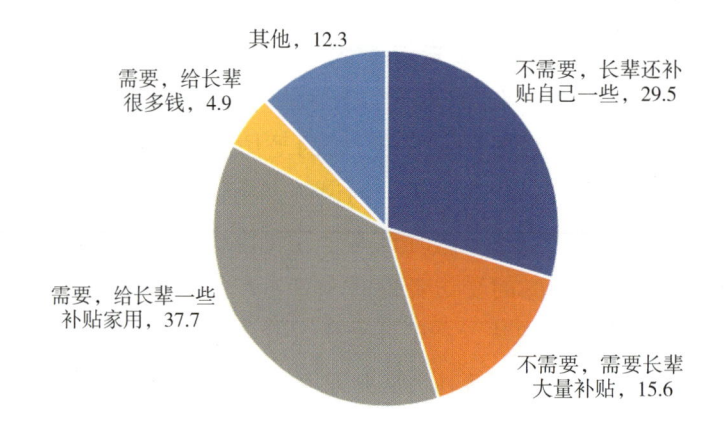

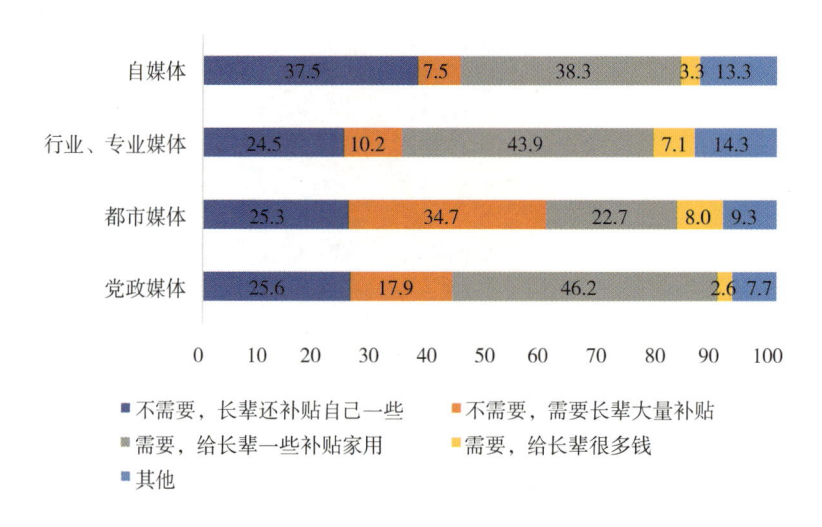

图9 新媒体从业青年需长辈支持的情况（%）

（六）从业时间多在5年以内，认准新媒体发展势头

调研发现，陕西新媒体青年从业时间多在5年以内，入行时间较短。相对而言，党政媒体青年从业时长在5年以上的比例最高，都市媒体青年从业时长在5年以上的比例最低。数据显示，89.3%的受访者从事本职业的时间均在5年以下，16.7%的受访党政媒体青年工作时间在5年以上，4%的受访都市媒体青年工作时间在5年以上，10.2%的行业专业媒体青年工作时间在5年以上，10.8%的自媒体青年工作时间在5年以上。

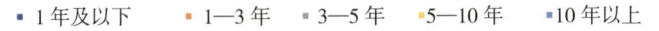

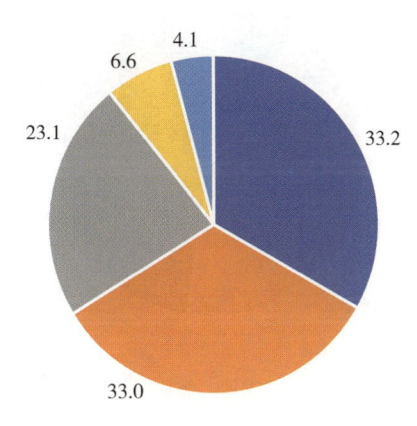

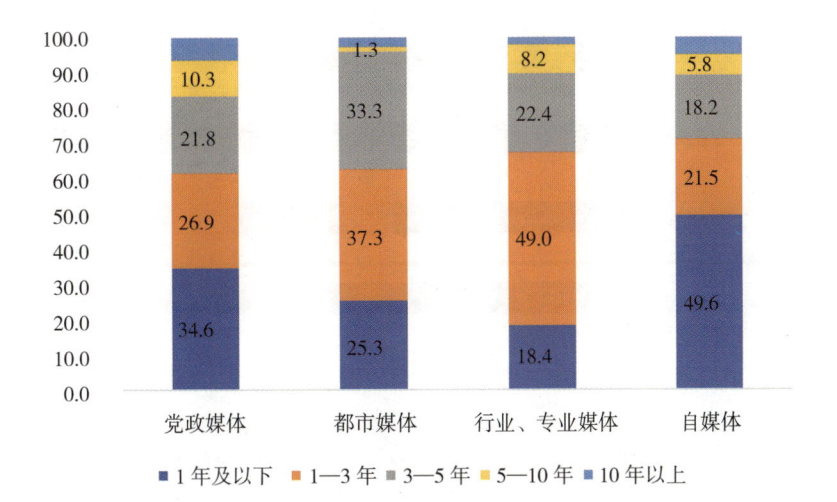

图10 新媒体从业青年从业时间（%）

总体上，陕西新媒体青年看好新媒体行业的发展前景，比例达到84.2%（47.5%的认为"迅猛发展，前景光明"，36.7%的认为"迅猛发展，前景不明朗"）。从子群体来看，党政媒体青年最为看好新媒体的发展势头，占比88.3%，都市媒体青年、行业专业媒体青年和自媒体青年的比例则分别为82.6%、83.6%和84.3%。

另外，在陕西新媒体青年看来，陕西省新媒体的社会认可度并不突出，有56.4%的受访者为新媒体行业在我省的"社会认可度一般"，从侧面表明在

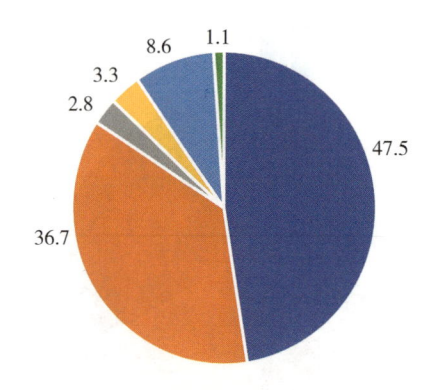

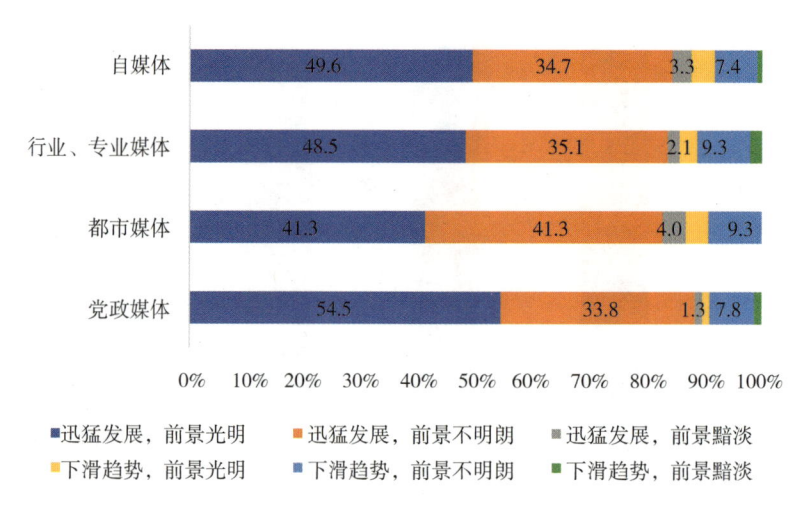

图11　新媒体从业青年对新媒体行业发展的看法（%）

提升陕西省新媒体行业的社会认同水平方面还存有较大的操作空间。

（七）存在行业流动风险，多以个人兴趣爱好为主要从业动因。

调研发现，总体上，有45.4%的受访者有跳槽或转行的打算，其中"打算跳槽但不转行"的占19.7%，"准备有机会就转行"的占25.8%，表明我省新媒体行业面临着一定的人员流失风险，"如何留得住人"可能是陕西省新媒体行业发展所面临的困境。

陕西省新媒体从业青年群体研究报告

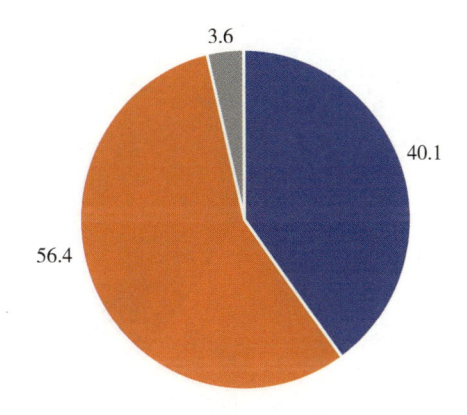

■ 有较高的社会认可和影响力　■ 社会认可度一般　■ 社会认可度很低

图 12　新媒体从业青年对所在行业社会认可度的认知（%）

从子群体来看，党政媒体青年、行业专业媒体青年和自媒体青年的稳定性更高，分别有 41%、39.2% 和 49.6% 的受访者表示没有跳槽打算，而都市媒体青年的流失风险较高，有 68% 的受访者表示会跳槽或转行。

在陕西新媒体从业青年中，兴趣驱动就业人员最多，有 41.2% 的受访者将"个人兴趣爱好并希望在业界有所作为"当作从业主因，高于"挣钱"（29.6%）等主要从业动因而高居榜首。无独有偶，兴趣和挣钱是党政媒体青年、都市媒体青年、行业专业媒体青年和自媒体青年从业的主要驱动因素。

（八）高度认同国家对新媒体领域的监管，渴求行业地位的法律保障及必要的媒体自由

调研发现，对于"国家网信办关闭孙海英、任志强等人微博账号"这一事件，高达 93.6% 的受访者表示支持，从侧面反映出陕西省新媒体青年的媒体观。若从子群体角度来看，党政媒体青年更为较大程度的支持上述做法，非常支持和比较支持的比例之和达到 71.5%，而都市媒体青年、行业专业媒体青年和自媒体从业青年的比例分别为 54.7%、55.2% 和 58.3%。

在问及"您认为哪种因素最能促进中国媒体行业健康发展"时，有

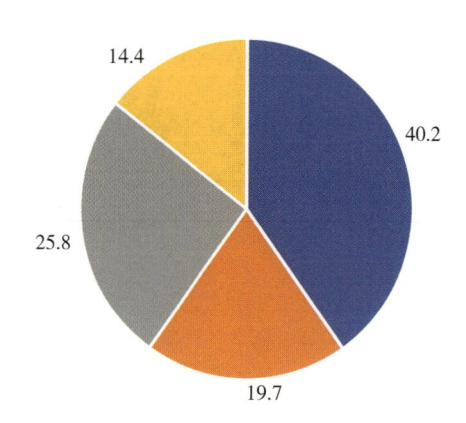

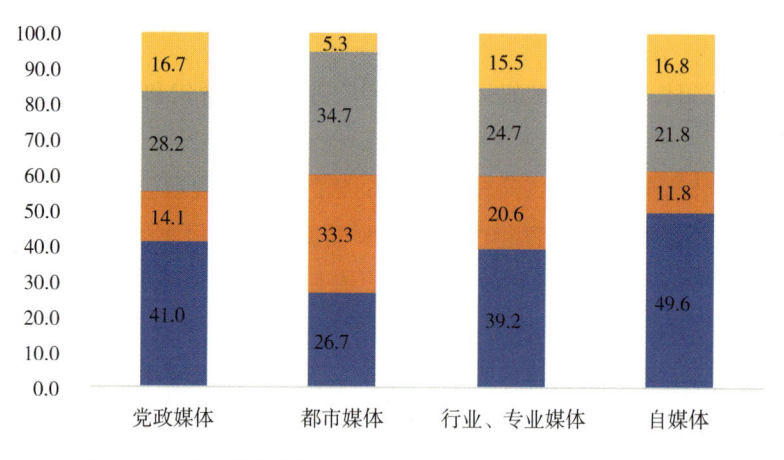

图例(上): ■没有　■打算跳槽但不转行　■有，准备有机会就转行　■没有考虑好

饼图数据：没有 40.2；打算跳槽但不转行 19.7；有，准备有机会就转行 25.8；没有考虑好 14.4

柱状图数据：

类别	没有	打算跳槽但不转行	有，准备有机会就转行	没有考虑好
党政媒体	41.0	14.1	28.2	16.7
都市媒体	26.7	33.3	34.7	5.3
行业、专业媒体	39.2	20.6	24.7	15.5
自媒体	49.6	11.8	21.8	16.8

图13　新媒体从业青年对跳槽转行的考虑（%）

35.2%的受访者认为"法律保障媒体从业者地位"最能扮演这一角色，是占比最高的期望考虑因素。另有26.6%的受访者选择了"政策上更宽松，给予媒体更多自由"，是为第二位应当考虑要素。

上述数据结果表明陕西省新媒体青年在认同国家监管新媒体行业发展的同时，也希冀国家在监管新媒体的同时也应给与新媒体人士一定的政策支持，这样才能更好地促进新媒体行业的健康和繁荣。

陕西省新媒体从业青年群体研究报告

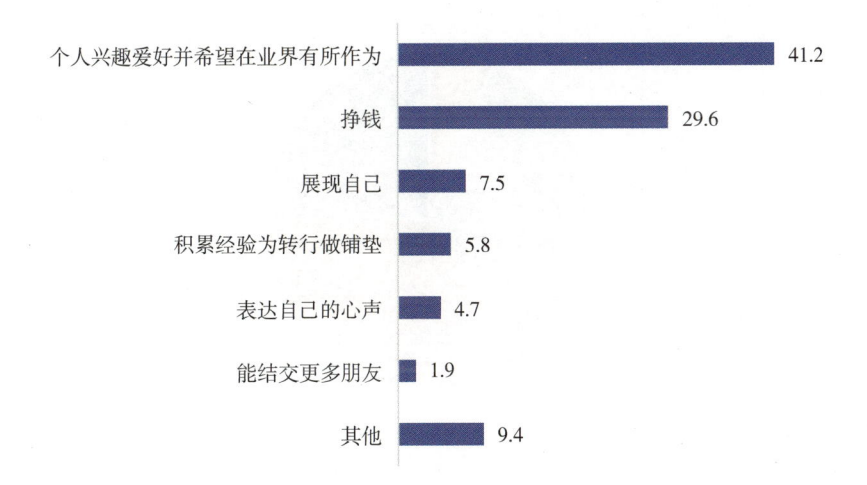

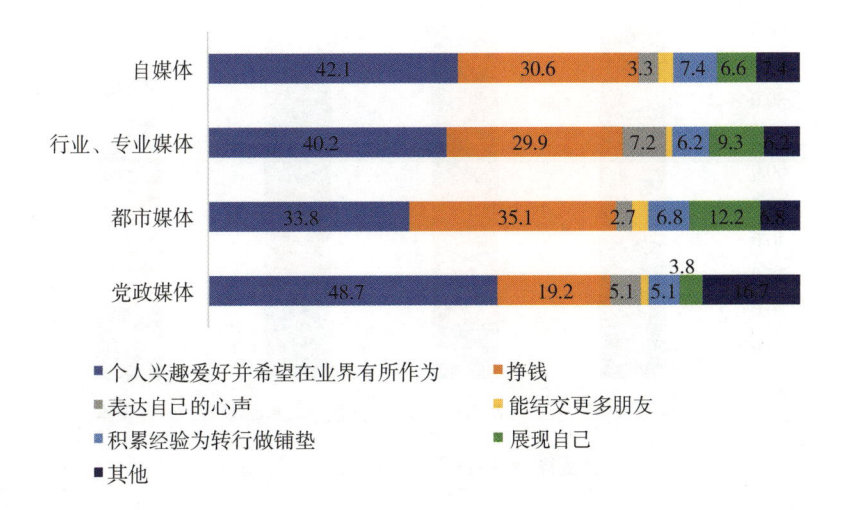

动因	比例
个人兴趣爱好并希望在业界有所作为	41.2
挣钱	29.6
展现自己	7.5
积累经验为转行做铺垫	5.8
表达自己的心声	4.7
能结交更多朋友	1.9
其他	9.4

媒体类型	个人兴趣爱好并希望在业界有所作为	挣钱	表达自己的心声	能结交更多朋友	积累经验为转行做铺垫	展现自己	其他
自媒体	42.1	30.6	3.3		7.4	6.6	7.4
行业、专业媒体	40.2	29.9	7.2		6.2	9.3	6.2
都市媒体	33.8	35.1	2.7		6.8	12.2	6.8
党政媒体	48.7	19.2	5.1	3.8	5.1		16.7

图 14　新媒体从业青年从业动因分布情况（%）

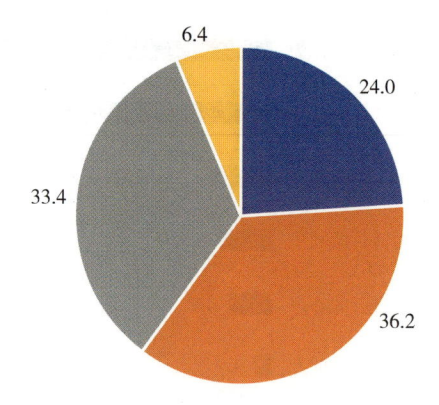

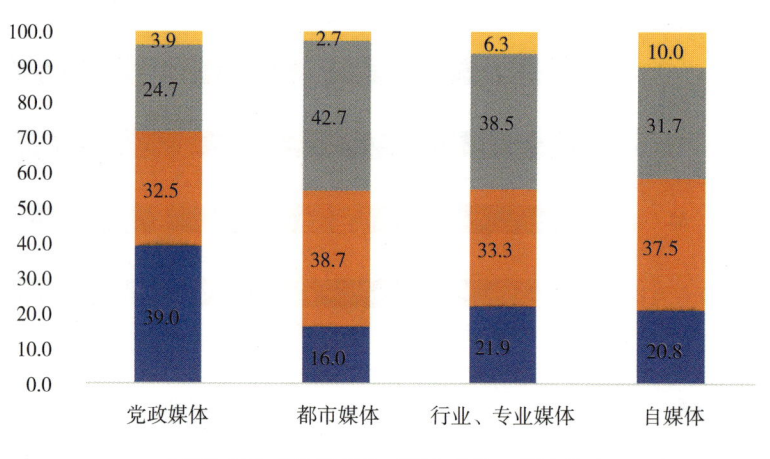

图 15　新媒体从业青年对关闭孙海英、任志强等人微博的看法（%）

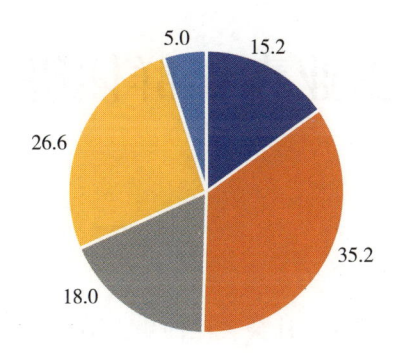

- 改善媒体从业者收入水平
- 法律保障媒体从业者地位
- 法律规范采访报道权利义务
- 政策上更宽松，给予媒体更多自由
- 其他

图 16　您认为哪种因素最能促进中国媒体行业健康发展？（%）

陕西省创业青年群体研究报告

近年来,"双创"成为全社会关注的焦点话题之一,而青年是创业创新的重要力量,是创业创新的生力军和主力军。从公开的资料显示,国家和地方政府以及各级团组织等都对青年创新创业给予了很多的关注和支持,鼓励青年创新创业,通过创业带动就业。

在此背景下,本次调研就陕西创业青年的发展状况展开了调查。调查涵盖了他们的基本情况、学习情况、工作情况、健康状况、住房状况、消费状况、互联网运用状况、思想价值观、劳动保障等方面。

一 群体定义

创业青年指创业企业在陕西工商管理部门注册时间不超过5年,在陕西地区持续经营并完成验照手续,户籍地不限、年龄在40周岁以下的青年企业法人、合伙人和青年个体工商户等。

二 抽样方法

本次调查研究主要采取偶遇法、滚雪球法进行抽样。调查共发放问卷1000份,回收951份,回收率95.1%,其中有效问卷942份,有效率99%,样本对调查对象有较好的代表性和覆盖面。

(一)创业青年年龄段集中在20—30岁之间,且较多处于未婚状态

从年龄来看,在陕的创业青年集中在青壮年,有70.7%的受访者年龄在 20—30 岁之间，显著高于传统领域从业青年均值（57.5%），并且也远高于从业青年群体（社会组织从业青年、行政事业单位青年、企业从业青年、农业青年、青年教师）的群体比例。

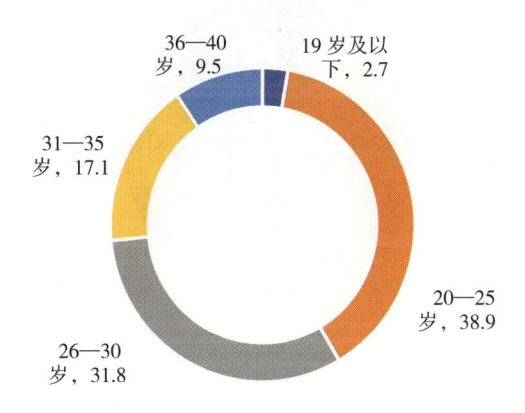

图 1　创业青年的年龄分布（%）

36—40 岁，9.5
19 岁及以下，2.7
31—35 岁，17.1
20—25 岁，38.9
26—30 岁，31.8

从婚姻状态来看，在陕创业青年多处于未婚状态。数据显示，55.7%的创业青年未婚，其中 23.8% 未婚但有男/女朋友，31.9% 未婚单身，而传统领域从业青年的上述平均水平分别为 40.4%、14.9%、25.5%。

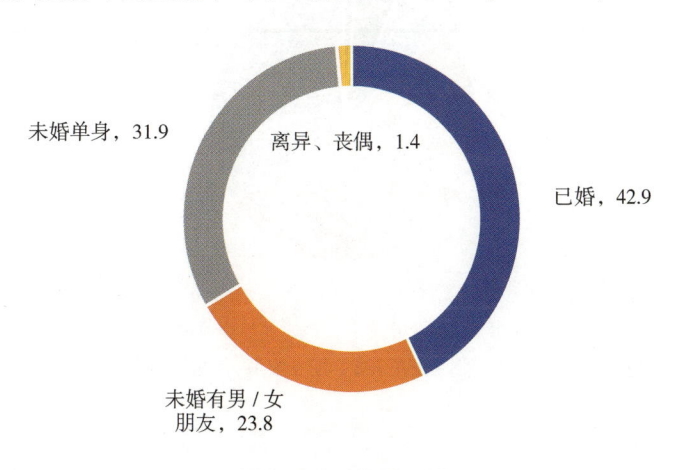

图 2　创业青年的婚姻状况（%）

未婚单身，31.9
离异、丧偶，1.4
已婚，42.9
未婚有男/女朋友，23.8

另外，近九成（88.4%）的创业青年为本省市户籍，其中农业户籍占 47.5%，非农户籍占 40.9%；目前居住情况主要是以自购（自建）住房、租赁和住在父母家中为主，其中自购（自建）占 34.6%，租房占

32.2%，住在父母家中占 16.8%。

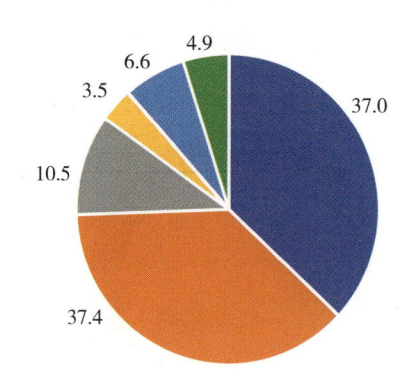

图 3　创业青年的户籍情况（%）

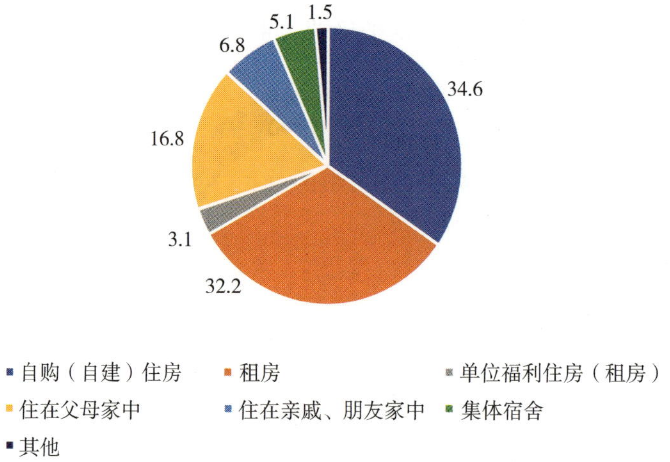

本市农业户籍 37.0；本市非农户籍 37.4；本省外地农业户籍 10.5；本省外地非农户籍 3.5；外省农业户籍 6.6；外省非农户籍 4.9

图 4　创业青年的住房情况（%）

自购（自建）住房 34.6；租房 32.2；单位福利住房（租房）3.1；住在父母家中 16.8；住在亲戚、朋友家中 6.8；集体宿舍 5.1；其他 1.5

（二）创业意愿强烈，多为工作后创业，起点偏低，多基于梦想、机遇和收入创业，缺乏经验成为创业瓶颈

调研发现，在陕创业青年创业意愿较为强烈，创业动机和时机选择也较为理性,深受周边人士影响。数据显示,有九成以上(95%)的创业青年有"有机会,就去创业"的想法。他们认为在萌生创业想法过程中对自己影响最大的依次是:同学、朋友(28.3%),有过创业经历的熟人(20.6%),父母、亲戚(15.6%),自己的判断(14.1%),四项合计占到78.6%。

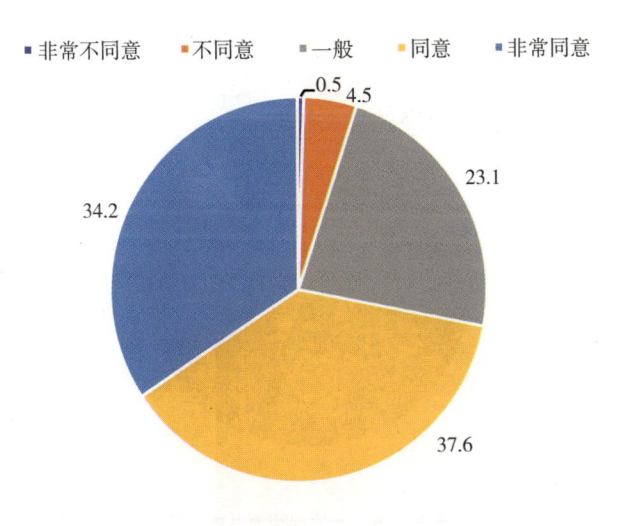

图5 "有机会,就去创业"的认同情况(%)

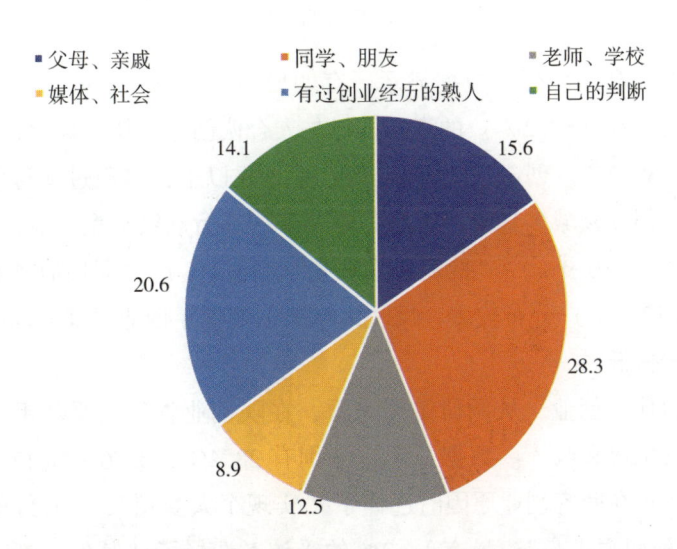

图6 您萌生创业想法过程中,谁对你影响最大(%)

在陕创业青年的创业时间主要集中在有一定工作经验后。数据显示，创业青年选择创业的时间段主要为：在读期间（12.1%），大学毕业（31.7%），积累几年工作经验后（40.7%），合计占到84.5%。有半数以上（55.7%）的青年是第1次创业，33.7%的青年有2—3次创业经历，合计占到93.4%。这在一定程度上反映出了陕西省大学生响应国家号召的创业热情。

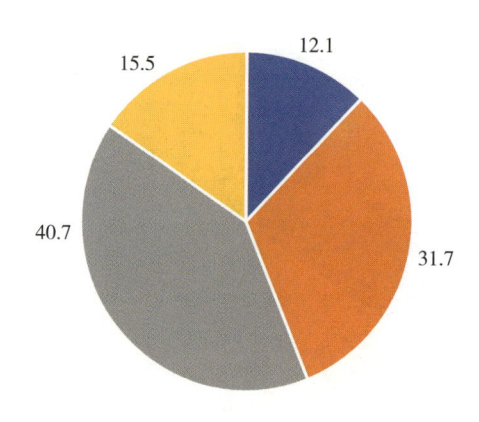

图7　您什么时候开始创业（%）

创业多有合作伙伴，数据显示，有四成多（44.6%）的青年选择自主创业。有半数（50.2%）的青年选择与人合伙创业，其中合伙人在2—5人的占到39.2%。创业启动资金多在10万元以下，多通过父母支持或银行贷款。创业领域多基于"市场需要"集中在劳动密集型产业，"租赁与商务服务"（16.9%）、"批发和零售业"（15.1%）、"居民服务和其他服务业"（12.6%）分布较多，反映出在陕创业青年创业领域的局限和低端化，起步偏低。

至于为什么创业，从调研结果来看，在陕创业青年主要基于三大因素：梦想、机遇和收入。数据显示，分别有28.4%、23.6%和17.6%的受访创业青年在回答创业原因时选择了"实现个人梦想"，"有好的创业项目"，"预期收入高"，另有18.3%的受访者选择了"其他"选项。以

■ 没有　■ 2—5人　■ 5人以上　■ 众筹

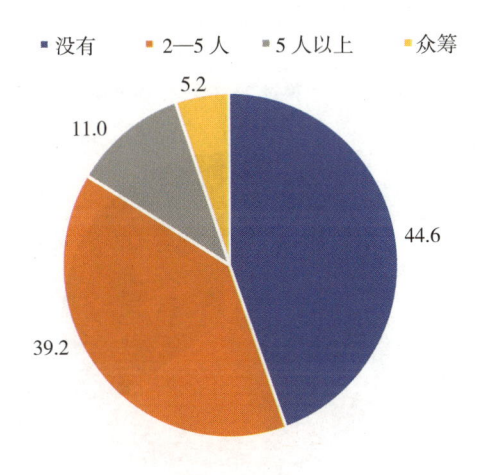

- 44.6
- 39.2
- 11.0
- 5.2

图8　您的创业合伙人（不包括本人）有几位（%）

上综合表明，虽然在陕创业青年主要基于梦想、机遇和收入等三大原因创业。

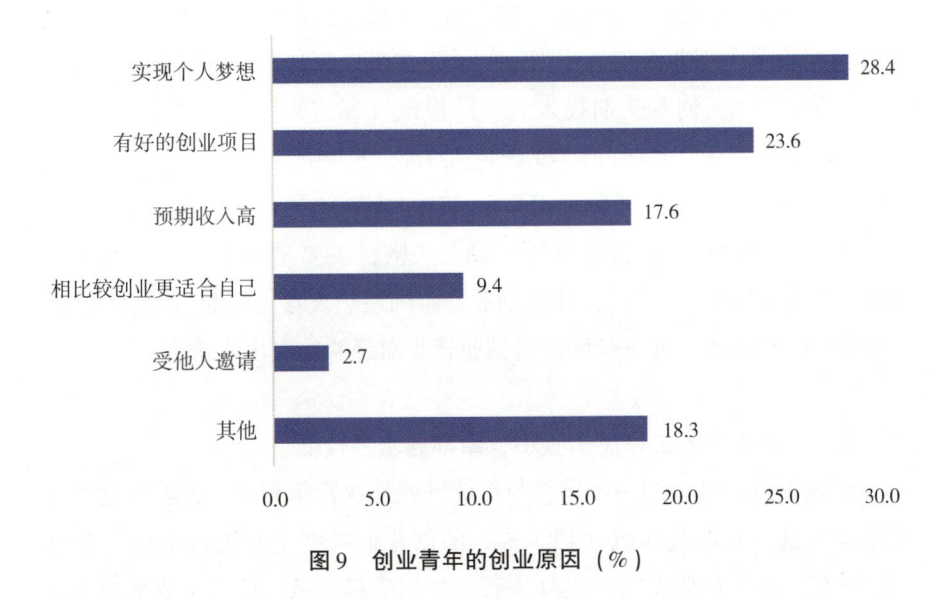

- 实现个人梦想　28.4
- 有好的创业项目　23.6
- 预期收入高　17.6
- 相比较创业更适合自己　9.4
- 受他人邀请　2.7
- 其他　18.3

图9　创业青年的创业原因（%）

再者，近五年来，有近六成（59.1%）的创业青年换过1—3次工作，高于进城务工青年（48.3%）和陕西省传统领域从业青年（38.1%）的平均水平，有八成多（82%）的创业青年对自己的职业地位表示满意。

说明创业青年工作更换较为频繁，但他们对自己的职业地位认可度较高。

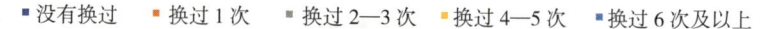

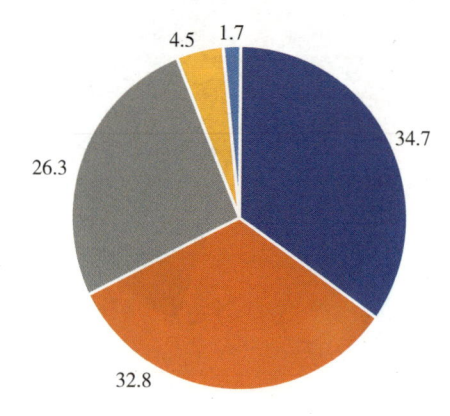

■ 没有换过　■ 换过1次　■ 换过2—3次　■ 换过4—5次　■ 换过6次及以上

4.5　1.7

34.7

26.3

32.8

图10　近五年来，创业青年更换工作的情况（%）

最后需要指出得是，在陕创业青年对创业风险有着清晰的认识，并认为经验和指导对创业至关重要，创业经验的缺乏成为他们创业的最大瓶颈。数据显示，创业青年认为创业的风险主要来源是：市场因素的不可预期性（30.5%），创业初期投入大、回报低（28.7%），经营的长期成本高（20.0%），三项合计占到79.3%。另外，在陕创业青年认为创业过程中最主要的困难是"缺乏创业经验"（39.1%）和"缺乏有效创业指导"（13.9%）。同样地，自己或身边人创业失败，主要是由于"缺乏有效创业指导"（37.8%）。并且，在陕创业青年的最热衷参与创业"经验交流"（42.6%）的活动，进一步反映出创业青年对经验的极度重视。

（三）创业青年工作压力较小，幸福感水平较低

调研发现，过去的一年里，与传统领域从业青年相比，在陕创业青年的压力较低，略超过四成（42.4%）的创业青年感觉到压力很大（包括"比较大"和"非常大"）。具体来看，他们觉得所承受压力主要来源于经济方面（38.6%）、工作方面（32.4%）和婚恋、家庭方面（12.8%），三项合计占到83.9%。

同时，和传统领域从业青年相比，创业青年的幸福感较低。调查显

- 创业初期投入大、回报低
- 经营的长期成本高
- 市场因素的不可预期性
- 政策的不确定性
- 行业行为不规范
- 其他

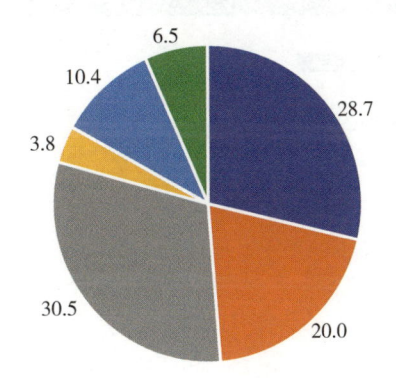

6.5　10.4　3.8　30.5　20.0　28.7

图11　在陕创业青年认为的创业风险（%）

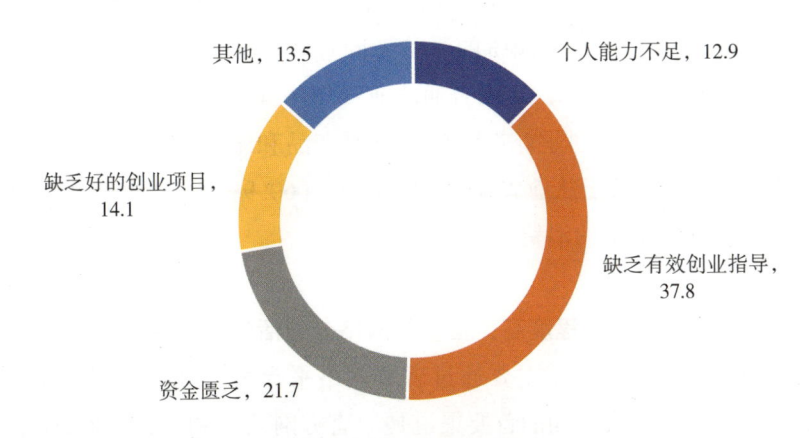

其他，13.5；个人能力不足，12.9；缺乏好的创业项目，14.1；缺乏有效创业指导，37.8；资金匮乏，21.7

图12　在陕创业青年创业失败的原因（%）

示，有49.7%的创业青年"觉得自己的生活幸福"，而从业青年的比例为58.2%。创业青年最认同的幸福指标是家庭幸福（37.5%），另"事业有成"（21.3%）和"生活富有"（15.6%）也与创业青年的幸福感密切相关。以上反映出创业青年一方面承受着巨大的经济压力，另一方面追求事业、财富上的成功。

（四）在陕创业青年居住费用是首要开支

居住费用是在陕创业青年的首要开支。当问及"您日常开支最大花

压力来源	百分比
经济方面	38.6
工作方面	32.4
婚恋、家庭方面	12.8
健康方面	5.8
学习方面	2.7
人际关系方面	2.6
其他	5.1

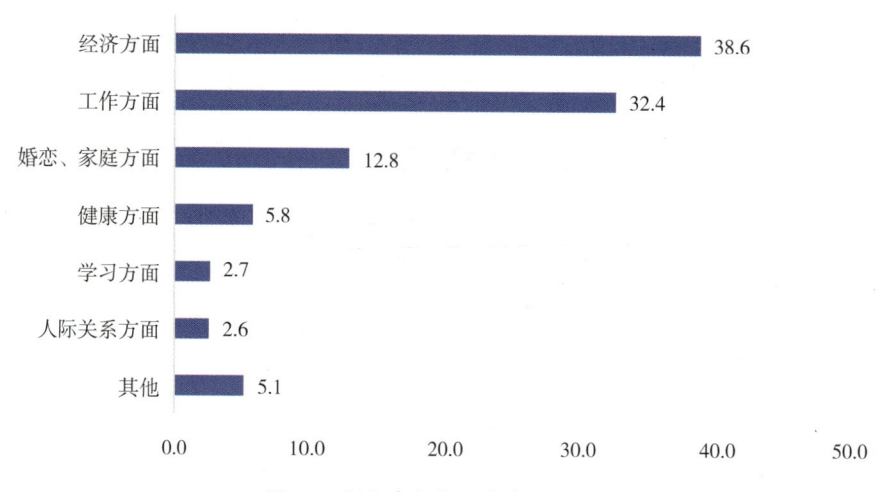

图13 创业青年的压力来源（%）

费的项目"时，有23.7%的受访者勾选了"居住费用"高于陕西从业青年平均值（16.9%）近7个百分点。

在消费观念上，有37.4%的受访者同意"如果想买某个商品但手头的钱不够，可以贷款购买"，而普通从业青年中同意这一观点的比例仅为29.6%。有65.1%的创业青年同意"只要产品和服务质量好，东西贵一点也没关系"，略高于从业青年平均认同度（60.9%）。由此可见，在陕创业青年持有更前卫的消费观。

（五）互联网融入程度高，但参与网络公益活动主动性不足

调查显示，创业青年主要通过官方网络平台关注社会新闻。具体来说，受访者关注社会新闻的首要渠道是"官方网站"和"门户网站"，占比34.3%；值得关注的是，虽然也有超过两成（23.1%）受访者选择通过"微信"渠道，然而这一比例在传统从业青年中比例最低。由此可见，相比于私人圈子，创业青年更信任官方口径的信息。

近六成（58.7%）的人表示会把自己的情绪带到网络中，在五大从业青年中比例最高。但对于网络声援、网络签名、网络声讨等网上活动，选择"基本不关注"或"关注过但不参与行动"的占到七成（70.6%）。面对网络上的谣言、虚假信息等，愿意站出来反驳的不足三成（23.1%），相对而言，有超过三成（33.3%）的从业青年表示"愿意反驳，激浊扬清"。

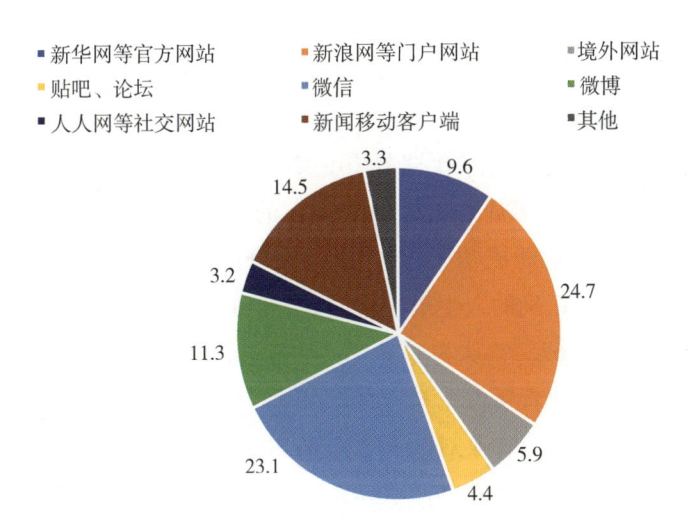

图例：
- 新华网等官方网站
- 新浪网等门户网站
- 境外网站
- 贴吧、论坛
- 微信
- 微博
- 人人网等社交网站
- 新闻移动客户端
- 其他

饼图数据：
- 9.6
- 24.7
- 5.9
- 4.4
- 23.1
- 11.3
- 3.2
- 14.5
- 3.3

图14　有关社会新闻您主要从哪一种网络途径获得（%）

以上反映出在陕创业青年在网络融入中更多地采用单向"索取式"介入，获取信息、发泄情绪等，而"供给式"网络生活，如规避谣言、抨击丑恶等方面略显单薄。

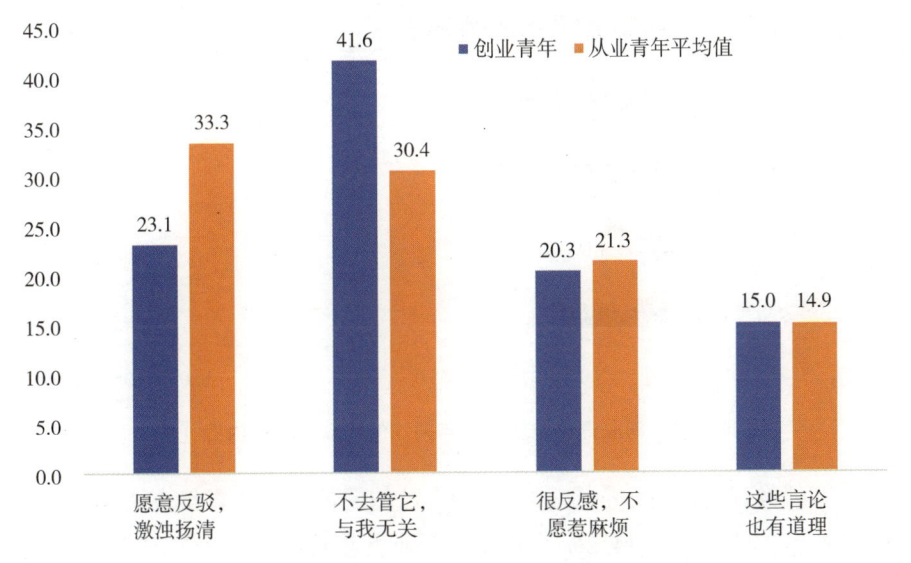

柱状图数据（创业青年 / 从业青年平均值）：
- 愿意反驳，激浊扬清：23.1 / 33.3
- 不去管它，与我无关：41.6 / 30.4
- 很反感，不愿惹麻烦：20.3 / 21.3
- 这些言论也有道理：15.0 / 14.9

图15　创业青年对网络上谣言、虚假信息的态度（%）

（六）普遍具有正确的人生观、价值观，对在陕西省创业发展较为期待，以企业家为偶像

调研发现，在陕创业青年普遍具有正确的人生观和价值观。数据显示，有96.2%的创业青年赞同"诚信是做人的基础"这一观点，94.6%的人认同"只要奋斗就能成功"，89.9%的人赞同"付出就有回报"。说明创业青年群体具有正确的人生观、价值观。但同时，创业青年又普遍有一定的防范意识，有67.4%认为"如果不注意，自己很容易吃亏"，而持有这一观点的普通从业青年占比62.0%。

调查显示，在陕创业青年对陕西省政府2016年工作内容最感兴趣的是"重塑创新引领和适应消费的产业体系"，占比22.4%，在这一点上高出普通从业青年10个百分点。

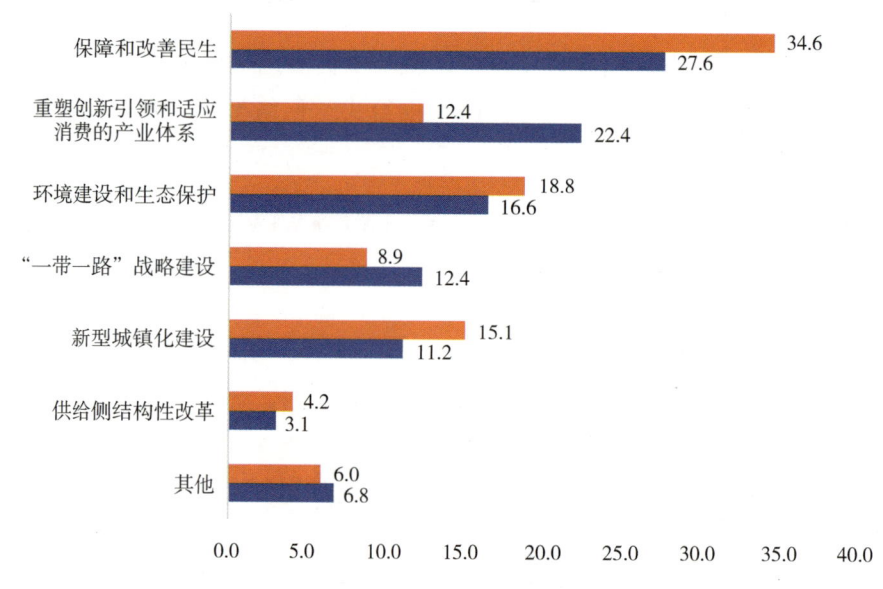

图16　在陕创业青年与从业青年关注的省政府工作内容（%）

在偶像观上，将"企业家"作为自己的偶像的创业青年占比22.1%，而从业青年的比例为14.2%。并且，创业青年将"企业家"作为自己的偶像的比例在五大从业青年中比例最高。

（七）在陕创业青年的劳动权益保障较差，遇到困难靠朋友

调查显示，在陕创业青年普遍缺少劳动合同、带薪休假和三险一金的工作保障。拥有这三项劳动保障的创业青年占比分别为54.2%、43.2%和35.9%；相比其他从业青年在这三项上的拥有率（61.7%、49.2%和49.1%）均较低。

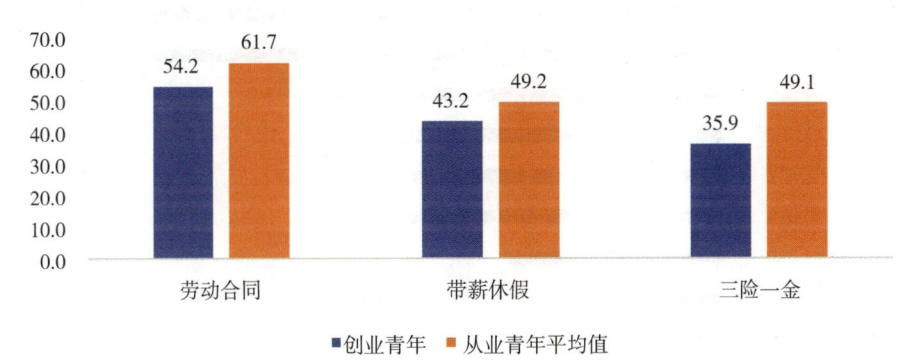

图17 在陕创业青年和从业青年劳动保障对比（%）

当遇到困难或紧急情况时，除了"家人及亲戚"外（49.1%），"朋友"给创业青年的帮助最大，占比25.1%；而对于普通从业青年来说，还是更多依靠"家人和亲戚"（66.8%）。

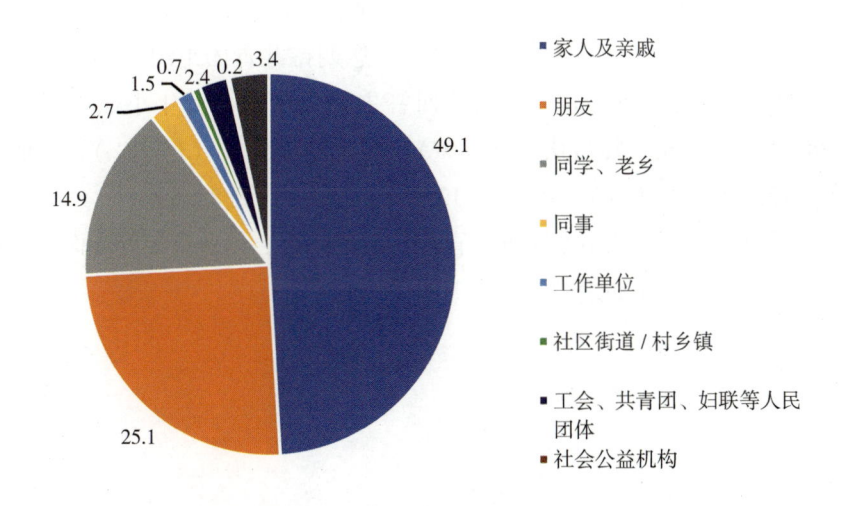

图18 在您遇到困难或紧急情况时谁给您的帮助最大（%）

（八）期望得到政府和团组织在创业融资和指导方面的扶持

在陕创业青年希望在创业过程，孵化园区等创服机构应该在投融资渠道（44.1%）、办公场地（44%）、工商注册咨询（32.5%）、人才落户（31%）和法律咨询（30.7%）等方面提供具体便利。

项目	百分比
投融资渠道	44.1
办公场地	44.0
工商注册咨询	32.5
人才落户	31.0
法律咨询	30.7
财税处理	24.1
产学研转化	16.9
心理辅导	10.5
不清楚	4.1
其他	7.1

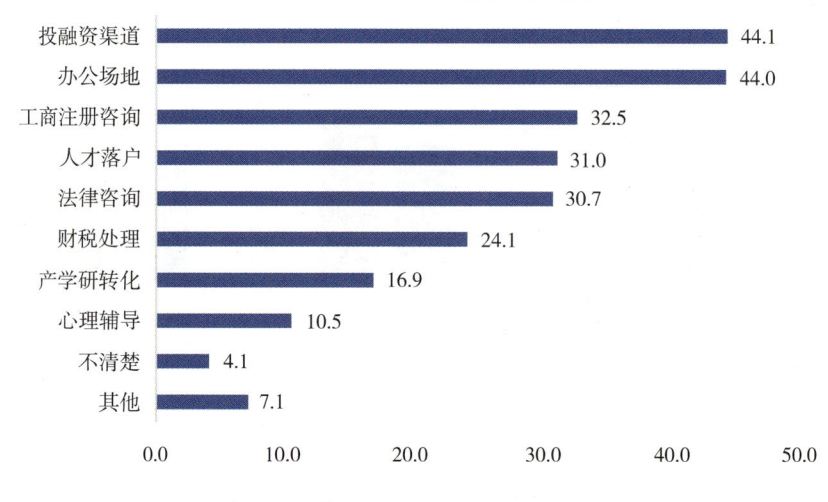

图19　在陕创业青年希望创服机构提供的便利（%）

另外，有八成以上（81.7%）的创业青年期待政府在创业贷款（37.4%）、创业孵化场地（18.6%）、创业培训（11.2%）和人才引进（8.4%）方面加大扶持力度。当问及"您期待共青团组织在创业方面能够给予您哪些支持？"时，他们的回答主要集中在：青年小额担保贷款（28.2%）、创业导师帮扶（16.8%）、孵化基地入驻（15.6%）、创业培训（15.0%）和创业赛事组织（12.8%），合计占到88.5%。

以上，综合反映出在陕创业青年对创业融资、创业指导等方面的迫切需求，希冀各方能够给予支持。

支持类型	百分比
青年小额担保贷款	28.2
创业导师帮扶	16.8
孵化基地入驻	15.6
创业培训	15.0
创业赛事组织	12.8
其他	9.5
青年创业奖	2.0

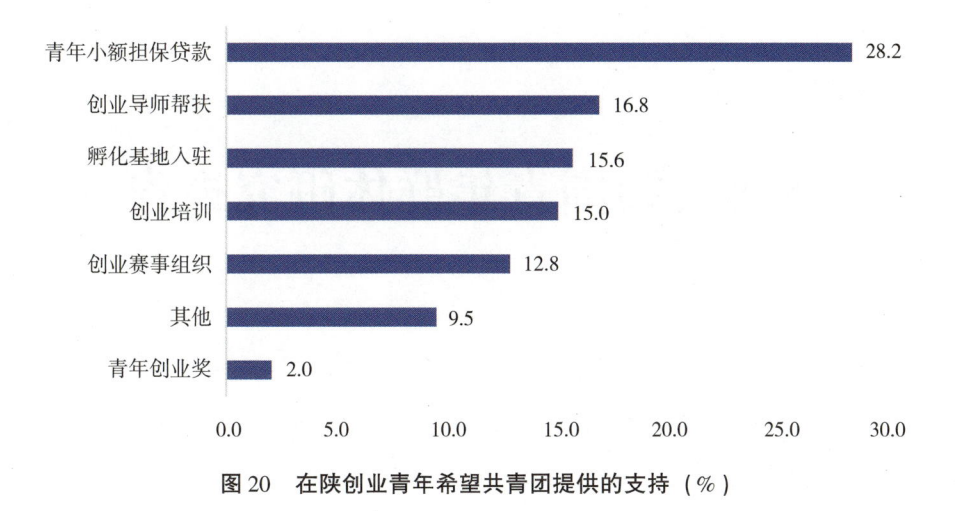

图20 在陕创业青年希望共青团提供的支持（%）

陕西省归国青年群体研究报告

留学归国青年群体（含境外留学青年，以下简称"归国青年"）具有较高的学历，在知识结构、工作能力和国际视野等方面具有较多优势，一直是备受关注的群体。在陕西省深入实施"一带一路"建设、"创新创业"及"海外引智"战略的形势下，陕西留学归国人数也于近五年有井喷趋势。陕西的归国青年，目前在陕的状况如何，有什么特征和优势，有什么困难和诉求，在陕西实现追赶超越目标中将发挥怎样的作用，共青团组织如何围绕大局做好归国青年的团结服务工作，成为当前陕西共青团迫切关心的问题。

在此背景下，共青团陕西省委就陕西留学归国青年的发展状况展开了抽样调查，调查内容涵盖了留学归国青年的基本情况、学习情况、工作情况、健康状况、婚恋状况、劳动保障、思想价值观等各个方面。

一　群体总量

归国留学青年是指通过公派或自费等途径出国留学1年（包括1年）以上，年龄低于40岁的在陕青年。根据教育部最新统计数据显示，1978年至2015年，我国累计出国留学人数已达404.21万人，累计回国人数达221.86万人。据推算，陕西留学归国人员累计在20万人左右，其中归国留学青年总人数在10万人左右。

二　抽样方法

本次调查主要通过偶遇法、滚雪球法进行问卷调查，共发放调研问卷

500份，回收有效问卷467份。在此基础上，运用座谈会和深度访谈等定性研究方法，举办了4次集中座谈会及多次小范围座谈会，对100人次有代表性归国青年进行了面对面深度访谈。

三 群体特征

（一）留学归国青年中男性比例较高，最富"年轻力壮"，多为独生子女，且多处于未婚状态

从性别来看，参与此次调研的归国青年中男性居多，比例为56.1%，比女性（43.9%）多了近13个百分点。从年龄来看，在陕的归国青年最富"年轻力壮"，过半人数（55.5%）年龄在20—25岁之间，显著高于传统领域从业青年均值（27.1%）（见图1）。

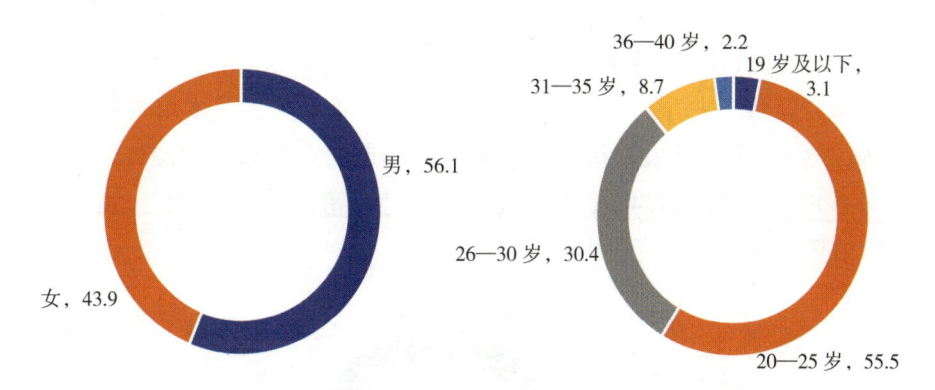

图1 归国青年的性别和年龄分布（%）

从是否为独生子女角度看，与从业青年相比，在陕归国青年中独生子女较多，比例占到59.3%，是从业青年均值（25.5%）的2倍有余，远高于其他从业青年群体的独生子女比例。

从婚姻状态来看，与社会从业青年相比，在陕归国青年大多处于未婚状态。数据显示，77.2%的归国青年未婚，其中46.5%未婚但有男/女朋友，30.7%未婚单身，而社会从业青年的上述平均水平分别为40.4%、14.9%、25.5%，并且远高于从业青年群体中的未婚比例，未婚人数最多。

从宗教信仰状况来看，绝大多数陕西归国青年无宗教信仰，占比

离异、丧偶，0.9
已婚，21.9
未婚单身，30.7
未婚有男/女朋友，46.5

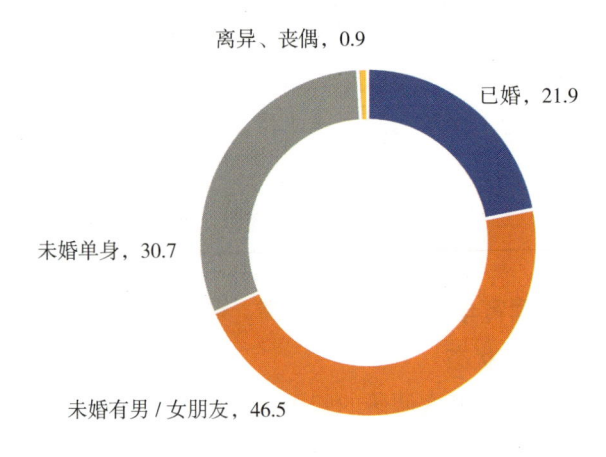

图2　归国青年的婚姻状况（%）

80.3%。在有宗教信仰的归国青年中，信仰佛教的占多数，占总体的9.7%。信仰伊斯兰教和基督教者皆占比3.1%，另外还分别有1.8%和1.3%的信仰道教和天主教。

从户籍状况来看，在陕归国青年中，占比重最大的是本市户籍（占比66.3%），其中非农户籍人口占44%，本市农业户籍占22.3%。其次是外省户籍，占比21.4%，再次是本省外地户籍，占比12.3%。由此可见，在陕归国青年的流动性较低。

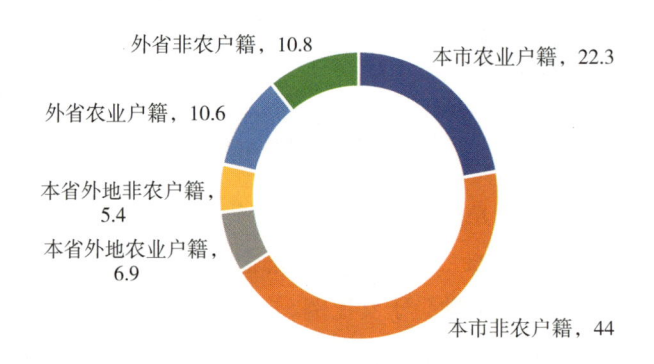

外省非农户籍，10.8
本市农业户籍，22.3
外省农业户籍，10.6
本省外地非农户籍，5.4
本省外地农业户籍，6.9
本市非农户籍，44

图3　在陕归国青年的户籍状况（%）

（二）在陕归国青年看重信息渠道的正规和权威性，国家认同感稍低，仍需思想引领

留学归国青年获取社会新闻的最主要渠道是新浪网等门户网站，占比

27.7%，高于陕西从业青年（17.8%）近 10 个百分点，也高于社会组织从业青年、行政事业单位青年、企业从业青年、农业青年、青年教师。另外，相比于 30.8% 的从业青年对从微信获取社会新闻，归国青年从这一途径获取较少，占比 11.9%。以上反映出留学归国青年在获取社会新闻时更加注重渠道的正规性和权威性。

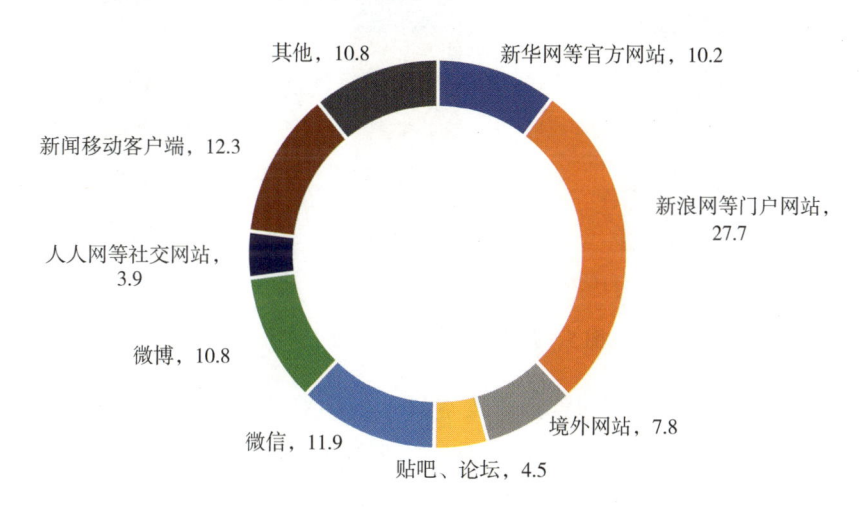

其他，10.8
新华网等官方网站，10.2
新闻移动客户端，12.3
新浪网等门户网站，27.7
人人网等社交网站，3.9
微博，10.8
微信，11.9
贴吧、论坛，4.5
境外网站，7.8

图 4 归国青年的新闻获取渠道（%）

调研发现，与传统领域从业青年相比，在陕归国留学青年在国家身份认同和政治理想信心度上较低。数据显示，有 81.1% 受访者认为作为中国人非常自豪，与从业青年均值（89.2%）相比，低了 8 个百分点，并且，自费留学归国青年的国家身份认同感（84%）略高于公派留学归国青年（79.5%）。

另外，分别有 78.6% 和 73.7% 的受访者认为中国梦一定能够实现和"'三个陕西'（富裕陕西、和谐陕西、美丽陕西）一定会实现"，与社会从业青年均值相比，分别低了 6 个和 9 个百分点，并且也均低于五大社会从业青年群体的认同比例。

（三）多为自费留学，主要攻读学士或硕士学位，留学时长普遍在 2 年以内，更注重课外学习和继续进修

调研发现，在陕归国青年多为自费留学，主要在本科或硕士阶段在外就读，留学时长普遍在 2 年以内。数据显示，在陕归国青年中有 64.1%

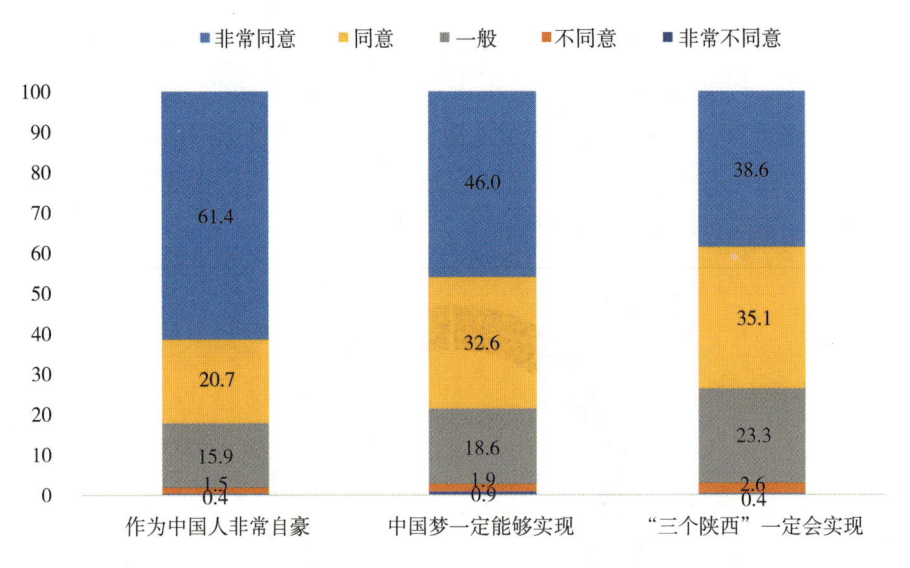

■ 非常同意　■ 同意　■ 一般　■ 不同意　■ 非常不同意

图5　归国青年的思想观念（%）

属于自费留学，98.5%的青年攻读本科（包括双学士）学位（63%）或硕士（包括双硕士）学位（35.5%），75%的受访者留学时长在2年以内。

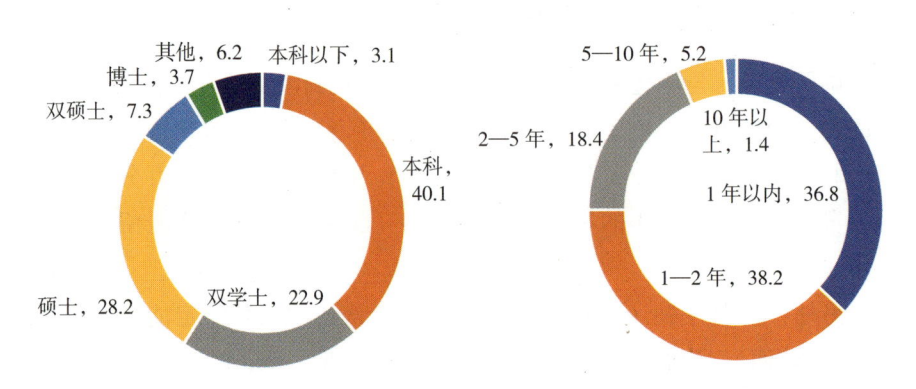

图6　归国青年攻读学位和留学时长的情况（%）

从学历结构上看，自费留学和公派留学归国青年的学历结构明显不同。整体来看，自费留学学历较高，本科以上学历达到90.8%，而公派留学本科以上学历仅占比69.6%。

与社会从业青年相比，归国青年普遍对能力的提升和实现个人价值比较重视，将个人发展提升放在首位。在工作之余，他们每周读书（看报）

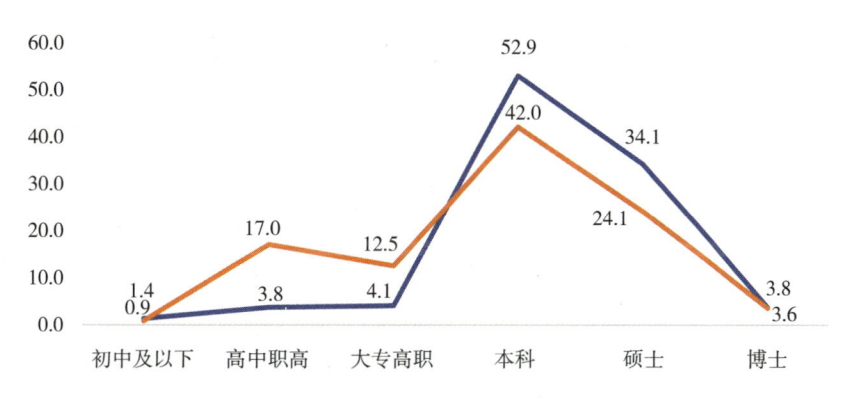

图7 自费留学和公派留学的学历结构（%）

学习的时间 1 小时以上的占比 78.3%，比陕西从业青年平均的 63.7% 高出近 15 个百分点。另外，留学归国青年中，有高达 27.5% 的受访者有"考研或考博等继续深造"的意向，高出陕西从业青年平均值（12.4%）15 个百分点。

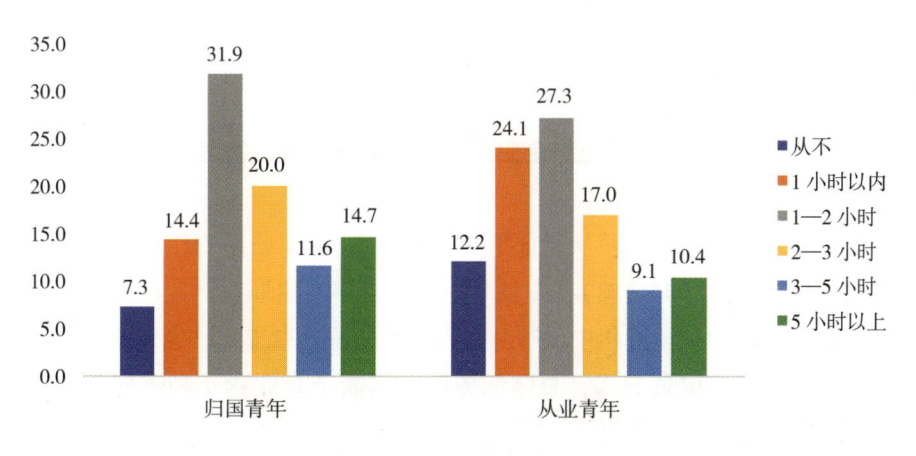

图8 归国青年的课外学习时间情况（%）

（四）归国主要看重国内经济发展和职业发展前景，留陕主要为家乡建设做贡献

归国青年之所以回国，很大一部分原因是看好国内经济形式或基于亲缘关系的考虑。数据显示，有 34.2% 的受访归国青年因"国内经济发展迅速，机会多，职业发展潜力巨大"而归国，20.1% 的受访归国青年因"亲朋好友都在国内，不想孤身留在国外"而归国，此二项原因成为在陕

归国青年的两大主要归国考虑。

而之所以在陕西发展,最主要还是因为是"本地人,自己的家在陕西"(47%);其次,虽然是外地人,但"在陕西接受过教育,熟悉陕西环境"(26.9%),也是留陕发展的重要因素。由此可见,陕西本地青年和在陕西受过教育的青年因为环境、资源和个人情感等多方面原因,选择在陕西发展,为陕西的发展做出了贡献。

类别	百分比
本地人,自己的家在陕西	47.0
外地人,在陕西接受过教育,熟悉陕西环境	26.9
外地人,陕西机会较多	7.8
外地人,没想过,也没想离开	5.2
其他	13.1

图9 归国青年留陕发展的原因(%)

(五)多就职在非公有制企业中,职务层次较高,海外工作经历成为的就业重要影响因素

调研发现,相比陕西从业青年(15.7%),留学归国青年更多集中在非公有制企业中(41.1%),并且有21.3%从事自由职业。

在已就业的归国青年中,39.1%为基层岗位,32.2%已成为中层管理人员,18%是单位负责人,总体职务层次远高于企业青年和进城务工青年,留学的背景优势凸显。

调查显示,自费留学和公派留学归国青年所任职位有明显不同。公派留学归国青年中更多单位中层管理人员(41.5%),高出自费留学归国青年(29.7%)近12个百分点。然而,自费留学归国青年的工作岗位呈现两极分化:一方面体现在,自费留学归国青年中更多在一线工作(自费留学→公派留学:20%→11.3%);另一方面体现在,更多单位负责人(自费留学→公派留学:19.4%→15.1%)。

调查显示,有59.3%的留学归国青年认为留学归国后就业容易(包括11.3%的"很容易"和48%的"容易")。在影响留学生就业因素方

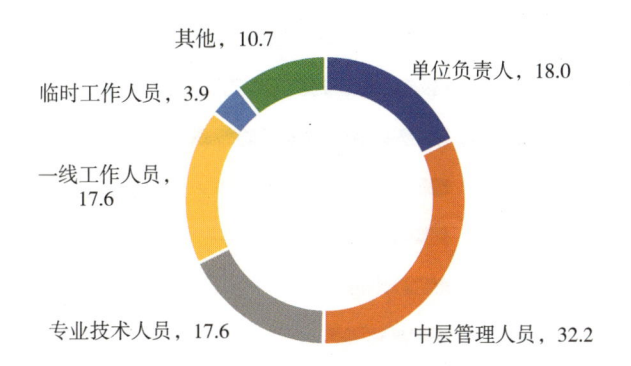

图10 归国青年的职位情况（%）

- 其他，10.7
- 临时工作人员，3.9
- 一线工作人员，17.6
- 专业技术人员，17.6
- 单位负责人，18.0
- 中层管理人员，32.2

面，"不具备海外工作经历"是最主要的因素（43.8%），另外"薪资要求高"（21.1%）、"文化'断层'"（17.8%）和"错过校园招聘季"（16.2%）也是导致留学生就业困难的重要因素。

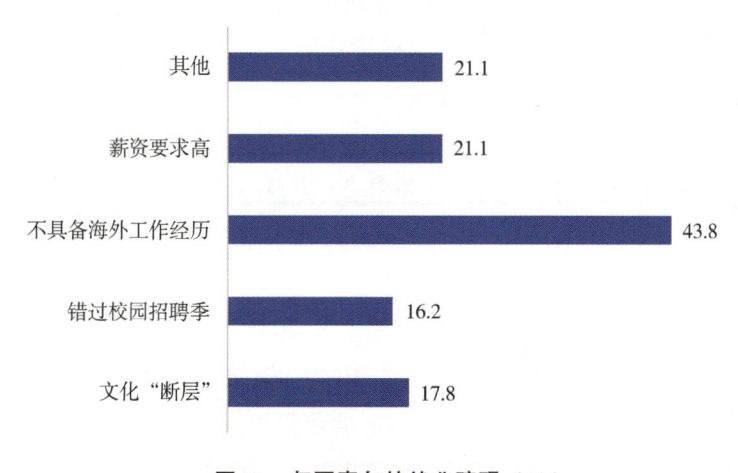

图11 归国青年的就业障碍（%）

- 其他 21.1
- 薪资要求高 21.1
- 不具备海外工作经历 43.8
- 错过校园招聘季 16.2
- 文化"断层" 17.8

为了能更好地就业，在陕留学归国青年认为首要应该"提高自己的适应力"（占比35.7%），其次应该"提高自己的工作能力"（占比22.7%），再次也应适当"降低要求（包括行业、地点、薪酬等）"（占比14.1%）。

对于未来的打算，有36.6%的留学归国青年打算"继续本职工作"，在现有工作岗位上继续深耕；有27.5%打算"考研或考博等继续深造"，在学历上更上层楼；另有20.2%打算"自主创业"，以这种方式实现自我价值。

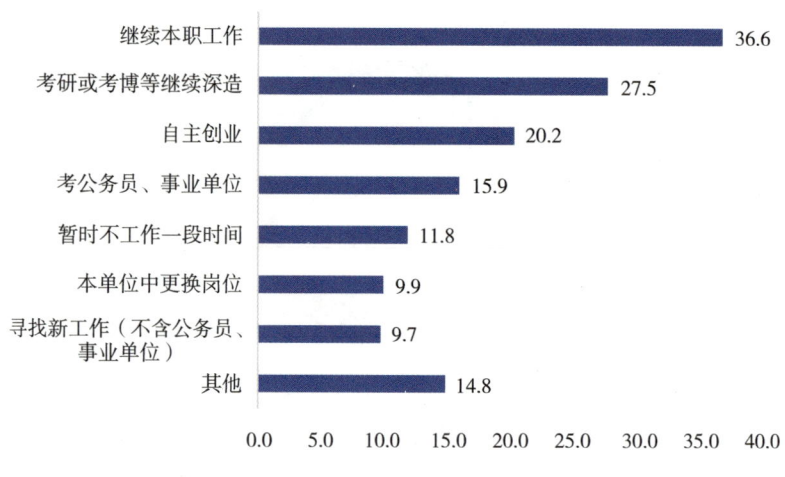

继续本职工作 36.6
考研或考博等继续深造 27.5
自主创业 20.2
考公务员、事业单位 15.9
暂时不工作一段时间 11.8
本单位中更换岗位 9.9
寻找新工作（不含公务员、事业单位） 9.7
其他 14.8

图12 归国青年的未来发展方向（%）

（六）普遍晚婚，婚恋观开放，更愿意生育一个孩子

调研发现，留学归国青年普遍晚婚或期望结婚年龄较晚。初婚年龄（或未婚的期望结婚年龄）主要集中在27—29岁，占比45.5%；其次是24—26岁，占比35.2%；再次是30—35岁，占比13.1%。而从业青年的初婚年龄则集中在24—26岁和23岁及以下（占比58.5%），其次是27—29岁（占比34.3%）。由此可见，留学归国青年普遍结婚（或期望结婚）年龄较晚。

和从业青年相似，他们择偶时主要考虑对方的能力道德品质（59.7%）、性格（44%）和感情（36.3%），但和从业青年相比，留学归国青年更看重对方的学历（留学归国→从业青年：29.8%→20.9%）。

婚恋观上，留学归国青年的包容性更高。与从业青年相比，归国青年对网恋（留学归国→从业青年：34.6%→40%）、离婚（留学归国→从业青年：39.3%→46.3%）、"婚外情"（留学归国→从业青年：61.9%→78%）、一夜情（留学归国→从业青年：62.1%→79.1%）、同性恋（留学归国→从业青年：46%→73.5%）、未婚生子（留学归国→从业青年：37%→54.4%）等现象的反对率都较低。

在生育意愿方面，留学归国青年最希望生育1个孩子，占比41.4%，高于从业青年的33.8%；而希望生育二孩的意愿较低，占比仅39.1%，低于从业青年的53.5%（见图14）。

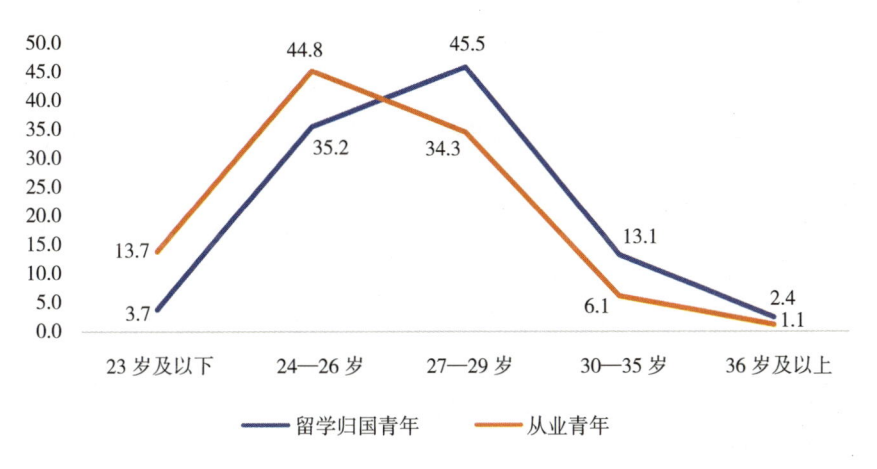

图 13　归国青年的初婚年龄（%）

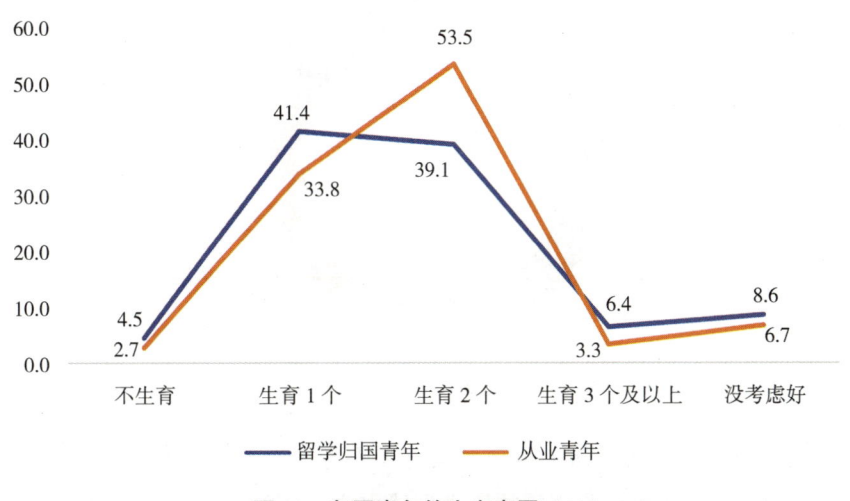

图 14　归国青年的生育意愿（%）

（七）陕西归国青年注重锻炼身体，压力较小，遇到困难较少，身心健康

调研发现，留学归国青年注重锻炼身体。超过半数（54.8%）的归国青年每周锻炼时间在 2 小时以上，相比于从业青年的 47.6%，高出 7 个百分点，同时也略高于从业青年群体的这一比例。

总体而言，归国青年面临的困难较小，认为"没有困难"的归国青年占比 17.5%，高出从业青年（6.6%）近 11 个百分点。和从业青年相似的是，归国青年也较多面临住房困难（16.6%）和就业困难

(17.5%),而归国青年在发展提升(17.5%)和子女教育(2.4%)这两个方面的困难程度明显低于从业青年(比例分别是22.7%和12.7%)。当遇到困难或紧急情况时,给予归国青年帮助最大的主要是家人及亲戚(41.1%),其次是朋友(27.1%),再次是同学、老乡(14.2%)。由此可见,在归国青年困难时刻,还是依靠亲朋好友雪中送炭。

留学归国青年普遍压力较小。近半数(49.5%)受访者表示"没有压力"或压力"比较小",而表示"非常大"或压力"比较大"的从业青年仅占18.8%。

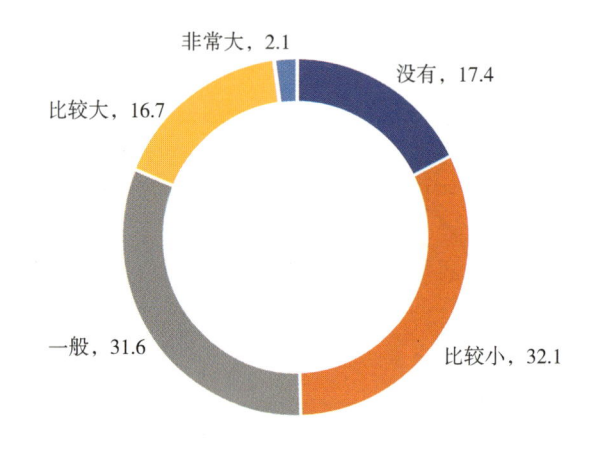

非常大,2.1
比较大,16.7
一般,31.6
比较小,32.1
没有,17.4

图15 归国青年的压力状况(%)

陕西留学归国青年压力更多是来自工作方面(33.8%),其次是经济方面(25.2%)。而从业青年的压力虽然也主要来源自以上两个方面,却更多来自经济方面(43.2%),其次是工作方面(27.8%)。由此可见,虽然留学归国青年经济方面的压力较小,但其对工作方面的要求较高,也成了较大的压力来源。

(八)多数拥有享乐主义消费观,更注重品质消费

调研发现,留学归国青年较有享乐主义消费观。相比于从业青年对"生活条件好了,但节俭仍需要提倡"91.6%的认同度,留学归国青年的认同度为81.1%。有70.7%的受访者赞同"人应该及时行乐",而从业青年中,只有56.2%的持此种想法。60%归国青年赞同贷款购买商品,而

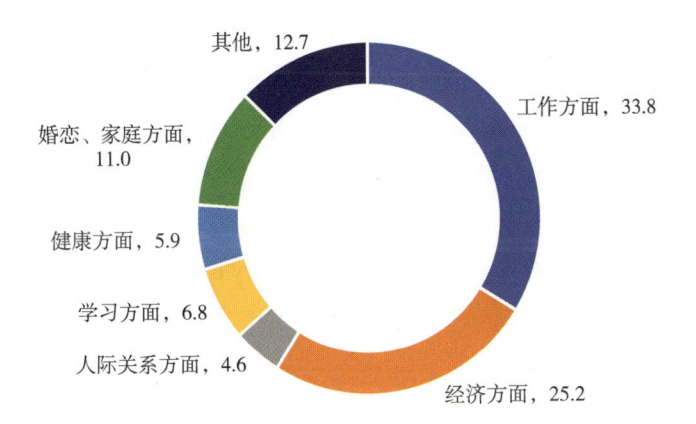

其他，12.7
工作方面，33.8
婚恋、家庭方面，11.0
健康方面，5.9
学习方面，6.8
人际关系方面，4.6
经济方面，25.2

图16　归国青年的压力来源（%）

从业青年中只有29.5%赞同这种行为。

如果想买某个商品但手头的钱不够，可以贷款购买　29.5　60.0
人应该及时行乐　56.2　70.7
生活条件好了，但节俭仍需要提倡　91.6　81.1

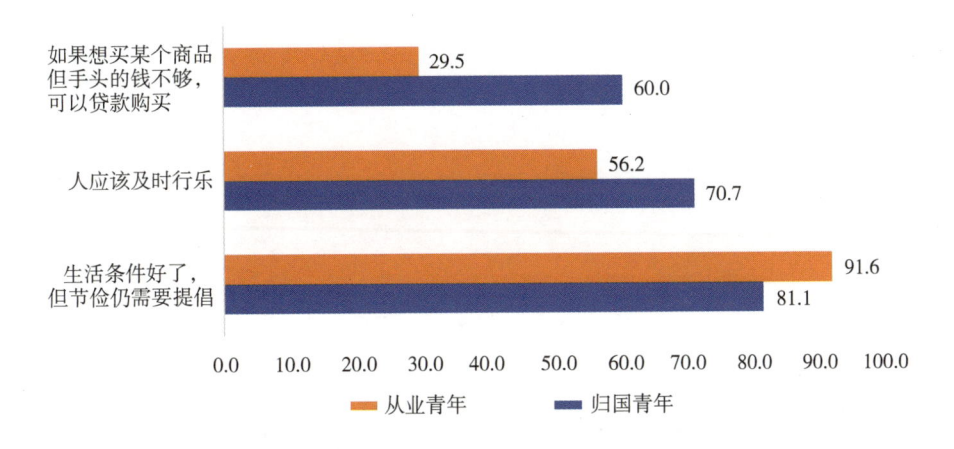

从业青年　　归国青年

图17　归国青年和从业青年的消费观对比（%）

在消费的质量上，有72.8%的受访者赞同"只要产品和服务质量好，东西贵一点也没有关系"，相比之下，从业青年只有60.8%赞同这一观点。

（九）工作时长普遍在8小时以内，劳动保障状况较好

调研发现，与社会从业青年相比，在陕归国青年的工作时长普遍在8小时以内。数据显示，有77.4%的留学归国人员每天平均工作时长在8小时及以下，而在从业青年群体中，只有41.1%的人员处于这样的工作

时长，从侧面反映归国留学青年工作压力较传统领域青年更小。对于工作单位的权益保障机制，与社会从业青年群体相比，在陕归国青年保障情况较好。数据显示，分别有56.4%和59.5%的受访者拥有"带薪休假"和"三险一金"的保障，而在从业青年总体中，上述两项比例则分别为49.2%和49.1%。此外，在劳动合同方面，归国青年的享有比例（56.9%）低于从业青年的平均水平（61.7%）近5个百分点。

陕西省进城务工青年群体研究报告

随着我国城镇化和经济社会的快速发展，大量农村青年劳动力涌入城市，成为进城务工一族。他们在为城市发展做出积极贡献的同时，也面临着个人职业发展、工作生活、社会融入等一系列现实问题。为进一步了解陕西省进城务工青年队伍发展现状，提出相应的对策建议，充分调动和发挥进城务工青年在陕西省经济发展和社会稳定中的积极作用，根据"陕西青少年社会抽样调查"大调研活动的安排，对陕西省主要地区的进城务工青年进行抽样问卷调查。

本次调查涵盖了他们的基本情况、工作情况、学习情况、婚恋观、网络参与、权益保障、政治参与、团青关系、行业分布、子女教育等方面。

一 群体总量

进城务工青年是指学历在本科以下、从乡镇进入城市打工的40周岁以下在陕青年。根据人口普查数据测算，陕西省共有进城务工青年693万人。其中按地域分布主要集中在关中地区，排在前五位的是：西安市130万人、渭南92万人、咸阳81万人、宝鸡市77万人和汉中66万人。

二 抽样方法

本次调查研究主要采取偶遇法、滚雪球法进行抽样。按照地域分布、城市规模特点选取具有代表性的地市进行抽样调查，样本对该群体有较好的代表性和覆盖面。总共发放问卷2000份，回收1169份，回收率

58.5%，其中有效问卷1158份，有效率99.1%。

三 群体特征

（一）陕西进城务工青年年龄多在20—30岁之间，以男性为主，独生子女比例低，更多租房和在集体宿舍居住

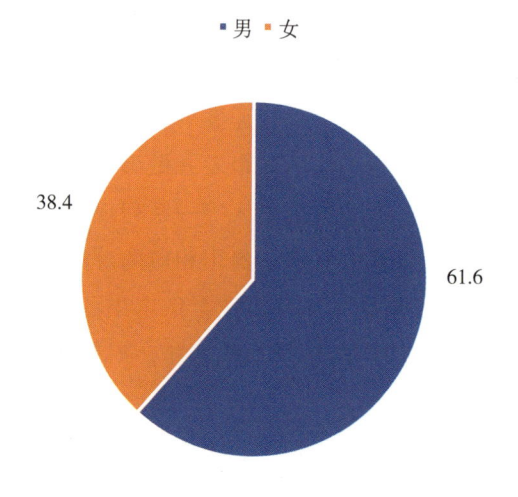

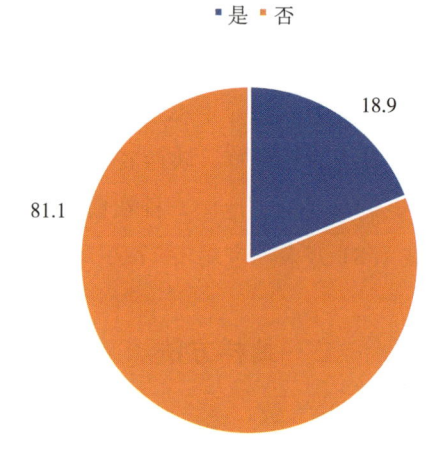

■男 ■女

38.4　61.6

■是 ■否

18.9
81.1

图1 在陕进城务工青年的性别和独生子女分布（%）

调研发现，在陕进城务工青年男性居多，独生子女偏少。数据显示，在陕男性进城务工青年占比61.6%，女性进城务工青年占比38.4%，独生子女人员仅占18.9%，非独生占比81.1%。

从年龄维度看，陕西进城务工青年多在20—30岁之间，比例占到68.4%，其中20—25岁占比35.6%，26—30岁占比32.8%。

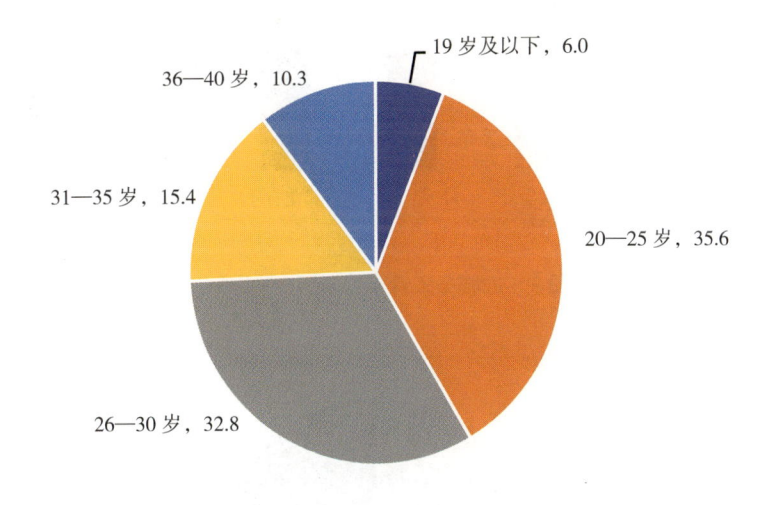

图2 在陕进城务工青年的年龄分布（%）

从受教育水平上看，大专及以下学历青年是在陕进城务工青年群体的主力，比例达到82.1%，显著高于其他学历层次的人员，并高于社会从业青年总体水平（65.9%）16个百分点以上。同时，在五大社会从业青年群体中，其人员学历层次分布仅略高于农业青年，位居倒数第二位。数据显示，在农业青年中大专及以下学历青年占比88.9%，低学历青年比例更高。

从户籍状况来看，在陕进城务工青年以本市农业户籍青年为主。数据显示，本市农业户籍青年占比60.6%，本省外地农业户籍青年占比23.3%，外省农业户籍青年占比16.2%。

从居住状况看，与社会从业青年总体相比，在陕进城务工青年更多地住在出租房屋和集体宿舍。数据显示，有31.3%的受访进城务工青年"租房"居住，该比例比从业青年总体水平高了13个百分点有余，有

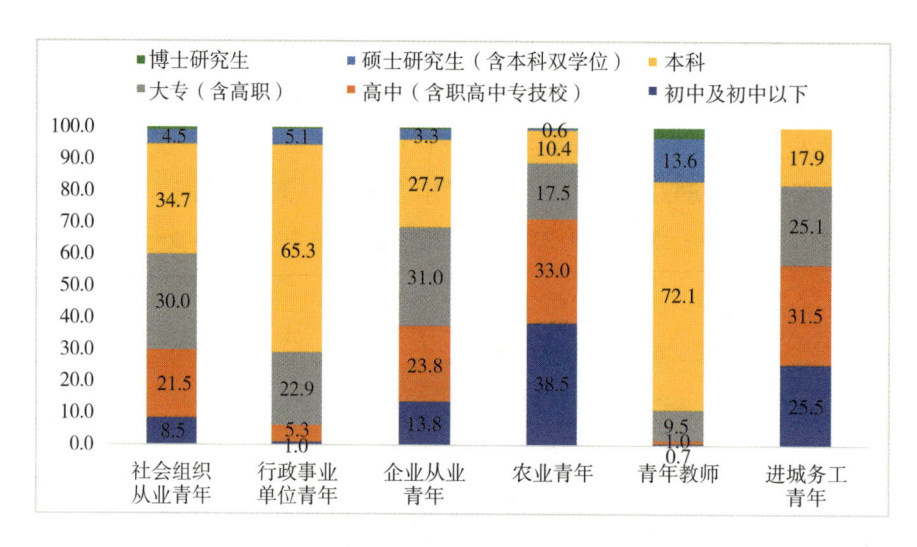

图例：■博士研究生　■硕士研究生（含本科双学位）　■本科　■大专（含高职）　■高中（含职高中专技校）　■初中及初中以下

类别	博士研究生	硕士研究生	本科	大专	高中	初中及以下
社会组织从业青年		4.5	34.7	30.0	21.5	8.5
行政事业单位青年		5.1	65.3	22.9	5.3	1.0
企业从业青年		3.3	27.7	31.0	23.8	13.8
农业青年		0.6	10.4	17.5	33.0	38.5
青年教师		13.6	72.1	9.5	1.0	0.7
进城务工青年			17.9	25.1	31.5	25.5

图3　进城务工青年的学历分布（%）

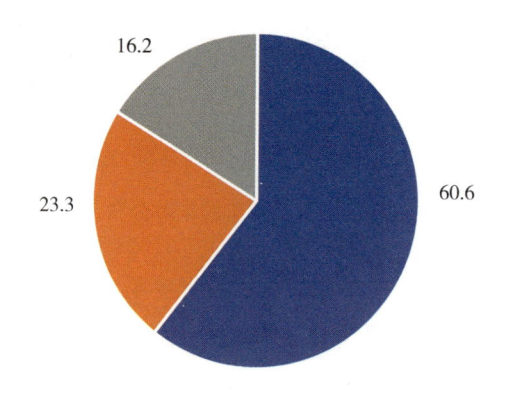

饼图数据：本市农业户籍 60.6；本省外地农业户籍 23.3；外省农业户籍 16.2

图4　进城务工青年户籍状态分布（%）

15.9%的受访进城务工青年在集体宿舍居住，该比例高于从业青年总体水平近9个百分点。

（二）主要从事体力劳动或一线事务性工作，找工作首看待遇与稳定性，工作流动性较大，工作升迁更看重人际关系的作用

调研发现，在陕进城务工青年从事工作主要为强体力劳动或者一线事务

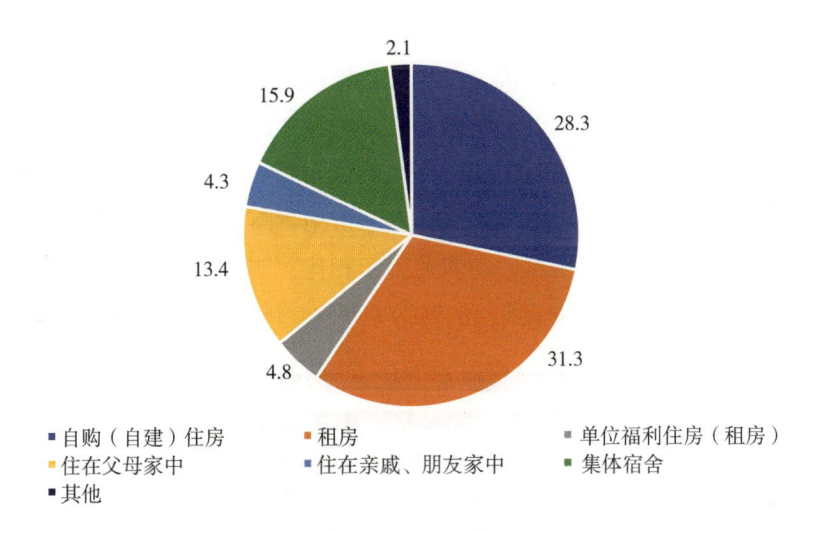

图5 进城务工青年的住房情况（%）

饼图数据：
- 自购（自建）住房：28.3
- 租房：31.3
- 单位福利住房（租房）：4.8
- 住在父母家中：13.4
- 住在亲戚、朋友家中：4.3
- 集体宿舍：15.9
- 其他：2.1

性工作，包括建筑业（31.1%）、住宿和餐饮业（20.9%）、居民服务和其他服务业（10.4%）、租赁和商务服务业（10.4%）等，合计占比72.8%，这可能是由于务工青年文化程度相对偏低、专业技能缺乏所决定的。

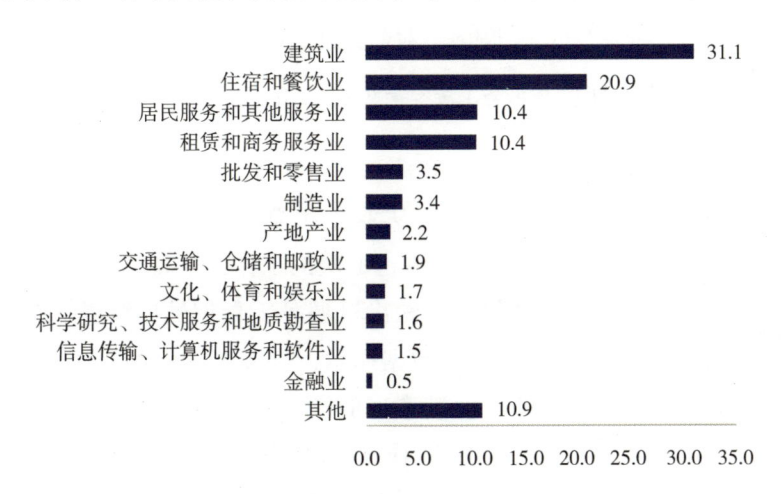

图6 进城务工青年所属行业（%）

- 建筑业：31.1
- 住宿和餐饮业：20.9
- 居民服务和其他服务业：10.4
- 租赁和商务服务业：10.4
- 批发和零售业：3.5
- 制造业：3.4
- 产地产业：2.2
- 交通运输、仓储和邮政业：1.9
- 文化、体育和娱乐业：1.7
- 科学研究、技术服务和地质勘查业：1.6
- 信息传输、计算机服务和软件业：1.5
- 金融业：0.5
- 其他：10.9

虽然他们从事的工作以体力劳动或一线事务性工作为主，但与在家务农相比，绝大多数进城务工青年觉得是值得的，因为在增加收入的同时还能提升自己的眼界。数据显示，86.8%的受访者认为进城务工增长了收入或提升了眼界。

与社会从业青年总体相同，待遇和稳定性是影响在陕进城务工青年选择工作的首要因素。在问及"您选择工作时最主要考虑的因素"时，"收入高"和"工作稳定"分别占比56%和45.4%，其选择比例均远远高于社会从业青年总体水平（收入高35.1%；工作稳定18.9%），但重要性位次是一致的，均位居前两位。与农业青年相比，二者之间最为看重的因素一致，均为收入高（农业青年46.7%）。

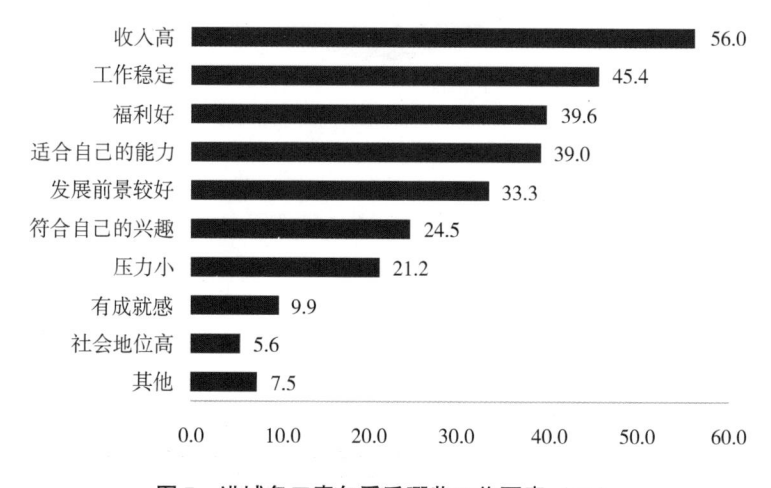

工作要素	比例(%)
收入高	56.0
工作稳定	45.4
福利好	39.6
适合自己的能力	39.0
发展前景较好	33.3
符合自己的兴趣	24.5
压力小	21.2
有成就感	9.9
社会地位高	5.6
其他	7.5

图7 进城务工青年看重哪些工作要素（%）

但从在陕进城务工青年的工作流动性上来看，56.8%的受访进城务工青年更换过工作，高于传统领域从业青年总体水平13个百分点有余（43%），其中30%的受访者换过不止1次的工作，也高于从业青年总体水平近10个百分点。这从侧面反映出进城务工青年虽然渴望工作稳定，但实际工作中流动性往往较大。数据显示，仅有37.4%的受访进城务工青年对自己目前的工作稳定性满意，低于从业青年总体近6个百分点（43.2%），从侧面反映出现实中工作难以保证稳定的现状。

值得注意的是，在陕进城务工青年看来，工作能力和人际关系是影响工作升迁的两大关键因素，分别占比77.7%和51.9%。与社会从业青年总体相比，他们更加看重"人际关系"在工作升迁中的作用，比例高于从业青年总体水平30多个百分点。若与农业青年相比，在陕进城务工青年更加看重工作能力和人际关系，分别比农业青年高22个百分点和37个

图 8　进城务工青年更换工作的情况（%）

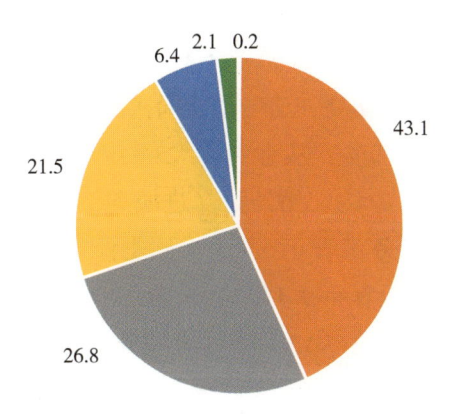

未就业　没有换过　换过1次　换过2—3次　换过4—5次　换过6次及以上

百分点，显示出其独特的群体特点。

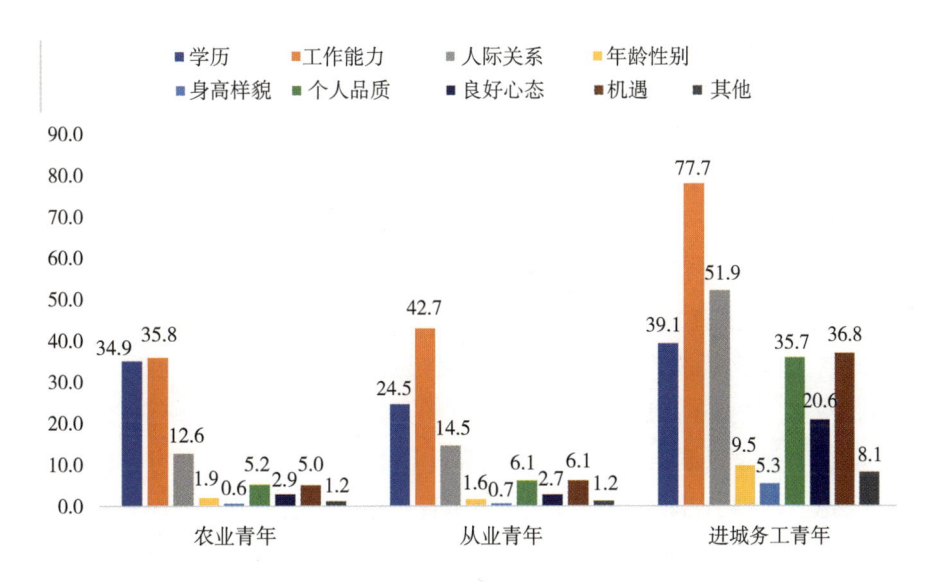

图 9　进城务工青年看重哪些工作升迁要素（%）

图例：学历、工作能力、人际关系、年龄性别、身高样貌、个人品质、良好心态、机遇、其他

农业青年：34.9、35.8、12.6、1.9、0.6、5.2、2.9、5.0、1.2
从业青年：24.5、42.7、14.5、1.6、0.7、6.1、2.7、6.1、1.2
进城务工青年：39.1、77.7、51.9、9.5、5.3、35.7、20.6、36.8、8.1

（三）在陕进城务工青年的婚恋观更倾向于保守，呈现合规合矩和沿袭传统的倾向

调研发现，与从业青年总体水平相比，在陕进城务工青年的婚恋观倾

向于合规合矩和沿袭传统。数据显示，在面对周边网恋、离婚、婚外情、一夜情、同性恋、未婚生子、谈恋爱"AA制"、婚前财产公证、子女随母姓等现象或行为时，进城务工青年的赞同比例并不突出，具体如下：网恋（进城务工青年18.9%，从业青年23%）、离婚（进城务工青年10.6%，从业青年，20.7%）、婚外情（进城务工青年6.8%，从业青年6.6%）、一夜情（进城务工青年5.8%，从业青年6.6%）、同性恋（进城务工青年7.3%，从业青年9.1%）、未婚生子（进城务工青年8.7%，从业青年13.4%）、谈恋爱"AA制"（进城务工青年23.8%，从业青年21.1%）、婚前财产公证（进城务工青年28.7%，从业青年33.8%）、子女随母姓（进城务工青年14.3%，从业青年27.5%）。

与农业青年相比，在陕进城务工青年的婚恋观亦略显保守，趋于传统。数据显示，农业青年对网恋、离婚、"婚外情"、一夜情、同性恋、未婚生子等的接受率分别为：网恋21.5%，离婚17.4%，"婚外情"6%，一夜情5.6%，同性恋6.6%，未婚生子12.9%。

（四）网络依赖程度高，但参与网络活动主动性不足

调查显示，有九成（94.2%）以上的务工青年主要通过网络平台关注社会新闻。半数（52.7%）以上的人表示会在网络中表达自己的情绪，但对于网络声援、网络签名、网络声讨等网上活动，选择"基本不关注"或"关注过但不参与行动"的占到七成（70.5%）。面对网络上的谣言、虚假信息等，愿意站出来反驳的不足三成（27.2%），主要表现在："不去管它、与我无关"（34.3%），"很反感、但不愿给自己惹麻烦"（20.1%），甚至还有近两成（18.3%）的人认为"这些言论有时也有一些道理"。数据反映出，一方面，随着近几年网络的普及和大力推进网上共青团建设，共青团组织通过网络吸引青年作用明显；另一方面该群体参与网络活动主动性还不够。

与农业青年相比，在陕进城务工青年参与网络活动的热情稍高，但网络发声率要低于农业青年。数据显示，在网络情绪表达方面，进城务工青年的表达率要高于农业青年6个百分点有余；在网络声援、网络签名、网络声讨等网上活动的参与率方面，进城务工青年要高于农业青年1.5个百分点，略高但差异不明显。然而，在反驳"网络上的谣言、虚假信息"

上，却低于农业青年9个百分点有余。

与从业青年总体相比，在陕进城务工青年的网络发声率要低于农业青年，低于农业青年6个百分点有余，而在网络活动参与方面，二者差异不明显。

值得注意的是，与农业青年、从业青年总体相比，在陕进城务工青年受网络谣言的影响最为严重。数据显示，13.6%的受访农业青年认为网络"言论有时也有一些道理"，14.9%的受访从业青年认为网络"言论有时也有一些道理"，18.3%的受访进城务工青年认为网络"言论有时也有一些道理"。

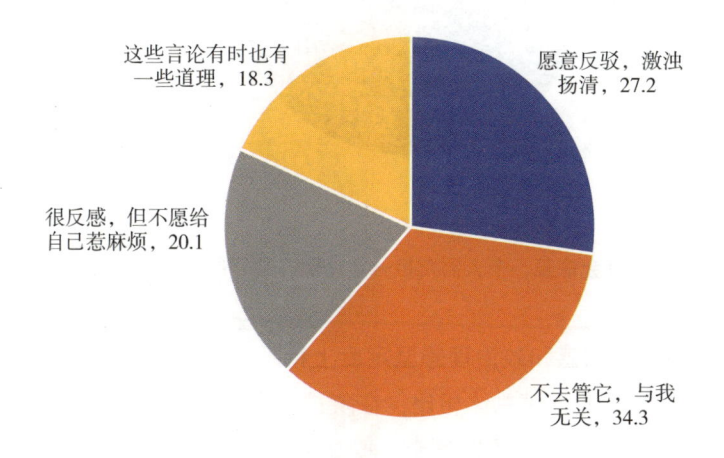

图10 对于网络上的谣言、虚假信息，您愿意站出来反驳吗（%）

（五）权益保障落实与需求不匹配，权益保障应引起重视

调研发现，在陕进城务工青年的权益保障落实和需求之间存在落差。数据显示，进城务工青年所在单位权益保障机制落实情况如下：劳动合同（有65.7%）、带薪休假（有47.2%）、"三险一金"（有37%），而当问及"如果企业要求参加各种社会保障，个人需负担一定比例，你是否愿意参加"时，有近七成（68.5%）的人表示愿意。以上一方面反映出当前进城务工青年有较强的参加社会保障的意愿，另一方面也反映出用人单位在落实权益保障方面种类简单、覆盖面不全。

另外，从工作时长来看，在陕进城务工青年的劳动时间稍长，平均每天工作时间在 9 小时以上的青年比例达到了 57.6%，而在普通从业青年中 8 小时以上的青年比例为 55.4%。

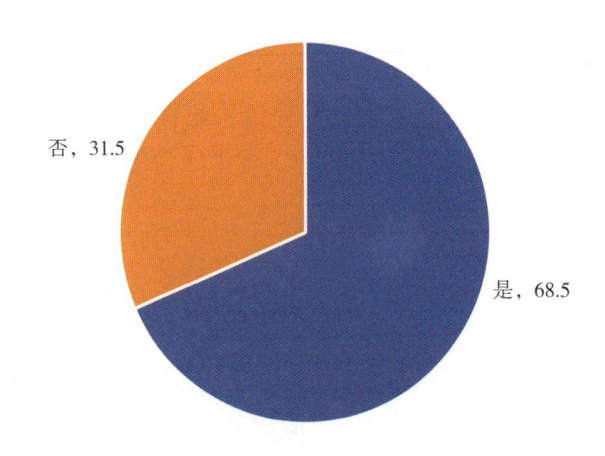

图 11　参加社会保障，个人需负担一定比例，是否愿意参加（%）

否，31.5
是，68.5

（六）在国家认同感和政治理想坚定度上持平

调研发现，与从业青年总体相比，在陕进城务工青年的国家认同感和政治理想坚定度与之持平。数据显示，受访者认同"作为中国人非常自豪"，坚信"中国梦一定能实现"和"'三个陕西'一定能实现"的比例分别占到 88.4%、80.4% 和 77.8%。相比于陕西省从业青年在这三个命题上 82.9%、84.6% 和 82.8% 的认同度，以及农业青年对"作为中国人非常自豪"，坚信"中国梦一定能实现"和"'三个陕西'一定能实现"的认同比例 91.4%、87.1% 和 84.7%，可以看出陕西进城务工青年的政治信仰和对作为中国人和陕西人的认同感与从业青年总体基本持平，低于农业青年。

另外，与从业青年总体和农业青年相比，在陕进城务工青年生活态度的积极性和踏实的奋斗观念并不突出。受访者对"我的生活会越来越好"这一命题持同意态度的为 80.1%，低于从业人员平均值（84.4%）和农业青年的认同比例（84.4%）。同时，进城务工青年对"只要奋斗就能成功"这一命题持同意态度的为76.2%，与从业青年总体水平（76%）基本持平，低于农业青年的认同比例（79%）。

（七）更多进城务工青年对共青团组织了解不足，印象不清

调研发现，与从业青年总体相比，在陕进城务工青年对共青团的了解程度不足。首先，在问及"您所在的单位（村/社区）里有没有共青团组织"时，有34.5%的受访者表示"不知道"，该比例比社会从业青年总体水平（25.1%）高9个百分点有余；其次，在问及"您对共青团组织的印象如何"时，有21.4%的受访者表示"没什么印象"，该比例比社会从业青年总体水平（16.9%）高近5个百分点。

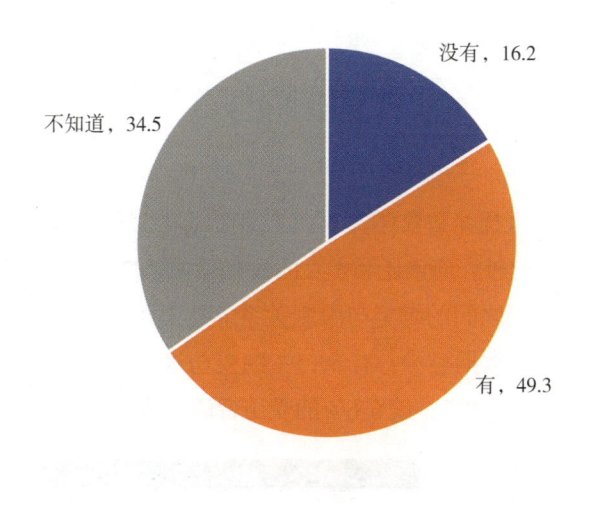

图12 您所在的单位（村/社区）里有没有共青团组织（%）

（八）在陕进城务工青年子女多留守在家，抚养和教育现状亟须改善

调研发现，与从业青年总体和农业青年相比，在陕进城务工青年的生育观念与二者基本一致。数据显示，在进城务工青年中，表示不生育者占比3.4%，生育1个者占比34.5%，生育2个者占比53.3%，生育3个及以上者占比2.8%，没考虑好的为6%；在普通从业青年中表示不生育者占比2.7%，生育1个者占比33.8%，生育2个者占比53.5%，生育3个及以上者占比3.3%，没考虑好的为6.7%；在农业青年中，表示不生育者占比 2.1%，生育 1 个者占比 30.3%，生育 2 个者占比 58.8%，生育 3 个及以上者占比 3.2%，没考虑好的为 5.5%

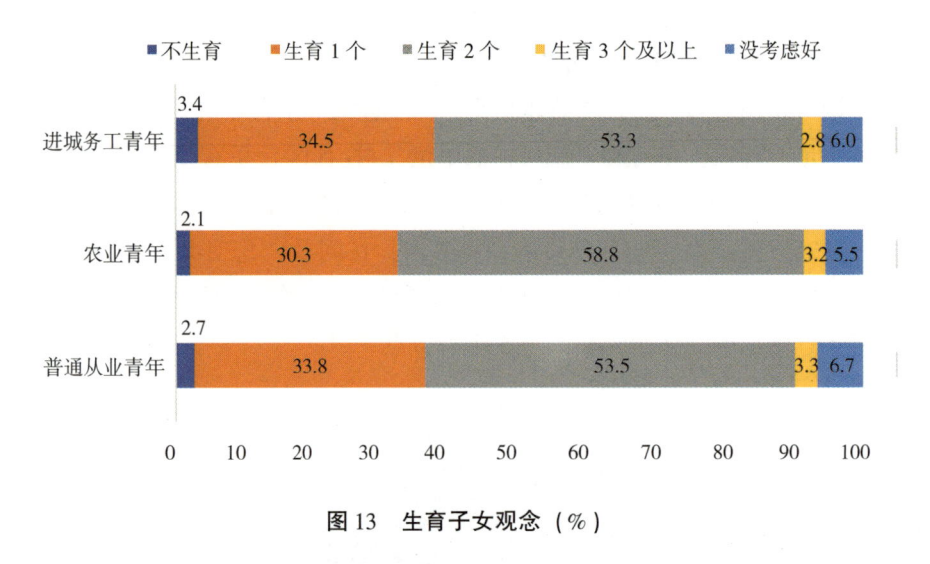

	不生育	生育1个	生育2个	生育3个及以上	没考虑好
进城务工青年	3.4	34.5	53.3	2.8	6.0
农业青年	2.1	30.3	58.8	3.2	5.5
普通从业青年	2.7	33.8	53.5	3.3	6.7

图 13　生育子女观念（%）

在陕进城务工青年的子女多为留守儿童，44.1% 的受访进城务工青年子女是"交给家里的老人抚养和教育"，处于留守状态。将孩子留守在家，除了显而易见的经济成本之外，应该还和子女的教育有一定的关联（见图 14）。因为户籍制度与就学范围之间的绑定与限制关系，外来儿童很难在父母工作地顺利入学，接受教育。数据显示，有 59.5% 的受访进城务工青年表示"子女在务工地读书面临诸多困难"，仅 6.6% 的受访者认为是较为容易的。

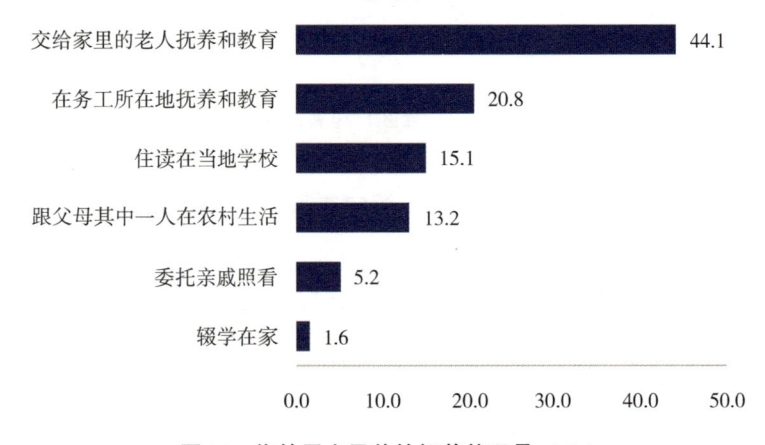

抚养状况	%
交给家里的老人抚养和教育	44.1
在务工所在地抚养和教育	20.8
住读在当地学校	15.1
跟父母其中一人在农村生活	13.2
委托亲戚照看	5.2
辍学在家	1.6

图 14　您的子女目前的抚养状况是（%）

值得注意的是，调查显示有 1.6% 的受访者表示自己的孩子"辍学在家"，26.6% 的受访者对自己孩子当前的教育状况不甚乐观。以上切实反映出了进城务工青年的子女们所面临的发展与成长困境：抚养难和教育难，该现状对深化制度改革，提升进城务工青年的获得感提出了要求。

陕西省青年志愿者群体研究报告

自1993年，共青团中央实施中国青年志愿者行动以来，广大青年积极响应，不断投身于志愿服务。陕西青年志愿服务工作于1994年"新春热心行动"正式启动，历经西安世园会、第十八届中国科协年会、第十一届中国艺术节等重大活动历练，始终在党政关心、社会需要的领域谋求作为，努力将热情和专长有效转化为服务青年成长、服务社会需求的实际成果，展现了三秦青年"乐于助人、勤于奉献、敢于担当"的风采。

在此背景下，本次调研就陕西青年志愿者的发展状况展开了调查。调查涵盖了他们的基本情况、居住情况、消费情况、学习情况、健康状况、政治参与和网络参与、志愿行动和活动参与指数调查等方面。

一 群体总量

青年志愿者是指志愿贡献个人的时间及精力，在不为任何物质报酬的情况下，为改善社会服务，促进社会进步而提供服务的14—40岁的青少年。根据相关统计数据测算，陕西省共有青年志愿者270万人。

二 抽样方法

本次调查研究主要通过滚雪球的方法进行问卷调查，共发放问卷800份，回收有效问卷759份，有效率94.9%。调查涵盖陕西关中、陕南、陕北三大区域，分别选取西安（29.4%）、宝鸡（10.8%）、咸阳（10.4%）、铜川（4.5%）、渭南（12.9%）、延安（12.3%）、汉中

(6.6%)、商洛（13.2%）等八个地市的志愿者作为调研对象。

三 群体特征

（一）青年志愿者中女性比例较高，本科学历为主，大多来自学校和党政事业单位

受访者中，男性占45.3%，女性占54.7%，总体上女性比例略高于男性比例，这从侧面反映女性参与志愿服务的意愿高于男性。年龄上，"90后"青年目前居于主体地位。20—30岁青年志愿者的比重占64.4%（20—25岁占44.5%，26—30岁占19.9%）。

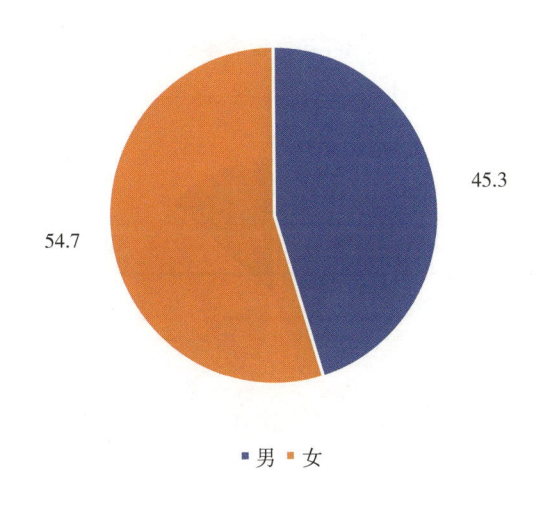

图1 在陕青年志愿者性别分布（%）

受教育水平上，本科生是参与志愿服务的主力，比例达到50.5%，显著高于其他学历层次的人员。另外，青年志愿者中的本科学历比例也明显高于从业青年群体中的本科学历（28.8%），但要低于青年教师（72.1%）和行政事业单位青年（65.%）。

群体构成上，青年志愿者以学生（33.7%）和行政、事业单位（不含教师）（21.1%）为主。但有趣的是，当问及是否愿意提供志愿服务时，80.7%的社会组织从业青年表示愿意，83.5%的行政事业单位青年表

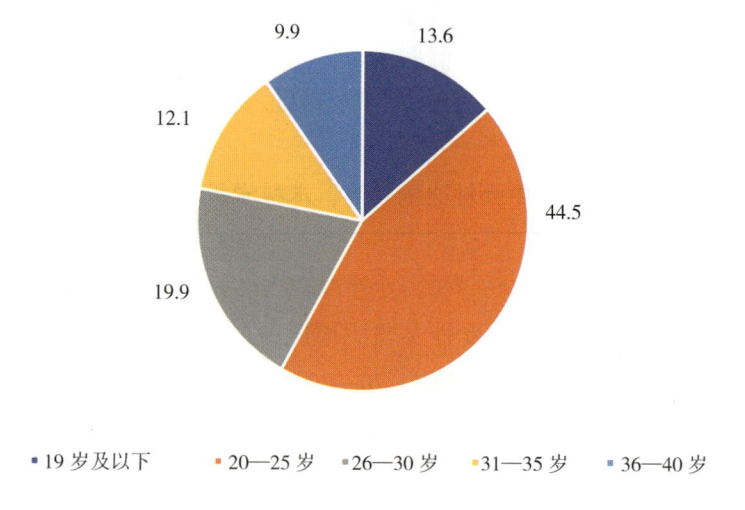

■ 19岁及以下　■ 20—25岁　■ 26—30岁　■ 31—35岁　■ 36—40岁

图2　在陕青年志愿者的年龄分布（%）

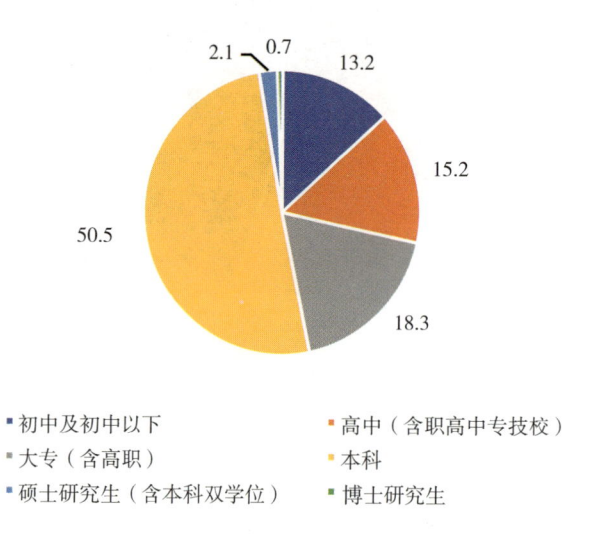

■ 初中及初中以下　　　　　■ 高中（含职高中专技校）
■ 大专（含高职）　　　　　■ 本科
■ 硕士研究生（含本科双学位）■ 博士研究生

图3　在陕青年志愿者的学历分布（%）

示愿意，77.8%的企业从业青年表示愿意，78.3%的农业青年表示愿意，80%的青年教师表示愿意，说明在志愿服务意愿付诸志愿服务行动上还有很多工作的潜力可以挖掘。

在婚姻状况方面，未婚人员成为志愿服务的主力，比例达到63.7%（未婚有男/女朋友的占20.1%，未婚单身的占43.6%），而从业青年群体

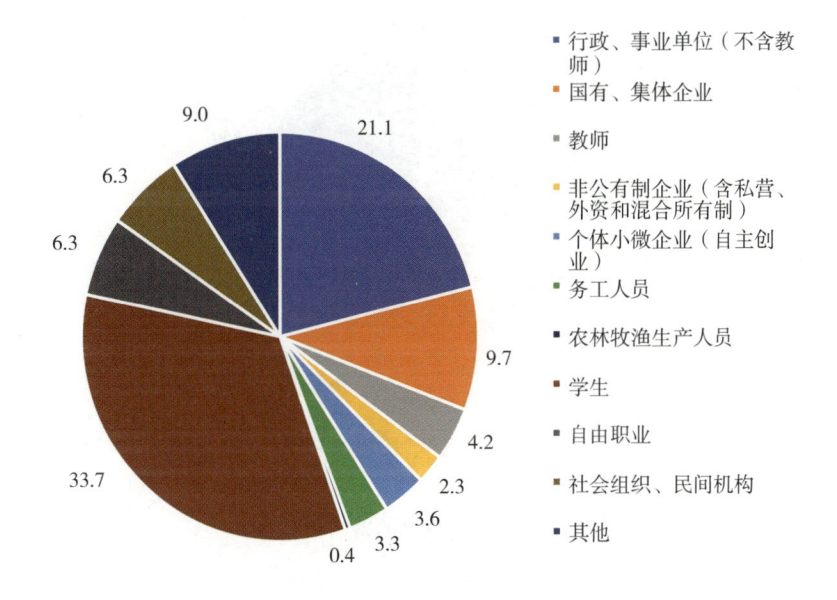

图4 在陕青年志愿者的职业分布（%）

中这一比例仅为40.4%。

（二）青年志愿者更注重业余学习，渴望多样化培训

青年志愿者坚持业余时间学习，注重自我提升。调查显示，陕西青年志愿者在工作之余坚持读书（看报）、学习的时间2个小时以上的占46.8%，其中投入5个小时以上的人群占17.6%，比陕西青年的平均用时比重10.4%多出7.2个百分点。

青年志愿者积极参与多样化培训，提升综合技能。数据显示，在继续教育培训方面，参加过继续教育培训的青年志愿者和比例为51.8%，主要参加的为职业技能培训（37.6%）和岗位培训（23%），多由单位（学校）组织（42.2%）。而陕西青年志愿者最渴求能在综合能力提升（32.3%）、兴趣爱好（20.8%）、职业技能（17.7%）、岗位（11.6%）、学历提升（9.1%）等方面获得培训，较为多元。表明实际培训供给在需

陕西青少年社会抽样调查蓝皮书

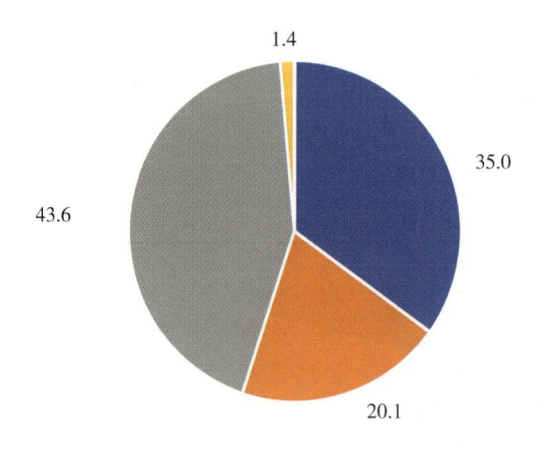

35.0
20.1
43.6
1.4

■ 已婚　■ 未婚有男/女朋友　■ 未婚单身　■ 离异、丧偶

图5　在陕青年志愿者的婚姻状况（%）

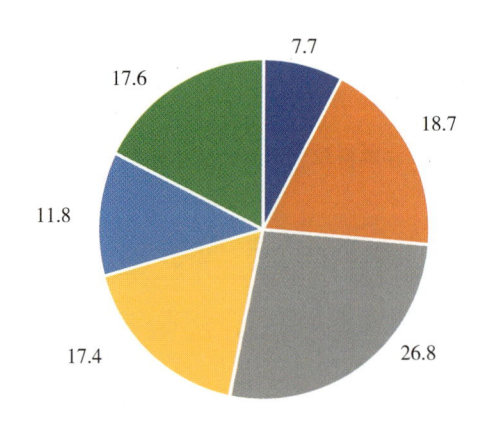

7.7
18.7
26.8
17.4
11.8
17.6

■ 从不　■ 1小时以内　■ 1—2小时　■ 2—3小时　■ 3—5小时　■ 5小时以上

图6　在陕青年志愿者业余学习时间情况（%）

求的适配性和广泛性方面有待进一步完善。

（三）青年志愿者更注重身体锻炼，心态良好，幸福感水平居于首位

身体方面，与传统领域从业青年相比，陕西青年志愿者普遍注重身体锻炼。数据显示，整体上对自己身体状况满意的人员比例为71.6%（满

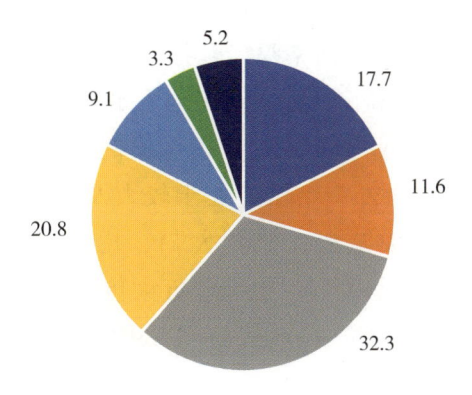

■ 职业技能培训　■ 岗位培训　■ 综合能力提升培训　■ 兴趣爱好培训
■ 学历提升培训　■ 不想参加　■ 其他

图 7　在陕青年志愿者希望参加的培训类型（%）

意 47.7%，非常满意 23.9%），且有 87% 的青年志愿者热衷身体锻炼，其中以 4 小时以内的锻炼时长为主（54.5%），而普通从业青年参加身体锻炼的比例为 81.4%。

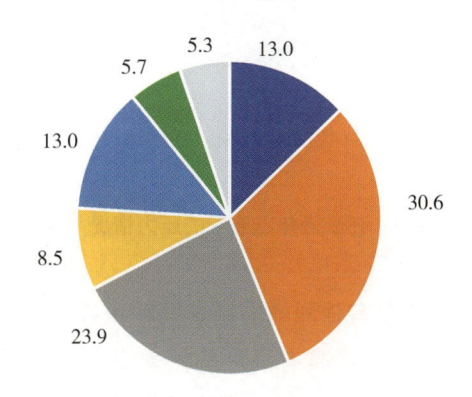

■ 不锻炼　■ 小于 2 小时　■ 2—4 小时　■ 4—6 小时
■ 6—10 小时　■ 10—14 小时　■ 14 小时以上

图 8　在陕青年志愿者锻炼的时间情况（%）

心理状态方面，与从业青年相比，陕西青年志愿者幸福感最高，压力较小。调查显示，认为生活幸福（包括"比较幸福"和"很幸福"）的受访者占比66.7%，高出从业人员平均水平（58.2%）8个百分点，同时也高于五大传统从业青年的这一群体比例，居于首位。压力状况上，青年志愿者认为过去一年压力处于较大及以上水平的占整体的35.6%（包括"比较大"和"非常大"），比从业青年的平均水平（46.9%）低11个百分点，同时也低于五大传统从业青年的这一群体比例。而且，就工作压力而言，也仅有15.9%的人员明确表示对自己工作压力不满。

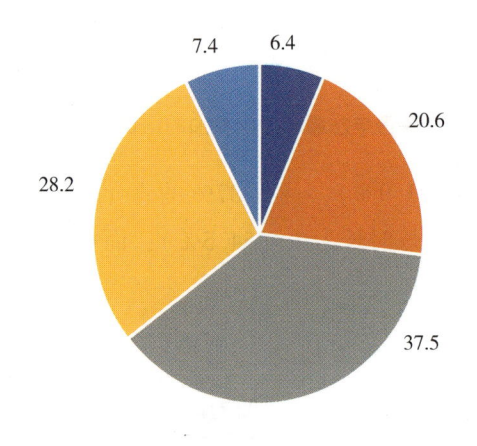

图9 在陕青年志愿者的压力情况（%）

（四）青年志愿者具有强烈的国家认同和积极的道德观念

调研显示，青年志愿者具有高度的国家身份认同感和坚定的政治理想，与普通从业青年和大学生相比，均处于最高水平。数据显示，受访者认同"作为中国人非常自豪"、坚信"中国梦一定能实现"和"三个陕西一定能实现"的比例分别占到94.4%、89.6%和89.2%。相比于陕西省从业青年在这三个命题上82.9%、84.6%和82.8%的认同度，可以看出陕西青年志愿者的政治信仰坚定，对作为中国人和陕西人的高度认同感。

```
96 ┐ 94.4
94 ┤
92 ┤                        92
90 ┤      82.9      89.6         89.2
88 ┤                        87.4
86 ┤            84.6              82.8
84 ┤                                   81.9
82 ┤
80 ┤
78 ┤
76 ┤
74 ┘
   作为中国人非常自豪  中国梦一定能实现  三个陕西一定能实现
     ■ 青年志愿者   ■ 从业青年平均值   ■ 大学生
```

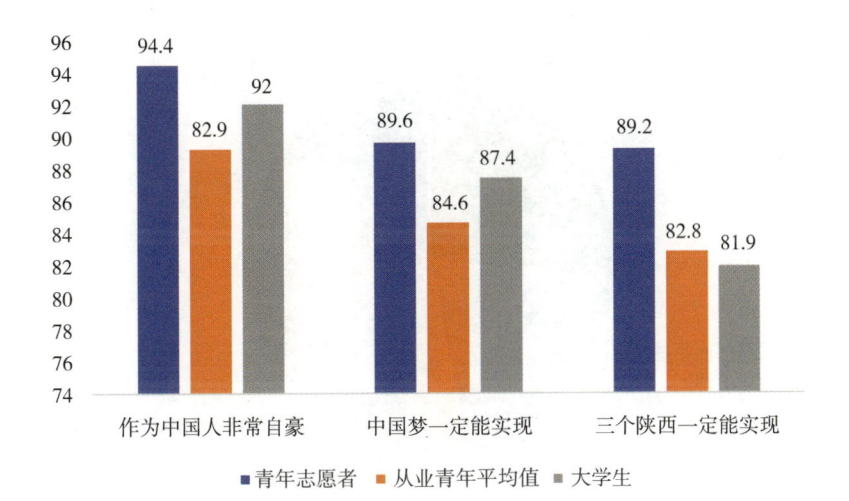

图10　青年志愿者与从业青年在价值观认同度上的比较（%）

青年志愿者持有积极的生活态度和踏实的奋斗观念。受访者对"我的生活会越来越好"这一命题持同意态度的为87.7%，高于其他从业人员平均值（84.4%）。并且，青年志愿者对"只要奋斗就能成功"这一命题持同意态度的为80.9%，高出其他从业人员平均值（76%）近5个百分点。

（五）志愿活动保障欠佳，志愿者易受权益侵害

调研发现，购买保险和签订相关协议是志愿者保障中的显著短板。在购买保险方面，43.6%的志愿者希望得到"志愿者保险"的保障，而只有18.1%的志愿者实际购买了志愿者保险。且在签订相关协议方面，47%的志愿者表示"从来没有签订过"或者"仅有过口头约定"；"每次都签"或"大多数活动签"的志愿者仅占35.8%。由此可见，大多数志愿者缺少保险和协议保护，志愿活动的保障亟待提升。

志愿者权益侵害现象较为普遍。数据显示，有高达81.0%的青年志愿者表示曾遭受权益侵害，其中"精神伤害"占到30.1%，"人身伤害"和"物质财产损失"分别占到25.6%和25%。由此可见，当下志愿者权益受侵害相当普遍，正如81.4%的志愿者认为的，志愿服务项目过程中开展督导工作很重要（包括"比较重要"和"非常重要"）。

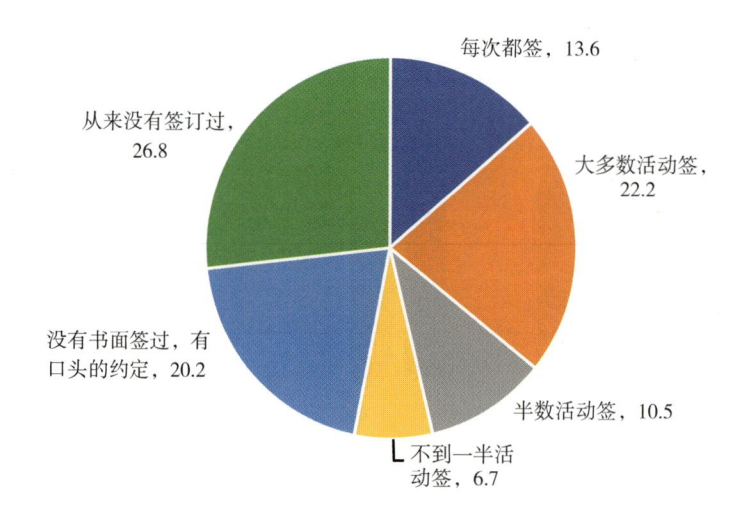

图11　在陕青年志愿者签订志愿服务相关协议的情况（%）

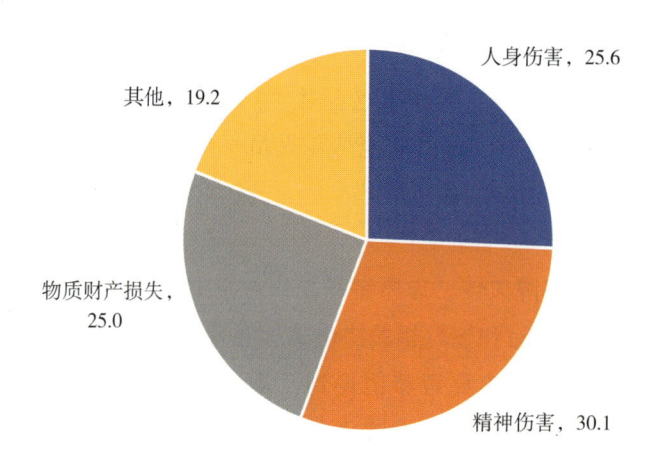

图12　在陕青年志愿者遭受权益损害的情况（%）

（六）志愿者招募渠道狭窄，信息化招募渠道有待拓展

学校和社区是志愿服务工作的重要招募渠道。调查显示，超过五成（52.5%）的受访者是通过学校、社区组织获得志愿服务信息的。然而，通过志愿云等志愿服务信息系统获取志愿服务信息的比例只占5.1%。这说明了志愿服务尤以传统渠道为主，其信息化水平仍需继

续夯实。

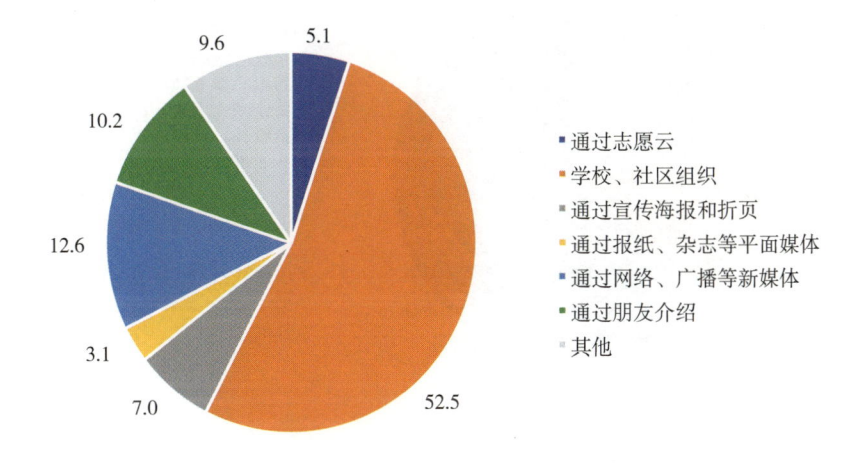

图13 在陕青年志愿者获取志愿服务信息的渠道（%）

饼图数据：
- 通过志愿云 5.1
- 学校、社区组织 52.5
- 通过宣传海报和折页 7.0
- 通过报纸、杂志等平面媒体 3.1
- 通过网络、广播等新媒体 12.6
- 通过朋友介绍 10.2
- 其他 9.6

社会化民间志愿者招募工作仍处于初级阶段，发展薄弱。在志愿服务的组织单位方面，共青团、志愿者协会组织的志愿服务活动仍是绝对主力，占到了62.6%；非政府组织、非营利组织等的志愿服务活动以及自发的志愿者团体组织的志愿服务活动分别仅占14.5%和7.5%。由此可见，相较于依托组织体系开展的志愿服务而言，社会化、民间性的志愿服务还比较薄弱。

（七）志愿服务领域广泛多元，但服务的时长整体偏低

我省青年志愿者服务领域覆盖较广，多元化特点明显。调研显示，陕西青年志愿服务覆盖环境保护、社区工作、扶贫支教、赛事活动、应急救灾等多个领域。其中，"环境保护与美化"（47%）和"社区志愿服务活动"（40.3%）位居前二位。

志愿服务主要是参与性质，年均服务时长整体偏低。近九成（85.9%）志愿者平均每年参与服务时间在100小时以下，10小时以下占比34.1%。然而，据《北京志愿服务发展报告》，美国、加拿大、英国等发达国家18岁以上志愿者平均贡献时间分别达到了218小时、162小时、170小时等。

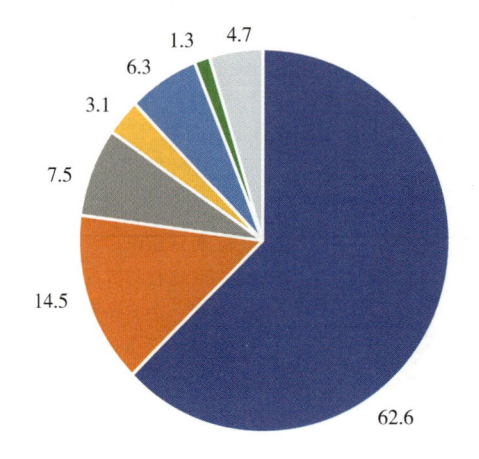

陕西青少年社会抽样调查蓝皮书

图14 在陕青年志愿者志愿活动的组织单位分布（%）

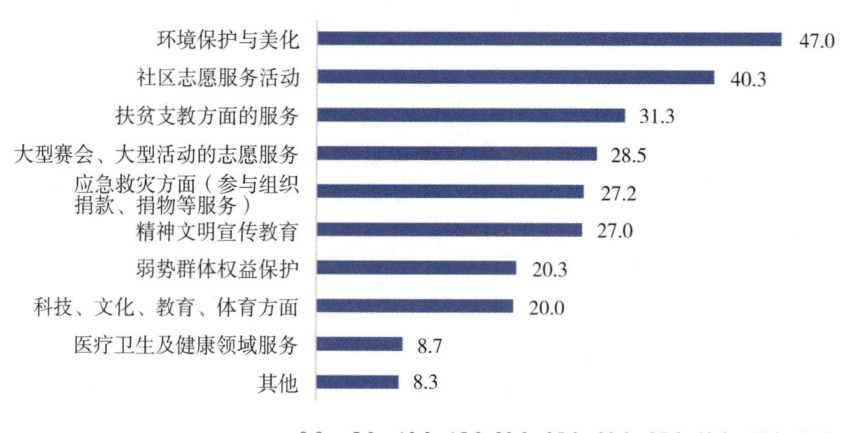

- 共青团、志愿者协会组织的志愿服务活动：62.6
- 非政府组织、非营利组织等的志愿服务活动：14.5
- 自发的志愿者团体组织的志愿服务活动：7.5
- 个人进行的志愿服务活动：3.1
- 供职单位、学校组织的志愿服务活动：6.3
- 居住社区组织的志愿服务活动：1.3
- 其他：4.7

图15 青年志愿者参加的志愿服务类型（%）

- 环境保护与美化：47.0
- 社区志愿服务活动：40.3
- 扶贫支教方面的服务：31.3
- 大型赛会、大型活动的志愿服务：28.5
- 应急救灾方面（参与组织捐款、捐物等服务）：27.2
- 精神文明宣传教育：27.0
- 弱势群体权益保护：20.3
- 科技、文化、教育、体育方面：20.0
- 医疗卫生及健康领域服务：8.7
- 其他：8.3

（八）青年志愿者更关注志愿服务的项目和领域，希望增长才干、收获快乐

注重志愿活动的社会价值和参与的个人收获。调查显示，在选择加入志愿者组织时，青年志愿者主要考虑与社会价值关系密切的"志愿服务项目"（50.9%）、"服务领域"（38%）和"志愿服务组织的影响力"（31.8%）等因素。同时，在影响青年志愿者加入具体服务项目的原因

中，"参与的收获"和"服务领域"排在了前两位，选择比例分别为34%和32.4%。

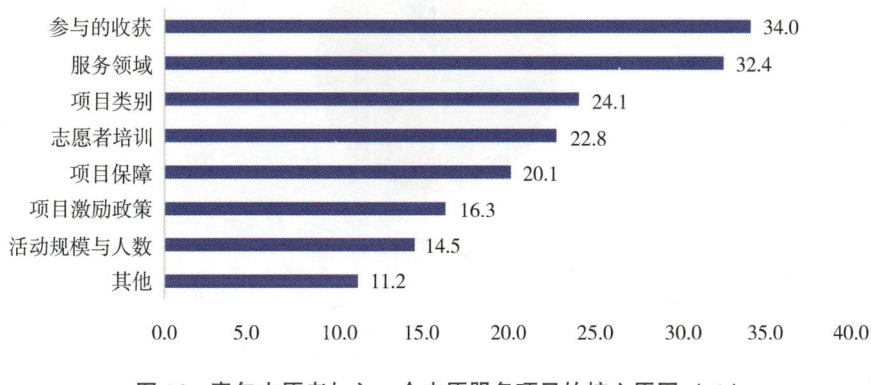

类别	比例
参与的收获	34.0
服务领域	32.4
项目类别	24.1
志愿者培训	22.8
项目保障	20.1
项目激励政策	16.3
活动规模与人数	14.5
其他	11.2

图16　青年志愿者加入一个志愿服务项目的核心原因（%）

志愿者注重志愿服务的精神意义，追求精神层次的激励。对于参与志愿活动的收获，67.0%的受访志愿者认为从志愿经历中"丰富了阅历，增长了才干"，55.1%"收获了一份帮助他人的快乐"，41.7%"结识到很多朋友"。对于志愿活动的激励方式，"志愿服务证书"是青年志愿者"最认可的激励方式"也是"最希望得到的激励方式"（占比分别为47%和55.2%）。

（九）志愿服务培训重理念轻技能，岗前培训仍需提升

志愿服务培训重理念轻技能。调查显示，41%的培训是"为所有岗位志愿者开展的，以志愿服务理念为主的通用培训"，只有49.1%的培训是针对具体志愿服务岗位进行的岗位培训。由此可见，志愿项目的培训机制有待完善，需要加强有针对性的岗位培训，并且充实培训内容，帮助志愿者做好充分的准备工作。

志愿服务岗前培训水平仍有较大提升空间。调查结果显示，在参加志愿服务活动前，71%志愿服务组织或者其他相关机构会为志愿者提供相关培训。但培训实操可能存在时间短板，61.1%的受访者表示在参加一个志愿项目时，志愿服务培训的时间通常在1.5小时以下，稍显不足。

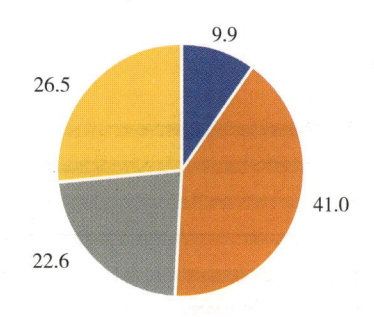

- 利用网络视频自学形式开展培训
- 为所有岗位志愿者开展的，志愿服务理念为主的通用培训
- 针对具体志愿服务岗位进行的岗位培训
- 既有志愿者的通用培训，也有针对的岗位培训

图17　青年志愿者参加的培训类型（%）

（十）志愿热情易受打击，资金和公共态度是限制志愿组织发展的障碍

志愿者的理想较少被实现，多种因素影响参与热情。目前，超过半数（53.9%）的志愿者表示仅偶尔或更少地实现"想去参加志愿活动服务"的想法。而影响志愿者参与热情的因素较为多样，排在前两位的是"活动缺乏吸引力"（42.1%）和"组织动员能力不够"（41.6%），往后依次是"缺少活动经费"（39.6%）、"缺少志愿者激励"（30.8%）等。

资金支持和公众态度正在制约志愿活动的开展。数据显示，"公众的支持度不够"（51.8%）和"缺乏稳定的资金来源"（50.1%）是制约志愿活动发展的两大障碍，另外，"活动过于形式化"（41.9%），"政府对活动的支持不够"（36.5%）也在很大程度上制约着志愿活动的发展。

困难	百分比
公众的支持度不够	51.8
缺乏稳定的资金来源	50.1
活动过于形式化	41.9
政府对活动的支持不够	36.5
缺乏必要的人身保障	22.6
缺乏计量、评价和激励机制	19.1
其他	9.9

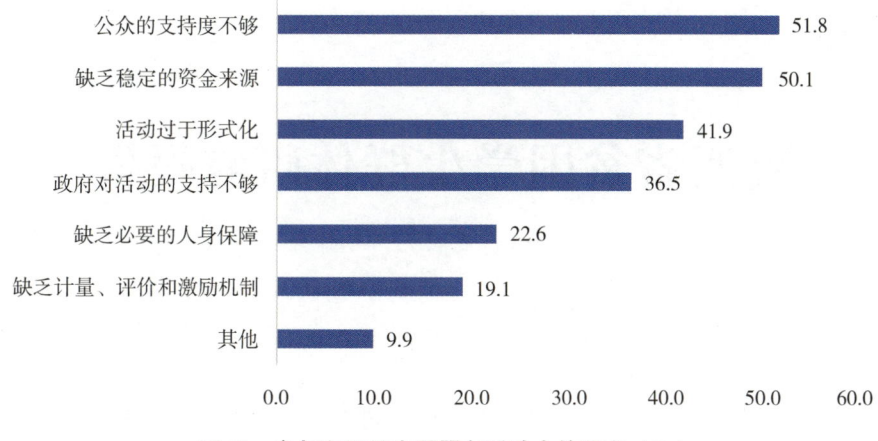

图18 参与和开展志愿服务活动中的困难（%）

陕西省贫困学生群体研究报告

为贯彻落实中央和陕西省委关于加强和改进党的群团工作改革的意见精神，更好地服务陕西省贫困家庭青少年需求，全面了解家庭贫困青少年群体的实际情况和需求，实施有针对性的帮助，团省委组织对全省家庭贫困青少年进行抽样调查。

本次调查的内容涵盖了陕西省大、中、小学生中贫困学生群体的基本情况、学习情况、思想状况以及受资助情况等方面。

一 群体总量

根据国家统计局定义，贫困一般是指物质生活困难，即一个人或一个家庭的生活水平达不到一种社会可接受的最低标准。根据国家统计局陕西调查总队对陕西农村贫困监测调查显示：2015年，陕西贫困人口为316.72万人，建档立卡贫困户105.72户。其中35周岁以下陕西籍青少年约为13余万人。

二 抽样方法

2016年3月，团省委对全省西安、宝鸡、咸阳、铜川、渭南、延安、榆林、汉中、安康、商洛、杨凌、韩城共10个市，两个区共59所学校进行了抽样调查，其中贫困小学生772人，贫困初中生391人，贫困高中中职学生335人，贫困大学生547人，共发放问卷2000份。

三 群体特征

(一) 贫困初小学生

1. 女生居多,多来自农村,初小学生更多为留守儿童和非独生子女

从性别角度来看,在贫困初小学生中,女生居多。数据显示,在受访贫困小学生和贫困初中生中,女生比例分别为 56.6% 和 56.5%,均高于男生比例。若与普通学生群体相比,贫困初小学生与普通初小学生性别比例趋势一致,均为女多男少。与区域交叉来看,陕南、陕北和关中地区的贫困初小学生男女分布趋势与总体一致,均为女多男少。

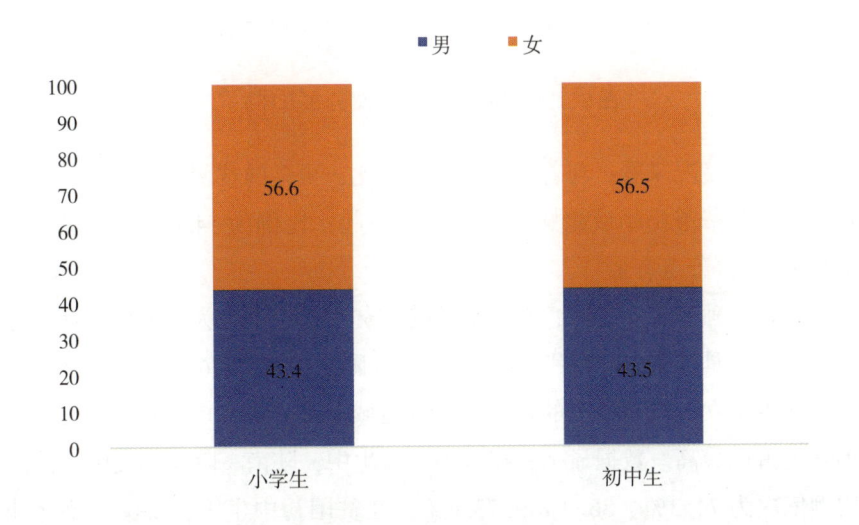

图1 贫困初小学生的性别分布(%)

若从生源地来看,与普通初小学生相比,在贫困初小学生中,来自农村地区的比例格外高,在一定程度上反映了城乡之间学生成长环境之间的悬殊。数据显示,在贫困小学生、贫困初中生中,来自农村的比例分别占到 87.9%、83.6%,相应地在普通学生群体中的这一比例分别为 50.6%、30.2%。城乡初小学生发展境况间的差异由此可见一斑。与区域交叉来看,陕南、陕北和关中地区的贫困初小学生均是农村生源居多,在关中和陕南地区也多生活和居住在农村地区,但在关中地区,农村户籍但在城市上学生活的贫困初小学生居多。

图 2　贫困初小学生的户籍分布（%）

（柱状图数据：小学生——城市 11.6，农村 62.5，我是农村孩子，在城市上学生活 25.5，我是城市孩子，在农村上学生活 0.5；初中生——城市 15.9，农村 48.1，我是农村孩子，在城市上学生活 35.5，我是城市孩子，在农村上学生活 0.5）

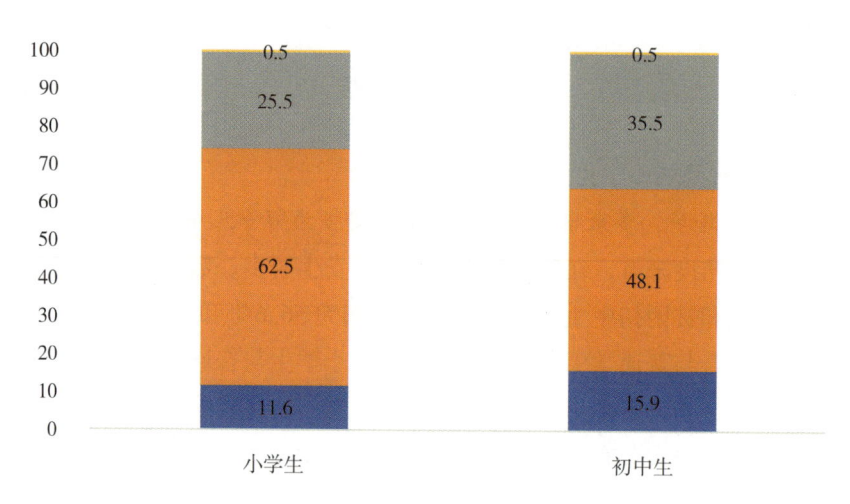

图例：■城市　■农村　■我是农村孩子，在城市上学生活　■我是城市孩子，在农村上学生活

从生活境况来看，与普通初小学生相比，更多的贫困初小学生属于留守儿童，与爷爷奶奶或姥姥姥爷生活在一起，比例为 54.6%，比普通儿童高 10 个百分点有余。

在是否独生子女方面，超七成的受访贫困初小学生为非独生子女，有兄弟姐妹。具体来说，分别有 74.2% 的贫困初中生和 76% 的贫困小学生不是独生子女，没有显著的差异。而从地域上看，陕北地区非独生贫困初小学生占比最高。数据显示，在贫困小学生中，陕南、陕北和关中地区的比例依次为 74.3%、86.9% 和 73.6%；在贫困初中生中，陕南、陕北和关中地区的非独生的比例依次为 71.1%、83.6% 和 73.6%。

2. 与普通初小学生相比，贫困初小学生成长渠道狭窄，知识来源主要依靠课堂，辅导班/课外书等渠道利用受限

调研发现，与普通初小学生相比，贫困初小学生的学习成长渠道略显狭窄，知识获取方式亦比较单一。首先，从校园职务担任方面来看，与普通小学生相比，贫困小学生很少会在班集体中担任职务，锻炼自己，有 29.3% 的受访贫困小学生从未担任过职务，比普通小学生高近 16 个百分点；其次，从知识获取渠道方面来看，与普通初小学生相比，贫困初小学生参加课外辅导或通过课外阅读来增长巩固知识方面偏弱，分别有

56.5%和65.7%的贫困小学生、初中生没有参加过课外辅导班，比普通小学生、初中生低了近20个百分点和15个百分点。另外，在知识获取方面，贫困初小学生主要依靠课堂，而通过课外阅读增长知识的比例分别30.1%（小）和46.4%（初），均比普通小学生、初中生低了13个百分点。这可能与贫困初小学生缺少课外读物有关，分别有37%和40.8%的贫困小学生、初中生认为"课外书太少"是他们学生中面临的最大问题。

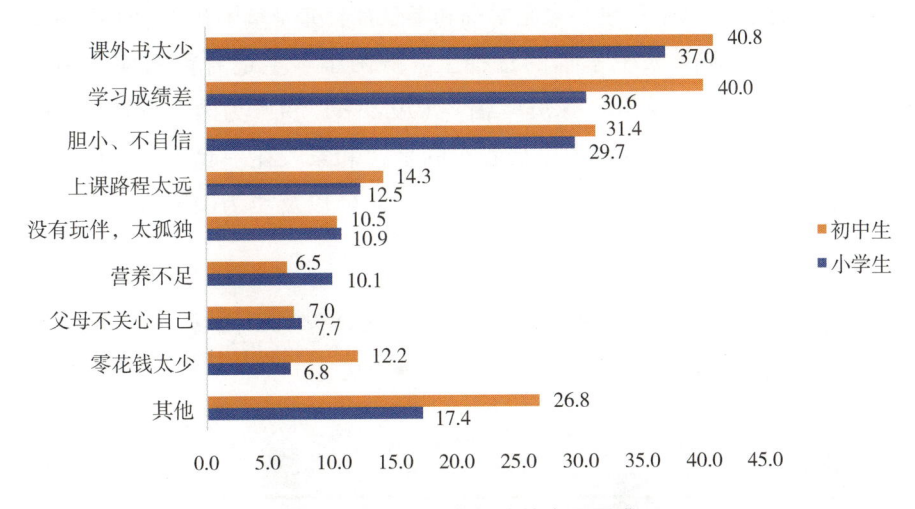

项目	初中生	小学生
课外书太少	40.8	37.0
学习成绩差	40.0	30.6
胆小、不自信	31.4	29.7
上课路程太远	14.3	12.5
没有玩伴，太孤独	10.5	10.9
营养不足	6.5	10.1
父母不关心自己	7.0	7.7
零花钱太少	12.2	6.8
其他	26.8	17.4

图3 贫困小学、初中生面临的主要困难（%）

在学习动机方面，与普通初小学生相比，更多的贫困初小学生依靠外部动机（家长督促、老师检查）或目标驱动学习，贫困小学生中这一比例为63.8%，比普通小学生高11个百分点有余，贫困初中生中这一比例为65.6%，比普通初中生高近6个百分点。

3. 与普通学生相比，贫困小学生的国家荣誉感、自豪感略弱，贫困初中生的国家自豪感和政治理想信心度更强

调研发现，与普通小学生相比，贫困小学生的国家荣誉感、自豪感略弱，在选择任务榜样的时候，也更多地以自己的老师、朋友为主；与普通初中生相比，贫困初中生有更强的国家自豪感和政治理想信心度，更多地以伟人为偶像。数据显示，贫困小学生在"升国旗、唱国歌"时，无比自豪的比例为87%，比普通小学生（91.3%）低了4个百分点有余，在"别人说你的国家不好的时候"，感到很气愤的比例为90.1%，比普通小学生（94.3%）低了4个百分点有余，51.2%的贫困小学生以"为国家或者世界做出突出贡献的伟人"为偶像,比普通小学生低了近14个百分点,但在以老师朋友为偶像上却略高于普通小学生的比例;贫困初中生在升国旗唱国歌时感到"无比自豪"的比例为84.3%,比普通初中生高5个百分点,在"别人说你的国家不好的时候",感到很气愤的比例为94.9%,与普通初中生持平,有61.9%的贫困中学生以"为国家或者世界做出突出贡献的伟人"为偶像,比普通初中生高了5个百分点有余。

与普通初小学生一致,家庭幸福和奉献社会亦是贫困初小学生最主要的人生追求。在对人生幸福的选择上,贫困小学生最看重的前两项是"和家人在一起快快乐乐,家庭幸福"(79.9%)和"为国家贡献自己的力量"(51.3%),贫困初中生最看重的是"和家人在一起快快乐乐,家庭幸福"(87.7%)、"考出好成绩"(49.9%)以及"为国家贡献自己的力量"(44.2%)。

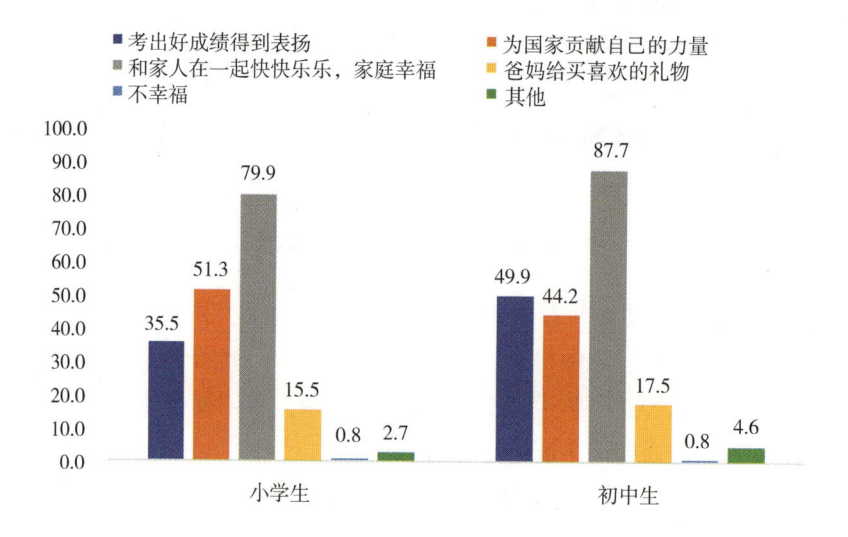

图4 贫困初小学生认为幸福的指标(%)

从具体的社会行为来看,贫困初小学生与普通初小学生的社会责任感水平持平,但与贫困初中生相比,贫困小学生的社会责任感水平更高。数据显示,当问及"碰到老人摔倒你会扶她(他)吗?"的问题时,95%的受访贫困小学生会扶,与普通小学生(94.4%)比例相当,78.3%的受访贫困初中生表示会"扶",与普通初中生(77.3%)相差无几。但可以看出,贫困小学生表示会"扶"的比例要高于贫困初中生近17个百分点。

4. 贫困初小学生多接受过资助，并认为资助有很大帮助

调查显示，有61.7%的贫困小学生、54.6%的贫困初中生接受过资助。贫困小学生及其家人接收到的资助最多的是"学习用品"（30%）、"金钱"（24.9%）和"图书"（22.2%）；贫困初中生及其家人受到的救助最多的是"金钱"（30.9%）、"学习用品"（17.3%）和"学习辅导"（14.4%）。

对于受到的资助，有60.1%的贫困小学生、45.7%的贫困初中生表示"有很大的帮助，确实解决了我的问题"。反映出资助确实可以有效地缓解贫困生们生活和学习中的一些困难，并受到了他们的肯定。

(二) 贫困高中中职学生

1. 女生居多，更多为非独生子女，多受到金钱救助

从性别较多看，在贫困高中中职学生中，女生居多。数据显示，在受访贫困高中生（含职业高中）中，女生比例为56.7%，高于男生比例。若与普通学生群体相比，贫困高中中职学生与普通高中中职学生性别比例趋势一致，均为女多男少。若与区域交叉来看，发现陕南和关中地区的贫困高中中职学生女多男少，而陕北地区的贫困高中中职学生男多女少。数据显示，关中贫困高中中职学生的男女比例分别为43.2%和56.8%，陕南贫困高中中职学生的男女比例分别为33%和67%，陕北贫困高中中职学生的男女比例分别为59.1%和40.9%。

从政治面貌来看，陕西贫困高中中职学生与普通高中中职学生的共产党员、共青团员和群众的分布比例基本一致。数据显示，贫困高中中职学生中共产党员占比0.3%，共青团员占比83.9%，群众占比15.8，普通高中中职学生中共产党员占比1%，共青团员占比85.5%，群众占比13.6%。

从是否为独生子女角度来看，与普通高中中职学生相比，更多的贫困高中中职学生为非独生子女。数据显示，75.7%的受访贫困高中中职学生为非独生子女，高于普通高中中职学生7个百分点有余。

在宗教信仰方面，与普通高中中职生一致，绝大多数陕西贫困高中中职学生无宗教信仰，占比91.3%。在有宗教信仰的中学生中，信仰佛教

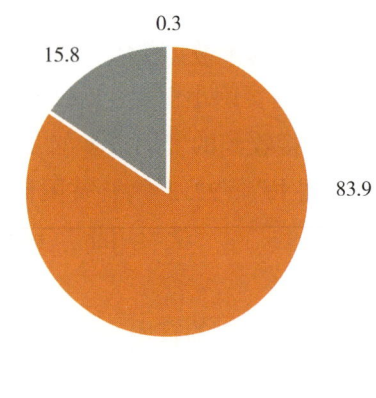

```
          0.3
  15.8

           83.9

■ 共产党员  ■ 共青团员  ■ 群众
```

图 5　贫困高中中职学生的政治面貌情况（%）

的占比 6.6%，信仰基督教的占比 0.3%，信仰天主教和伊斯兰教的分别占比 0.3% 和 0.6%。

在是否接受过资助方面，有 66.7% 的贫困高中中职生接受过资助，受到的救助最多的是"金钱"（45.7%）。对于受到的资助，49.1% 的贫困高中中职生表示"有很大的帮助，确实解决了我的问题"。反映出资助确实可以有效地缓解贫困生们生活和学习中的一些困难，并受到了他们的肯定。

2. 与普通学生相比，学业压力较小，偏爱文体和思维训练类辅导，更多认为应试制度阻碍了学生创新

调研发现，与普通高中中职学生相比，贫困高中中职学生的学业压力较小。数据显示，有 45.2% 的贫困高中中职学生明确表示压力大，低于普通高中中职学生（58.9%）13 个百分点有余。具体到学习任务上，与普通高中中职学生相比，贫困高中中职学生需要投入更多的时间来完成老师布置的作业。数据显示，14.4% 的职高生仅需要低于 1 个小时的时间就可以将作业完成，而普通高中学生中的这一比例为 24.3%。

在参加课外辅导方面，与普通高中中职生一致，贫困高中中职生也最为偏爱文体活动和思维训练类辅导。数据显示，在问及"你喜欢参加哪类课外辅导班"时，30.5% 的受访贫困高中中职学生选择了"文体活动类"，29% 的受访贫困高中中职学生选择了"思维训练类"，16.2% 的受

```
        8.3    5.7
              
                    49.1
    36.9
```

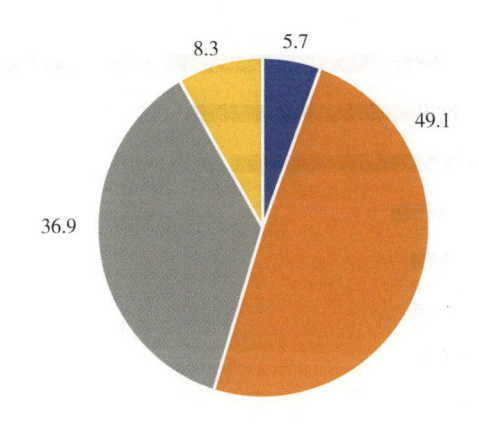

- 没什么压力 ■ 有一点压力 ■ 有较大压力 ■ 压力非常大

图6　贫困高中中职学生的学业压力情况（%）

访贫困高中中职学生选择了"科技类"，16.2%的受访贫困高中中职学生选择了"语言表达类"。

在选择什么因素最大的阻碍了学校对学生创新能力的培养方面，与普通高中中职学生一致，均认为"应试制度"、"缺乏先进的教育理念和方法"以及"整体没有创新氛围"是三大阻碍因素，选择比例分别为32.7%、28.3%和22%。

学习成绩不理想、没有丰富的课外书、胆小不自信成为贫困高中中职学生的主要困扰。数据显示，在问及"你现在面临的主要的困难是什么"时，"学习成绩差"（57.6%）"课外书太少"（34%）"胆小、不自信"（28.7%）成为位居前三的困难。同时，在问及"对未来有什么期望时"，贫困高中中职生均"希望在学习上得到更多的辅导"作为首要期望，选择比例为47.8%。以上从侧面反映出贫困高中中职学生在学习资源获取艰难，渴望改变学习现状的局面

3. 国家自豪感和政治理想信心度更强，更看好我国的综合国际地位及其未来发展

调研发现，与普通高中中职学生相比，贫困高中中职学生有更强的国家自豪感和政治理想信心度。数据显示，有89.5%的受访贫困高中中职生以是一名中国人而感到非常自豪，比普通高中中职生高近5个百分点，

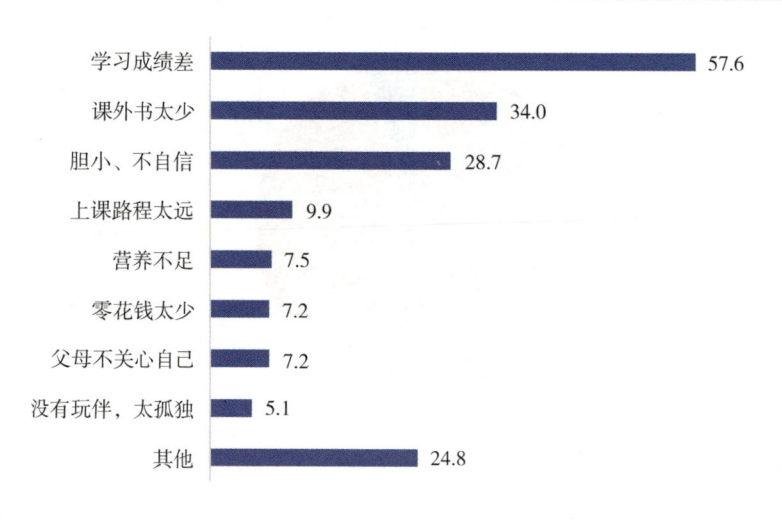

困难	百分比
学习成绩差	57.6
课外书太少	34.0
胆小、不自信	28.7
上课路程太远	9.9
营养不足	7.5
零花钱太少	7.2
父母不关心自己	7.2
没有玩伴,太孤独	5.1
其他	24.8

图7 贫困高中中职学生面临得主要困难（%）

89.6%的受访贫困高中中职生向往共产党员生活，较普通高中中职生高6个百分点有余。

在对我国综合国际地位的判断上，与普通高中中职学生相比，贫困高中中职学生对我国综合国际地位的认同感更强，有89%的受访贫困高中中职学生认为目前我国的综合国际地位强，比普通高中中职学生高7个百分点有余，97.6%的受访贫困高中中职生认为未来五年我国的综合国际地位会进一步提升，比普通高中中职学生的认同比例略高。

陕西贫困高中中职学生整体上持有正直的道德观。在对考试作弊的看法中，有82.1%的普通高中中职学生表示"作弊是不对的，我不作弊"，仅有5.1%的贫困高中中职学生在一定程度上认同作弊行为。另外，3%的受访贫困高中中职学生认为"别人作弊，我不作弊就吃亏啊"，1.2%的受访贫困高中中职学生认为"只要不被发现，作弊有好处"。

在社会公德心上，陕西贫困高中中职学生具有较强的社会公德心和自我保护意识。当问到"大街上，有老人在你身边摔倒，你的态度是？"的时候，有53.9%的中学生表示"没有顾虑，立即扶他们起来"，社会责任心较强；有32.1%的中学生表示要"看有没有摄像头，有再去扶"，将自我权益保护放在首位；有12.2%中学生选择不扶起老人，需要进行思想教育。

在政治知识获得渠道方面，学校是主流渠道，选择比例达到77.4%，其次为教师和父母的言传身教，分别占比38.4%和38.1%。对贫困高中中职学生的思想发展有最大影响的是学校教育和媒体（电视、网络），分别占比27.1%和25.3%，这与普通高中中职学生存有不同之处，学校教育对贫困高中中职学生的影响更大。另外，对贫困高中中职学生而言，与普通高中中职学生一致，读书、看电影是他们最能接受的思想教育方式，占比为41.7%。

（三）贫困大学生

1. 女生居多，陕西农业户籍生源居多

调研发现，与普通大学生（男多女少）不一致的是，在陕贫困大学生女生居多，比例达到60.3%，比男贫困大学生高20多个百分点。

从户籍状态来看，以陕西省农业户籍生源居多。数据显示，在受访贫困大学生中，21.3%的为陕西非农户籍生源，50.6%的为陕西农业户籍生源，10.5%的为外地非农户籍生源，17.6%的为外地农业户籍生源。

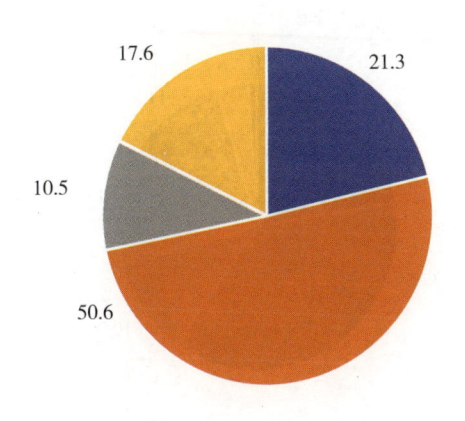

图8　贫困大学生的户籍情况（%）

从政治面貌来看，贫困大学生共青团员的比例高于普通大学生，共产党员的比例低于普通大学生。数据显示，在受访的贫困大学生中，93.6%的为共青团员，高于普通大学生6个百分点有余，3.1%的为共产党员，

低于普通大学生 6 个百分点。

2. 更多贫困大学生满意自己的学习状况，看重社会实践的重要性

调研发现，与普通大学生相比，更多的贫困大学生对自己的学习状况满意。数据显示，42.5% 的受访贫困大学生对自己的学习状况满意，高于普通大学生 7 个百分点有余。另外，有 19% 的受访贫困大学生明确表示对自己的学习状况不满意。进一步地询问不满原因，与普通大学生一致，自律能力弱成为主要导火索。数据显示，在问及"不满意的最主要原因"时，37.5% 的受访贫困大学生选择了"自律能力较弱"，12.8% 选择了"担忧本专业就业"，12.8% 选择了"学习方法不当"，11.8% 选择了"对所学专业不感兴趣"，10.9% 选择了"缺乏实践机会"，3.6% 选择了"教学条件差"。而在每周用于课外学习的时间方面，77.7% 的受访贫困大学生在 6 小时以下，高于普通大学生 6 个百分点有余，从侧面反映出在陕贫困大学生在抵御诱惑、主动学习等方面的短板效应更为突出。

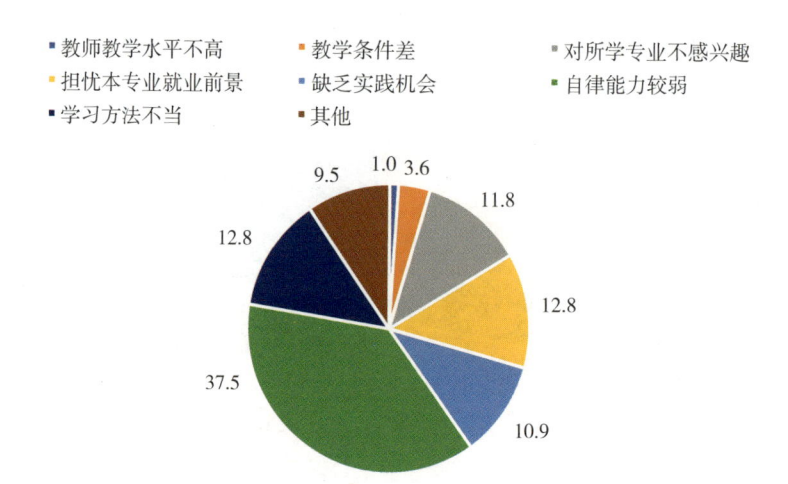

图 9　对学习不满的原因分析（%）

问及"学习中最有成就感的事"时，与普通大学生一致，也强调社会实践的重要性。数据显示，14.2% 的受访贫困大学生认为"专业考试成绩好"是最有成就感的事，12.9% 认为是"英语四/六级/托福/GRE 高分通过"，11.3% 认为是"获得奖学金"，17.9% 认为是"拿到有效资格证书"，26.8% 认为是"社会实践受到企业、老师的认可"。

3. 有更前的国家自豪感和政治信心，生活态度较为积极，看重实践中接受思想教育

调研发现，与普通大学生相比，贫困大学生有更强的国家自豪感和政治理想信心度。数据显示，95%的受访贫困大学生以中国人的身份而自豪，比普通大学生高近3个百分点，91%的受访贫困大学生坚信中国梦会实现，比普通大学生高3个百分点有余，90.2%的受访贫困大学生坚信"三个陕西"会实现，比普通大学生高8个百分点有余。

与普通大学生一致，贫困大学生也具有积极的生活态度，并将家庭幸福作为生活幸福的主要标志。数据显示，分别有92.9%和77.5%的受访贫困大学生认同"我的生活会越来越好"和"只要奋斗就能成功"，与普通大学生对上述两者的认同比例相差无几。在问及"您觉得生活幸福最重要的指标是什么"时，53.6%的受访贫困大学生选择了"家庭生活美满"，明显高于对"事业有成"（15%）、"身体健康"（11.9%）、"为社会做出贡献"（6.7%）等的选择。

对于在陕贫困大学生来说，虽然有65.5%"向往并争取入党"，其参加党课等政治理论学习的频率却较低。只有18%经常参加政治理论学习，而普通大学生中，有34.2%经常参加。

在思想教育方式上，与普通大学生一样，陕西省贫困大学生也更加热衷"做中学"，强调社会实践在思想教育中的核心地位。数据显示，32.9%的受访学生更愿意接受"通过课外活动、社会实践等教育方式"进行思想教育，高于课堂教育（24.8%）8个百分点。同时，分别有64.8%和56.1%的受访学生认为"综合实践活动"和"志愿服务活动"在思想引导上更为有效，高于对社团活动（41.9%）、主题教育活动（31.4%）等方式的选择比例。

4. 与普通大学生相比，贫困大学生更看重品德、经验等自身因素

鉴于年龄、社会化程度等因素的考虑，仅针对大学生群体考察了工作相关内容。调研发现，与普通大学生相比，贫困大学生在生存和发展过程中更看重品德、经验等个人因素，而非家庭背景和社会关系等外部因素。首先，贫困大学生更多地认为"参加较多社会实践"能够对找到一份满意的工作最有帮助（普通大学生43.9%，贫困大学生0.3%），更少地认为"父母或亲戚有社会关系"（普通大学生10.6%，贫困大学生4.8%）

起重要作用；其次，在寒暑假，贫困大学生更倾向把时间投入社会和工作实践。选择假期做"社会实践"（49.7%）和"做兼职挣钱"的比例都明显高于普通大学生。再者，贫困大学生也更重视考取各类职业证书（普通大学生69.3%，贫困大学生80.1%）以增加自己的职业竞争力；最后，对于就业困难的现象，贫困大学生更多归为内部因素影响。具体来说，对于大学生就业困难的最主要原因，有54.7%的贫困大学生认为是"没有工作经验"，高于普通大学生；而普通大学生更多地认为是"专业问题"、"学校没有名气"、"学校教育与社会需求脱节"等外部因素。

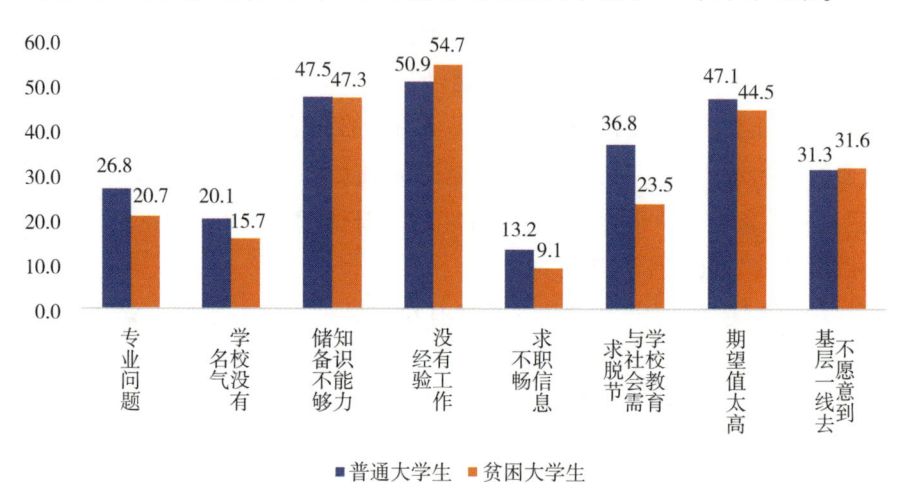

图10 普通大学生与贫困大学生认为的就业困难原因的对比（%）

另外，在生存与发展要素上，贫困大学生比普通大学生更看重"诚信等良好的品质"（贫困大学生72.2%，普通大学生62.7%）和"人生经验"（贫困大学生23.7%，普通大学生18.3%），更不看重家庭背景和社会关系（贫困大学生19.3%，普通大学生29.4%），进一步呼应了上述发现。

5. 贫困大学生认为勤工俭学是最有效的帮扶方式，但对做校园商人的行为较为谨慎

调研发现，在贫困大学生开来，提供勤工俭学的机会是帮助贫困学生最有效的方式，而对做校园商人的行为较为谨慎。数据显示，在问及"您认为哪种帮助对贫困大学生来说更为有效"时，59.9%的受访者选择了"为其提供勤工助学或兼职机会等"，远高于对其他帮扶方式的选择。

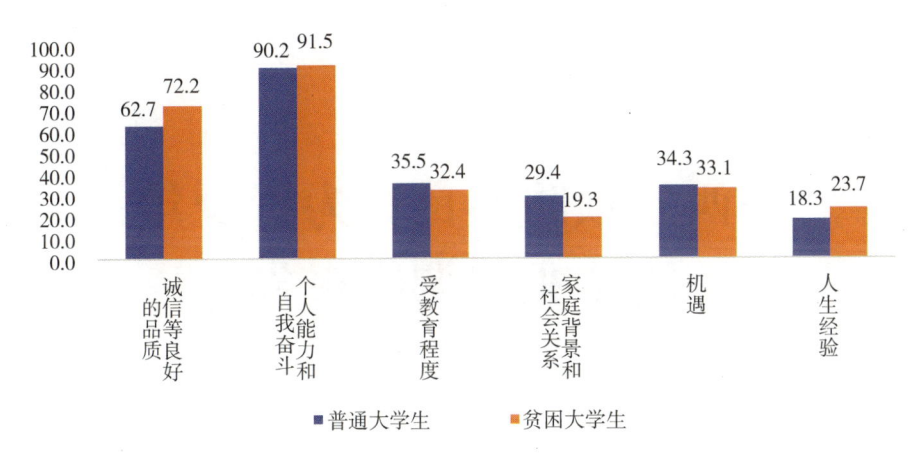

图11 普通大学生与贫困大学生看重的社会生存发展要素的对比（%）

但在问及对校园商人的看法时，则出现了分歧，32.7%的受访者"比较赞同，但要兼顾到学业"，40.8%的受访者态度"一般，是个人情况而定"，20.8%的受访者"不赞同，学生应以学业为重"，只有4%的受访者"非常赞同，贫困应依靠自己改变生活"，但所有的态度基本上都是基于学业而产生的。总体上从侧面反映出贫困大学生对校园商人的态度是倾向于谨慎，关键还得看学业如何安排。

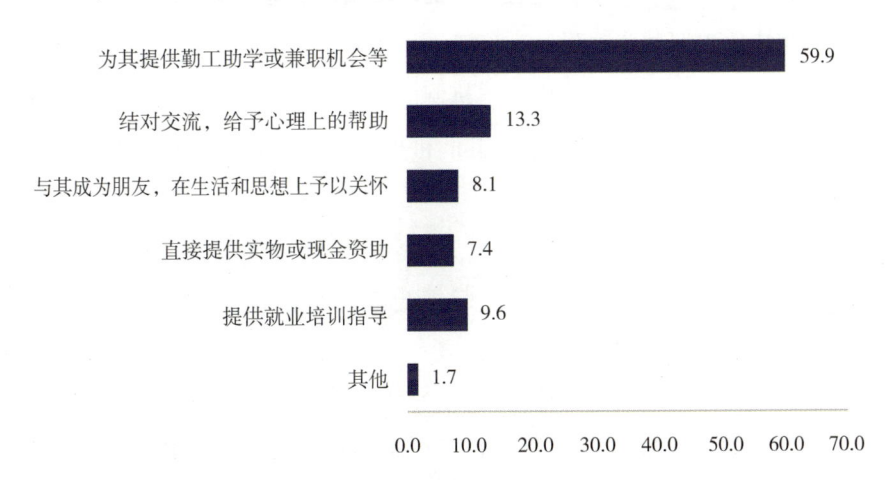

图12 您认为哪种帮助对贫困大学生来说更为有效（%）
- 为其提供勤工助学或兼职机会等：59.9
- 结对交流，给予心理上的帮助：13.3
- 与其成为朋友，在生活和思想上予以关怀：8.1
- 直接提供实物或现金资助：7.4
- 提供就业培训指导：9.6
- 其他：1.7

陕西省预防不良行为青少年
违法犯罪调研报告

近年来,未成年人不良行为的波及面广且危害大,案件令人触目惊心,社会各界和广大群众关注度高,各级政府和党团组织也非常重视。对不良行为青少年,如果不能及时干预,采取必要的预防和教育矫治措施,不仅其个人极易滑向违法犯罪泥淖,而且会影响到社会的和谐稳定和国家的长治久安。

为了摸清陕西省不良行为青少年的基本情况,总结陕西省预防不良行为青少年违法犯罪的主要做法和经验,发现相关教育矫治工作的困难和问题,并进一步提出完善工作内容与机制的建议,陕西省综治委预防青少年违法犯罪专项组办公室成立课题组,和相关专家学者和实务工作者协同调研。

一 群体总量

不良行为青少年是指年龄在 6—25 岁之间,有《预防未成年人犯罪法》所规定的"一般不良行为"和"严重不良行为"的群体。不良行为青少年和留守儿童、闲散青少年、服刑人员未成年子女、受救助的流浪乞讨未成年人等群体互相交织,后四类群体是出现不良行为的易感或高发人群。不良行为青少年(特别是其中的未成年人)虽然占青少年群体的比例不高(占陕西省 6—25 岁青少年总数的 0.11%),但绝对数字却不少,截至 2015 年 12 月全省有 10545 人。

二 抽样方法

课题组采用文献研究、问卷调查、个案访谈、专家座谈等方法，将普遍调查和重点调查相结合，走访多地，深入看守所、公安局、工读学校、普通中小学，针对未成年人中有不良行为和严重不良行为者，对教师、家长、社工、警官进行走访调研。具体而言，第一，梳理陕西省综治委预防青少年违法犯罪专项组办公室近五年来的工作报告及相关资料 39 份；第二，从省公安厅调取近年来以未成年人为被害人和加害人的所有刑事案件报案数据，并进行统计；第三，面向普通中学生发放有效问卷 1163 份；第四，面向西安市公安局治安局预防未成年人犯罪科掌握的 1568 名严重不良行为未成年人（系非西安市户籍且流浪在社会、年龄未满 16 周岁且有严重不良行为的未成年人）调研统计；第五，在看守所、公安局、专门学校、心理辅导机构深度访谈 15 名有不良行为或严重不良行为青少年及相关教师、家长、社工、警官各 1 名；第六，参考西安市公安局治安局未成年人治安案件的数据和宝鸡市综治委预防办的调研报告，及相关论文专著 20 余篇（部）。通过上述调研，形成以下报告。

三 群体特征

（一）不良行为青少年及其违法犯罪概况

截至 2015 年 12 月，陕西省有一般不良行为青少年 9005 人、严重不良行为青少年 1540 人。10545 名登记在册的不良行为青少年中未成年人有 7977 名（占 75.65%）。不良行为青少年分布在全省各市区（参见图 1）。

除此以外，全省还有大量留守儿童、闲散青少年、服刑人员未成年子女、受救助的流浪乞讨未成年人（参见表 1）。

图例：咸阳市　商洛市　汉中市　宝鸡市　渭南市　西安市　韩城市　安康市　榆林市　延安市　杨凌示范区　铜川市

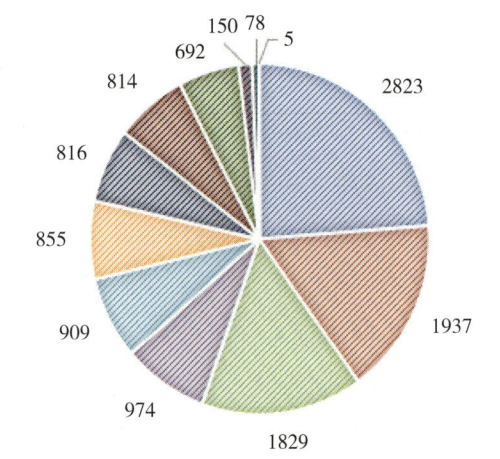

数据：2823、1937、1829、974、909、855、816、814、692、150、78、5

图1　陕西各地区不良行为青少年分布（人）

表1　　其他四类重点青少年群体人数统计

类别	人数	占比
留守儿童	335394	占义务教育阶段学生的9.58%，占全省重点青少年群体总数的91.2%
闲散青少年	19522	占同年龄段青少年总数的0.21%
服刑人员未成年子女	1703	占青少年总数的0.02%
受救助的流浪乞讨未成年人	719	占青少年总数的0.01%

2013—2015年全省青少年（未成年人）犯罪率虽然有下降的趋势，但绝对数量依然较高（参见图2）。

全省年均侵害未成年人的案件1125起，嫌疑人1698人次中有478人次是未成年人，占总数的28.15%，其中未成年违法犯罪人年龄段分布见图3所示。

抢夺抢劫、故意伤害、盗窃、强奸是不良行为青少年最主要的四类违法犯罪行为类型。其他类型都较少，如聚众斗殴（4人次）、诈骗（4人次）、交通肇事（4人次）、非法拘禁（3人次）、绑架（2人次）、杀人

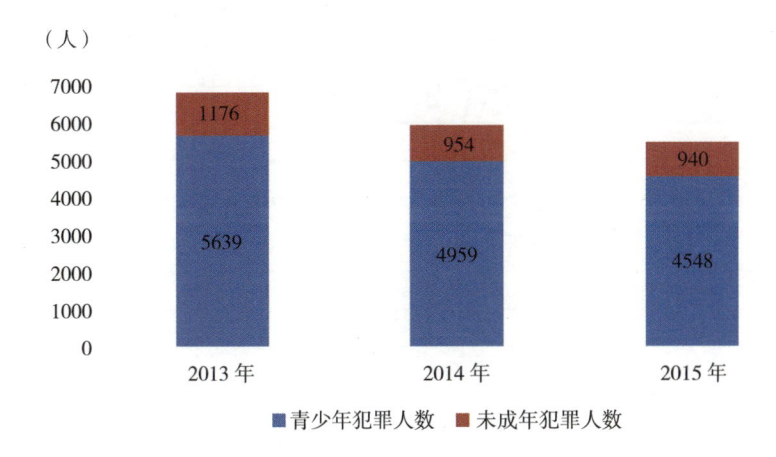

图 2　2013–2015 年陕西省青少年犯罪人数及未成年犯罪人数分布

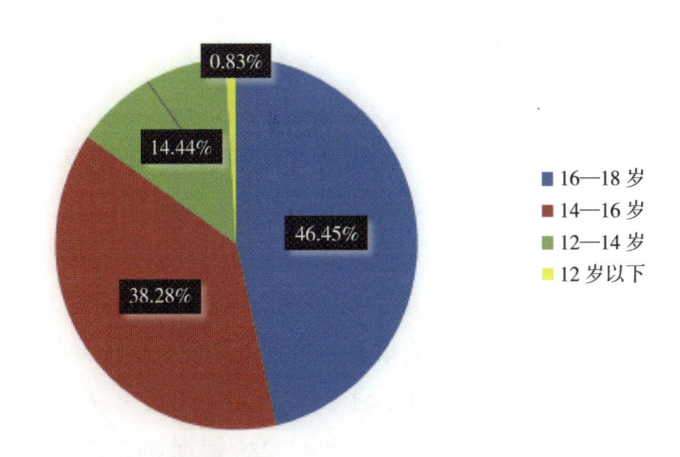

图 3　陕西未成年违法犯罪嫌疑人案件立案数的年龄段分布

(1 人次)(参见图 4)。

(二) 不良行为青少年的群体特征

对 1568 名有严重不良行为未成年人的统计数据进行分析以及对一些典型个案进行的深度访谈表明,不良行为未成年人具有以下几方面的群体特征。

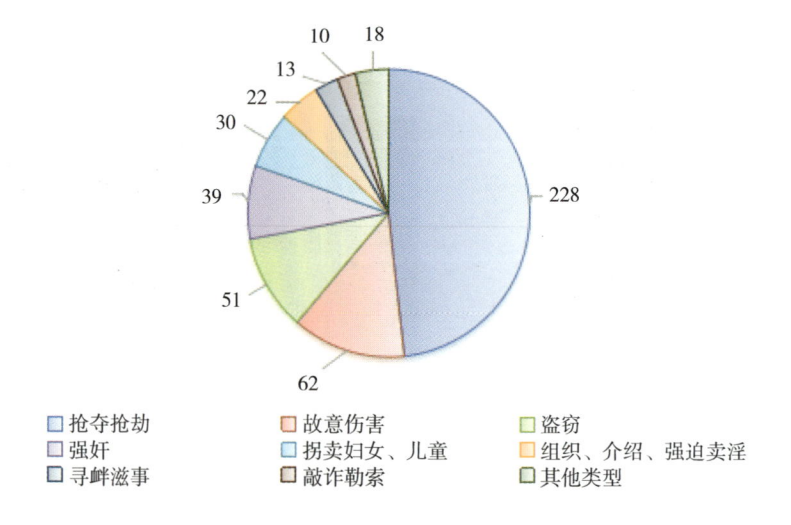

饼图数据：
- 抢夺抢劫：228
- 故意伤害：62
- 盗窃：51
- 强奸：39
- 拐卖妇女、儿童：30
- 组织、介绍、强迫卖淫：22
- 寻衅滋事：13
- 敲诈勒索：10
- 其他类型：18

图4 陕西未成年人违法犯罪行为类型数量分布（人次）

第一，男性比例远高于女性。男性1363人（占86.93%），女性205人（占13.07%）。

第二，年龄14周岁左右，存在低龄化的问题。年龄最大16岁，最小5岁，平均14.31岁。小学5—6年级就会有不良行为出现，大部分不良行为未成年人迟至初二之前就会出现行为偏差。

第三，大部分人文化程度较低。初中及以下的占到70%以上，其中文盲占3.44%，小学程度占34.50%，初中程度占36.92%。

第四，家庭结构缺失或教育不当。严重不良行为未成年人家庭结构问题主要是父母离异（占12.43%）、父母外出务工（占17.33%）、父母双方或一方死亡（占5.46%），有42.28%家庭的未成年人基本处于与家庭脱离的状态。有21.46%的没有和父母共同生活在一起，属于留守儿童。有6.49%的属于无人监管的事实孤儿。虽然近60%的家庭结构完整，但是，调查表明所有的家庭几乎不同程度地存在着教育不当的问题。

第五，德育和心理健康教育存在问题。据宝鸡市青少年社会工作者协会提供的12个心理健康报告，不良行为青少年的心理共性是：悲观、自卑、孤僻、自私、富于攻击性、冷酷、胆小、懦弱、依赖性强、以自我为中心、缺乏理智、玩世不恭、焦虑和消极情绪多、情绪激动不稳定、认知能力低、自控能力差等。他们学习成绩通常比较差，很多人认为上学无用，在人际关系适应中有不良表现，并且道德、法律、法规知识匮乏、意识淡漠，认识问题带有很大的表面性、片面性。课题组对西安市第一〇二中学部分在读工读生做了 27 份问卷调查，同时以西安市某中学全体中学生作为参照组。经调查发现，工读生对教育的认知度、受教育的愿望和了解程度普遍低于普通生。工读生在专门学校中参加校外实践的渠道狭窄单一。其接受道德和社会常识教育的水平不容乐观，接受法律法规教育的水平低于普通生。

第六，网络成瘾正演化成一种新型不良行为。根据个案访谈，95%以上的不良行为未成年人有沉迷网络迹象，经常在网上联网游戏、聊天、交友等。网吧几乎成为不良行为未成年人必去的场所。

(三) 青少年不良行为的发展轨迹

青少年不良行为的产生、发展呈现一定规律，不同时期有不同表现，敏锐捕捉、及时发现这些外在变化是有针对性地开展预防违法犯罪工作的基础。

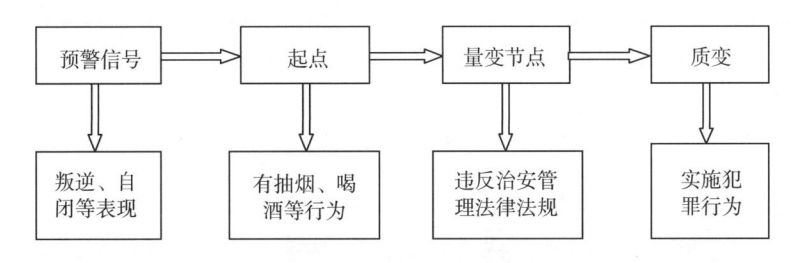

```
预警信号 → 起点 → 量变节点 → 质变
   ↓        ↓         ↓         ↓
叛逆、自   有抽烟、  违反治安   实施犯
闭等表现   喝酒等行为 管理法律法规 罪行为
```

图 5　不良行为发展轨迹

四　预防不良行为青少年违法犯罪的主要做法和经验

(一) 建立制度化的工作体系

颁布实施《陕西省实施〈预防未成年人犯罪法〉办法》和《陕西省实施〈未成年人保护法〉办法》。全省各市县均成立预防工作机构，12 个市区、89 个县（区）成立未成年人保护委员会，配备专兼职工作人员，建立协调联系机制。推动出台以下政策或文件：(1)《关于加强闲散和有

不良行为青少年群体教育管理和服务工作的意见》。(2) 落实《刑事诉讼法》和《关于进一步建立和完善办理未成年人刑事案件配套工作体系的若干意见》的实施细则。(3)《关于加强有不良行为青少年专门学校建设工作的意见》。(4) 将预防青少年违法犯罪工作纳入全省综治工作考核评价体系（其中重点青少年群体工作在100分里占1分）。(5) 各级普遍建立重点青少年群体信息动态摸排机制，根据摸排情况提供有针对性的管理和服务。

(二) 强化对青少年的教育引导

团省委通过开展主题教育实践活动，培养青少年良好的思想品德和精神素质。建立陕西"青年之声"互动社交平台，组建"青年之声"权益法律服务联盟。联合省司法厅等成员单位，开展"关爱留守儿童、法律援助进校园"公益活动，持续开展"新学期法制教育第一课"活动，深化"知心律师助成长"活动，聘任220名律师担任"青少年成长导师"，在各级青春驿站坐班开展法治教育和法律咨询。举办陕西首届高校法治文化节开幕式暨陕西省普法志愿者协会成立仪式，引导青年志愿者参与法治文化的普及宣传。开展"青春自护·平安春节"自护教育、"无毒青春·健康生活"陕西青年向毒品说"NO"禁毒等宣传活动，帮助青少年提高自护意识。启动"青春灯塔"——青少年心理健康教育社工服务项目。

(三) 推广试点工作的经验

实施《2013—2016年陕西省重点青少年群体服务管理和预防犯罪工作计划》，分三轮在全省107个县区完成推开工作，建立比较完善的工作格局和工作体系。建立重点青少年群体联系点制度，编印《陕西省重点青少年群体服务管理和预防犯罪工作指导手册》，组织成员单位定期开展检查督导，推动工作扎实有效开展。推进专门学校建设，落实《关于加强有不良行为青少年专门学校建设工作的意见》，在西安、宝鸡等市区的中职学校开展"阳光班级"试点，三年来共培训闲散和不良行为青少年3038人。建立引入社会力量的教育矫治机制，出台《关于加强陕西省青少年事务社会工作专业人才队伍建设的实施意见》，举办青少年社工培训班，实施"青春护航"不良行为青少年专门教育项目。

(四)加强综合服务平台建设

全力打造青春驿站青少年综合服务平台的工作品牌,推行"星级驿站"创建活动,组织开展服务青年"五色行动",目前全省共建成省、市、县、乡四级青春驿站506个,吸引1698个社会组织入驻,为青少年提供权益维护和预防犯罪等服务,惠及19.8万人次。开通"青少年维权在线"网络平台,邀请305名法律专家和心理专家加入提供服务。推进12355青少年服务台建设,实现全省全覆盖。修订《陕西省创建优秀"青少年维权岗"活动实施办法》,建立联系点制度和结对帮扶制度,要求维权岗单位选择辖区内至少一个社区结对,参与未成年人"四无社区"创建活动;同时,积极参与重点青少年群体工作,每个维权岗至少对5—10名重点青少年进行帮扶,工作人员与重点青少年结成"一对一"长期帮扶对象。

五 预防不良行为青少年违法犯罪工作存在的困难和问题

(一)现有立法及其实施存在问题

第一,劳教制度废除后,在行政处罚和犯罪之间形成违法行为矫治措施的空档,已不能适应教育矫治未成年人的现实需要。

现实中,未成年人教育矫治措施的适用仍以监禁刑为主导,非监禁刑及非刑罚处罚措施不丰富,教养措施立法不规范,操作很凌乱。教养措施类似于国外的保安处分,主要是收容教养、收容教育、工读教育、社区戒毒、社区康复、强制隔离戒毒等。其中,只有收容教养、工读教育是专门针对未成年人特有的措施,但此二者目前也缺乏完备的立法来保障相关工作的开展。

第二,监护人法律责任制度不完善,对未成年人监护干预制度未建立,对监护人的惩戒难以落实。

《预防未成年人犯罪法》中对监护人不履行监护职责有相关规定。但是,因为法律规定不明确,现实操作困难。现实中监护人不履行职责的情况通常发生在家庭内部,很容易被掩盖。因为监护人职责疏于履行使未成年人无人抚养、照顾,或被遗弃、遭身心虐待等利益受到严重威胁无法与监护人共同生活时，政府未必能及时干预，依法启动程序。

(二) 家庭教育的支持服务体系缺乏

第一，家庭功能的不健全和家庭教育的缺失是促使和诱发未成年人违法犯罪的重要客观因素。

落后的家庭教育理念和不当的教育方式诱发青少年不良行为。当代社会转型期，家庭稳定性减弱，出现"问题家庭"，家庭成员间情感交流失衡，关系冷漠。在此环境下，未成年人容易形成孤僻、冷漠、自卑的性格，容易受到不良环境的影响和坏人的教唆、引诱。据未成年犯管教所的统计，83%的服刑少年来自父母离异、家庭结构不健全、放任不管或父母及监护人综合素质低下的家庭。课题组调研的未成年人抢劫团伙案中，犯罪嫌疑人的父母教养方式无一例外存在两极分化，要么过于溺爱疏于管教，要么打骂教训为主。大多数不良行为青少年父母教育理念落后、方法不当，很容易使子女无所适从并形成性格缺陷，导致自控能力低和社会适应性差。

第二，相关支持、服务机制尚未建立。

家庭涉及公民的私生活，职能部门的介入程度、力度十分有限。对家庭教育，政府和社会缺乏有针对性的、普遍性的支持和服务。家庭教育的社会化服务体系不健全。全省层面利用心理咨询师、婚姻家庭咨询师、社工对家庭教育进行干预，发现、解决问题的制度、机制尚未建立。利用社会专业机构力量，对危机家庭和危险群体进行干预、服务的政府购买项目尚未普遍开展。

(三) 校园暴力的治理机制不完善

不良行为在学校中的突出体现是校园暴力问题，这反映了当下学校中的道德教育、法治教育、青春期教育、心理健康教育、禁毒教育缺失等诸多问题。校园暴力问题有愈演愈烈的趋势。近十年来，校园暴力在我国各地发生频率、暴力化程度高，且具有团伙性、残忍性，引起各界极大关注。抽样问卷调查显示，陕西有38.6%的学生经常和偶尔遭到高年级同学欺负。校园欺凌现象在农村和城市中广泛存在。2016年5月以来，媒体已经报道五起陕西省校园暴力事件。被发现或曝光出的只是冰山一角，校园暴力总体情况不明。究其原因，一是学校管理的封闭性情况下，教育部门从学校声誉、领导官位考虑，习惯于抹稀泥、捂盖子，这使绝大部分校园暴力行为因为内部"消化"而被掩盖。二是校园暴力定义的模糊性。校园暴力不是法律用语，外延和内涵各有各的理解，所以在统计标准和口径上难以统一。三是校园暴力行为的隐蔽性给我们利用有限的社会科学研究手段去揭示、研究带来了难题。总体来讲，校园暴力的治理体系不完善，治理能力低下，治理过程中法治化、社会化、科学化程度比较低。

第一，校园暴力反映了目前道德教育、法治教育、青春期教育、心理健康教育、禁毒教育的弱化。

校园道德教育与学生的现实成长需求相脱节，学校对教师的考量、评价指标，更多围绕升学率，对育人考虑得较少。青少年在校学习过程中接触的法治教育不够。调查未管所帮教的10名学员，有一半人表示在学校时从没有上过法律方面的课。对普通中学生的调查，关于"学校是否设置法制教育课程？"，只有18.15%的学生认为学校"有，正常上"。学校对心理健康教育、青春期教育的紧迫性、必要性认识不足、囿于相关师资不足，课时有限等原因，学校也很少组织专门的教育活动。只有7.84%的学生认为学校经常进行此类教育，有48.9%的学生认为学校从未进行过。中学生群体性教育总体水平较低，分别有两成和三成的城市、农村中学生的性知识处于蒙昧状态。青少年滥用新型毒品、精神活性物质形势严峻。2016年全国在册有4.3万名吸毒未成年人。陕西省青少年禁毒教育和预防宣传工作起步较晚，农村学生禁毒教育水平较低。有35.5%的城市小学生和43.8%的农村小学生表示其所在学校从未进行过禁毒教育或宣传。一些开展禁毒教育和宣传的学校，其效果也不理想，不仅流于形式，而且内容过于肤浅。

第二，校园暴力的治理体系不健全。

法律依据的缺乏。对于学生的不良行为，学校和教师在处置上既缺乏学校管教学生的相关法律，也没有法律明确规定学校教师的惩戒权，同时学校也没有权力强制要求家长履行相关义务。而且，家庭与学校教育之间缺乏有效对接、互相配合。对接机制、信息交流不畅，使学生的问题很难得到及时发现。

校园暴力的事前、事中、事后的治理环节存在短板。以发现问题、关爱帮助为基础的一级预防体系不健全。解决校园暴力的重点是预防。在学校教育中，对学生开展针对校园暴力的技能教育的很少。目前，全省只有安康市高新中学成立有"校园反霸凌中心"，为有需要的学生提供咨询与辅导服务，在校园多个位置设置专门校园反霸凌信箱，开通专门的校园反霸凌热线。校园暴力发生时，学校管理者和广大教师如何准确判断、快速应对，防止事态蔓延，并迅速找出原因，进行化解和妥善处理，减少受到伤害的数量和程度，需要详细的预案和演练。善后阶段要尽快恢复和重建校园秩序，总结经验教训。要进行积极的心理干预，及时消除师生心理阴影，特别使受伤害者心理创伤得到尽快弥合。同时依法依规，配合政法机关和上级，适时适当处理有关责任人，对于肇事的不良行为青少年，如果留在学校危险性较大的，要根据情况建议或转送专门机构、专门学校进行相应教育矫治。我国虽然有专门教育（工读教育），但缺乏国外的"替代教育学校"的机制，对于有校园暴力行为的学生缺乏必要的教育矫治手段进行行为辅导和惩戒。

（四）专门教育萎缩未起到应有作用

第一，专门教育处于萎缩状态。

专门教育即工读教育，是指以专门学校为载体、对不良行为未成年人进行的有针对性的特殊教育，是教育体系中的特殊组成部分。针对工读教育没有专门的法律法规。全国专门学校的发展总体上趋于萎缩，学校总量（截至2012年全国只有78所，且分布很不平衡，有7个省份没有）和入读学生减少。

陕西省目前只有一所工读学校，为了去标签化，对外称西安市第一〇二中学，由西安市教育局直属，占地近百亩，有教职工40余人，2012年，团省委调查时有工读学生50余人（当年开始招收女生），其生源60%左右来自西安市城区和郊县。该校校舍是按照100多名工读生的规模建设的。2016年，课题组再去访问该校时，发现工读生人数不到30人，而且并不是严重不良行为青少年，大多数是周边地区的留守儿童。据该校教师反映，学生进校前只有些轻微不良行为（大多数是喜欢玩手机上网而已）。学校是西安市中小学校外综合实践活动基地和西安市教育局国防教育基地，主要承接其他单位的夏令营、军训、拓展训练。目前，专门学校越来越不专业。这主要体现为，除了正规化的学校教育（帮助学生完成九年义务教育），特殊教育辅导制度，例如，针对问题学生具有的心理障碍、行为偏差等，开展有针对性的集体教育与个别辅导等，因为师资、经费、保障等因素制约，都未很好的落实。

第二，专门教育的作用没有发挥。

生源匮乏和很多不良行为未成年人没能进入这对矛盾始终交织并存。学生进入工读学校学习需要"三自愿"，即学生、家长、学校三方必须共同同意签字学校才能接收。但"三自愿"的实施明显制约了专门学校的生源。很多不良行为未成年人没能进入专门学校接受教育矫治。省综治办、教育厅、人社厅联合出台《关于加强有不良行为青少年专门学校建设工作的意见》（陕综治办字〔2013〕32号）设计的"评估+劝送"的制度在基层的落实情况不容乐观。

（五）专业社会力量参与不够

第一，相关专业社会工作力量比较弱。

由于缺乏必要的岗位设置、经费保障、项目支持等，青少年社工人数增长乏力。截至2016年5月，全省有青少年事务社工1207人，且为专兼职相结合，专职青少年社工占比很小。以宝鸡市为例，在册重点青少年群体有8572人，按照1:15的通用服务比例，需要配置446名专职社工，但目前专职社工只有41人。全省目前登记在册的专门青少年司法社工组织只有一家——陕西指南针司法社工服务中心（系依托西北政法大学成立，有专职社工3人）。团中央要求陕西省青少年事务社工2020年应达到5680人的最低规模，目标和现实相比，缺口很大。

第二，政府支持力度不够、社会力量参与的平台、渠道单一。

政府在社工组织培育、专业人才队伍建设与规划项目资金配给等方面的经费投入不足。在加强各相关职能部门的协调联动，协助青少年社工组织获取社会资源，建立青少年社工组织与政府部门的沟通渠道等方面未形成强烈的服务意识。陕西各级共青团建起的青春驿站中的很多项目，未列入政府购买服务目录，政府在青少年社会工作岗位的开发与设置，政府购买青少年社会工作服务，以及在制定引进、培养、激励青少年社会工作人才的政策措施等方面的支持力度不足。

第三，不良行为青少年教育矫治的转介机制尚未建立。

针对青少年严重不良行为，必须明确谁负责发现，谁来转介，怎么转介，转介到哪里。目前，缺乏对不良行为青少年行为危机干预转介的预案。不良行为预警发现制度缺乏。学校、家长、社区、片区民警之间如何确定各自职责，承担发现不良行为的主体责任需要明确。缺乏统一的转介平台。对于有发生严重不良行为危险的学生，学校干预无效后，如何和家庭、群团、社会组织、政府机构、政法机关、专业矫治机构衔接，缺乏一个统一的机制。

六 完善预防不良行为青少年违法犯罪工作的建议

（一）加强未成年人的司法保护

虽然一些立法的制定或修订尚需时日，也并非地方事权，但是各地应切实落实好现有法律与政策的规定。建议以新《刑事诉讼法》规定的未成年人特别程序为契机，由省级政法部门牵头，对社会调查、合适成年人在场、犯罪记录封存、违法犯罪行为帮教等制度进行具体细化和规范，增强现实操作性，通过制定配套细则，规范公检法的分工和职责，从司法角度预防未成年人违法犯罪。

（二）为家庭教育搭建支持服务体系与平台

教育、妇联、综治、共青团等部门会商，协同制定有关支持、服务家庭教育的意见，明确各部门职责。加强家庭教育的组织管理，制定家庭教育工作的各项制度。将现有家庭教育资源进行整合，形成部门联动。以项目制的方式，推广共青团西安市委的青少年家庭教育公益讲堂，宝鸡市家庭教育指导服务中心及"家长学校"的经验，引导家长学习科学的家庭教育方法，完善家庭功能。对重点青少年的家长进行必要指导与培训，帮助家长调整与子女的关系，形成和睦、关爱、轻松的家庭氛围。出台相应办法对不良行为青少年家庭调查登记建档，提供相应服务，对于家长不认真履行监护责任或者侵害青少年合法权益的，及时发现并报告相关部门依法处理。

(三) 加强对校园暴力的综合治理

第一，牢牢紧扣施暴者、受害者、学校、家长（监护人）、国家（党政群团、政法机关）、社会六大主体，明晰其各自权力（权利）和职责（义务），展开对校园暴力的综合治理。

施暴者是治理对象，受害者是救助对象，学校、家长（监护人）既是管理者也是救助者。国家则有义务出台相应法律规范或政策文件，建立制度机制，采取工作保障措施和考核督导，指导、帮助施暴者、受害者、学校和家长。国家也有权力，依法限制、惩罚、教育矫治施暴者，督促、检查学校、家长的行为。社会各界广泛参与、支持，形成积极的氛围和力量。

第二，完善校园暴力的"三级预防"治理体系。

"一级预防"针对全体学生，旨在使施暴者不敢施暴，潜在的受害者知道如何自护。"二级预防"针对正在实施的校园暴力行为中的施暴者和受害者，要能够及时发现、制止施暴者的行为，帮助救治受害者。"三级预防"是在校园暴力已经结束的情况下，要对施暴者进行教育矫治，使其不再犯并改过自新，同时要对受害者进行救治、抚慰，防止其再次被害、反复被害，同时要防止媒体报道中泄露未成年人信息和隐私，造成受害者二次被害。

为了完善"三级预防"治理体系，当务之急应当采取以下必要且可行的具体措施。

积极探索并成立"未成年人法治教育中心"，对有校园暴力行为的学生进行教育矫治。开展培训和演练，提高学校和老师对校园暴力的治理能力和法律意识，教育部门建立应对校园暴力的详细预案。建立完善的系统性的校园暴力治理工作体系。在学校教育中对学生开展针对校园暴力的技能教育。加强相关政策的制定，促使家长履行职责。

重视法治、青春期、心理健康、禁毒教育的投入。创新道德教育的形式，使学生喜闻乐见、潜移默化。教育部门依据2016年7月19日教育部、司法部、全国普法办联合印发的《青少年法治教育大纲》，尽快出台具体措施和规定，展开相关师资培训，将法治教育落到实处。在法治教育中，应着重开展体验式教学，同时应考虑地区差异、校际差异和个体差异，鼓励条件好的地区和学校制定更高目标，实现优先发展。制定具体方案和开展必要措施，切实落实国家禁毒委毒品预防教育"'6.27'工程"和《全国青少年毒品预防教育规划（2016—2018）》，使毒品预防宣传教育进学校、进课堂、进社会，给广大师生传递科学、客观、有效的毒品防控知识。

给予专项组"青春灯塔"——青少年心理健康教育社工服务项目支持和保障。邀请心理咨询师、社会工作者等专业力量参与，在全省范围内开展公益巡讲进学校、进社区、进农村等活动，为广大青少年、家长、老师进行面对面的授课辅导和心理咨询，为有不良行为和暴力倾向的青少年进行必要的危机干预和提供一对一的疏导帮扶。通过政府购买服务的形式，组织动员相关社会组织、社会力量介入。通过省市县各级"青春驿站""青年之声·陕西"，为有需要的青少年提供心理健康服务。为县一级"青春驿站"配齐心理专家队伍，提供针对性的辅导，预防和减少违法犯罪，防范社会风险。

（四）完善并充分发挥专门教育的作用

探索、试点多样化的工读学校接收学生机制。拓宽专门学校接收生源的渠道。建立普通学校（征得家长、学生同意）转送生源至专门学校的机制，和中等职业学校"阳光班级"接收工读学生的机制。试点由司法机关及未成年人保护委员会或组织提议（征得家长同意后）入读模式。

依托西安市第一〇二中学（工读学校）资源，成立"陕西省未成年人法治教育中心"，面向全省接收有不良行为或严重不良行为青少年，开展义务教育、法治教育、红色革命传统教育和技能培训，实行省市共建管理。成立综治部门牵头统筹、教育部门主管、公安、检察院、法院、司法行政部门、人社、财政、共青团等相关部门配合协调的未成年人教育矫治委员会，完善未成年人法治教育中心的管理体制和运行机制，明确强制收治和自愿入学的相关程序。各市要新建或依托现有资源改建满足当地需要的未成年人法治教育中心，强化教育矫治有严重不良行为青少年的职能和定位。各县要依托中职学校、职教中心至少建立一个"阳光班级"，接收有不良行为青少年，进行教育矫治。

(五) 促进社会力量介入教育矫治工作

培育发展社会化的专业矫治力量，畅通其工作渠道、丰富其工作形式。实施"青春护航"项目，积极探索社会力量参与不良行为青少年专门教育的有效模式，即：发挥社区的基础性作用，依托青春驿站、基层综合服务管理平台和社区网格化力量，构建家庭、学校、社会三位一体的工作体系。引入青少年事务社工开展专门教育。围绕针对有不良行为或严重不良行为青少年的心理疏导、行为矫治、关系修复、技能培训、就业辅导等工作内容，开发社会工作项目，推动政府向社会力量购买专门教育服务或在青春驿站、基层组织、综合服务管理平台设置社工岗位，聘用青少年事务社工，开展专门教育工作。

构建并试点科学、合理、运转顺畅的转介机制。制定统一规定，明确学校、社区、司法机关、矫治机构等部门的转介程序，建立严重不良行为青少年矫治转介制度。

阅读须知

《陕西青少年社会抽样调查蓝皮书》中除特别说明外百分比数值均保留一位小数，部分百分比合计数（含文字叙述中合计数）与其所含各分项数直接相加之和因四舍五入在尾数上略有差异，并非计算错误。